KB125831

전환기의 무용예술

전환기의 무용예술

— 무용사회 구조의 변동 —

1994-1998

문애령 무용평론집

눈빛

지은이 문애령(文愛伶)은 이화여대 무용과 및 동 대학원을
졸업했다. 파리대학 공연예술과와 예술철학과에서
기초박사(D.E.A.) 학위를 취득했으며, 대한민국무용제에서
연기상을 수상한 바 있다. 『객석』예술평론상 무용부문 당선
이후 무용평론가로 활동하면서 대학에서 무용사·무용론·예술론
등을 강의하고 있다. 저서로 무용평론집 『비평적 관점에서 본
무용예술』(눈빛, 1994)과 편저로 『서양무용사』(눈빛, 1995)가 있다.

전환기의 무용예술
— 무용사회 구조의 변동
문애령 무용평론집

초판 1쇄 발행일 —— 1999년 8월 20일
발행인 —— 이규상
발행처 —— 눈빛
　　　　　서울시 마포구 동교동 177-9호
　　　　　전화 336-2167 팩스 324-8273
등록번호 —— 제1-839호
등록일 —— 1988년 11월 16일
편집 —— 노동환·임선정·강은정
출력 —— DTP 하우스
인쇄 —— 홍진프로세스
제책 —— 일광제책
값 15,000원

ISBN 89-7409-916-0
ⓒ 문애령, 1999

서문

첫번째 평론집을 94년에 냈으니 5년만에 겨우 책 한 권을 다시 만들었다. 평론집에 인터뷰나 논문 형식의 글을 수록했던 것이 걸려서 이번에는 순수한 평문만을 모아 보고 싶기도 했지만 원고정리 작업을 자꾸 미루다 보니 또다시 시간이 후딱 지나고 말았다.

흔히들 책은 자신의 분신이라든지, 자식 같은 존재라든지 하는 말들을 한다. 무용사 책까지 합하면 이번이 세번째인데 자식 같은 느낌이 처음 든다.

'비평적 관점에서 본 무용예술'이 첫 평론집 제목이었다. 이번에는 '전환기의 무용예술'이라고 붙여 봤다. 그리고 부제를 '무용사회 구조의 변동'이라 했는데, 말 그대로 무용사회의 변모를 알리는 내용일 뿐이다. 1994년부터 1998년까지 한국무용계의 흐름을 5부로 나누어 정리해 보았다.

공연 비율이나 공연 성과를 비교해 볼 때 불과 몇 년 사이에 전문성을 확보한 단체가 급격히 성장했다. 수십 년 동안 기교면에서의 성장이 최고의 목표였다면 이제는 작품성을 논하는 안무가들이 상당수 등장했고, 결과적으로는 무용무대에서 아마추어를 도태시키는 가장 큰 요인으로 작용했다고 생각한다.

누가 더 높이 뛰고 잘 돌고 유연하게 움직이는가를 감상의 절대적인 기준으로 삼지 않아도 된다는 사실은 무용가로서 행세하기 위한 기본조건이 매우 높아졌다는 것을 의미한다. 아울러 무용계 주변의 언론매체와 그 관계자들도 직업단체의 중요성을 크게 인식하고 있고, '전문성'에 의도적인 힘을 더욱 실어 주는 관행이 정착된 것으로 보인다.

이처럼 수십 년간의 기량위주 평가가 약화되면서 등장한 새로운 평가기준은 무용을 춤이 아니라 하나의 예술작품으로 보는 세계적인 추세에 힘입어 안무가의 구성 능력이나 독창성으로 옮겨갔다. 관행과 전통이 두터워 아직도 혼란기에 있는 것은 사실이지만 직업 무용단을 중심으로 특히 발레쪽에서 '전문성이 무엇인가'를 가시화했고, 현대무용쪽에서 개개인의 활동이 지니는 의미의 중요성을 강조했으며, 한국무용 쪽에서는 창작의 진정한 의미를 놓고 과감한 도전이 이뤄졌다. 또한 최근부터는 직업 무용단에서 타장르의 춤을 전공한 사람에게 안무를 의뢰하기 시작했는데 세 가지 무용기교를 안무에서까지 철저하게 구분해 왔던 시각으로는 불가능한 일이었다. 결국은 도달하게 될 지점이었지만 너무 오랜 시간과 시행착오를 거친 것이라 그 확산의 속도가 빨라서 놀랍다. 하지만 진정한 구조조정은 좀더 기다려 보아야 할 것만 같다. 안무가가 한국무용이나 발레 같은 한 가지 무용스텝을 전공으로 선택하게 되어 있는 대학의 제도를 개념적으로 바꾸려면 그야말로 무용사회에 구조적인 변동이 이뤄져야 하기 때문이다.

체육대학 소속으로 잔뼈가 굵어진 무용과가 이제는 모두 예술대학으로 옮겨가고 있다. 무용가들은 사실 체육인들의 울타리 안에서 영욕의 역사를 이뤄왔다. 지금도 예술대학으로 옮겨 주는 것이지 무용예술 자체가 옮겨진 것은 분명 아니다. 이유야 어찌 되었든 무용에 대한 인식을 달리하게 된 사회적인 배경에 감사할 일이다. 지금까지의 이러한 변화는 이미 예견된 것이었지만 앞으로의 변동은 그 파장과 파고를 예측할 수 없게 많은 변수를 가지고 있다. 무용가 집단이 어떻게 사회적으로 또 예술적 성취도 면에서 성과를 보이느냐에 따라 무용예술에 대한 인식이 달라질 것이다.

평론집은 자기만족을 위해 내는 책일 수도 있다. 또 이 책에 변변한 읽을거리라도 들어 있는지 모르겠다. 여기저기 흩어진 기록을 한데 묶어 놓은 것에 불과하지만 훗날 이 평론집을 필요로 하는 한 사람의 독자라도 있다면 그것을 보람으로 삼고 싶다. 세 번 연속 고단한 출판작업을 맡아 주신 이규상 사장님과 눈빛 출판사에 깊은 신뢰를 보낸다.

1999년 8월
문애령

차례

3

4

I

1994

'94 창무 큰춤판 — 현대음악과 춤의 만남

　무용의 독자적 공연을 주장했던 18세기의 개혁가 로베르(Robert)는 무용극을 위해서는 음악이 절실함을 지적했다. 그 당시 상황으로는 혁신적일 수 있는 문제 제기였다. 파반느·사라방드·쿠랑트·미뉴에트·부레·지그 등은 춤곡에 붙여진 궁정춤의 이름이었기 때문이다. 춤음악과 고급음악이 따로 존재했다는 기록도 재미있다.

　19세기초 안무가 마신은 심포니발레라는 장르로 이 구분을 완화시킨다. 베토벤의 교향곡이 발레로 꾸며진 것이다. 곧이어 스트라빈스키, 쇤베르그, 바르톡의 음악이 시각화된다.

　20세기 중반에 접어들면서는 더욱 충격적인 발상들이 생겨난다. 춤은 음악에 종속될 수밖에 없는가. 해답은 음악의 강한 영향력에 지배받지 않는 움직임 자체의 중요성이었다. 물론 그 사이 안무자의 제시에 따른 작곡도 행해졌다. 차이코프스키의 3대 발레곡이 일례다. 그러나 반주용 음악이라는 인식 때문에 생긴 작곡가들의 기피현상도 이해됨직하다.

　이러한 배경을 지닌 춤과 음악이 창무예술원 포스트극장(1994. 5. 14-28)에서 만났다. 네 팀은 각기 음악의 해석, 반주용 성격, 공동작업, 공동연출의 개성을 살려 다양한 무대를 꾸몄다.

　안신희·이만방은 <흐름\엑소시스트\윤무>를 통해 서로 다른 장면을 연출했다. 흐름에서는 이만방이 춤을 춘다. 음악가가 표출하는 내면의 소리는 몽환적이다. 춤의 기교가 인위적이라면 그의 무기교는 자연스런 몰입이었다.

　최경란·송무경의 <벽장파편>은 피아노와 한국춤이 결합해 '만남'이라는 강한 인상을 남겼다. 두 사람의 공동작업은 감정이나 상황의 변화에서 일치한다. 춤이 요구하는 리듬과 멜로디를 제때에 파악한 송무경의 재치는 돋보였다.

전홍조·김보현 팀은 두 명의 무용가와 두 명의 연주자를 등장시켰다. <멀리서 노래하듯>에서 전홍조는 객관적 심리묘사에 뛰어났다. 폭발할 듯한 상황을 제시하고 자신은 무미건조한 일상처럼 행동한다.

여자, 돈나, 팜므, 걸… 극한 상황에 등장한 로돌포 파텔라의 독백이다. 이탈리아 출신인 그는 적절한 상황묘사로 주제를 부각시킨다. 남녀의 갈등이다. 타악기와 현악기는 춤을 위해 몰입한다. 춤구성과 연기·음악·무대미술이 하나로 모여진 격조 있는 작품이었다.

최데레사·정현수의 <메타모르포시스>는 사랑의 변신에 관한 내용이다. 두 사람은 그리스 신들의 사랑이 현대인간에게 전해지면서 바뀌었을 가능성과 당위성에 착안했다. 작품은 성악가의 케이지식 독창으로 시작된다. 노래라기보다는 중얼거림이나 소리지르기에 가깝다. 춤 또한 난폭하다. 두 사람은 각기 자신의 표현매체를 최대한 변신시킴으로써 막연하지만 분명한 시대적 감정 차이를 표출하고 있었다. 공동연출로 꾸민 무대에 관한 한 창무 큰춤판의 새로운 시도를 한눈에 이해시킨 무대였다.(『한국일보』 1994. 5. 29)

이매방의 춤 60년

이매방의 '춤인생 60년 기념 대공연'은 그가 중요무형문화재 〈승무〉와 〈살풀이춤〉의 예능보유자였기에 더욱 화려했다. 살아 있는 문화재를 보기 위해 국립극장을 가득 메운 관객들은 오랫만에 가·무·악이 일치된 우리의 풍류를 만끽했다.

우정출연한 명창 박동진과 이매방이 객석에 남겨 준 교훈은 우리 것이 아주 매력 있고 소중하다는 무언의 호통이었다. 명인들의 무대에서는 만인을 끌어당겨 요리하는 힘이 넘쳐 감동으로 살아났기 때문이다.

〈승무〉는 고깔과 장삼의 춤이다. 입고 있기만도 거추장스러운 복장을 화려한 춤의 기교로 변형시킨 공연물은 그 숙련도가 곧 춤솜씨를 좌우한다. 대부분의 승무를 볼 때 느껴야 하는 불안감은 자못 심각하다. 장삼자락을 밟고 넘어지지나 않을까, 뒤로 넘긴 장삼이 몸에 감기지나 않을까, 마치 발끝으로 선 미숙한 발레리나를 보는 기분이다.

명인의 춤은 이런 불안을 잊게 했다. 때로는 강한 힘이 때로는 가벼운 살랑거림이 느껴지는 장삼의 율동은 스스로 춤을 만드는 생명체로 보였다. 하지만 이매방류 승무의 절정은 아직 남아 있다. 혼이 들어 있는 북춤이다. 기교가 한눈에 들어오는 북가락 장단은 팔이나 손의 몫이 아니다. 억제할 수 없는 내면의 소리들이 몸을 통해 발산된다. 장단을 지켜 가며 그 안에서 자유로이 변주하는 그의 호흡은 명인의 경지를 암시하는 소리였다.

또 다른 무형문화재 〈살풀이춤〉은 살풀이굿과 연결된 춤이다. 씻김굿의 이미지를 간직한 채 시작되는 초반부에는 귀기가 감돈다. 감정의 연결선이 춤으로 지속됨을 발견하며 그의 특징은 꾸밈새보다는 표현적 춤사위에 있음을 느꼈다. 귀기가 풀리며 엇박의 어깨놀림이 시작되고 우리춤의 흥과 멋이라는 표현이 적절한 장면과 만난다. 맺고 푸는 과정에서 보이는 몸짓의 여유였다.

전반적으로 그의 춤사위는 조용하다. 고갯짓이나 어깨놀림이 거의 눈에 띄지 않는다. 팔의 선도 뚜렷하지 않다. 그러나 자세히 들여다보면 그 안에 모든 감정이 용해되어 있음을 알게 된다. 그 멋이 곧 연륜이고 곰삭은 맛이며, 우리 것이 소중한 이유였다.

60년 동안 춤을 춘 사람이라면 춤의 명인이 될 시간적 투자는 확실히 한 셈이다. 그러나 시간이 가져다준 경력만으로 명인이 된다면 앞으로는 매년 명인들이 등장하게 될 형편이다. 이매방이 명인인 몇 가지 이유 중 하나는 쉽게 상상할 수 있는 열악한 조건 속에서 춤을 지켰다는 사실이다. 춤에 대한 집착은 곧 순수한 춤사랑의 정신이다. 이러한 살아 있는 예술혼은 젊은 세대가 잃어버린 유산이다.

다음으로 탁월한 재능과 끊임없는 연습이 춤을 고집한 그에게 명인의 칭호를 얻게 했을 것이다. 시간이 없어서 연습하지 못하는 속칭 대가들이 반성할 대목이다. 이제 명인에게는 전수자를 남길 차례가 기다린다. <흥춤>에 출연한 제자들의 춤사위는 서로 매우 달랐다. 춤의 순서를 익히는 것과 춤을 전수받는 것의 혼동도 예상된다. 그들이 제각각 정통성을 주장한다면 심각한 문제가 될 수도 있다. 명인의 정신과 자세를 우선 익히는 진지함이 필요한 시점이다. (『한국일보』 1994. 6. 16)

서은하의 〈춤추는 세상〉과 레진느 쇼피노의 〈성 조지〉

MBC무용단의 재즈 공연

외국의 무용학교를 방문해 본 사람이라면 재즈의 위력을 실감했겠지만, 우리의 한국춤 위치에 재즈춤을 놓고 보면 적절한 비교가 될 것이다. 고전무용 (발레)·현대무용··재즈로 크게 구분되는데, 재즈는 다시 많은 종류로 분리된 것을 볼 수 있다. 그에 비하면 재즈춤의 한국 수입은 걸음마 단계인 셈이다.

그 원인이야 여러가지가 있겠지만 정적이거나 엄격한 형식의 춤은 예술이요 재즈는 점잖지 못하다는 식의 구별도 한몫했으리라고 본다. 그러나 춤을 추는 목적이나 의미가 중요한 것이지 움직임 자체의 질을 따지는 자세는 전근대적이다. 재즈라는 춤의 매력은 몸의 각 부분을 독립적으로 자유로이 사용하는데 있다. 다중심주의라고나 할까. 광기·열정을 포함, 역동적인 강한 감동을 주는 춤이다.

서은하가 이끄는 MBC무용단의 〈춤추는 세상〉(1994. 6. 4-5, 토월극장)은 한국에도 재즈춤이 있었다는 사실을 알리는 무대였다. 재즈를 예술춤의 범주에 넣지 않는 시각 때문에 대학 교육과정에서 다뤄지지 않는 현실로 미루어 재즈의 자생력이 입증된 무대이기도 했다. MBC무용단은 직업 무용단이다. 그러나 예술단 소속이니 만큼 토탈 쇼를 위한 일개 단체라는 인상이 강하다. 어느 누구도 그 독자성을 인정하기 어려운 상황에서 벌어진 그들의 독립선언은 생소하다. 동시에 누구도 해내지 못한 즐기는 춤공연을 본 소감은 이러한 소속계보 추적이 무의미함을 일깨웠다.

앨빈 에일리 같은 현대무용가는 흑인 재즈의 정수를 살려 일가를 이뤘고 몬트리얼재즈발레단의 작품들은 현대인의 감성을 유감없이 드러낸다. 〈춤추는세상〉은 아직 뮤지컬 무용의 색채가 짙지만 재즈춤의 기량을 보이는 무대로는 훌륭했다.

한국의 춤공연은 엔터테인먼트라는 개념을 애써 배제해 왔다. 아니면 그럴 능력이 부족했다. 재미는 공연예술의 본질이다. 희극이건 비극이건 아이디어 자랑이건 기교 자랑이건 뭔가 객석을 사로잡는 힘을 재미라고 쉽게 말한다면 춤공연을 재미있게 봤다는 표현은 최고의 칭찬이 될 정도다. <춤추는 세상>에 는 젊은 열기의 발산을 지켜보는 재미가 있었다. 장면 선정이나 연출, 무대효 과나 소품 선정까지 개인 공연이 충당하기 어려운 세련미도 보였다. 즐기는 춤 문화가 전무한 상태에서 서은하의 시도는 정제되고 반복될 가치가 충분한 것 으로 보였다.

발레-아틀란티크의 내한공연

발레-아틀란티크는 레진느 쇼피노가 이끄는 프랑스 현대무용단이다. 유럽 의 현대무용가답게 그녀는 독특한 작품을 선보였다. <성 조지> (1994. 6. 1-2, 토월극장)는 중세에 건축된 건물에 새겨진 조각과 부조의 형상을 되살리는 작 업이었다. 교회의 장식물로는 성모·예수·천사만 있는 것이 아니다. 악마· 뱀·반인반어·대마귀를 비롯해 지금은 잊혀진 잡다한 형상들이 있다. 이 형 상들을 나열하고 조화시켜 가는 과정에서 보인 특징적 포즈는 중세의 신비를 찾아내는 쇼피노의 노력이었다.

모자이크로 장식된 무대 위에 선 무용가의 모습은 그 자체가 조각된 형상이 고 중세풍의 서사시 운율에 따라 형상은 다양하게 변화된다. 그 형상을 재현함 으로써 그 시대의 정서를 느껴 보려는 인류학자의 모습 같기도 하다. <성 조 지>라는 제목은 중세의 통합된 이미지로 붙여졌다. 따라서 성인의 흔적이나 일대기와는 무관하다. 조각된 기괴한 모습들을 찾아내는 것 자체가 춤이자 작 품이었다. 이 소재를 다루면서 새롭게 발견한 몸짓들이 쇼피노의 무용세계였 고, 안무자의 독특한 시각을 보는 것이었다.

그러나 새롭다는 시각을 벗어나 살핀 무대는 지루했다. 소재 발견이 곧 성공 적인 춤무대와 연결되지는 않기 때문이다. 지루함을 끝까지 고집한 작가의 용 기는 평가되지만 무용공연장이 세미나 교실을 벗어나지는 못했다. 로마네스크 양식에 조예가 깊지 못한 이유도 있겠으나 공연 내내 계속되는 포즈의 변형은 그녀의 연구 결과를 주입시키는 데 불과했다. 이사도라 던컨이 그리스 신전이나 도자기의 모습에서 의상과 움직임을 따오고 이를 춤으로 엮어 고대의 추상적 풍성함을 나타내려던 시도를 생각한다면 중세의 교회가 춤에 들어오는 것도 낯설지만은 않다.

그럼에도 불구하고 디자이너 장-폴 고티에의 탁월한 중세적 색감마저 어두운 조명에 가려진 아쉬운 무대였다. (『예술세계』 1994. 7월호)

서울발레시어터 창단 공연

김인희를 단장으로 서울발레시어터가 창단 공연(1994. 6. 15–16, 문예회관 대극장)을 가졌다. 레퍼토리는 제임스 전이 안무한 〈세 순간〉 〈도시의 불빛〉 〈현존〉과 이 단체의 고문인 로이 토비아스 작 〈뉴 와인〉이었다. 상임 안무자 제임스 전은 그 동안의 무대를 통해 이미 능력을 인정받았고, 발레 계열의 독보적인 신세대 안무가라는 평판이 기정 사실화된 상황인 만큼 이들의 무대는 오래 전부터 기대를 모았다.

〈뉴 와인〉은 포도 수확이 풍부한 문화권에서 흔히 볼 수 있는 포도주 시음의 날에 있을 법한 상황과 춤을 접목시킨 작품이다. 프랑스에서는 매년 그해 생산된 포도주를 시음하는 행사가 있는데 이 시음일에는 각 레스토랑이 붐빈다는 사실을 새삼 떠올렸다. 결혼식과 그에 수반된 사건을 재미있게 전개시켰던 로이 토비아스의 다른 작품과 같은 맥락에서 이해되는 것으로, 마임의 내용 전달과 서정적인 발레기교 위주로 전개된다. 한 남자의 상상 속에서 등장한 이상적인 여인인 김인희의 건재함을 재확인하는 작은 기쁨을 선사한 무대였다.

〈세 순간〉은 발란신의 〈세레나데〉와 비슷한 구조로, 음악에 의한 분위기의 변화를 춤으로 강조한 작품이다. 더욱 경쾌한 움직임에서 현대적인 감각이 발견된다. 최광석·조현경·황정실 같은 무용가들이 분위기를 즐기면서 춤추는 모습에서는 무용가와 안무가와 트레이너의 궁합이 얼마나 중요한 것인가를 새삼 느끼게 한다. 제니 할마슨이나 이인기처럼 이미 이 발레단의 느낌을 체현하는 무용가들과 더불어 새로운 단원들의 적응력면에서 성공적인 무대였다.

〈뉴 와인〉이나 〈세 순간〉이 발레라는 장르의 서정적인 아름다움을 강조했다면 〈도시의 불빛〉이나 〈현존〉은 춤의 엑스터시를 담아냈다. 〈도시의 불빛〉은 이미 여러 차례 공연된 만큼 이번 공연에서는 그 이전의 열기를 유지하지는 못했지만 로돌포 파텔라의 스페인적 재즈춤은 언제 보아도 열광하기에 충분한 무엇을 담아내, 마치 이 작품이 그를 위해 안무된 듯한 착각을 일으킬 정도여서 더 이상의 연기와 기량을 요구한다는 것이 불가능할 정도로 완벽하다.

이 춤의 매력은 발레의 기교면에서 탁월한 무용가들이 그 탁월함을 숨기고 원초적인 감각에 심취한 듯한 야한 분위기를 발산하는 데 있다. 그래서 발레의 기교를 중요시하는 작품보다 어렵고 즐거운 일면이 확실히 강조되는데 그 연기가 자연스럽지 못할 경우 작품의 매력 자체가 흔들린다. 초연에서 보인 출연진의 일체감을 회복하는 작업이 서울발레시어터의 어려운 과제로 보였다.

〈현존〉의 무대는 건물의 옥상이다. 오토바이를 타고 거리를 질주할 듯한 반항적인 기질의 젊은이들이 군집해 있다. 그 안에서 사랑과 질투와 죽음과 슬픔이 교차된다. 무거운 주제와 내용을 현대적인 상황의 엔터테인먼트로 꾸민 시도가 이 작품의 특색이었다. 랩 가수가 착용하는 마이크를 사용해서 거친 숨소리가 강조되고 그와 어울리는 거친 도약이 방황하는 젊은이들의 고통스런 모습을 연상시킨다. 긴 외투자락을 펄럭이며 무리를 이끄는 로돌포 파텔라, 몸매가 드러나는 검정색 의상과 흐트러진 머리칼을 강조하는 연은경·강세영·김서명은 이 느낌을 명확하게 보이게 하는 탁월한 연기자들이다.

그러나 붉은 드레스와 하얀 꽃을 들고 등장하는 김인희의 출연으로 기대되는 난폭한 감정의 정리와 비애를 동반한 감동은 안무자의 예상에 미치지 못했던 것으로 보인다. 무대를 꾸미는 사람들의 공통적인 경험이기도 하지만 생각이나 의도가 시각적으로 나타났을 때 발견되는 거리감 같은 것이다. 인간의 존재에 대한 가벼움 혹은 무거움을 내놓고 교감하기에는 구체적인 상황 묘사에서 우선적으로 정리되어야 할 연출적 기교가 필요해 보였다.

서울발레시어터는 이미 1992년부터 김인희·제임스 전 발레 공연을 몇 차례 가졌고 관객과도 친숙하지만 이번 창단 공연에는 긴장감이 감도는 특별한 의미가 있다. 우선 이번 공연단이 일시적으로 결성되었다가 해체되는 일회용 단체가 아니라는 점이 이 긴장감의 핵심인데 개인의 힘으로 대규모 발레 단체를 유지한다는 것이 거의 불가능하다는 사실, 그럼에도 불구하고 누군가 해야 한다는 생각, 그리고 김인희·제임스 전이 그 누군가로서 적임자라는 현실 등이 만들어낸 복합적인 느낌이다.

다른 한편으로는 서울발레시어터의 창단은 순리에 따른 결과라는 생각도 하게 되는데 선화예중과 예고를 거쳐 유니버설발레단에서 활동하던, 전문가로 길러진 일군의 무용가들이 새로운 스타일의 춤과 작업 분위기를 찾아 독립했다는 측면에서이다. 무용을 좋아하는 사람들이 공통적으로 걷게 되는 행로이지만 전문가 문화가 정착되지 못한 우리 무용계에서 그들이 감수해야 할 어려움은 적지 않을 것으로 보인다.

전문가적 견지에서 김인희는 한국의 1세대 발레리나다. 타고난 유연성과 감정 처리 능력이 빼어난 선천적 조건에 체계적인 발레교육 시스템과 모나코 왕립발레학교 유학을 거친 후 발레리나로 활동해 왔다. 또한 발레 교사로서 자신의 체험을 전달하는 역할을 하고 있다. 너무나 당연하게 보이는 한 무용가의 이력이 1세대 발레리나의 것이라는 사실은 한국무용계의 특수성을 입증하는 부분이다.

대학의 무용과를 중심으로, 그 교수와 학생들을 주축으로 해 단체가 결성되어 온 우리의 현실은 단체 결성이 쉽고 양적으로 풍부한 반면, 무대의 수준이 저급하고 교수 개인의 예술적 능력을 객관적으로 평가할 수 없는 자비 공연이 반복되어 많은 개선 대책을 필요로 하고 있다.

이러한 상황에서 특수하게 길러진 그들이 자라나 이 현실을 극복하고자 하는 것은 생존과 직결된 문제이며, 선화가 뿌린 씨앗의 열매인 셈이다. 발레에 관한 한 이들은 최고의 지식을 갖춘 전문가이지만 우리의 현실은 '악화가 양화를 구축한다'는 묘사와 다를 바가 없는 경우가 허다하다.

이러한 시각에서 볼 때 서울발레시어터의 창단은 한국발레 역사에 커다란 의미로 남게 될 것이다. 또한 이들의 존속이 결코 쉽지 않을 것이라는 우려도 깊은 것이 사실이다. 이들은 단지 김인희·제임스 전이라는 개인이 아니다. 우리 무용계의 성숙도를 실험하는 상징적인 단체라고 보아도 좋을 것이다. 이 단체가 춤을 진정으로 사랑하는 젊은이들의 터전이 되어 이로부터 또 다른 무용단들이 나타나기를 진심으로 바란다.(『객석』 1994. 7월호)

22

신춘 무용 3편

— 국립발레단 〈카르미나 브라나〉·국수호 〈명성황후〉·정귀인 〈어머니의 등〉

국립발레단 〈카르미나 브라나〉

캐나다 그랑발레단의 페르난드 놀트 작 〈카르미나 브라나〉는 국립발레단이 심혈을 기울인 무대(1994. 4. 14-21, 국립극장)였다. 원작자의 초청은 신뢰감을 주기에 충분했고, 김인희·연은경·문영철·제임스 전·이인기 같은 새로운 스타 확보는 무대에 안정감과 활력을 불어넣었다. 또한 국립합창단과의 합동공연을 요했던 작품 선정 자체에서도 신선한 감흥을 선사했다. 중세에 씌어진 시 모음집을 토대로 칼 오르프가 작곡한 발레 합창곡은 그 자체가 이미 안정된 조화였기에 성악과 무용의 결합에서 오는 어색함이 전혀 없었다.

국립발레단 〈카르미나 브라나〉 중 '오 운명의 여신' 1994. 4. 14-21, 국립극장

신의 압제(해석자인 성직자)와 인간의 분방함이 치열하게 대립된 시대가 중세였다면 — 움베르토 에코의 『장미의 이름으로』를 보더라도 — 그 시대의 인간들은 더 복잡한 정신적 갈등구조를 경험했을 것이다. 신에 대한 두려움, 그로 인한 찬양, 인내하기 어려운 금욕, 계율의 이탈, 광적인 자해 행위, 이와 상반되는 서정적 사랑이야기에의 의도적 도취가 중세의 특징이기 때문이다. 무용광·무도병 등의 정신착란 증세도 중세의 유물로 입증된 사실이다.

따라서 작자 불명인 시의 내용은 자조적이다. 이에 비해 음악과 발레는 찬양과 서정적 사랑을 강조하고 술집의 구워진 통닭 장면 같은 익살을 가미했다. 이미 30년 전에 초연된 페르난드 놀트의 작품은 명작의 불변하는 감동을 간직하고 있어 국립발레단과 합창단의 레퍼토리로 보존될 가치가 있어 보였다.

〈카르미나 브라나〉에 가려진 〈디베르티스망 글라주노프〉는 기교의 아름다움을 요하는 프티파 원작이다. 조금의 여지도 없이 춤실력이 드러나는 디베르티스망에서 본 군무진의 기량은 향상되고 있었다.

국수호의 〈명성황후〉

서울시립무용단의 〈녹두꽃이 떨어지면〉(1994. 4. 19-20, 세종문화회관)과 국수호의 〈명성황후〉(1994. 4. 22-24, 국립극장)는 동일한 시대적 배경을 다룬다. 동학혁명과 을미사변은 나란히 등장하는 우리 역사인 만큼 두 사건의 피해자와 가해자는 공통분모를 갖는다. 그러나 춤으로 꾸며진 두 무대는 판이하게 다를 뿐만 아니라 각기 독창적인 볼거리 제공에서 성공적이었다. 시립무용단이 현대적 감각의 대형 스펙터클로 한국춤을 세계 무대 수준으로 올렸다면 국수호는 전통의 화려함을 강조해 우리 문화의 재발견을 유도했다.

〈명성황후〉는 일본의 가부키를 보면서 느껴야 했던 위축감을 어느 정도 만회시켰다. 무대 자체가 주는 화려함, 고풍스러움, 세련미의 조화 때문이었다. 살해와 시신의 불사름으로 가려진 영원한 미스터리나 대원군과의 갈등, 고종의 무력함은 이미 알려진 사실대로 춤사위에 의한 극적 대결로 보여진다. 최현의 중후함과 김현자의 요염한 연기력은 상호보완적으로 긴장감을 유지시켰다.

국수호 〈명성황후〉 1994. 4. 22-24, 국립극장

이 긴장감 속에서 떠오르는 생각은 민비에 대한 역사적 시각이 가부장적인 왜곡일 수 있다는 점이었다. 전봉준의 실패한 혁명처럼 민비의 살해 원인도 달리 해석될 가능성이 있지 않을까, 특히 허구나 비사실이 인정되는 무용의 세계라면 매력 있는 탐색이 될 것 같았다.

사실에 입각한 구조 안에서 국수호는 민비의 죽음과 그 비통했던 현실을 음악과 군무진으로 풀어 나간다. 모차르트의 「레퀴엠」을 해석하는 그의 연출 감각은 뛰어난 극적 효과를 가져왔다. 가면을 쓴 여러 무리의 교차는 시대상의 묘사로, 두려움으로, 부끄러운 한숨으로 보였다. 비참한 역사를 격조 있는 공연예술로 꾸민 능력은 새로운 감각이었다.

정귀인의 〈어머니의 등〉

제1회 무용예술 안무상 수상기념 공연작으로 정귀인은 〈어머니의 등〉 (1994. 6. 1-2, 포스트극장) 을 선택했다. 어머니에 대한 주관적 감상들과 동시대 여성들의 삶에 대한 집착이 객관적 시각으로 추출된다.

이를 파고들면, '어머니의 희생 콤플렉스'에 시달리는 현대 여성이 부각된다. 세대가 바뀌면서 가없는 어머니의 희생을 재현할 수 없는 어머니 세대가 탄생한 때문일 것이다. 동시에 비인격적인 복종과 인내를 비판하는 조용한 문제 제기도 담겨 있다.

그녀가 보여준 움직임과 슬라이드에서는 생존을 위한 몸부림이 발견된다. 인간의 망각이란 얼마나 엄청난 것인가를 확인시키는 작업이기도 했다. 젖을 빼는 4-5세 가량의 아이들, 원을 이루고도 모자라는 물지게 행렬, 빨랫줄을 바치는 장대가 보일 때 기억의 한 부분이 깜짝 놀라 돌출된다.

정귀인은 딸이 되기도 하고 어머니가 되기도 한다. 군무진 또한 주인공과의 교류를 꾀하므로 전반부의 주체는 묘연하다. 그러나 후반부로 접어들며 주제가 확연하게 드러난다. 절정은 어머니의 무덤을 찾는 딸의 모습이었고, 관객들은 숙연해진다. 한 편의 시라도 나올 듯이 격앙된 분위기에서 끌어낸 단어들은 감미로웠다. 어머니의 위대함이여! 사라져간 여성들의 위대함이여! 여성의 위대함이여… ! (『무용예술』 1994. 7월호)

니콜라이–루이 무용단 공연

불가사의한 능력의 안무가로 알려진 얼윈 니콜라이의 작품들이 한국에서 공연되고 있다. 제4회 아메리칸 댄스페스티벌 한국 행사(1994. 8. 1–12, 문예회관 대극장)의 일환이다. 1993년 별세한 그의 작품들이 이제는 천재의 유물로 공연된다는 사실이 감흥을 더해 주기도 했다.

20세기 후반의 무용계는 거장들의 시대였다고 해도 과언이 아니다. 춤이 어떤 줄거리 혹은 표현력을 담아내는 기존의 무용관을 탈피한 독창적인 세대가 각기 일가를 이뤄냈다. 대표적 인물 중 하나인 니콜라이는 '환상의 공간' 꾸미기에서 춤의 매력을 찾으려 했다. 움직이는 그림, 그것도 무대 크기의 거대한 캔버스가 '색채의 마술사–니콜라이'에 의해 조종되는 현장을 상상한다면 감상의 반은 진행된 것이다. 이번에 공연된 작품 〈도가니〉는 대표적 예가 된다. 어둠 속에서 경사진 거울을 통해 보이는 인체는 우주 공간을 경험하는 환각을 불러일으킨다.

고도의 조명술 외에도 그가 사용하는 공간 꾸미기 기법은 다양하다. 마술·인형극·리본놀이까지도 작품의 소재가 된다. 〈장력의 연루〉는 1955년의 작품이다. 하지만 지금도 그 계산된 화려한 리본의 움직임을 능가할 인재는 찾기 어려울 것 같다. 니콜라이의 이러한 취향은 무용공연장을 경이롭고 흥미로운 볼거리가 있는 장소로 정착시켰다. 그러나 비판도 적지 않았다. 인간을 도구화하고 개인의 인격을 말살시켰다는 사실이 지적된 것이다. 무용가들은 종종 얼굴을 가린 채 특별한 춤동작의 연기도 없이 안무가의 그림붓이나 움직이는 물체처럼 등장했기 때문이다.

1989년 니콜라이는 제자이기도 한 머리 루이를 공동 예술감독으로 인정함으로써 자신의 취약점을 보강한다. 상반되는 안무 경향으로 명성을 얻은 루이의 특징은 신체 각 부분의 미세한 움직임까지도 춤의 테마로 하고 거기에 해학을 가미한 작품을 만드는 데 있다. 그러나 이번 무대에 올려진 <브루백의 4개 소품>은 음악의 흐름에 따라 움직임을 즐기는 극히 평범한 전개였다. 루이의 개성이 확연히 드러난 작품이었다면 이번 무대는 더욱 화려해질 뻔했다. 아울러 니콜라이의 두 작품에서는 문예극장이 협소했음을 아쉽게 생각한다. 환상의 묘미나 색조의 변화를 살리기 위해서는 더 여유 있는 공간이 필요했다.

(『한국일보』 1994. 8. 5)

'94 ADF 초청 무용단

— 니콜라이-루이 무용단과 샤피로-스미스 무용단

'94 ADF(8. 1-12, 문예회관 대극장)에 초청된 두 무용단은 공교롭게도 각기 두 사람의 이름을 단체명으로 부각시키고 있다. 얼원 니콜라이와 머리 루이가 스승과 제자 혹은 춤동반자의 사이로 서로의 예술적 감각을 공유하는 사이라면, 다니엘 샤피로와 조아니 스미스는 같은 배경 아래서 성장한 부부로서의 일체감을 앞세운다. 같은 배경이란 이들 부부가 머리 루이 무용단원으로 7년간 활약한 후 독립했다는 이력을 두고 하는 말이다. 결국 이번 공연은 할아버지·아버지·아들의 춤이 나란히 보여진 무대였다. 조상만한 후손을 만나지 못한 아쉬움과 몇몇 작품 선정이 충분한 만족감을 주지는 못했지만 한국에 앉아 미국의 춤계를 다소나마 경험하게 하는 아메리칸 댄스페스티벌은 지적 갈증에 대한 유일한 해소책으로 자리잡고 있다.

4개의 프로그램 중 〈텐트〉는 니콜라이의 모든 특징이 압축된 수작으로, 전 공연의 절정을 장식했다. 우주쇼를 보는 듯한 환상적인 조명술, 텐트의 다양한 변형으로 초래되는 공간의 변화, 의상과 가면을 이용한 기괴한 분위기 조성은 니콜라이의 명성에 걸맞은 후련함을 남겼다. 니콜라이가 전생애를 통해 남긴 작품의 형태는 그 누구보다도 다양하다. 춤과 춤 아닌 춤무대를 넘나들기 때문이다. 〈텐트〉나 〈도가니〉의 경우는 인간의 신체와 그 움직임이 상위의 목적을 위한 도구가 된다. 환영이 판을 치는 신비의 세계, 그 세계는 니콜라이가 만들어내는 '움직이는 캔버스'이자 그가 추구하는 궁극적 목표가 된다. 따라서 무용가가 움직이는 목적이 대부분의 다른 춤들과 매우 다르다. 오늘날에야 그의 독창성을 쉽게 인정하고 그의 기법을 모방하는 안무가들이 등장했지만 20세기초 로이 풀러가 조명기구와 흰색 천으로 무대를 꾸몄을 때부터 춤이냐 아니냐라는 공방은 끊이지 않았었다.

이처럼 무용가들이 그림 도구로 사용되는 작업 스타일은 춤기교에 박식하지 못한 그의 이력과 더불어 반감을 가속시켰다. <장력의 연류>나 마술 도구를 사용한 작품, 혹은 특수의상에 의해 사람이 가려진 작품 등은 결과적으로 그에게 춤이 있는 무대를 강요한 배경이 된 듯하다. 그러나 <인공조직>이나 <잿빛도시>는 니콜라이의 천재적 재능을 입증해 주지 못하는 또 다른 부류의 작품이자 소위 말하는 춤이 있는 작품군이다. 이 방면에 재능 있는 다른 안무가에 비하면 평작 수준에 불과하다.

니콜라이의 이러한 난제를 해결하기 위해 등장한 사람이 바로 머리 루이로 보인다. 인간의 신체를 부위별로 움직이며 그 다양한 가능성의 발견을 춤으로 보였던 젊은 날의 작품에는 익살과 진지함과 번득이는 기지가 넘쳐 흐른다. <스트라빈스키 몽타주>는 음악의 성격에 따라 개별적이고 특징적인 움직임이 인상적이었다. 장면 연출과 그 연결은 안무가의 생각을 미루어 짐작할 수 있는 재미를 선사하는 수준작이다.

샤피로-스미스 무용단은 진지함이 보이는 연구 실험중인 단체였다. 니콜라이나 루이에 비한다면 독자성 확보에는 도달하지 못했으나 춤기교와 지적 사고능력을 조화롭게 겸비해 나갔다. 군용담요나 소파, 평상을 이용해 춤의 활력을 배가시키거나 출중한 춤솜씨를 강조하는 스타일로 평범함 속에서 재능을 발휘했다. 이 가운데 두드러지는 소재 역시 일상적이고 평범한 삶의 이야기들로 <핵가족> <조지와 베티의 집>은 무용단의 성격을 나타낸다. 드라마 있는 기교의 과시, 센스 있는 동작 배분과 더불어 선량한 인간성을 느끼는 즐거움도 있었다. (『객석』 1994. 9월호)

국립발레단의 〈해적〉

루돌프 누리예프와 마고트 폰테인이 〈해적〉 그랑 파 드 되를 추었을 때 뉴욕의 관객은 20여 분간 환호와 갈채를 보냈다는 일화가 있다. 그들의 기량도 뛰어났지만 그보다는 강인하고 생동적이며 누구에게나 이국적인 호기심을 느끼게 하는 〈해적〉의 매력 때문으로 생각된다. 이런 이유로 우리 발레계의 남성들 또한 〈해적〉을 즐겨 왔다. 그러나 모두 파 드 되나 솔로에 그쳤고, 춤의 맥을 이해할 수 있는 전막 공연은 이번이 한국 초연이다.

국립극장에서 공연된 〈해적〉(1994. 9. 9-14)은 무더웠던 여름을 극복한 더 큰 열기를 뿜어내고 있었다. 모든 단원의 의욕이 안정감 있고 화려한 무대를 꾸며냈음이 한눈에 들어왔다. 특히 노예상인(이작)역 신무섭, 그리스 소녀(귈나라)역 스페트라나 최, 선장(비르반토)역 제임스 전은 각기 기량과 연기의 조화로 제몫을 해내 이번 무대의 스타로 부각됐다. 이들의 연기에 극적 분위기를 더해 준 금난새의 연주 또한 발레 공연에서는 보기 드문 부조였다.

그러나 이면에서는 근본적 해결책을 기다리고 있는 문제점들도 발견된다. 버전(작품 해석력)이 불분명한 점에서 시작된 미흡함이 작품 전반에 걸쳐 드러나고 그리스와 터키 복장의 디자인과 색감은 수준 미달이었다.

〈해적〉이 〈백조의 호수〉보다 덜 유명한 이유를 찾으면 연출이 어렵고 극 전체의 집중력이 떨어진다는 사실을 쉽게 발견하게 된다. 일례로 키로프발레단의 〈해적〉 역시 다른 작품에 비해 산만한 느낌을 주었는데, 피아를 시각적으로 구분하기 어렵고 지나치게 많은 인물들이 등장하기 때문이다.

이러한 특성상 관객이 줄거리를 좇아갈 수 있는 마임과 감정 설명이 발레기교 못지않게 중요하다. 고갯짓 한 번이 던진 의미로 모든 것이 이해될 수 있는 위력은 마임만이 지닌 불가사의이기 때문이다. 매번 경험하게 되듯 이번 무대 역시 이러한 분위기 전환의 미적지근함이 작품의 맛을 잃게 했다. 맛이 없는 발레는 같은 재료와 조리법으로 만든 평범한 요리처럼 매력이 없다.

해결책은 간단하다. <해적>에 능통한 요리사를 초청하는 것이다. 그러나 이 간단한 문제를 재정 상태가 감당을 못한다고 한다. 이런 상황이 계속되는 한 국립발레단의 선택폭은 명확해질 수밖에 없다. 레퍼토리 확장을 포기하거나 아니면 매력 없는 공연으로나마 만족하는 것이다. 그나마 이번 무대의 화려함과 안정감이 후원회와 예술감독이 발로 뛴 결과임을 생각하면 투정부릴 면목도 없다. <해적>을 본 후 며칠 동안 답답했던 이유를 이제야 알 것 같다.

(『한국일보』 1994. 9. 16)

'94 광주 국제발레페스티벌의 의미와 성과

— 타니 모모코발레단·스타니슬라브스키발레단·광주시립발레단·조프리발레단 외

광주의 발레는 오랜 전통과 인재 배출로 유명하다. 특히 광주에서 발레를 전공하고 있는 모든 이들은 지위의 고하를 막론하고 이 사실에 대해 대단한 자긍심을 갖고 있다. 어쩌면 이 자긍심이 서울을 비롯한 타 도시에서는 엄두조차 내지 못했던 발레 축제를 주관하게 했을 것이다.

광주무용아카데미에서 주관하고 문예진흥원과 광주시를 비롯해 몇몇 기업체의 후원으로 열린 이번 행사(8. 8–17, 광주 문예회관)는 한국 최초·최대의 국제행사로 기록되어도 좋을 화려함과 짜임새를 갖추고 있었다. 행사는 발레 연수와 공연으로 크게 분리되었고, 발레계의 미래를 생각하는 심포지엄도 있었다. 대부분 한 사람의 교수 초청으로 이뤄졌던 단기간의 연수 행사들에 비한다면 강사진의 질과 양에서 세계적 수준에 도달했고, 유명 레퍼토리의 하이라이트를 선보이는 갈라 공연 또한 수준급이었다.

러시아 크렘린발레 안무가인 바딤 테제체프, 이스라엘 태생의 안무가 이갈 페리를 비롯 9명의 교수진이 클래식을 위주로 캐릭터와 재즈 클라스까지 망라했고, 전국 각지에서 모여든 학생들은 흥미 있는 강의실에서 하루 종일 배울수 있었다. 열기에 찬 연습실을 둘러보며 격세지감을 느끼는 30대들이 상대적으로 불행하다는 생각을 지울 수 없었다. 해외여행이 활성화된 이후의 세대이므로 그 이전 세대보다야 낫겠지만, 한 번의 연수를 위한 시간적·경제적 투자와 문화적 이질감까지 경험해야 했던 기억들도 새롭다.

450여 명 학생들이 배움의 열기를 발산하고 그 분위기에 젖어 드는 모습을 한국에서도 볼 수 있다는 사실이 중요했다. 짧은 열흘간의 경험이 그들의 진로에 커다란 영향력을 미칠 가능성은 크다. 더 많은 배움의 욕구를 유발하게 되어 있는 것이 무용 연수임을 생각한다면 학생들의 시야를 넓혀 준 중요한 계기 제공만으로도 커다란 성과였다. 이를 앞질러 욕심을 부린다면 외국인의 유치

도 생각해 볼 수 있다. 학생들이 특정 교수의 수업을 계속 받기 위해 페스티벌에 동참하는 일이 일반화되어 있으므로 외국 학생의 참여를 유도하기 위한 정책적 배려도 필요하다. 동시에 우리 교수진의 수준 향상을 위한 노력도 병행되어야 할 과제로 남아 있다.

이번 연수는 지방도시에서 열린 전국 규모의 행사라는 데도 큰 의미가 있었다. 광주시립무용단의 박금자 교수 개인의 연륜과 인맥이 전국을 하나로 묶는 구심점으로 작용했다. 전국의 거의 모든 대학들이 공연과 연수에 참가했음은 간과할 일이 아니다. 또한 광주시 지도자들의 적극적 협조를 빼놓을 수 없었다. 발레와 광주를 앞세운 세계적 페스티벌의 화려함 뒤에는 감히 누구도 감당하려 하지 않았던 노력과 희생이 있다. 발레를 향한 광주인의 자긍심과 노력과 희생이 있는 한 광주는 최고의 발레 도시로 기억될 것이다.

발레 연수와 별개로 진행되는 갈라 콘서트는 축제의 즐거움을 만끽하는 무대였다. 외국의 경우 연수나 공연 중 하나에 중점을 두는 데 비하면 이번 광주 행사는 일석이조의 기쁨을 제공한 셈이다. 모두 8개 단체 중 광주시립과 유니버설을 제외한 6개 단체는 일본·미국·중국·러시아에서 초청됐다. 각 단체 간의 크고 작은 실력 차이를 인정하더라도 전체적 공연 수준은 훌륭했다.

일본 타니 모모코발레단의 〈호두까기인형〉 중 그랑 파 드 되는 일본 발레리나들의 특기인 교태와 아플롬브(동작중의 정지), 회전의 묘미를 사탕요정의 춤에서 다시 한번 확인시켰다. 스타니슬라브스키발레단의 〈빈사의 백조〉는 발레리나의 빼어난 체격 조건과 어울리는 무대였다. 스페트라나 최는 몇 년전 한국 공연으로 이미 알려진 발레리나다. 사실적 표현보다는 외형적 포즈에 중점을 두는 연기는 러시아 발레가 추구하는 정형미를 확인시켰는데 특히 앉아서 날갯짓하는 백조의 모습은 흉내내기 어려운 그들만의 아름다움이었다.

광주시립발레단의 〈돈키호테〉 그랑 파 드 되는 데블로페(다리를 들어올리는 기교)의 탄력이나 포엥트(발끝으로 선 자세)의 안정감, 무대 매너의 성숙도면에서 놀라운 성장을 보였다. 조프리발레단의 〈전주곡〉(Three Preludes)은 이갈 페리가 이번 축제를 위해 안무한 것으로 클래식을 벗어난 색다른 작품이었다. 드뷔시 음악의 독특한 인상들이 조용한 몸짓들로 나타났다. 조프리발레단의 특징을 고수한 모던 발레 계열로 안무자보다는 발레단의 이미지가 강조됐다.

유니버설발레단의 파랑새 파 드 되는 〈잠자는 미녀〉 3막에 나오는 솔리스트의 춤이다. 곽규동의 브리제 볼레(새처럼 나는 동작)는 가벼움과 부드러움을 겸비한 연속 동작으로 고도의 기교를 과시했다. 러시아 국립발레단의 〈해적〉은 주인공의 외모에서 부조화가 두드러졌다. 특히 남자 솔로는 기교의 정확성보다는 순간의 기분에 치중해 있었다. 반면 발레리나의 순간적 정지 호흡은 빼어났고, 완벽한 32번의 푸에테(지탱하는 다리 주위로 반대 다리를 돌려가며 제자리에서 도는 동작)는 세계무대에서도 보기 드문 기교였다.

중국의 발레가 상당한 수준에 올라 있음은 풍문으로 들은 바 있고 실제 파리 국제콩쿠르에서 최고상 수상 장면을 지켜보면서 확인한 바 있지만 베이징 센트럴발레단의 〈지젤〉 공연은 뜻깊은 초청이었다. 발레리나의 외모는 윌리로서의 지젤로 적격이었다. 가냘픈 목선, 길고 곧은 팔과 아름다운 발목이 그리는 우아한 선은 신선한 지젤로 부각됐다. 그러나 동체의 사용이 호흡과 일치하지 못하는 답답함이 아쉬움으로 남았다. 알브레히트 역의 이전신은 기교에 완벽을 기하는 신중함을 보여 안정감을 살려냈지만 연기면에서는 배역과의 일체감이 떨어졌다.

볼쇼이발레단의 〈잠자는 미녀〉 그랑 파 드 되에서는 뜻하지 않은 인재를 발견했다. 안드레이 우바로프라는 1971년 모스크바 태생의 프러미에 당쇠르(제1 무용수)다. 발레리나에 비해 발레리노의 탄생이 저조한 현실에서 눈이 번쩍 뜨이는 인물이었다. 그는 한마디로 모든 것을 고루 갖춘 발레 댄서였다. 무용은 만인이 할 수 있지만 발레는 그렇지 못하다. 발레가 지닌 장단점을 모두 수용할 신체적 조건부터 따지는 것이 당연한 과정이다. 그의 외모는 귀족의 역할에 적합한 조건을 갖춰 소위 말하는 당쇠르 노블(귀족적인 무용가)에 적합했다. 또한 도약과 착지의 완벽함은 보기 드문 최고 위치에 도달해 있었고 연기력 역시 수준급으로 세계 어느 무대에서도 쉽게 만날 수 없는 발레계의 샛별이었다.

　갈라 공연을 지켜보며 발견한 관객의 문제점 역시 지적하지 않을 수 없다. 박수갈채와 열광은 좋지만 공연중에 환호해서 지젤의 균형을 깬다거나 푸에테에 박수로 박자를 맞추는 일은 매우 위험한 일이다. 관객이야 음악에 맞춘다지만 발레리나의 호흡을 강제로 리드하게 됨으로써 실수를 유발하게 된다. 또한 기계적 기교만을 발레의 전부로 생각하는 자세도 생각해 볼 문제였다.

　세계적 축제로의 활성화가 예정된 광주의 이 축제는 페스티벌과 콩쿠르를 격년제로 계획하고 있다. 그러므로 내년에는 국제발레콩쿠르가 개최될 예정이다. 볼쇼이발레단의 예술감독 유리 그리고로비치가 심사위원장을 맡게 될 이 콩쿠르는 심사위원의 명성과 타 콩쿠르를 능가하는 상금 확보로 권위를 높일 예정이다. (『무용예술』 1994. 10월호)

〈펠레아스와 멜리장드〉가 지닌 매력

영국인의 사랑이야기를 「로미오와 줄리엣」으로 꼽는다면 불어권에서 대응할 만한 작품은 단연 「펠레아스와 멜리장드」다. 셰익스피어가 사회적 배경이나 사건 전개, 두 연인의 상황을 구체적으로 설명했다면 메테르렝크는 이 모든 것을 교묘히 은폐시키고 인간의 심리묘사에 중점을 둔다. 폭풍우 속에서 나타난 멜리장드는 이름만을 밝히는 신비한 존재로 일관한다. 호수에 빠진 왕관이 신분을 암시할 뿐이다. 골로의 부인이 되어 펠레아스가 있는 성으로 들어오던 날 비극이 싹트고 그 속에 담긴 진실은 영원히 수수께끼로 남아 있다.

드뷔시는 이 아름다운 시구들을 오페라로 만들었다. 춤과 드뷔시를 연결시켜 볼 때 가장 대표적인 작품이 〈목신의 오후〉라고 생각되는데 그 특이함을 창출하는 음악성이 오페라계에도 혁신을 불러일으켰으리라. 〈목신의 오후〉는 춤계에 인상과 상징의 방법론을 제시한 작품으로, 20세기초 현대적 개념의 안무 기법이 최초로 나타난 작품으로 평가된다. 말라르메의 시가 소재였지만 드뷔시의 독특한 인상주의 음악이 만들어낸 새로운 춤임은 부정할 수 없다.

같은 맥락으로, 드뷔시의 〈펠레아스와 멜리장드〉는 기존의 오페라와는 사뭇 다르다. 아리아를 강조하는 스펙터클한 무대 일색에서 벗어나 개인의 심리와 그 상황을 묘사하는 데 중점을 둔다. 더 서정적이고 섬세한 아름다움이 있고, 사건의 결말이 모호한 채 전개되는 과정에서는 긴장감도 느껴진다.

메테르렝크의 원작에 대해 문학자들은 그의 작품을 상징주의 계열로 규정한다. 대화 속에서 암시되는 이미지들을 이 작품 특유의 매력으로 집어낸다. 백조떼를 쫓는 사냥개의 모습에서 두 연인의 미래를 점치게 하거나 '나는 떠날 거예요'라는 말을 짬짬이 반복하는 펠레아스의 대사에서 그의 죽음을 예견하고 있다는 해석이다. 이처럼 말 속의 말이 지닌 의미들이 부각되는 심리극이라는 측면과 줄거리 자체의 단순성을 그대로 받아들여 중세의 멜로드라마로 보는 측면이 공연무대를 꾸미는 주류가 되었다. 연극 연출에서의 이러한 두 측면이 <펠레아스와 멜리장드>라는 작품을 고전극과 현대극, 혹은 미래의 연출까지도 가능하게 만드는 원인이라고 생각된다.

오페라 연출에서도 역시 더 많은 자유와 실험을 허용한다. 때로는 성장(盛裝)을 한 주인공들이 숲속이나 성안 같은 사실적 배경에서 연기하는가 하면 때로는 정장 차림의 오페라 가수들이 드뷔시의 음악만을 연주하기도 한다. 서울오페라앙상블에서 기획한 댄스오페라 <펠레아스와 멜리장드>는 이러한 다양성을 감안하더라도 획기적인 발상이 아닐 수 없다. 희곡에는 춤을 지시하는 부분이 전혀 없지만 무언극이며, 상징성이 강한 춤이야말로 이 작품의 묘미를 살리는 데 적격이라는 생각 때문이다.

이 작품을 소재로 포레·쇤베르그·시벨리우스 같은 음악가들이 작업했듯이 무용가들도 다각적인 방법으로 접근한 바 있다. 이루어지지 못한 순진한 사랑이나 인간의 본능인 질투라는 감정이 노골적으로 드러나는 장면들, 멜리장드가 죽어 가며 세상에 남기는 7개월된 딸아이의 울음소리는 아마도 극화하기에 매력 있는 테마인가 보다. 하지만 안무가들의 관심은 불안에 떠는 어린 연인들의 공포나 억제할 수 없는 질투가 상상의 사건을 만들고 그에 대해 또다시 몸서리치는 질투를 반복하는 골로의 비참한 모습처럼 내면적인 탐구에 있다. 그래서 이번 무대의 춤 부분은 멜로드라마식보다는 심리극 쪽으로 가지 않겠는가 하는 짐작도 해본다.

특히나 소극장 무대를 배경으로 하는 실험정신의 발로임을 생각한다면 세계 최초가 될 새로운 버전인 댄스오페라 <펠레아스와 멜리장드>에 대한 기대는 자못 크다. 오페라의 양념에서 벗어나 독자적인 몫을 해낼 춤의 성패가 곧 작품 전체의 그것과 일치될 것 같다는 생각도 해본다. 안무자 장인주는 오랜 기간 파리에서 다양한 경험을 쌓고 있는 공연계의 새얼굴이다. 젊은이의 신선한 감각을 무엇보다 높이 산 연출가 장수동의 안목 또한 높아 보인다. '젊은 예술'을 향한 그들의 열기가 오래 오래 지속되길 기대한다.(댄스오페라 <펠레아스와 멜리장드> 프로그램, 1994)

유니버설발레단의 〈심청〉

한국적 발레를 만들어야겠다고 모두들 생각하던 1986년, 에드리엔 델라스가 유니버설발레를 이끌고 만들어낸 〈심청〉은 충격적인 뉴스였다. 동서양을 막론하고 발레의 대표적 소재였던 '사랑'의 방법론에서 혹은 기교의 어중간한 결합에서 우왕좌왕하고 있을 때 외국인이 집어낸 '효'라는 주제는 마치 그녀의 선천적 우월성을 입증하는 증거물로까지 보였기 때문이다. 비록 지금은 사라져 가지만 우리의 뿌리 깊은 내면에서 효는 아직까지 향수를 불러일으키는 정서가 아니겠는가. 효자비를 한국사회의 구조가 만들어낸 희생자의 상징물로 보는 시각도 있겠지만, 아버지를 위해 생명을 던진 심청의 심성은 얼마나 우리적인 규범이었던가. 〈심청〉 3막에서 부녀가 상봉하는 장면이야말로 한국적 발레가 남길 수 있는 최고의 감동이었다.

유니버설발레의 〈심청〉 (1994. 9. 8–11, 리틀엔젤스예술회관)은 한국인의 풍습과 정서를 담고 있는 정통 발레라는 점에서 소위 말하는 '한국적'인 발레의 표본이 됨직한 작품이다. 의상이나 장신구는 평상복·관복·대례복을 망라해서 극히 사실적이다. 특히 대례복의 화려함은 외국 어느 나라 황후의 그것에도 뒤지지 않는 아름다움을 선사한다. 단적으로 말해 왕비 복장의 심청이 태평무를 추지 않는 점이 우리 안무가들과의 차이였다. 3막의 디베르티스망 장면이 시작될 때는 가슴을 조리며 지켜봤다. 기녀들의 살풀이춤이나 화관무가 혹은 다른 민속춤이 재현될까 하는 걱정에서였다. 안무자가 외국인이라는 사실을 깨달으면서는 안도의 한숨과 더불어 '모르는 게 약'이라는 생각까지 하게 됐다. 민속춤으로 등장한 탈춤 역시 순수한 발레의 캐릭터 댄스 차원을 넘지 않는 춤사위를 보여 세련미를 더했다.

고전발레의 형식과 기교를 완벽하게 고수하면서 「심청전」을 소재로 한 〈심청〉은 그 요점을 집어낸 능력이나 놀이춤 개발, 극적 효과를 배가시키는

유니버설발레단 〈심청〉 1994. 9. 8-11, 리틀엔젤스예술회관

연출에서 한국을 대표하는 발레 작품으로 손색이 없었다. 특히 문훈숙(9월 8일 공연)의 기량은 효의 감정을 익혀 온 연기력과 결합되면서 관객을 극중으로 흡수하는 데 크게 기여했다. 이원국과의 파 드 되는 달빛 정원과 어울려 서정미를 더했고, 성숙한 여인의 심성이 드러나는 극적 장면에서는 한국 여인상을 찾을 수 있었다.

이전의 작품에서 침체된 듯한 인상을 남겼던 군무진은 다시 기량과 화려함을 만회해 이 한복 차림의 장막 발레에서 분위기를 충분히 살려냈다. 2막의 용궁 장면에 등장한 광대·엔젤피시·금빛고기·인어·진주·흑진주 등의 배역 설정이 〈심청〉보다는 고전발레의 전통적 형식을 앞세운, 그러면서도 매우 독창적이라는 사실 또한 이 발레가 깔끔할 수 있는 이유였다.

해방 이후 50년 동안 공연된 모든 작품들 중 '베스트 10'에 선정된 〈심청〉이 외국인에 의해 가장 한국적 정서를 지닌 발레로 태어났음은 재고할 필요가 있다. 우리 안무가들이 지닌 문제점을 찾을 수 있기 때문이다. '한국적'과 한국춤을 혼동하지 않아야겠다는 것도 강조하고 싶다. 또한 발레라는 춤의 기교만을 발레공연의 전부로 생각하는 혼란이 없어야겠다. 고유의 형식 — 물론 서너 가지의 변형은 가능하지만 — 에 대한 주관적 해석력이 필요하다. 세부적 안무로 들어가서는 객관적 연출력 또한 절실히 요구된다. 이 모든 작업들은 안정된 자신감을 밑바탕으로 이뤄진다.(『객석』 1994. 10월호)

'94 창무국제예술제

창무예술원에서 주관하는 '94 국제예술제(1994. 10. 14-11. 5, 포스트극
장·토월극장)의 막이 올랐다. 프랑스 카마르고무용단과 네덜란드 국적 한국
인 유니스 모리스의 퍼포먼스는 이 행사가 추구하는 의도를 보여주는 동시에
성공적인 마무리를 예측하게 하는 무대였다.

포스트극장과 같은 소극장 공연의 특징은 무엇을 과시하거나 보인다는 개
념보다는 관객과의 교감을 우선으로 하는 진지한 작업정신을 추구한다는 데
있다. 이러한 작업은 대부분 새로운 방법론을 찾고 있는 젊은 예술가들의 몫이
었기에 '실험무대'라는 별명이 따르지만 예술적 가치에서는 탁월한 작품들
이 속출하는 무대이기도 하다.

카마르고무용단의 <부자와 가난뱅이>는 춤이라기보다는 구연동화에 가까
웠다. 남녀 두 명의 연기자는 계속 대사를 외우며 그에 합당한 동작과 연기를
보인다. 대사는 동화의 교훈을 단축·각색한 것으로, 삭막하고 인정 없는 현
실을 묘사한다. 가난뱅이는 필요한 것을 구걸하러 구두수선공·암소·풀밭·
독수리… 부자를 찾아가지만 모두 대가를 요구하거나 거절함으로써 결국 지
쳐 쓰러진다. 이 과정에서 스카프 같은 소품이 냇물이나 출입문이 되기도 하고
쓰레기더미 위에서 가냘픈 목소리로 외치는 가난뱅이의 모습이 동정심을 유
발하는 등 생동감 있는 상황이 연출된다. 이 공연이 춤인가 아닌가를 따지기
이전에 관객이 흥미 있게 지켜볼 수 있는 새로운 연출 방법을 찾아냈다는 점에
서 춤계의 아방가르드임에 확실했고, 절제된 세련미가 매력이었다.

유니스 모리스의 무대는 퍼포먼스로 불리는 행위예술로 구분되지만 <비를
기다리며>는 신표현주의 계열의 춤무대와 매우 닮아 있었다. 예리한 심리 분
석, 극적 긴장감, 연계된 정서는 움직임의 연출까지도 흡사하게 이끌어 갔다.
다른 점이 있다면 한 개인의 경험에 집착한다는 것으로, 이번 무대는 유년기의

어두운 기억을 안고 모국을 찾은 유니스의 눈물어린 고백과 투정으로 보였다. 밧줄과 낙엽, 동요와 낄낄대는 소리, "인간이 위대한 이유는 동물을 사육할 수 있기 때문이다"라는 대사를 통해 나타나는 그녀의 외침이 안쓰럽다. <비를 기다리며>는 퍼포먼스라는 장르의 공연예술 역시 작가의 살아 있는 정신이 보일 때 감동을 준다는 사실을 알게 했다. 소극장 공연의 묘미나 의의를 한마디 설명 없이 깨우쳐 준 공로도 기억해야겠다. (『한국일보』 1994. 10. 21)

이탈리아 오지무용단의 〈경이의 상자〉

창무국제예술제에 초청된 이탈리아 오지무용단은 우리 현대무용가들의 작업과 유사한 경향을 보여 친근했다. 춤을 보는 시각에서부터 음악과 춤의 결합, 춤기교의 선정, 장면 연출에 이르기까지 낯설지 않아 좋았다. 반면 친근감만큼 경이로운 무대는 되지 못했다. 〈경이의 상자〉(1994. 10. 14–11. 5, 포스트극장)는 서로 다른 분위기의 춤을 시작하고 매듭짓는 수단이었다. 첫번째 상자에는 욕망이 두번째에는 열정이 세번째에는 운명이 들어 있다. 안무자 파트리지아 살바토리는 이 거창한 세 가지 주제를 아주 쉽게 구체화시킨다.

무대앞 오른쪽에 위치한 빨간 상자를 열면서 시작된 '욕망의 장'은 어린이의 놀이터에서 시작된다. 집짓기놀이, 줄넘기를 하던 아이들 중 하나는 발레리나가 되기를 원한다. 그러나 이 꿈은 현실과 부딪치면서 초라해진다. "춤으로 살 수는 없다구!"라는 결론이 그녀를 괴롭힌다. 무명의 무용가에게 비친 삭막한 춤세계의 현실은 좌절 혹은 극복을 요구한다. 고된 훈련과 생활고를 겪고 무용가의 길을 걷게 되는 주인공은 안무자 자신의 모습으로 보인다. 현대춤의 강인한 테크닉과 결합된 포인트 슈즈의 파 드 부레(발끝으로 서서 미끄러지듯 이동하는 동작)는 어린이의 환상을 담아낸 움직임으로 인상깊다.

중간 크기의 상자를 열면 성인 남녀가 등장하고 불가해한 감정들이 대립과 결합으로 나타난다. 열정에 대한 결론 대신으로 앞세운 단원들의 기량은 엄격하고 정형화된 기교훈련의 결과임이 한눈에 들어온다. 세번째 상자는 무대를 신화 속으로 유도한다. 풍선을 달고 등장한 요정이 남긴 메시지는 1장에서 보인 어린이의 환상과 연결된다. '아리아든의 실타래'라는 부제가 지닌 상징성은 운명에 대한 두려움과 삶에 대한 반성으로 나타난다. 허구의 세계와 현실을 연결시킨 마무리의 효과는 〈경이의 상자〉가 곧 안무자가 지닌 심성의 틀이었음을 깨닫게 했다.

동시에 상식적이고 예측 가능한 작품들에 대한 실망도 있었다. 작품 자체의 구도로 보면 무리가 없지만 개인의 독창성으로 보기에는 너무도 단순하고 일반적인 결론이기 때문이다. 구도에 비해 춤내용은 안정된 짜임새를 보였고 특히 기교 자체를 중시하고 일관된 내용을 고수하며 그 안에 개인의 표현력이 담겨 있다는 점이 우리 무용계의 주류를 이루는 작풍과 놀랄 만큼 닮아 있었다. 현대무용을 수용하는 자세나 수준에서 두 나라의 공통점을 엿보게 한 공연이었다.(『한국일보』 1994. 11. 4)

무지요노현대무용단

현대무용단이라는 명칭과 공연 내용이 무지요노무용단처럼 상반되는 경우도 없을 것 같다. 현대라는 개념과 토속적인 소재의 연계성을 무의식적으로 단절시켜 온 습관 때문일 것이다. 그렇다고 그들이 민속춤을 보이지는 않았으니 전통무용단은 더더욱 아니다.

자바의 문화가 담긴 최초의 한국 공연일 이번 무대(1994. 12. 4, 포스트극장)는 새로운 세계와 접하는 호기심을 부추겼고, 더불어 안무자 무지요노의 연출법도 눈길을 끌었다. 두 작품 〈마스크〉와 〈공〉은 모두 자바인의 관념적인 삶을 주제로 하고 있다. 〈마스크〉에서는 가면을 차례로 바꿔 가며 그들이 구분한 세 가지 인간상을 보인다. 최고의 가치를 두고 있는 선인의 가면을 어루만지는 모습에서는 사랑의 묘사가 아닌가 하는 착각도 일으키지만 결국 도달할 수 없는 경지에 대한 동경이었다는 사실 등은 그들의 문화에 대한 지식을 필요로 한다. 두번째는 무사의 모습이었고, 세번째는 쾌락을 추구하는 범인의 모습이었는데 안무자 자신 역시 범인임을 암시하는 장면으로 매듭지어진다.

〈공〉역시 그들이 추구하는 완전한 인간상을 그려내는데 어린아이처럼 마음을 비울 때 도달하는 경지로 해석했다. 〈마스크〉가 지극히 단순한 무언극이었던 반면 〈공〉은 가무악극이 공존하는 형태다. 대부분의 민족이 지닌, 교훈적 내용을 담은 놀이극의 원형을 보는 듯했는데 오늘날의 춤무대로는 매우 특이한 경험장이었다. 그들에게 이번 작품과 동일한 내용을 다루는 민속공연물이 있는가 혹은 설화의 독자적 해석인가에 따라 평가가 달라지겠지만 각기 특정한 배역이 있어 보이는 남녀 각 2명의 화음은 신비한 종교 설화를 극화시키는데 독특한 효과를 자아냈다. 춤이라는 장르가 독립되기 이전의 형태를 발견하게 되는, 교화적 매개체로서의 역할을 그대로 간직한 공연물을 앞에 놓고 오늘날의 시각으로 평가하기는 어려울 것 같다. (『무용예술』 1994. 12월호)

'94 신세대 가을 신작무대

춤계의 젊은 시각을 담아내는 대표적 무대로 자리잡아야 할 신세대 가을 신작무대(1994. 11. 15–22, 문예회관 소극장)는 일 년 사이에 열기가 사그라든 것일까. 지난해, 내로라 하는 신세대의 열띤 경쟁이 새삼 떠오른다. 한편으론 신세대를 이해할 수 없다는 생각도 해본다. 공적으로 제공된 기회에 자신을 공개하는 행위야말로 예술가의 의무이자 특권인 셈인데 참가 인원이 감소하는 이유를 알 수 없기 때문이다. 구세대에 대한 불신인가, 결과에 대한 지나친 자존인가, 겸손으로 위장된 무능력인가, 여러 각도로 생각해 보지만 결론은 모호하다.

총 7명이 참가한 올해의 평균 수준은 지난해에 약간 못 미치거나 대동소이했다고 보여지지만 특별히 언급할 만한 세 작품이 눈길을 끌었다. 이현숙의 〈넌센스〉 박호빈의 〈시인의 죽음〉 이수진의 〈누군가에게 무엇이 되어〉. 이 세 작품은 신세대 가을 무대가 요구하는 지향점 제시를 위한 긍정적 혹은 부정적 모델이 됨직했다.

94년도의 쾌거는 박호빈의 발견이었다. 그가 탄력 있는 기교와 연기력을 갖춘 매력 있는 젊은 춤꾼이라는 정도야 널리 알려졌지만, 이번 무대는 그가 사려깊고 뛰어난 연출력을 지닌 안무자임을 입증하고 있었다. 〈시인의 죽음〉을 보면서, 프랑스 바뇰레 국제무용제가 요구하는 작품 소재는 "도시인의 삶의 이야기가 느껴지는 내용"이었다는 사실과 이 작품이 그에 썩 어울린다는 느낌이 교차했다. 그가 타자기를 사용했고, 타자기는 획일화의 상징이라는 식의 단순한 발상 때문이 아니었다. 이런 위험한 요소 때문에 타자기 사용은 오히려 불편했다. 주인공이 시인이라는 이유가 그나마 변명은 될 것 같다. 그의 작품이 색다르고 신선했던 이유는 매일 죽지만 늘 살아 있는 또 다른 자아를 세련되게 전달한 재치라고 생각된다. 현대문명 속의 인간이 지니는 공통점을 독자적 해석을 가미해 드러낸 연출에 더해 독창적인 춤기교도 돋보여 '작품'이라는 명칭이 부끄럽지 않은 수작이었다.

<넌센스>를 보면서는 젊은이의 유연한 에너지를 발견하게 되고 깔끔하고 정돈된 4인의 기교는 춤꾼의 경지를 보였다. 춤에 몰입하는 자세 또한 세계무대와 겨뤄도 손색이 없을 전문가의 그것이었다. 우리의 기교가 이렇게 높은 수준에 도달했음을 보는 것은 기쁨이었다. 또한, 이현숙의 춤 주제인 광복 50년과 주체성에 대한 통찰은 그녀를 믿음직한 젊은이로까지 보이게 했다. 그러나 생각 따로 춤 따로의 무대였음을 부정하기는 어려웠다. 둘 중 하나를 포기하는 혹은 둘을 결합시키는 방법론에 대한 통찰력이 있었더라면 더 정돈된 작품이 탄생했을 법하다. 자신이 설명한 춤의 내용과 관객이 보고 느낀 내용의 괴리감 극복이야말로 신세대 안무자들이 세심한 주의를 기울여야 할 부분이다. 이런 면에서 <시인의 죽음>이 본보기가 될 것이다.

<누군가에게 무엇이 되어>는 이번 무대의 격을 떨어뜨렸다는 독설을 하지 않을 수 없다. 참가팀 선정에서 구색을 맞추기 위해 발레기교 연마자를 추가했을 수도 있겠지만 오히려 역효과를 냈다. 작품 내용, 구도, 기교 선정, 의상 등의 모든 면에서 부조화와 미숙함을 드러냈다. 신작 무대는 춤놀이판이 아니다. 무대를 너무 쉽게 생각한 때문이거나 이번 무대의 의의를 잘못 이해한 결과로 보여 내년을 위해 지적하지 않을 수가 없음을 유감스럽게 생각한다. (『객석』 1994. 12월호)

제16회 서울무용제

— 김화례·백현순·뫼오로시·장유경

94년도의 서울무용제(1994. 10. 21−11. 8, 문예회관 대극장)를 지켜본 소감은 예년과 크게 다를 바가 없었다. 썰렁한 객석이며 수준 미달의 몇몇 작품이 시사하는 바는 크다. 특이나 올해는 참가하는 데 의의를 둠직한 단체들이 크게 늘어 무용제의 문제점을 확연히 드러내고 있었는데, 지원금의 현실화와 공정한 심사만이 해결책으로 보인다. 지원금 현실화는 한두 번 지적된 문제가 아니지만 이제는 무용제 존폐에 관한 기준이 될 정도로 심각하다. 출연자의 급료는 고사하고 최소한의 무대꾸미기 비용의 20−40%에 해당되는 지원금 규모는 참가신청 자체를 망설이게 한다. 그 한 가지 예로, 이번 무용제 참가신청 단체가 11개 중 10개 단체가 선정되었다는 사실이다.

심사에 관해서는 비교적 공정했다는 인상을 남겼는데 작품간의 혹은 인물간의 격차가 확연했던 요인과 심사위원들의 물갈이가 그 원인으로 보였다. 아직까지도 '인연'이 더 중요하게 작용하는 듯하지만 최소한 절반 이상은 객관적인 지지를 얻었다고 보여지며 그나마 커다란 혁신으로 기억된다.

이번 무용제 출품작의 공통적인 특징은 모호함이었다. 전설이건, 사건이건, 내면세계건, 추상적 감정이건, 주제를 보이는 능력이 부족했다. 국수호의 〈명성황후〉나 한상근의 〈녹두꽃이 떨어지면〉 박호빈의 〈시인의 죽음〉 남정호의 〈나그네들〉 황미숙의 〈어느 에세이〉 전홍조의 〈멀리서 노래하듯〉과 같은 올해의 우수작품들과의 차이점은 바로 작품을 대하는 안무자의 사고력이 모호한 데 있는 듯했다.

무엇을 어떻게 할 것인가. 춤무대의 한계 속에서 자신의 생각이 객관화될 수 있는 연출법을 찾아야 감동이건 교감이건 메시지건 이미지건 간에 나타나게 되어 있다. 하나의 작품을 하나의 문장처럼 분석하는 능력이 매우 아쉽다. 춤은 감정의 소산이겠으나 제멋에 겨워 추는 춤을 작품으로 생각하는 나르시스

서울무용제, 김화례 안무 〈토템〉 1994

트는 자칫 관객에게 모욕감마저 주게 됨을 밝히고 싶다.

이런 관점에서 볼 때 대상을 수상한 김화례의 〈토템〉은 완벽한 스토리텔링을 이룩해 낸 수작이었다. 전세계의 무용사조를 기준으로 볼 때 스토리텔링은 확실히 구태의연한 연출법이지만 그나마 제대로 소화해 낸 작품도 드문 것이 우리의 현실이기 때문이다. 30분이란 시간적 제약과 단막극이란 숨가쁜 상황 속에서 전달된 전설 한 토막은 〈토템〉의 의미와 내용을 구체적으로 전달했다. 신비의 동굴에서 나타난 악마, 제임스 전은 훌륭한 연기와 마임으로 극을 주도해 곽규동의 연기상을 밀어 준 숨은 공로자였고, 소녀역의 이유미, 새역의 나형만 역시 무대를 빛낸 인물들이다. 줄거리의 박진감 있는 전개에 군무진의 기량이 눌려 버린 흠집과 후반부의 마무리가 매끄럽지 못했던 느낌도 있었지만 짧은 시간에 끄집어낸 극적 에센스는 작품의 완성도를 높이는 동시에 확실한 보는 재미를 선사했다.

백현순의 〈바위〉에서는 불에 타는 장면을 사실적으로 묘사하는 연극적 무대 기술을 도입해 독특한 인상을 남겼고, 뫼오로시의 〈새벽을 여는 사람들〉에서는 지금까지와는 다른 작풍을 개발하고자 하는 시도가 보였다. <수로가>에서 보인 장유경의 깔끔한 춤사위는 연기상을 수상하기에 충분했다는 점도 이번 무용제의 장점으로 보였다. 반면, 무대가 기교 연마장으로 보일 만큼 무성의한 팀이나 50년대식 안무법을 고수하는 무용단도 있어 무용계의 암울한 일면을 대변하고 있었다. (『월간 에세이』 1994. 12월호)

최현 춤작품전

한평생 춤의 길을 걸어온 인물을 놓고 그를 원로무용가로 지칭함은 당연한 일이다. 그러나 춤일대기를 정리하는 무대를 가진 한국무용가 최현에게는 원로라는 말이 쉽게 연결되지 않는다. 고정된 틀의 완성자로 인정받는 대신 한계를 인정해야 할 '원로'라는 느낌에 비해 그의 춤은 늘 꿈틀거리고 있기 때문이다. 〈비원(秘苑)〉〈비상(飛翔)〉〈녹수(綠水)도 청산(靑山)을 못 잊어〉〈군자무(君子舞)〉〈허행초(虛行抄)〉는 그의 대표적인 작품들이다. 제목이 던지는 이미지들이 곧 그가 고집하는 춤의 정의라고도 보여진다.

궁중 여인들의 자태와 일상을 그리는 〈비원〉에서는 한국 여인의 품위와 사

최현 〈비상〉 1994. 12. 2-3, 국립극장

라져가는 놀이 풍습이 등장한다. 이를 좀더 발전시키면 군자무에서 매란국죽의 여인상으로 귀결된다. 최현의 여인상은 이 두 작품 속에 완벽하게 담겨 있다고 생각된다. 그의 여인들은 아름답고 깔끔하며 화려하고 우아하다. 춤사위를 익히기 이전에 갖춰야 할 자태다. 이 자태를 비현실적인 영상으로 애써 치부하더라도 현대 여성에게는 일종의 열등감을 갖게 한다. 작품 속의 여인들이 지닌 이러한 향기 때문에 '이 시대의 마지막 낭만주의자'라는 그의 별명이 정겹다.

명작무로 선정된 〈비상〉은 남성춤의 절도와 기개, 최현춤 특유의 흥과 품위를 지닌 그의 대표작이다. 날고 싶은 욕망을 주제로 한 이 춤은 원필여에게 전수되어 미래의 전통춤으로 자리잡고 있다. 재미있는 사실은 〈비상〉이 올해 초연작 〈허행초〉의 등장을 이미 20년 전에 예견한 듯하다는 억측이 가능하게도 작품간의 연계성이 보인다는 점이다. 욕망과 초월이 두 작품의 쟁점이듯 최현춤의 귀결은 '빈 마음, 빈손이 춤으로 가득하다'라는 묘사로 정리된다.

(『한국일보』 1994. 12. 9)

'94발레계 — 세계화·전문화의 기반 확립

Ⅰ. 주요행사와 의미

독일 슈투트가르트발레단 내한공연, 광주 국제발레페스티벌, 서울무용제 대상.수상, 국립발레단과 유니버설발레단의 한국 초연작 공연은 94년도를 장식한 발레계의 굵직한 행사였다. 이러한 행사들은 외국 발레단 초청공연이 선진문화 수입의 일환이었고, 대부분의 행사가 답습되는 일상에 머물렀던 지금까지와는 달리 독특한 의의를 담고 있다. 특히 슈투트가르트발레단의 경우, 한국인 발레리나가 주역을 맡아 내한함으로써 우리 발레의 세계무대 진출이 확고부동한 사실로 인정되었고, 제2·제3의 국제 스타를 예견할 수 있는 기반이 되었다.

슈투트가르트발레단의 강수진이 한국발레의 기량을 과시했다면 광주 국제발레페스티벌은 우리의 행사 조직력과 경제력, 예술혼을 입증하는 이벤트였다. 또한 그 성공적 마무리는 세계무대를 국내로 끌어들인 첫걸음으로 기록될 만하다. 위의 두 가지 행사를 한국발레의 세계화와 관련지어 본다면 서울무용제 대상 수상은 국내무용계에서 발레 부분이 이룩한 94년도의 업적이다. 총 16회의 서울무용제 중 애지회에 이어 10여 년만에 두번째로 김화례발레단이 대상을 차지함으로써 새로운 의욕을 심어 준 계기가 되었다.

직업 발레단의 경우, 레퍼토리 선정에서 꾸준한 선의의 경쟁을 벌여 온 국립발레단과 유니버설발레단의 94년도 한국 초연작은 그 규모에서 상징적 의미를 지닌다. 국립의 〈해적〉이나 유니버설의 〈잠자는 숲속의 미녀〉는 많은 솔리스트와 군무진을 요하는 대작으로 전문인력의 기량적·수적 열세에서 벗어났다는 설명과 상통하기 때문이다. 이처럼 크게 네 가지로 분류해 본 94년도의 결실은 한 단계 높아진 한국발레의 수준을 입증하며 그 수준이 드디어 세계화·전문화 궤도에 진입했음을 시사한다.

II. 공연 작품의 분류와 평가

1. 국립발레단과 유니버설발레단

양대 발레단은 5월의 <동물의 사육제>, 12월의 <호두까기인형> 등 연례행사 이외에 각기 성공적인 작품 선정과 공연을 남겼다. 국립발레단은 4월, 캐나다 그랑발레단의 페르난드 놀트를 초청해 그의 대표작 <카르미나 브라나>를 초연했다. 중세의 시 모음집을 토대로 칼 오르프가 작곡한 발레 합창곡은 그 자체가 이미 안정된 조화였다. 신에 대한 두려움, 그로 인한 과장된 찬양, 인내하기 어려운 금욕, 계율의 이탈, 광적인 자해행위를 중세의 어두운 측면으로 본다면 이와 상반되는 서정적 사랑이야기는 밝고 투명하다. 명작의 불변하는 감동을 간직하고 있어 국립발레단의 레퍼토리로 보존될 가치가 있었다.

9월, <해적> 공연에서는 후원 회원을 군무진(노예시장의 상인들)에 출연시켜 화제를 모았는데, 김혜식 단장의 의욕적인 무대 구성의 일환이었다. 키로프 버전의 재구성이 안무자 초청 없이 이루어진 점이 옥에 티였으나 관객 확보와 홍보에서는 성공을 거뒀다. 강인하고 생동적이며 이국적인 호기심을 느끼게 하는 <해적>을 춤추는 단원들의 열기에는 지독히도 무더웠던 여름을 극복한 인내가 배어 있었다. 노예상인역 신무섭, 켤라나역 스페트라나 최, 선장역 제임스 전은 기량과 연기면에서 제몫을 해냈고, 이들의 연기에 극적 분위기를 더해 준 금난새의 연주 또한 발레공연에서는 보기 드문 부조였다.

이밖에 국립의 또 다른 행사인 '젊은 안무가들의 창작발레'에서 김긍수와 제임스 전이 집요함과 독자적 시각을 담은 작품들을 선보였다. 김긍수의 <아마빌레>는 '사랑스럽게'라는 음악용어를 확인시키듯 부드러운 네 쌍의 2인무들로 연결되었다. 이 과정에서 발견되는 섬세한 기교의 향상이 전형적인 발레춤 안에서 발견해 낸 새로움이었다. 이전의 발레 스텝이 텁텁하게 연결되는 것이었다면 김긍수는 여기에 잔잔한 장식용 스텝을 첨가하거나 기교 자체의 숙련도를 강조했다. 제임스 전은 즐기는 춤을 만들 줄 아는 안무가다. 안무자도 연기자도 관객도 모두 같은 순간을 즐기며 공유한다. 그가 선호하는 소재는 감각적으로 강한 리듬과 춤사위를 발레리나의 곧은 자세와 연결시키는 작업이다. 지난해의 탱고와 각설이타령에 이어 이번에는 재즈를 선택했다. <공간에서… >는 소품으로 끌어들인 대형 북이 재즈의 가벼움과 흥겨움 속에서 안무가의 무게 있는 감각을 강조했다.

유니버설발레단은 창단 10주년을 맞아 키로프발레단의 예술감독 올레그 비노그라도프를 초청 <잠자는 숲속의 미녀>와 <백조의 호수>를 공연했다. 원형을 간직한 키로프식 버전을 차례로 전수받는 유니버설의 레퍼토리 확장은 한국발레의 정통성을 확고히 다져가는 작업이다.

또한 키로프식 버전이나 발란신 작품 전수 이외에 창작발레에서도 기량을 과시했는데, 1986년작 <심청>의 재공연은 괄목할 만하다. 9월에 공연된 <심청>은 한국인의 풍습과 정서를 담고 있는 고전발레라는 점에서 소위 말하는 '한국적'인 발레의 표본이 됨직하다. 의상이나 장신구는 극히 사실적이다. 특히 대례복의 화려함은 외국 어느 나라 황후의 그것에도 뒤지지 않는 아름다움을 선사한다. 그러면서도 이런 부류의 다른 작품들과 사뭇 달랐다. 단적으로 말해 왕비 복장의 심청이 태평무를 추지 않는다는 사실이 이 작품의 탁월함이었다. 안무자가 외국인(에드리엔 델라스)이라는 사실을 인지하면서는 '모르는 게 약'이라는 생각까지 하게 된다. '한국적'과 한국춤을 혼동하지 않은 캐릭터 댄스 덕택이었다.

고전발레의 형식과 기교를 완벽하게 고수하면서 심청전을 소재로 한 <심청>은 그 에센스를 집어낸 능력이나 놀이춤 개발, 극적 효과를 배가시키는 연출에서 한국을 대표하는 발레 작품으로 손색이 없었다. 특히 문훈숙의 기량은 효의 감정을 익혀 온 한국인의 연기력과 결합되면서 관객을 극중으로 흡수해 효과를 더했다. 이원국과의 파 드 되는 달빛 정원과 어울려 서정미를 더했고, 성숙한 여인의 심성이 드러나는 극적 장면에서는 한국 여인상을 찾을 수 있었다.

2. 제1회 광주 국제발레페스티벌

광주시립무용단이 주최한 제1회 광주 국제발레페스티벌은 연수와 공연, 심포지엄으로 짜여졌다. 서울을 비롯해 전국의 거의 모든 대학과 예술계 고등학생들이 참가해 오랜 전통과 인재 배출로 유명한 광주 발레의 위력을 재확인시켰다. 450여 명이 참가한 연수는 대부분 한 사람의 교수 초청으로 이뤄졌던 다른 연수행사들에 비한다면 강사진의 질과 양에서 세계적 수준에 도달했다. 러시아 크렘린발레 안무가인 바딤 테제체프, 이스라엘 태생의 안무가 이갈 페리를 비롯 9명의 교수진이 클래식을 위주로 캐릭터와 재즈까지 망라한 최대 규모였다. 발레 연수와 별개로 진행되는 갈라 콘서트는 축제의 즐거움을 만끽하는 무대였다. 외국의 경우 연수나 공연 중 하나에 중점을 두는 데 비하면 이번 광주 행사는 일석이조의 기쁨을 제공한 셈이다.

모두 8개 단체 중 광주시립과 유니버설을 제외한 6개 단체는 일본·미국·중국·러시아에서 초청됐다. 각 단체간의 크고 작은 실력 차이를 인정하더라도 전체적 공연 수준은 높았다. 일본 타니 모모코발레단의 〈호두까기인형〉 중 그랑 파 드 되는 일본 발레리나들의 특기인 교태와 아플롬브, 회전의 묘미를 사탕요정의 춤에서 다시 한번 확인시켰다. 스타니슬라브스키발레단의 〈빈사의 백조〉는 발레리나의 빼어난 체격 조건과 어울리는 무대였다. 스페트라나 최는 몇 년전의 한국 공연으로 이미 알려진 발레리나다. 사실적 표현보다는 외형적 포즈에 중점을 두는 연기는 러시아 발레가 추구하는 정형미를 확인시켰는데 특히 앉아서 날갯짓하는 백조의 모습은 흉내내기 어려운 그들만의 아름다움이었다.

광주시립무용단의 〈돈키호테〉 그랑 파 드 되는 데브로페의 탄력이나 포엥트의 안정감, 무대 매너의 성숙도면에서 놀라운 성장을 보였다. 조프리발레단원의 〈전주곡〉(Three Preludes)은 이갈 페리가 이번 축제를 위해 안무한 것으로 드뷔시 음악의 독특한 인상들이 조용한 몸짓으로 보여진다. 조프리발레의 특징을 간직한 모던발레 계열로 안무자보다는 발레단의 이미지가 강하게 남았다. 유니버설발레단의 파랑새 파 드 되는 〈잠자는 숲속의 미녀〉 3막에 나오는 솔리스트의 춤이다. 곽규동의 브리제 볼레(새처럼 나는 동작)는 가벼움과 부드러움을 겸비한 연속동작으로 고도의 기교를 연기했다.

러시아 국립발레단의 〈해적〉은 주인공의 외모에서 부조화가 두드러졌다. 특히 남자 솔로는 기교의 정확성보다는 순간의 기분에 치중해 있었다. 반면 발레리나의 순간 정지 호흡은 빼어났고, 완벽한 32번의 푸에테는 세계무대에서도 보기 드문 기교였다. 베이징 센트럴발레단의 〈지젤〉 공연은 뜻깊은 초청이었다. 우선 발레리나의 외모는 윌리로서의 지젤로 적격이었다. 가냘픈 목선, 길고 곧은 팔과 아름다운 발목이 그리는 우아한 곡선은 신선한 지젤로 부각되었다. 그러나 동체의 사용이 호흡과 일치하지 못하는 답답함이 아쉬움으로 남아 있다. 알브레히트역의 이전신은 기교에 완벽을 기하는 신중함을 보여 안정감을 살려냈지만 연기력이 병행된 일체감이 강조됐더라면 하는 아쉬움이 남는다.

볼쇼이발레단의 〈잠자는 숲속의 미녀〉 그랑 파 드 되에서는 뜻하지 않은 인재를 발견했다. 안드레이 우바로프라는 1971년 모스크바 태생의 프러미에 당쇠르(제1 무용수)다. 발레리나에 비해 발레리노의 탄생이 저조한 현실에서 눈이 번쩍 뜨이는 인물이었다. 그는 한마디로 모든 것을 고루 갖춘 발레 댄서였다. 세계적 축제로의 활성화가 예정된, 광주의 자부심인 이 축제는 페스티벌과 콩쿠르를 격년제로 계획하고 있다. 그러므로 내년에는 국제발레콩쿠르가 개최될 예정이다.

3. 개인 발표회 및 기획 공연, 동문 단체 공연

개인 공연을 가진 무용가들로는 최성이·홍정희가 대표적 인물이고, 창무 큰춤판을 통해 전홍조가, 작가 12인전을 통해 박인자·조윤라·전홍조가 작품을 내놓았다. 동문 단체 공연 중에서는 발레블랑 정기공연의 안윤희가 대표작을 발표했다.

3월에 발표된 최성이의 〈가족〉은 그녀의 이미지를 새롭게 한 시도였다. 지금까지 보아 온 최성이의 춤세계는 고전발레의 특유한 소재나 전개 형식을 고수하는 유형에 속했다. 그 중에서도 동화적인 환상이나 순진한 아동의 세계는 즐겨 다루던 소재였고, 사실적 마임과 프티파 식의 춤구성법은 쉽게 탈피하기 어려운 벽으로 보였다. 〈가족〉에서 보인 무거운 분위기, 변화 없는 반주, 기괴한 몸짓, 답답함의 제시 등은 변신을 위한 첫걸음이었다. 안무자가 제시한 가족의 모델은 최악의 상태, 암울함의 극치였다. 일종의 연대감마저도 없어 보이는 그들에게 사랑이나 이해를 구하기란 불가능해 보였다. 멀리 보이는 할머니, 되바라진 딸, 침울한 객체들이 한 울타리 안에서 각자의 비관적인 삶을 꾸려가고 있었다.

홍정희 발레 35주년 기념공연에서는 그의 대표작 <코리아 환타지> <장생도> <12인을 위한 소묘> 등이 무대에 올랐다. <12인을 위한 소묘>가 음악과 발레기교의 순수한 결합과 조화를 보여주는 신고전주의 발레라면 나머지 두 작품은 그 성격이 약간 다르다. <장생도>의 2인무나 <코리아 환타지>의 항거 장면에서 보이는 표현력은 짧고 강렬하다. 한 동작의 몸짓이 담아 낸 많은 의미와 감정이 객석으로 전달된다. '춤은 시(詩)다'라는 묘사들을 흔히 하지만 춤을 보면서 과연 그러함을 느낄 기회는 거의 없다. 홍정희의 무대에는 수많은 시어들이 있다. 그 희귀한 분위기는 그만의 독특한 능력으로 보인다. 무용예술가에게 필요한 여러 소양 중에서 홍정희는 섬세한 움직임을 발견하는 독보적 감각을 지녔다.

창무 큰춤판에서 보인 전홍조의 <멀리서 노래하듯>은 감정을 배제한 객관적 심리묘사에 뛰어났다. 폭발할 듯한 상황을 제시하고 자신은 무미건조한 일상처럼 행동한다. 여자·돈나·팜프·걸… 극한 상황에 등장한 로돌포 파텔라의 독백이다. 이탈리아 출신인 그는 적절한 상황묘사로 주제를 부각시킨다. 남녀의 갈등이다. 무대에 등장한 타악기와 현악기 연주자 또한 춤을 위해 몰입한다. 춤구성과 연기·음악·무대미술이 하나로 모아진 격조 있는 작품이었다.

작가 12인전에서 박인자는 <피아노>를 안무했다. "<피아노>에서 만나는 것은 감정의 절제가 춤으로 승화되었다는 점이다. 감정의 절제 속에는 여러가지 요소가 배어 있다. 증오·금기 같은 것들이다. 박인자의 솔로는 잡히지 않는 실체를 손으로 잡고 있다. 무대 중앙을 차단한 커튼이 불협화음에 의해 떨어지며 박인자의 몸에 감길 때 커튼의 중량은 무거워 보였다. <피아노>에서 이 장면은 심리적 기복의 여운이다. 그러나 이 막간을 제하고 차이코프스키의 <우울한 세레나데>에 기댄, 몸을 맡긴, 무엇을 손으로 잡으려는, 그것이 존재의 부정과 긍정, 아니 사랑의 실체임을 확인하는 박인자의 솔로에서 나는 침몰

하다가 다시 물결치는 우수와 만난다."(무용평론가 김영태, 『무용예술』 1994. 7·8월호)

조윤라의 〈축배〉는 마치 카미유 클로델을 위한 축배처럼 보였다. 막연히 알고 있는 불행한 여인들의 이야기를 확연히 드러내 놓은 프랑스판 신여성의 삶은 고통으로 얼룩져 있다. 삶의 여러 공통분모 중에서 어두운 일면을 끌어내고 이를 위해 축배를 든다는 아이러니는 재미있는 착상이다. 그러나 이 아이러니의 묘미는 고도의 연출력을 필요로 했다.

발레블랑 정기공연에서 안무한 안윤희의 〈비그라프리즈〉는 재미있는 제목이다. 아름다움(beauty), 무중력(gravity-free), 편안함(ease)의 합성이 새로운 이미지의 단어를 만들어냈다. 작품에 대한 선입견처럼 춤 또한 비그라프리즈를 향한 끊임없는 항해다. 그녀가 만들어낸 편안하고 즐거운 춤, 순수하고 맑은 영상들은 근래에 보기 드문 참신한 무대를 꾸몄다. 바다의 생명체가 육지에 오르는 순간의 영상이 사라지면서 시작되는 춤에서는 원시인의 미화된 아름다움이 부각된다. 어린이의 꾸밈없는 가벼운 도약 — 갈망하는 낙원의 이미지, 그 편안함이 강조된다.

4. 제16회 서울무용제

94년도의 서울무용제(10. 21–11. 8)를 지켜본 소감은 예년과 크게 다를 바가 없었다. 썰렁한 객석이며 수준 미달의 몇몇 작품이 시사하는 바는 크다. 특이나 올해는 참가하는 데 의의를 둠직한 단체들이 크게 늘어 무용제의 문제점을 확연히 드러내고 있었는데, 지원금의 현실화와 공정한 심사만이 해결책으로 보인다.

이번 무용제 작품의 공통적인 특징은 모호함이었다. 무엇을 어떻게 할 것인가. 춤무대의 한계 속에서 자신의 생각이 객관화될 수 있는 연출법을 찾아야 감동이건 교감이건 메시건 이미지건 간에 나타나게 되어 있다. 하나의 작품을 하나의 문장처럼 분석하는 능력이 매우 아쉽다. 이런 관점에서 볼 때 대상을 수상한 김화례의 〈토템〉은 완벽한 스토리텔링을 이룩해 낸 수작이었다. 세계의 무용사조를 기준으로 볼 때 스토리텔링은 확실히 구태의연한 연출법이지만 그나마 제대로 소화해 낸 작품도 드문 것이 우리의 현실이기 때문이다. 30분이란 시간적 제약과 단막극이란 숨가쁜 상황 속에서 전달된 전설 한 토막은 <토템>의 의미와 내용을 구체적으로 전달했다. 신비의 동굴에서 나타난 악마, 제임스 전은 훌륭한 연기와 마임으로 극을 주도해 곽규동의 연기상을 밀어 준 숨은 공로자였고, 소녀역의 이유미, 새역의 나형만 역시 무대를 빛낸 인물들이다. 줄거리의 박진감 있는 전개에 군무진의 기량이 눌러 버린 흠집과 후반부의 마무리가 매끄럽지 못했던 점도 있었지만 짧은 시간에 끄집어낸 요점은 작품의 완성도를 높이는 동시에 확실한 보는 재미를 선사했다.

5. 외국 단체의 내한공연

외국 단체의 공연은 지난해에 비해 양적으로는 저조했던 반면 내용면에서는 깊이 있는 비교작업을 제시했다. 프랑스의 랭발레와 독일의 슈투트가르트 발레가 모두 <로미오와 줄리엣>을 공연한 사실이 그것이다. 그밖에 상트 페테르부르크발레단과 차이코프스키 소사이어티발레단이 내한했다.

<로미오와 줄리엣>은 가장 다양한 연출 형태를 지닌 발레 작품으로 알려져 있다. 우리 관객들이 관람한 안무만 하더라도 서너 가지를 쉽게 꼽을 수 있는데, 케네스 맥밀란 안무의 영국 로열발레형, 유리 그리고로비치 안무의 볼쇼이발레형, 베르트랑 다 안무의 랭발레형, 존 크랑코 안무의 슈투트가르트형이 그것이다. 1962년작으로 알려진 크랑코 버전의 <로미오와 줄리엣>은 소규모 발레단으로 명맥을 유지하던 슈투트가르트를 일약 세계적 스타로 부각시킨 작품으로 유명하다. '서사극의 온상' '안무가의 컴퍼니'라는 대명사에 걸맞게 춤과 극의 조화로운 완성이 남긴 감명이야말로 이구동성으로 찬양하는 부분이다.

강수진은 철없는 소녀 줄리엣이 지닌 상큼함을 담고 연민을 불러일으켰다. 간혹, <로미오와 줄리엣>의 요점을 증오 속에 피어난 애절한 사랑으로 보는 안무자의 경우 완숙하고 농염한 줄리엣이 요구된다. 그러나 극내용의 사실적 상황에 철저한 크랑코의 버전에서 요구된 줄리엣은 철부지 16세 소녀였다. 첫눈에 반해 결혼을 제안하는 줄리엣이나 틈만 나면 소녀들의 꽁무니를 따르던

로미오가 선뜻 그녀를 위해 자살을 선택하고 줄리엣이 다시 그 뒤를 따르는 전개는 셰익스피어의 원작보다도 박진감이 있다. 납골당의 죽음을 화해의 제스처로 연결시키지 않고 작품을 종결시킨 이유 역시 철없이 순수하고 광적으로 빠져드는 십대의 아련한 사랑에 초점을 둔 때문이 아닌가 하는 생각도 해본다. 이러한 배경에서 본 강수진은 탁월한 줄리엣이었다. 과잉 연기로 인한 어색함이 없었다는 사실만으로도 훌륭했지만 무리 없이 소화해 낸 기교의 극적 동화는 세계 속의 발레리나로도 손색이 없었다. 파트너 이반 카발라리의 능숙한 연기도 특기할 만하다.

랭발레단의 안무자 베르트랑 다는 프로코피에프의 작곡 배경 내지는 러시아 음악가가 느꼈을 법한 그 당시의 사회적 분위기에서부터 새로운 각색을 끌어냈다. 프로코피에프가 셰익스피어 원작에서 음악의 격렬함과 현대적 음조를 발견했다면 베르트랑 다는 음악에서 증오와 대립, 비극적 사랑이 담긴 더욱 가까운 인간사를 발견했다. 랭발레단의 〈로미오와 줄리엣〉은 1917년의 러시아 혁명을 배경으로 시작된다. 백군과 적군의 대립, 차르의 몰락과 볼셰비키의 입성, 그 혼란 속에서 생겨난 로미오와 줄리엣의 사랑이 안무자가 짐작해 낸 작곡자의 정신적 배경이다.

평론가 실비 드 뉘삭의 지적처럼 이 안무가는 사랑보다는 잠재적인 폭력을 더 좋아하는지 모른다. 그러나 좀더 자세히 관찰하면 이 폭력이 사랑의 강도를 높이는 일종의 고발창구임을 알게 된다. 사랑은 인간을 아름다운 존재로 정의하는 척도가 된다. 그러나 인간은 때때로 그 권리를 박탈당한다. 그 원인이 사회적 동요, 즉 전쟁이나 혁명, 사상적 투쟁일 때 한 개인은 무력하다. 기껏해야 자신의 생명을 내던지는 소리 없는 반항이 고작이다.

베르트랑 다는 고도의 공연기법을 통해 이 사실을 주지시켰다. 무대에는 붉은 깃발이 휘날리고 대리석 기둥 옆으로 무장한 군인들이 배회한다. 총소리와 아우성이 훑고 지나가면 무대는 다른 세력의 차지가 된다. 로미오는 적군에 가담해 있고 줄리엣은 귀족의 딸이다. 혁명의 소용돌이 안에서 원작의 비극이 재현된다. 사랑, 강제결혼, 도망자, 죽음과 같은 잠, 묘지의 죽음… 다른 점은 의상의 변형, 피난으로 소란스런 귀족의 저택, 칼 대신 등장하는 현대식 무기 등이 강조된다. 특히 눈여겨봐야 할 곳은 원작을 무시한 끝장면이다. 이들의 죽음은 아무런 가치가 없는 것으로 보인다. 적군과 백군이 이들의 죽음 앞에서 화해하리라고는 생각할 수 없다. 전쟁의 소용돌이 속에서, 도처에서 발견되는 시체들 속에서 그들의 주검은 약탈의 대상에 불과하다.

국립발레단에서 <레퀴엠>을 안무해 친숙해진 보리스 에이프만이 이끈 상트 페테르부르크발레단은 <차이코프스키>로 내한해 특유의 작품 스타일을 다시 보였다. 발레기교를 통한 내면세계 묘사에서 탁월한 그의 재능은 무용가의 만남과 헤어짐의 몸짓 안에 들어 있고 심취할수록 더욱 깊은 의미를 공감하게 된다.

"평범한 삶을 살지 못하는 유명 작곡가의 내면세계를 테마로 한 <차이코프스키>는 그가 전에 「레퀴엠」을 사용한 것처럼 「비창」도 성공적으로 작품에 사용하였다. 에이프만의 작품에서 늘 보석처럼 빛나는 것이 있다면 무대장치의 간결하고도 재치 있는 사용법이다. 이번 공연에서도 벽에 붙여 조각된 조각상과 배경그림의 조명연출로 작품의 장소를 전환하고, 무대에 설치된 간결한 소품들이 러시아 냄새를 풍기게 만들어 놓았다… (중략)… 러시아 발레를 보면서 감탄하는 것에는 테크닉말고도 무대미술의 색감과 튀튀의 품위가 있는데 9월 23일 예술의전당 오페라극장 무대의 색감도 대단한 것이었다."(무용평론가 한혜리, 『무용예술』 1994. 11·12월호)

III. 제2의 도약을 위한 제언

우리 선조들이 선비문화를 간직했던 그 옛날을 상상해 보자. 그 문화는 오랜 시간과 독특한 인내를 요구했을 것이고, 아무나 흉내낼 수 없었던 어떤 경계를 형성했을 것이다. 발레라는 예술도 마찬가지다. 결코 한순간의 기분이나 투자 혹은 욕심만으로 완성될 수 없는 세계 공통의 문화다. 그 격식과 내용, 격조를 따져 가다 보면 이 문화 역시 성수대교만큼이나 엉성하게 수입되었음을 알게 된다. 발레의 격조는 어린이의 발장난에서부터 차이가 나게 되어 있다. 이를 공감하는 이들은 이미 조기유학을 실천해 왔다. 문훈숙·강수진·강예나가 대표적 인물이다. 근래에 들어 발레 전문교육을 위한 유학은 대학 진학에 대한 견해를 달리할 만큼 활성화되고 있다. 그 이유는 국내에 믿을 만한(?) 강사진이 드물다거나 체계적 교육기관이 없기 때문으로 보인다.

현재로서는 러시아 교사가 교대로 상주하는 창무예술원의 어린이 발레 클라스가 그나마 제대로 된 연습과정인 셈이다. 그러나 발레단과 발레무대의 성장을 생각한다면 우리의 현실은 비관적이다. 예비 발레단원을 양성하는 제도도 시급하지만 외국 교사의 초청이 겸비되지 않으면 헛수고에 그치게 된다. 이는 결코 사대주의적 발상이 아니다. 시행착오 없이 빠르고 안전한 길을 선택하는 최선의 방책이다. 짧은 역사를 감안하고 보더라도 제대로 된 발레 맛을 이제야 느끼게 되었음은 자랑할 일이 못 된다. 자라나는 꿈나무들이 더 이상 실험대상이 되어서도, 성인들의 자리다툼에 희생되어서도 안 된다. 한 세대만 양보하면 된다. 교수법을 체득한 뒤에 자라난 우리의 꼬마들이 정착한다면, 우리 발레는 완성되게 될 것이다.

키로프발레단의 군무진을 보자. 발레리나의 체격 조건을 갖춘 고른 키와 연령의 인형 같은 소녀들은 그 자체가 환상적이다. 발레학교의 엄격하고 수준 높은 교육이 연상된다. 거기에 더해 혹독한 연습만이 줄 수 있는 편안함과 여유는 관객을 매료시키는 세계 최고의 수준이다. 발레학교 없이 발레단이 만들어졌다는 사실도 부끄럽지만 예술계 고등학교의 예능교육마저 대학 진학의 수단으로 사용하고 있는 우리의 닫힌 현실도 문제다. 대학과 전문교육의 미묘한 갈등을 해결하는 데는 많은 시간이 필요할 것 같다. 하지만 기다릴 시간이 없다. 이제 막 시작된 발레계의 도약을 돕는 데는 새로운 체제가 더 유용하다. 그러나 그 일을 담당해야 할 기관이 없다. 그래서 우리 꼬마들이 향수병으로 눈물을 흘리고 살아남는 몇몇을 제외하고는 정신적인 고아로 방황해야 한다. 그 희생의 대가를 날름 챙겨 우리의 발레라는 말로 생색낼 수밖에 없는 상황을 얼마나 더 견뎌야 할까.

이런 상황에 대한 자격지심은 엉뚱하게도 창작 작업에서 자주 발견된다. 새로운 모색을 꾸준히 하는 몇몇 안무가를 제외하고는 아직도 자신이 '발레'를 하고 있다는 사실만을 애써 강조하는 모습이 지배적이다. '발레'를 하려면 이미 발표된 고전발레를 하면 될 일이다. 자신에게 적당한 수준의 동작을 나열해 놓았으니 전통발레의 묘미는 이미 사라졌다. 게다가 작품에 대한 사고력이 존재하는 경우도 찾아보기 드물고 보면 유희 차원의 춤자랑에 불과하다. 그러면서 발레이기 때문에 이러저러해야 한다는 외형적 터부를 신념처럼 강조한다. 발레에 정통한 사람은 애써 그 사실을 강조하지 않는다. 외국인들과 비교할 때 이러한 우리의 태도는 분명 자격지심에 불과하다. '발레'에 대한 동경이 겸손한 배움의 노력으로 변화된다면 이 막연한 불안감도 머지않아 해결될 것이다. 그리고 창작에서의 자유로움도 얻게 될 것이다.

발레에 정통한 사람이 창작을 하면서 외형적 변형을 시도했다고 그것이 한국춤이 되지는 않는다. 또 변형의 강도가 심해지면 현대춤이 되기도 한다. 하지만 그가 가진 '발레'의 뿌리는 도처에 자리잡고 있음을 본다. 이 사실을 터부시한다면 창작발레라는 단어가 없어야 한다. 그러나 창작발레가 그 어느 나라보다 많은 곳이 한국이다. 뭔가 이상하지 않은가. 답답한 마음에 이런 생각도 해본다. 과일만으로 빵을 구울 수 있다는 생각이나 한국인은 쌀만 먹어야 된다는 주장처럼 들린다는 사실을 '발레'파들도 인정했으면 한다. 행여 이런 말들이 그나마 '발레'에 대한 실력 부족을 미화시킬 수 있는 계기로 작용할까 하는 불안감이 '발레'파의 우려일 수도 있겠으나 우리는 지금 세계화·전문화를 위한 제2의 도약에 관해 생각하고 있다는 한계를 미리 설정한 바 있다.

(『'94 문예연감』 1995)

II
───────
1995

키로프발레의 〈백조의 호수〉

발레사를 뒤적이다 보면 상트 페테르부르크 마린스키 시어터라는 발레단이 수없이 등장한다. 키로프발레단의 옛이름이다. 키로프발레단은 이번 내한공연에서 다시 마린스키로 개칭해 200여 년전의 이름을 되찾았는데 그 시절의 위력을 생각한다면 당연한 일이다. 러시아 발레는 19세기 중엽부터 20세기 초엽까지 무려 70여 년간 세계 정상의 위치를 차지했고, 그 전설적인 명성은 오늘날까지 이어지고 있다. 그 중에서도 고전발레는 마린스키—키로프가 정통하다. 전세계에 전파된 오늘날의 발레가 대부분 마린스키 시어터의 산물이기 때문이다. 이런 이유로 오리지널을 그리워하는 발레 애호가들은 키로프만을 고집했고, 자타가 공인하는 키로프의 독특한 매력으로 계승되어 왔다.

〈백조의 호수〉 역시 마린스키가 만들어낸 걸작이다. 기록상의 초연은 볼쇼이 극장이지만 우리에게 남겨진 작품은 초연작과는 거의 무관하다. 안무자는 물론 음악의 배열, 막의 구성이나 연출 등 모든 면에서 새로웠다는 기록이 있고, 무려 18년이라는 공백이 있었기 때문이다. 키로프발레의 〈백조의 호수〉(1995. 3. 6, 세종문화회관)는 전통만큼이나 완벽하게 조화를 이룬 무대였다. 의상과 무대장치가 어우러진 안정된 색감과 디자인, 오케스트라와 발레단의 일치된 호흡, 군무진이 이끌어내는 리듬감과 풋풋한 아름다움은 애써 설명하지 않더라도 종합예술이었다.

특히 코르 드 발레(군무진)는 세계 제일이라고 단언할 만하다. 발레리나의 체격 조건을 갖춘 고른 키와 인형 같은 소녀들은 그 자체가 환상적이었다. 발레학교의 엄격하고 수준 높은 교육이 연상된다. 거기에 더해 혹독한 연습만이 줄 수 있는 편안함과 여유는 관객을 극 속으로 끌어들인다. 주역만이 부각되는 발레의 특성 때문에 약간의 부조화쯤은 거슬리지만 감수해야 했던 수많은 경우를 보상받는 듯한 즐거움을 선사했다.

안무자 올레그 비노그라도프는 원작의 묘미를 해치지 않는 범위 내에서의 몇 가지 색다른 연출로 눈길을 끌면서 작품에 활기를 더했다. 이는 발레 안무자의 제한된 특권이기도 하다. 1막 1장에서는 왕자 홀로 백조 사냥에 나서고 친구들 대신 광대역을 강조했다. 2장(일반적으로 2막에 해당됨)의 백조 2인무가 4인무로 처리되었고, 오데트 솔로는 그녀의 장기인 균형을 강조한 반면 한쪽 방향의 비상을 반복했다. 2막의 여섯 나라 공주는 신부의 드레스로 등장했고, 스페인·나폴리·헝가리 춤 등의 캐릭터 댄스의 인원을 늘려 비극 직전의 축제를 강조했다.

이러한 변화들이 형태는 다르지만 흔히 발견되는 사소한 것임에 비해 3막은 안무자의 성향이 크게 반영된 새로운 종결부였다. 무엇보다도 줄거리의 변화가 재미있다. 원작에 의하면 왕자의 실수(악마의 마법으로 백조와 흑조에게 각각 사랑을 맹세함)로 오데트가 호수에 몸을 던져 죽는다. 왕자 또한 백조의 뒤를 따르고 두 사람은 물의 요정의 안내로 내세에서 행복한 결합을 하게 된다. 이러한 결론이 구소련 체제에서는 악마와의 투쟁과 왕자의 승리 그리고 현실에서의 결합으로 나타났다. 양쪽 모두가 결합이라는 측면에서 해피엔딩인 반면 이번 무대에서는 왕자가 패배했다. 분개한 오데트가 백조들과 함께 악마에게 대항해 그를 죽이고 홀로 남는다.

백조와 흑조역의 알티나이 아실무라토바는 상반된 두 성격에 탁월한 적응력을 지녔고, 왕자역의 알렉산드르 쿠르코프는 귀족의 품위를 지닌 남성무용가를 지칭하는 당쇠르 노블로 손색이 없었다. (『조선일보』 1995. 3. 8)

전통발레와 브로드웨이식 변형

3월에 들어서면서 러시아의 키로프와 미국의 스타스 오브 아메리칸 발레 초청공연이 무용계의 관심거리로 부각됐었다. 발레의 전통이 만들어낸 전설적인 명성으로, 월드 스타들의 화려한 경쟁으로 각기 쌓아 온 신용이 일주일의 간격을 두고 같은 무대에서 확인되리라는 기대 때문이었다. 그러나 이 기대는 스타스 오브 아메리칸 발레의 공연(1995. 3. 16-17, 세종문화회관)을 보는 순간 무너졌다. 뉴욕 시티발레단원이었던 레슬리 브라운과 타계한 안무가 조지 발란신을 앞세운 소개와 홍보는 말 그대로 미국의 고전발레 스타들이 꾸미는 무대를 상상하기에 충분한 것이었다. 하지만 어이없게도 스타스 오브 아메리칸 발레는 뮤지컬 발레를 위주로 하는 소규모 단체였다. 주최측의 고의적인 홍보가 아니었다면 지나친 소양 부족이었다. 스타스 오브 아메리칸 발레의 단원들 역시 구색 맞추기로 들어간 발레 <로미오와 줄리엣> <해적> 2인무를 매우 어색하게 대했다. 그 자체의 대중적 매력을 따로 지닌 그들이었기에 레퍼토리 선정에서 오도되지 않았는지도 궁금했다.

안무자 로버트 라포스는 발레의 변형된 모습과 미국인의 취향을 느끼게 했다. 춤이 무엇을 전달해야 한다는 개념을 없애면서 기교에 변형을 가하고 자유스럽고 활기찬 분위기를 제시한다. 대표작 <사랑의 나날들>은 쾌락과 엄격한 규칙을 겸비한 뮤지컬 댄스의 정수였다. 어려서부터 연마한 발레 실력은 대중가요의 리듬에 자유롭고 편한 춤, 명쾌한 몸놀림, 신바람을 불러일으켰다. 미국의 자랑이기도 한 브로드웨이 뮤지컬의 전문성은 우리에게 시사하는 바가 크다.

만일 스타스 오브 아메리칸 발레 공연이 상상대로 발레 스타들의 솔로나 2인무였더라면 러시아 발레와 비교할 수 있는 절호의 기회였을 것이다. 키로프가 공연한 <백조의 호수>(1995. 3. 6-8, 세종문화회관) 같은 고전 작품들은 내용과 순서, 동작이 거의 같지만 객석에서는 아주 다른 느낌을 갖게 되기 때문이다. 러시아가 정형미를 강조한다면 미국의 스타들은 관객이 즐길 수 있는 분위기 장악을 우선으로 한다. 이런 시각에서 본다면 키로프발레 군무진이 이뤄내는 세계 정상의 조화도 우연만은 아닐 것이다.

3월의 두 공연은 내용상 직접 비교할 수는 없지만 발레가 변화되는 한 가지 경로를 명확히 보여주었다. 키로프의 전통이 발란신의 변형으로 뉴욕 시티발레에 정착했고, 라포스의 변형으로 브로드웨이에 자리잡았다. 이 길로 치닫다 보면 아카데미즘의 대명사인 발레가 무엇을 위해 소모되는 춤으로 전락할 것 같다는 불안함도 숨길 수 없다. (『한국일보』 1995. 3. 20)

유니버설의 발란신 발레 축제

항상 강조하고 있듯이, 유니버설의 공연에는 순리에 따른 질서가 있고 여유가 있다. 어느 작품을 보든지 무대는 품위와 격조를 놓치지 않는다. 늘 준비하고 다니는 성실하고 정직한 사람을 보는 듯하다. 그래서 그들의 공연을 보는 날은 느긋하고 즐겁다. 발란신 발레 축제(1995. 3. 23-26, 리틀엔젤스예술회관)는 예술감독 로이 토비아스가 말한 바대로 "국내 초유의 일로 한국발레 사상 역사적인 일"이다. 게다가 발란신재단이 제공하고, 재단에 의해 공인된 발란신 스타일과 테크닉의 표준을 그대로 공연한다는 안내문은 믿음직하다. 비디오를 통한 남의 작품 훔치기가 만연한 풍토이다 보니 이 안내문은 일종의 품질보증서나 결백증명서로까지 보인다.

〈세레나데〉 〈라 소남블라〉 〈테마와 바리에이션〉은 83년 타계한 발란신의 대표작들이다. 이 작품들을 통해서 나타나는 발란신의 탁월함은 예술성과 오락성을 양립시켰다는 점이다. 그는 자신이 보이는 춤을 애써 치장하여 '예술'로 설명하지는 않았지만 음악을 매우 중요시하는 작업 내용과 관객의 즐거움에 대한 관심을 여러 차례 표명한 바 있다. 무용미의 변천사 측면에서 볼 때, 그는 무용이 예술작품으로 깊이가 있는 음악과 조화를 이뤄 춤 자체의 묘미가 강조되어 드러나기를 원했다. 오늘의 관점에서는 일반적이지만, 문자를 대신한 춤의 사용이 상식이었던 상황에서는 독특한 발상이었다. 춤이 문자의 대용품이나 부속품이었던 현상을 파괴하면서도 막간 여흥의 광대춤처럼 묘기를 앞세우지 않은 점도 독특하다. 〈세레나데〉나 〈테마와 바리에이션〉은 그의 무용관을 확실하게 드러낸 작품들이다.

〈라 소남블라〉는 몽유병자라는 구체적 인물이 부각되어야 하는 필연성 때문에 축약된 내용이 담겨 있다. 소남블라가 사는 저택과 파티를 주관한 그녀의 남편, 초대된 한 시인 등은 소남블라의 등장을 위한 상황의 제시용으로 보인다. 또한 축제의 화려한 디베르티스망은 흐늘거리는 몽유병자의 공기와 같은 부레스텝을 강조하는 역할도 한다. 83년, 뉴욕 시티발레에서 겔시 커크랜드가 남긴 소남블라 충격은 지금도 생생하다. 인간의 몸이 그렇게도 움직일 수 있다는 사실 자체에 경악했었다. 또 그 역을 그렇게 아름답고 사실적으로 연기한 그 발레리나를 영원한 우상으로 삼고 말았다. 이 경험이 말 그대로 충격이었기 때문에, 겔시 커크랜드의 환상을 깨지 않기 위해서라도, 그 이후의 <라 소남블라>에 대해서는 소홀히 보아 넘기는 버릇마저 생겨 버렸다.

유니버설발레단이 이런 작품을 레퍼토리로 보유하고 있다는 사실은 정말 다행스러운 일이다. 문훈숙의 차분한 춤성격과 어울리는 <라 소남블라>는 이미 또 다른 충격의 대상이 되었는지도 모를 일이다. 그런데, 몽유병자의 무감정이 시인의 흘러 넘치는 감정과 대비되면서 놀라움의 대상이 된다는 측면에서 본다면, 고전발레의 파트너에 비해 단역으로 보이는 시인역이 반대로 대단히 중요함을 알게 된다. 시인의 방향 제시는 소남블라의 동선을 결정하지만 그의 애타는 접근 시도가 번번이 묵살되는 안타까움이 관객에게 전달될 때 작품의 묘미가 뚜렷해진다. 그녀를 제지하는 온갖 동작의 절실함이 강할수록 몽유병자의 초인적인 움직임이 살아나는데 유니버설의 시인에게는 놀라움과 애절함을 표현하는 감정이 더욱 필요해 보였다.

한국 초연된 <테마와 바리에이션>은 클래식 튀튀의 신고전 춤이었다. 군무와 솔로, 듀엣이 번갈아 나타나며 발레의 화려함을 강조하는 전형적인 엔터테인먼트다. 음악의 테마와 변주는 춤의 그것으로 대치된다. 박선희의 알레그로 기교는 탁월한 가벼움과 경쾌함을 선사했고, 단원 전체의 기량은 아름다운 발레를 연출해 내기에 충분했다.

<세레나데>는 가장 빈번하게 공연되는 레퍼토리 중 하나로 차이코프스키의 서정적이고 변화무쌍한 분위기를 따르는 작품이다. 이 또한 내용이 없는 발레이니 만큼 중간에 눈을 가리고 등장하는 남자에게서 어떤 줄거리를 찾아내려는 시도는 무의미하다. 단순히 음악적 분위기가 그에게 그렇게 하도록 했을 뿐이다. 이번 무대에서는 이유미의 활약이 단연 돋보였다. 이 작품의 탄생 배

경이 에튜드(연습 위주의 작품)적인 때문인지는 몰라도 어린 소녀의 이미지를 간직한 이유미의 파 드 되와 솔로는 일품이었다. 특히 음악을 잡는 감각이 중요한 작품인 만큼 알레그로 부분에서 보이는 여유 있는 연기는 참으로 신선했다. 이러한 경쾌함은 이미자의 점핑 댄스에서도 보여진다. 군무진의 일체감은 떨어지는 편이었지만 오리지널 <세레나데>의 청아한 에센스는 충분히 전달되었다고 보여진다. 예술감독의 설명처럼, 발란신 축제를 기획할 수 있는 기반과 이를 관람할 안목을 지닌 관객의 만남은 우리 발레계의 수준이 상당히 희망적 위치에 있음을 대변한다. 이번 공연은 머지않아 품게 될 더 큰 희망을 현실화시키고 부추길 이정표임이 분명했다. (『객석』 1995. 5월호)

애지회 — '95 봄, 발레 에세이

애지회에 대해 이야기하려면 세종대학 무용과와 지도교수 김정욱이 이룩한 업적에 대해 먼저 알아야 한다. 김정욱이 전문화된 대학 발레교육의 대표자였던 만큼 수도사대(현 세종대)의 발레는 항상 원칙을 중시하는 정도를 보여 왔다. 원칙과 정도는 꾸밈 없는 기교를 지닌 무용학도들을 배출했고, 이들은 직업발레단에서 두각을 나타내며 우리 발레계를 이끌어 왔다. 이런 배경 때문에 애지회의 춤기교는 일찍부터 김명순·박인자·김복선 같은 인재를 배출했고, 이번 공연의 최광석·임경옥·김인선·백연옥 같은 주역들이 끊임없이 등장한다. 발레 원형의 수입이 어려웠던 시절, 일본을 통해 받아들인 소중한 지식들을 무대화했던 작업들이 이제는 애지회의 전통이 되었고, 이 특유의 스타일로 구성된 발레 작품 〈감네〉가 이미 10년 전에 대한민국무용제의 대상을 차지한 바 있다.

이번 무대(1995. 3. 18. 문예회관)에서도 허경자의 〈봄이 오면 산에 들에〉, 김인선의 〈환상여행〉이 이러한 애지회의 역사를 담고 있었다. 그래서 이 두 작품의 평가 기준은 발레기교의 발전된 모습에 두는 것이 마땅하리라 본다. 〈봄이 오면 산에 들에〉는 4쌍의 군무와 여성 2인무 이후에 파 드 되가 이뤄지는 형식을 두 번 반복한다. 강준하와 임경옥이 추는 파 드 되는 지난 무용제에서의 커플보다 안정감이 있다. 이는 임경옥의 단단한 회전과 도약에서 생겨난다. 부드럽고 강인한 이중성이 요구되는 발레기교의 터득이 만들어낸 안정감에서 임경옥의 이력이 드러난다. 서울예고·세종대·국립발레단으로 이동하며 향상된 기량이지만 그 기초는 이미 초등학생 시절부터 단단했었다. 발레 무대가 요구하는 인내와 그 대가를 보는 듯해 숙연해진다.

김인선의 〈환상여행〉은 춤무대로 복귀한 자신의 이야기일 수도 있었다. 이런 내용은 자주 등장하는 발레춤의 소재가 되는데, 무용을 지속하는 어려움의 강도를 짐작하게 하는 부분이다. 김인선의 춤은 길고 부드러운 팔이 그리는 포르드 브라(팔동작의 연결)에서 뛰어났다. 이 두 작품을 통해 보여진 발레기교는 한국 대학 발레의 현주소였고, 발레교육이 대학 위주로 이뤄져 왔던 만큼 세종대학 무용과가 만들어낸 뜻깊은 결실이었다.

이 전통을 바탕으로 근래에는 박인자·백연옥이 새로운 영역을 개척해 내려는 작업들을 하고 있다. 애지회의 고착된 이미지로부터의 탈피는 일종의 혁명이었다. 동시에 기량 향상을 이룩한 이후에 나타나는 당연한 현상임도 부정할 수 없다. 백연옥이 안무·출연한 〈깊은 강〉은 표현의 영역을 확대해 가는 실험무대의 연속이었다. 92년 젊은 춤꾼들의 가을 잔치에서 보인 〈내일 아침에는〉이나 93년 개인 공연에서 보인 〈꿈〉과 맥이 통한다. 〈깊은 강〉에서는 특히 이은숙이 연기한 독립된 장면이 인상깊다. 거울 속에서 튀어나온 분신의 연기는 백연옥이 그려 보려고 애쓰는 강의 이미지가 요약된 절정이었다.

이은숙에 이어지는 최광석의 솔로에서는 93년 바탕골소극장에서 보인 〈베스트리스〉가 떠오른다. 베스트리스는 18-19세기에 걸쳐 3대가 춤의 명인이었던 집안이다. 파리 오페라발레의 예술감독 페트릭 듀퐁이 춤춘 작품으로 춤의 경지에 도달한 사람들만이 해낼 수 있는 재미와 기교를 담아낸 소품이다. 최광석은 여기에 제롬 로빈스의 〈목신의 오후〉에 등장하는 남자처럼 몽롱한 분위기를 접목시키면서 그가 지닌 재능을 십분 발휘했다. 백연옥은 내용을 전개시키면서 그를 관찰하는 이야기꾼이다. 〈꿈〉에서처럼 어느 날 떠올린 생각의 단편을 정리하는 과정에서 춤에 흡수된다. 최광석과 보인 2인무는 공식화된 순서였고, 형식상의 클라이맥스에 해당된다. 여기서 드러낸 백연옥이 지닌 진한 느낌 — 애지회의 분위기를 기준으로 했을 때 — 은 그녀가 새로운 시도를 할 수밖에 없는 감성의 소유자라는 사실과 통한다.

그러나 이러한 일련의 작업을 보면서 현실-환상-현실이라는 구도나 어둠-밝음-어둠-극복-어둠 등으로 연결되는 전개 방식이 마치 춤을 위해 만들어진 새로운 막과 장으로 상식화되었다는 사실을 간과할 수 없었다. 느긋한 자신감과 여유만이 이를 극복하는 처방이 될 것이다. 마지막으로, 세 작품 전

체의 파 드 되 기교가 대동소이했음은 유감이었다. 강준하·임경옥 커플이 회
전 동작에서, 김인선·김광범 커플이 부드러운 도약에서, 백연옥·최광석 커
플이 체중의 전이를 이용한 엉킴과 지탱에서 각기 더 많은 아름다움을 창조했
더라면 애지회의 전통이 더욱 빛을 발했을 것 같다.(『객석』1995. 4월호)

다양한 안무 형태 보인 3월의 공연들

— 조은미 · 김영희 · 김선미 · 양미현 · 이무빈

탐 15주년 정기공연

조은미가 생각하는 '춤'론은 항상 동일하다. 현대춤이 무엇인가를 표현해야 한다는 강압적 분위기 속에서도 그는 춤기교의 완성을 추구해 왔고, 이제는 조은미의 독자성으로 인정받기에 이르렀다. 창단 15주년 정기공연(1995. 3. 13–14, 문예회관)에서 보인 〈대화 1〉과 〈대화 2〉는 이러한 조은미의 색깔을 재확인시킨 작업이었다. 안무자의 내용설명처럼 〈대화 1〉은 형식미를 부각시킨 작품이다. 공간의 설정과 이동에서 파생되는 힘의 변이, 순간 에너지의 탄생, 지체와 지체의 부딪힘 속에서 느껴지는 이미지와 상상력이 대화가 된다.

현대무용단 탐, 조은미 안무 〈대화 1〉 1995. 3. 13–14, 문예회관

이런 부류의 춤이 지니는 특징은 맑고 깔끔하다. 관객의 입장에서 보면 부담이 없는 감상용 춤이다. 기량을 갖추지 못한 무용가는 춤출 수 없는 엄격함이 있다. 그래서 조은미는 평소에 무용가의 신체와 기량 향상에 중점적인 관리를 한다. 발레의 전통을 딛고 선 유럽의 현대무용에서는 조은미 부류의 춤론이 다양하게 변형되었다. 이제 우리 무용계에도 춤을 보는 관점이 다양화되고 있는 추세다. 극적 요소를 가미한 춤들과 춤을 배제한 춤공연도 등장하고 있다. 세계춤의 시각에서 본 조은미의 춤은 고전적인 견해이며, 한국의 현대춤에서는 새로운 견해인 셈이다. 평론가 김경애의 지적처럼 '탐'은 서정적이다.

김영희와 김선미의 춤

김영희의 〈모르는 사이에〉와 김선미의 전통춤 공연은 창무회가 장악한 넓은 춤의 영역을 대변한다. 이 두 가지 춤 사이에 들어 있는, 김선미가 춤춰 보인 〈춤본〉(김매자 작)은 한국춤의 변천사를 한눈에 보게 하는 교량이었다. 포스트극장의 '미래창무댄서'(1995. 3. 31-4. 1)는 춤무대를 갖고 싶은 모든 이들이 안무를 하고 있는 우리 무용계에 제시된 개혁안이었다. 안무자와 무용가의 구별은 진정한 전문화의 기틀로 보였다. 각자의 재능이 한 무대에서 만날 수 있고 춤의 기량이나 연기력 평가가 자작춤이라는 눈가림으로 넘어갈 소지를 없애는 기획이었다.

전통춤은 역시 가까이서 보아야 하나 보다. 수없이 귀에 익은 소리지만 정중동, 정지 속에서의 움직임의 묘미를 느끼기 위해서라도 그랬다. 포스트극장에서 본 김선미의 〈승무〉는 어느 누구의 승무보다도 춤의 맛을 느끼게 했다. 느린 움직임 속의 강한 힘과 그 힘의 절제가 다시 작은 움직임으로 나타나는 힘의 전이를 지켜보는 맛이야말로 신나는 일이었다. 대극장 무대에서는 경험할 수 없었던 이 미세한 떨림들은 소극장 무대의 장점이었다.

김선미의 전통춤은 절도와 무게가 있는 굵은 선이 일품이었다. 춤의 정형미를 드러내고, 추는 춤보다는 보이는 춤으로 자리잡은 그의 레퍼토리에서는 김선미의 춤 경력과 재능이 자연스레 돌출됐다. 〈춤본 II〉에는 안무자가 생각하는 춤의 본질이 들어 있었다. 춤은 제사였고, 전투였으며, 놀이였고, 사랑이었다. 한국춤의 어휘로 묘사된 춤의 정의는 다양한 표현력을 담고 있었다.

이러한 전통춤과 표현력이 창무회의 전통이라면 김영희의 <모르는 사이에> (1995. 3. 15-16, 문예회관)는 모르는 사이에 변화된 한국춤의 새로운 모습이었다. 한국춤이 되기 위해 갖추어야 할 조건들이 있다면 김영희의 춤에서는 이 조건들이 이미 사라졌다. 그러니 이것이 한국춤인가 아닌가라는 논란은 무가치하다. 김영희의 춤은 한국춤보다는 김영희의 춤으로 남을 때 더 큰 가치가 있을 것이다.

김영희의 무대는 독특하다. 의상과 분장이 주는 느낌에는 일본인의 이미지가 담겨 있다. 산발한 머리나 백색 화장, 붉고 화려한 폭넓은 의상 때문일 것이다. 일본인들은 이런 춤을 추지 않지만… 그런가 하면 그 이미지의 원류는 중국일지 모른다는 느낌이 교차된다. 그래서 그 독특한 외형이 풍기는 시각적 효과는 동양의 혼이라는 뭉뚱그림으로밖에는 묘사할 능력이 없다. 이러한 외형적 도움 이외에 독특한 포즈와 그 반복으로 춤이 진행된다. 두 다리를 벌려 구부리고 상체를 웅크려 숙인다. 고개는 들고 턱은 당겼다. 이 자세를 기본으로 변화와 회귀가 반복된다. 이 포즈가 주는 느낌은 공격성인 동시에 방어태세임을 발견하게 된다. 이 자세를 바탕으로 연속되는 느린 움직임, 신비한 분위기의 변화들이 <모르는 사이에>를 채워 갔다.

<모르는 사이에>의 주제가 되는 이 자세는 원시인의 포즈와 일치한다. 급소 보호와 전투 태세를 갖춘 이들은 작가의 말처럼 물과 불과 흙의 결합체로 보였다. 작가는 이 결합체들이 탄생하고 만나고 싸우며 죽어 가는 과정을 그려냈다. 그러나 그 내용의 사실적 묘사들은 드러나지 않는다. 호흡으로 조절되는 에너지의 막강함, 그 절제를 위한 에너지가 다시 몸속에서 들끓지만 외관상의 정지된 부드러운 포즈로 나타날 때 전통춤과의 일치를 느낀다. 그런 이유로 동작의 반복에서도 지루함을 느끼지 않게 되었는지 모를 일이다. 물과 불과 흙의 결합체들은 서서히, 모르는 사이에 그렇게 태어나고 죽고 있었다.

양미현과 이무빈의 차이

한 사람은 발레로 다른 사람은 몸짓으로 춤을 만들었다. 그렇다고 양미현이 꼭 발레 동작만 한 것도 아니고 이무빈이 춤을 추지 않은 것이 아니다. 안무 작업을 앞에 두고 경험하게 되는 극단적인 두 모습이 예나 지금이나 존재함은 재미있다.

최성이 발레아카데미에서 기획한 양미현의 공연(1995. 3. 15, 연강홀)은 그가 수원대학의 제1회 졸업생이라는 점에서 관심을 끌었다. <스페셜 데이>(Special day)는 카페의 하루를 담아낸다. 우울한 여인, 괴로운 남자, 연인, 화려한 건달이 거쳐간다. 이 과정을 진행시키는 극적인 전개가 지속적인 흥미를 유발하면서 양미현의 구성 능력이 느껴지기 시작했다. 순간 순간의 연결이 자연스러운 점은 인간의 모습들을 상당히 깊게 관찰한 결과임에 분명했다.

<자아찾기> 역시 같은 전개 방식이었다. 앞의 작품이 관찰한 결과였다면 이 작품은 자신의 이야기를 숨김없이 드러낸다. 토슈즈와 한 남성의 줄다리기, 환상의 무희들, 연습실의 즐거움, 남편의 꽃다발이 차례로 나타난다. 이들 작품을 보면서 양미현뿐만 아니라 대부분의 발레 전공자들이 뛰어넘지 못하는 벽을 다시 한번 느꼈다. 춤은 보여지기 위한 것인가, 혹은 춤은 추어지는 것인가라는 미묘한 갈등이다.

고전발레의 내용은 분명 춤을 위한 배경에 불과했다. 궁정춤이나 민속춤을 추기 위해 빠짐없이 설정된 파티 장면이나 그랑 파 드 되를 추기 위해 설정된 결혼이나 사랑 장면을 생각하면 틀림이 없다. 이에 반해 드라마틱 발레는 춤을 추는 데 더 적극적이었다. 양미현의 춤은 나열식 구성과 전개를 고수한다는 점에서 고전발레 형식을 재현한다. 그 형식 안에서 오늘의 세태와 이야기를 담고 있을 뿐이다. 이 경우 춤은 보이기 위한 더 많은 그 무엇을 필요로 한다. <스페셜 데이>에서 보인 웨이터의 춤이나 귀부인역의 황정실이 보인 화려하고 선정적인 움직임들이 그 좋은 예가 된다. 아울러 관객의 입장에서는 난이도가 높은 발레기교 역시 기대하게 된다.

대조적으로, 이무빈의 출연진들은 춤을 추는 데 미숙하다. 무용과 출신이 아니기 때문이다. 하지만 춤은 만인의 것이고 춤을 추는 데 특별한 방법이 있을 수 없다는 무용교육론적 시각에서 본다면 미숙이란 단어는 적합하지가 않다. 여기서의 춤이란 교습되어질 수 있도록 체계적 구성이 완성된 춤을 말한다. 그래서 어쩌면 더 '진짜'에 가까운 움직임들이 나올 수 있다는 기대가 있었는데 무아지경을 그리워하는 듯한 제자리 회전이나 두 팔을 흐느적거리는 작은 움직임에서 느껴지는 호흡은 그 기대를 어느 정도 만족시켰다.

〈안개 그림이-울음을 상징한다〉 (1995. 3. 22-24, 문예소극장)는 많은 독립된 장면들로 구성됐다. 스님의 독경소리, 바라춤, 섹시한 여인들의 요란한 행진, 그리고 안개꽃 그림을 배경으로 한 안개꽃 다발을 든 여인들의 행진 등이다. 이무빈은 이를 통해 복잡한 상념들을 정리하려고 한다. '나와 그대의 삶' '눈물' '늪' '죽음' '침묵' 같은 것들이다. 그녀의 움직임들과는 반대로 상념을 풀어 가는 기법은 도식화되어 있었다. 그러면서도 움직임으로 엮여야 할 어떤 상관고리가 없었다. 이무빈이 풀어야 할 더욱 중요한 과제였다.

기존의 춤기법에 약한 사람이 춤공연에 승부를 걸 때는 춤보다 강한 '무엇'을 제시해야 한다. 편리하게 표현하면 아이디어다. 그 '무엇'은 강한 느낌을 줄 수 있는 것으로 시각·청각·후각에까지도 작용한다. 출연자의 한 사람인 김윤경은 "나는 빨간 립스틱을 짙게 바르고 담배를 피워 물기를 좋아한다"는 글귀를 프로그램에 실었다. 이런 부류의 선정적인 당돌함이 이무빈 팀에 대한 호기심을 배가시키지 않았나 싶다.

마가렛 두불러의 말처럼 "춤은 만인의 것이다". 오늘날에는 공연무대에까지 이 개념이 확산되고 있고 우리 무용계에도 이런 시도가 있음은 고무적 사실이다. 단, 그들이 개발해 낼 그 '무엇'을 전제할 때임을 밝히고 싶다.(『무용예술』 1995. 5월호)

'95 춤작가 12인전

한국현대춤협회에서 주최하는 이 행사(5. 9–11, 문예회관 대극장)는 '작가 12인전'이라는 약칭으로 매년 무용계의 주된 화젯거리가 되고 있다. 장르와 계파, 연륜에 관계없이 지명도 있는 무용인들이 적극적으로 참여하고 있고, 수준 높은 작품들이 발표되기 때문이다. 올해의 참가자들 역시 무용계의 대표적 인물들로 다양한 작품 성향을 보였다. 그 성향들은 각기 춤이 인간의 육체이며 기교이고 작품이라는 생각들 중 어느 하나에 강조점을 두는 데서 출발하고 있었다.

이연수와 함께 〈여백기행〉을 춤춘 박호빈의 신체는 그가 정지한 상태에서도 춤을 느끼게 한다. 문영철이나 김순정 역시 춤이 배어 있는 악기(무용가의 몸)다. 이 경우에는 기교 역시 자연스럽게 연결이 된다. 인간의 몸이 자유자재로 움직일 수 있다는 사실은 고행과 견줄 수 있는 훈련으로 지속되기 때문이다. 그래서 그들이 움직일 때는 살아 있는 미세한 근육과 춤의 활력을 만끽하게 되고 무용가의 위대함을 느끼게 된다.

그러나 이러한 춤의 활력을 몇십 년간 지속하기란 거의 불가능하다. 고전발레를 춤추는 무용가들이 초인적인 노력을 견디지 못해 일찍 은퇴하는 이유도 여기에 있다. 이런 측면에서 본다면 〈또 다른 꽃 한 송이〉를 춤춘 김복희의 무대는 경이로웠다. 그리움이라는 일반적인 주제를 신비한 분위기로 연출한 탁월한 감각에서부터 이와 조화를 이루는 기량까지가 예술가의 정도를 제시하는 듯했다.

의식의 흐름을 더 중시하고 표현하고자 하는 내용에 몰두하는 경향은 황희연의 〈환생일기〉, 국수호의 〈빈 배〉, 박인자의 〈남 몰래 흐르는 눈물〉에서 나타났다. 김영태 시인의 시를 소재로 풀어 나간 박인자의 분위기 묘사는 언어의 이미지를 움직임의 이미지로 전환시킨 본보기였다.

김복희 안무 〈또 다른 꽃 한 송이〉

　독창성을 위주로 한다면 김은희가 안무하고 춤춘 〈바람의 여인〉이 으뜸이
었다. 군이 작품의 뿌리를 밝혀야 한다면 그녀가 추구하는 춤은 이사도라 던컨
이 이룩하지 못했던 이상향이라고 보아도 좋을 것이다. 김은희는 바람과 여인
의 만남이 특별하지 않은 차원이 아니라 호흡과 연결되는 필연이라는 사실에
주목했다. 풀밭에서 바람을 느끼는 여인의 상념은 몇 천년의 시공을 자유로이
왕래한다. 궁중정재 음악에 단발머리 하얀 소녀가 서 있다. 소녀는 시종일관
한자리에 서 있다. 춤사위는 한국춤에 가깝지만 더 표현적이다. 언어로 설명
하기 어려운 이 상념을 쉽게 관객과 공유했다는 점이 이 작품의 탁월함이었다.
(『한국일보』 1995. 5. 18)

영국국립발레단의 〈코펠리아〉

영국국립발레단은 빅-웰즈발레(현 로열발레)의 주역이었던 알리시아 마르코바와 그의 남편 안톤 돌린이 독립하면서 만들어졌다. 페스티벌홀을 중심으로 공연했던 이유로 페스티벌발레단으로 더 널리 알려졌는데 후에 마르코바가 로열발레에서 지도하는 동안에도 독자적인 활동을 하며 40여 년의 역사를 만들어 왔다.

내한공연(1995. 6. 13-18, 예술의전당 오페라극장) 작품인 〈코펠리아〉는 그들이 발레의 전통을 중시하고 지켜 나가는 데 앞선 단체임을 암시했다. 아기자기한 옛날 발레의 모양새가 강조된 이 작품의 재미를 충분히 전달하는 것 자체가 전통이기 때문이다.

1870년에 파리에서 초연된 〈코펠리아〉는 프랑스 발레 전성기의 마지막 작품이자 시기적으로 낭만발레와 고전발레의 중간에 만들어진 작품이다. 1막과 3막은 마을 광장을 배경으로, 2막은 괴팍한 발명가 코펠리우스 박사의 집 내부를 배경으로 대조적인 분위기를 연출하면서 젊은이들의 사랑과 인형을 사람으로 만들어 보려는 우스꽝스런 발상이 얽혀 있다. 창가에서 매일 책을 읽는 코펠리아에게 관심을 보이는 프란츠와 이를 질투하면서도 그 모습에서 이상함을 발견한 스와닐다가 각각 집안으로 숨어 들어가는 것이 사건의 발단이다. 코펠리우스의 집에는 수없이 많은 자동인형들이 있어 춤의 재료가 되고 주인에게 잡힌 프란츠를 위해 코펠리아 인형처럼 행동하는 스와닐다의 재치가 즐거움을 선사한다. 두 사람의 결혼식이 마을의 축제처럼 화려하게 전개되는 것으로 마무리된다.

스와닐다 역의 앰브라 발로(6. 18, 저녁 공연)는 밝은 성격의 평범한 마을 소녀로는 제격이었고, 코펠리우스 역의 캐빈 리치몬드는 마임 연기에서 과장됨 없이 극의 진행을 이끌어 세련된 무대를 꾸몄다. 특히 프란츠 역의 야샌 창은 도약과 회전에서 관객을 사로잡는 능숙한 솜씨를 과시함으로써 즐겁고 화려한 순간을 만들어냈다.

<코펠리아>는 고전발레의 형식이 갖춰지기 이전의 발레인 만큼 춤의 규모가 작고 무대의 폭이 좁고 깊은 전형적인 오페라 극장 무대에 적합한 작품이다. 안무자 로날드 하인드는 이러한 작품의 특징을 충분히 이해한 버전을 보였는데 각 장면의 전개에서 급작스레 튀어나오는 자잘한 재미가 그것이다. 프란츠의 영혼을 코펠리아에게 옮기기 위해 등장하는 기계는 좋은 예였다. 내용면에서는 희극적인 요소를 강조했고, 춤사위는 낭만발레의 느낌이 강한 반면 사실적인 마임으로 극의 줄거리를 이끌어 가는 연출법은 18세기의 발레와 유사해 잠시 과거로 돌아간 듯한 고풍스러움을 느낄 수 있는 무대였다.(『한국일보』 1995. 6. 21)

조승미발레단의 〈삼손과 데릴라〉

기독교 광주방송 개국 34주년 기념공연(1995. 6. 6-7, 광주 문예회관)이었던 조승미발레단의 〈삼손과 데릴라〉는 그 규모와 구성에서 정성을 쏟은 흔적이 역력했다. 사실적인 대규모의 무대장치나 40여 명의 출연진은 발레의 스펙터클한 맛을 살려냈고, 극의 내용에 대한 안무자의 충분한 이해는 매끄러운 구성으로 나타났다. 작품의 내용을 이해하고 감상하는 데 편안하다는 측면에서 대중적인 특성을 지닌 이 작품의 클라이맥스는 삼손이 새로운 힘을 얻어 다곤 신전을 파괴하는 마지막 장면에 있다. 물론 이 장면은 삼손이 하나님의 선물인 종족의 큰 인물이며 원수인 블레셋의 여인과 이루지 못한 결혼에 반항한 결과가 얼마나 비극적인가를 충분히 보인 후의 결론이기에 더 강렬하게 느껴진다.

우리나라 발레무대에서는 처음일 이러한 시도는 작품의 주제인 종교적 메시지를 강조하는 데 대단한 효과를 수반하여 기독교인이 아니더라도 감동을 느낄 만한 연출이었다. 또한 이 감동은 작품을 떠나서도 발견되는데, 작품의 효과를 위해 무대 세트의 제작과 보수는 물론 매 공연마다 다시 설치해야 하는 번거로움을 감수하는 제작진의 모습에서 또 다른 열기를 느끼게 된다.

2막 8장으로 구성된 〈삼손과 데릴라〉는 삼손이 시력을 잃고 수감된 비참한 상태를 현실로, 그 이전의 왕성한 활력과 방탕을 회상으로 구분하여 상호 교체된다. 두 명의 삼손과 데릴라가 상황에 따라 등장하면서 내용상의 균형을 유지하는데 삼손의 연기력이 활력과 고뇌로 확실한 대조를 보이는 데 반해 데릴라의 요염함과 뒤늦게 깨달은 사랑으로 인한 참회의 모습은 그 성격이 명확히 구분되지 않아 긴장감을 반감시키고 있었다. 특히 현실의 데릴라 역할은 인물의 성격을 연기한다는 측면에서 미흡했는데 오히려 블레셋 여인 역을 맡은 김계숙이 자신의 역할과 극의 분위기에 대한 이해도가 높은 연기를 보였다.

회상의 데릴라역을 맡은 강진희는 풍부한 연기력을 지녔고, 아다지오 동작

조승미 발레단 〈삼손과 데릴라〉 1995. 6. 6-7, 광주 문예회관

에서는 기교의 숙련도를 한눈에 느낄 수 있었다. 청각장애를 전혀 눈치채지 못할 만큼 원숙한 태도로 사랑의 2인무에 감정을 담아내 이 작품의 또 다른 감동으로 기억된다. 그러나 강진희가 직업 발레리나로 남기를 바란다면 그녀의 장기인 강한 등판의 힘과 함께 부드러운 상체의 호흡을 교차시키는 능력이 필요할 것 같았다. 장애를 극복한 발레리나라는 접어주기식 평판보다는 전문가에 대한 예리한 비판의 시각이야말로 그녀가 필요로 하고 넘어야 할 장벽인 셈이다.

기교면에서 보자면, 이번 무대에서도 확인되었듯이 조승미발레단의 특징은 뛰어난 남성무용수가 많다는 점이다. 현실의 삼손역을 맡은 김종훈은 국립발레단의 주역이었고, 이준규는 현재 유니버설발레단의 주역이다. 이들을 비롯한 한양대학 출신의 많은 남성무용수들을 볼 때마다 조승미 교수의 가장 큰 업적이라면 이들을 발견하고 대성시키는 힘이 아닌가 생각된다.

또한 광대역의 유승진은 엘레바시옹과 유연성, 기분을 살려내는 여유 있는 연기로 미루어 보아 세계무대에서도 결코 뒤지지 않을 캐릭터 댄서였고, 남성 군무진의 일체감이나 세미 솔리스트 김길용의 분위기 끌어가기도 작품에 활기를 불어넣는 중요한 요소였다. 반면 여성군무의 기량은 상대적으로 미약했는데 대학 발레단이 감수해야 할 한계임을 감안하더라도 특이한 현상으로 보였다.

1993년에 초연된 〈삼손과 데릴라〉는 그 동안 조승미의 작품 주제로 부각되어 왔던 기독교적인 소재의 완결판이라고 보아도 좋을 것이다. 이러한 시도들을 통해 조승미발레단은 발레 애호가의 입장으로는 대중화에 기여했고 종교적 시각에서는 선교에 기여한 이중의 공적을 남겼다. 이밖에도, 끊임없이 공연하는 이 발레단의 지속적인 노력이 상징하는 바는 더 큰 의미를 지니는데 우후죽순처럼 번창하던 발레공연이 한순간에 사라진 현재 무용계의 상황에서는 이들의 공연이 더욱 빛나 보이기 때문이다. 직업 발레단이 활성화되고 대학 발레단이 위축되고 있는 현상황에서 독자적인 성격을 부각시키며 유일한 대학 발레단으로 자리잡았다는 사실만으로도 커다란 업적이 아닐 수 없다.(『예술세계』 1995. 7월호)

한국국제댄스이벤트

예술의전당 토월극장과 자유소극장을 중심으로 일주일간(1995. 7. 17-23) 행해진 춤잔치는 공연한 단체 수가 30여 개에 달하는 대규모 행사였다. 아시아 태평양 지역의 춤잔치로 10주년을 맞은 올해는 한국에서 개최했고, 미국과 유럽 각국에서 무용단이 초청되었다. 실기 연수와 학술제가 병행되었던 만큼 매 공연마다 객석은 초청된 외국인과 한국 관객들로 가득했다. 외국인에게는 한국의 전통춤을, 한국인에게는 세계 무용의 다양한 형태를 알린 소개의 장이었다는 데서 이 행사의 의미를 찾을 수 있을 것이다.

특히 몬테카를로발레단이 한국 초연한 <돌아온 탕아>나 <이고르 왕자>를 감상하고, 스위스 바젤발레단의 탁월한 기교를 확인하고, 프랑스 타파넬무용단의 유머를 알아차리게 되었다는 점은 한국 관객의 입장에서 만족할 만한 것이었다.

또한 바젤발레단에서 활약하는 허용순, 러시아 국립발레단의 문호, 프랑스 타파넬무용단의 남영호처럼 외국 단체에서 전문적인 소양을 쌓고 있는 한국 무용가들의 모습을 한자리에서 보았다는 사실도 뿌듯한 느낌이 아닐 수 없다. 공교롭게도 이들이 속한 단체의 공연이 좋은 평판을 받았는데 현대발레의 거장인 지리 킬리안 유의 작품에서 고난도의 기교를 보인 바젤발레단에 대한 각광은 우리 관객의 감상 방향과 정확한 판단력을 입증했다.

자유소극장에서 진행된 공연에는 국내에서 활동하는 젊은 무용가들의 작품도 다수 선보였는데 우리 창작춤을 객관적인 시각으로 평가할 수 있는 무대였다. 김선희의 <속세의 번뇌가>에서는 군더더기 없이 다듬어진 깔끔한 춤사위가, 홍승엽의 <13아해의 질주>에서는 복잡한 심리묘사가, 김재득의 <생각하는 사람>에서는 무대공간의 대담한 활용이 괄목할 만했다. 로스앤젤레스 댄스시어터는 발레와 현대무용의 고전 레퍼토리를 재현해 무용학도에게는 몬테카를로발레단에 상응하는 교육적 효과를 부여하는 등 행사의 성과는 컸지만 짧은 기간에 비해 엄청난 분량의 공연은 다소 부담스럽기도 했다. 일본·싱가포르·대만의 민속춤과 고등학생들의 공연은 창작의 깊이를 따지는 공연물들과는 따로이 구별하는 등의 세심한 배려가 또 다른 국제 무용축제를 위한 개선점으로 보였다.

우리의 춤 역사상 최대 규모였던 '95 한국 국제댄스 이벤트는 춤계의 세계화를 앞당긴 행사였던 만큼 더욱 실속 있고 견고한 국제 교류가 지속되는 발판이 될 것으로 기대한다.(『한국일보』 1995. 7. 27)

프랑스 영발레단·조윤라 발레공연

1983년 프랑스인 로베르 베르티에르가 세계적인 무용콩쿠르에서 입상한 경력이 있거나 발레학교에서 선발된 16-20세의 무용학도들로 구성한 프랑스 영발레단의 공연(1995. 6. 26-27, 호암아트홀)은 대립되는 미묘한 감정을 남겼다. 외국 젊은이들의 뛰어난 기교를 접하고 그들이 우리 작품을 춤추는 모습을 보고 또 우리 학생들이 외국인 안무가와 작업하는 것을 보면서 처음 경험하는 희망적인 혹은 감동적인 느낌을 받았다. 반면 무언가 위압적인 그들의 태도에는 상대적으로 주눅든 우리의 모습이 반영되었고, 마지막 작품인 〈지나가는 사람들〉과 같은 작품에서는 젊음을 '이용'하는 성인의 모습도 스쳤다.

이 발레단의 주역은 지난해 바르나콩쿠르 주니어부에서 동상을 받은 후안 보아다와 페르난다 디니즈였다. 이들은 〈해적〉과 〈파리의 불꽃〉 그랑 파 드 되를 추었는데, 회전의 정확한 통제력에서 기계 같은 인상을 주는 보아다의 활력이 놀라웠다. 또한 여유 있는 긴 선의 부드러움이 특징이면서도 방향을 바꿔가며 도는 푸에테 투르를 완벽하게 연기한 디니즈의 춤솜씨는 그들의 발레 교육이 어떠한 것인지를 드러냈다.

하룻밤에 무려 12개의 작품이 공연되었고, 출연진 ─ 특히 한국 학생들 ─의 이름이 명시되지 않은 이유로 매번 작품과 무용수 소개가 삽입되었는데 마치 무용콩쿠르를 관람하는 듯한 어수선한 분위기로 일관했다. 이 과정에서 얻은 것이 있다면 국제 콩쿠르를 준비하는 우리 학생들에게 그 수준을 예시했다는 정도일 것이다.

창작품 중에서 탁월했던 것으로는 〈쇼군〉과 〈엄마의 간식〉을 꼽을 수 있다. 남성 2인무인 〈쇼군〉은 독창적이고 뛰어난 기교를 충분히 활용하면서도 이국적인 소재와 상징적인 의상의 효과가 조화를 이루는 수작이었다. 안무 콩쿠르에서 최고상을 받았다는 설명이 없더라도 이 단체가 지닌 레퍼토리가 소품에 있어서는 탁월하다는 인상을 심어 주기에 충분했다. 여성 3인무 <엄마의 간식>은 희극적인 움직임을 개발하고 이를 조화롭게 배열한 안무력이 탁월한 작품으로 춤만들기에 대한 부담을 극복한 즐거운 현대춤으로 보였다.

한국측 안무가였던 안애순의 <업 2>는 추상적인 세계를 주로 다루는 안애순 스타일의 연속작업이었다. 영발레단의 레퍼토리가 고정적인데 반해 2주 동안의 연습으로 무대에 올려진다는 사실 자체가 즉흥적이라는 부담감에도 불구하고 새로운 분위기를 만들어내는 데 성공했다. 그들이 발레기교에 탁월한 무용수들임에도 불구하고 현대춤적인 기교와 조화를 이루고 소화해 냈다는 사실에서 또 한번 특정 춤기교만으로 작품의 제작을 제한하는 우리의 무대 분위기에 무언의 도전을 한 셈이다. 안애순의 춤에는 독특한 그녀만의 표현력이 도처에 들어 있어 춤을 만들어내는 높은 안목을 과시했다. 그러나 그 동작을 분배하는 형식적인 측면에서는 한계를 보였는데 외국 작품에 비해 내용의 요점이 모호한 일면이 있는 것도 형식의 도식화와 연계된 결과로 보였다.

이번 교류를 통해 가장 두드러진 문제점은 우리 학생들의 호흡이 그들에 비해 무겁고 처져 있다는 점이었다. 우리끼리의 무대에서는 군계일학의 평판을 받았던 학생이 프티 알레그로에서 턱없이 무거워 보였다거나 군무에서 연속되는 빠른 굴신 동작에서 틀림없이 박자를 놓치고 허둥대는 모습이 시사하는 바는 심각하다. 그들의 위압적 태도가 어쩌면 이 심각성을 알아차린 결과였다면, 그리고 이러한 국제 교류가 계속되어야 할 과제라면 우리의 대책은 빠를수록 좋을 것 같다.

조윤라 발레공연

<어제 같은 오늘, 그리고 내일은>이라는 제목으로 개인 공연(1995. 6. 10-11, 포스트극장)을 가진 조윤라의 무대는 한편의 자전적 소설을 읽는 느낌이었다. 무대 가득히 걸려 있는 포인트 슈즈는 설정된 상상의 공간이 이미 춤을 떠날 수 없음을 암시했고, 그 자체가 욕망과 좌절과 고통의 대상으로 부각되었다. 화려한 조명과 갈채를 뒤로 한 발레리나의 일상사를 내보이면서 그 안에서

조윤라 〈어제 같은 오늘〉 1995. 6. 10-
11, 포스트극장

젊음과 사랑과 삶의 의미를 반추하게 한 〈어제 같은 오늘은… 〉은 작은 감동
들이 도처에서 느껴졌다.

　우리 발레계의 인물들 중 조윤라만큼 연습량이 많은 중견은 찾기 어렵다. 국
립발레단의 지도위원 최태지가 어느 인터뷰에서 "발레는 마약과 같아서 하
지 않고서는 견딜 수가 없다"고 말했듯이 조윤라에게도 발레는 삶 그 자체임
을 이미 십수년간 지켜보고 있다. 이러한 내막을 알고 그녀의 무대를 지켜본
관객이라면 그녀의 춤사랑이 누구보다 깊다는 사실만으로 이미 울먹일 준비
가 되어 있다. 작품을 통해서 그녀는 이제 지쳐 가는 자신의 모습을 알리고 싶
어했다. 인형을 정리하고 포인트 슈즈를 부둥켜안고 흐느끼는 모습에 신현대
의 노랫말이 그 의미를 명확히 했다.

　프랑스의 흘러간 대중가요가 전반부의 분위기를 가볍게 끌어갔다면 김길
용·최순욱·김형민·홍성욱·김구열이 보인 남성 5인무의 활기는 대조적인
회상 장면으로 극적인 효과를 더했다. 이들에게 둘러싸인 조윤라는 이들을 희

망의 매개체로 활용하는 듯했다. 이 과정에 조윤라는 명성이나 사랑에 대한 가능성을 신뢰할 만한 환상처럼 그리고 있다. 과거의 장면이었던 무대는 이 잔잔한 재미가 사라지면서 어느덧 현재의 상황으로 변화된다. 자연스럽게 주인공은 과거를 정리하는 여인이 되어 있다. 연습복 가방에서는 의외로 발레리나의 춤동작을 담은 인형들이 차례로 나온다. <빈사의 백조>가 효과음악이다. 그리고 주인공의 춤이 본격화된다. 그 춤에는 어제같이 오늘도 춤을 추고 내일 또한 춤을 추게 될, 그렇게 살아 왔고 살게 될 출구 없는 일상사의 답답함이 담겨 있다. 조윤라의 장기인 데블로페와 피루엣이 광적으로 얽히고 천장에 매달린 발레화가 내려와 그녀를 감싸면 기타소리가 삶을 관조하듯 커진다. 특히 과거와 현재를 부드럽게 연결시키고 클라이맥스를 효과적으로 처리한 연출적 감각이 탁월했다.

춤 속에서는 거의 작가의 생각이나 생활의 일면이 드러나게 되어 있지만 조윤라의 이번 무대는 한 개인의 비밀을 고백받고 이를 지켜 줘야 할 경우와 비슷한 부담감을 남겼을 만큼 개인적인 감정에 치중했다. 이는 남의 이야기나 문법화된 몇몇 사랑이야기를 즐겨 하던 발레 전공자의 무대로는 과감한 깨부수기 작업이었다는 해석이 될 수도 있었다. (『무용예술』 1995. 9월호)

현대무용단 '탐' 제14회 정기공연

전미숙·김해경·조은미는 탐의 얼굴이다. 또한 14주년을 맞이한 이번 공연(1995. 6. 29-30, 문예회관)의 안무자들이기도 하다. 계속되는 전미숙의 실험, 구체적인 상황 제시를 시도한 김해경, 비표현적이며 기교를 중시하는 작품 스타일을 정착시키는 조은미는 각기 탐의 이미지를 구축하고 있다.

전미숙의 <불감증>은 안무자의 예민함이 드러난 무대였다. 자신의 "HEART — 심장·가슴·마음·애정·용기·양심 —"가 식어 가는 속도를 느끼는 이가 얼마나 되겠는가를 생각한다면 불감증이란 제목은 역설적으로 드러낸 의미 깊은 느낌으로도 보였다. 전미숙의 무대는 허공이었다. 두려움도 아픔도 슬픔도 느끼지 못하는 물체 같은 인간들을 보여준다. 오케스트라 박스 위에 세워진 특수무대는 멀리서 바라본 아파트 베란다 같다.

칸칸이 들어앉은 사람들은 발작에 가까운 도약과 비틀기를 반복한다. 사고가 염려될 만큼 광폭한 움직임들이다. 그러나 출연자의 얼굴에서는 어떤 감정도 찾아낼 수 없다. 마치 죽음에 대한 공포마저도 상실한 환자들 같다. 결국 그들은 땅(무대)으로 추락한다. 거리낌없이 시원스럽게… 동시에 가라앉고 있는 장치에는 박제된 인간이 달려 내려간다. 아주 슬픈 음악과 함께… 전미숙의 매력은 매번 특색 있는 작품을 구상하는 사고력에 있다. 무대 바닥을 거의 사용하지 않은 이번 작품의 묘미는 아무래도 장치의 구상과 그 효율적 사용, 그리고 그 자체가 만들어낸 구체적 이미지였다.

김해경의 <결혼 그 이후>는 사실적으로 묘사된 한 편의 콩트다. 중년 부부의 싸움소리에서부터 등장하는 신혼부부의 모습은 "시간의 진행 속에서 나란히 맞이하는 외길 이야기"를 강조한다. 그러나 결론적인 그녀의 하소연에서는 재미있게 수다떠는 평범한 여인네의 행복이 더 가까이 드러난다.

조은미는 움직이는 선의 아름다움을 강조하는 기교 중심의 안무가다. 이연

수·김미경은 안무가의 이런 성향을 받쳐 주는 테크니션들로, 탐을 대표한다. 그러나 이번 〈랑데뷰·Ⅱ〉는 그녀의 취향에 약간의 변화가 있었음을 보였다. 이성적으로 접근한 건조한 묘사가 그녀의 특징이었다면 이번에는 뭔가 편안해진 자연스러움과 감성적 교류가 발견됐다. 여인·대지·늪·바람·흙냄새를 배경으로 이루어진 만남은 안무자의 표현대로 연애감정이고 생명의 환희이며 모성의 찬가였다. (『무용예술』 1995. 8월호)

볼쇼이발레의 〈백조의 호수〉

근래에 외국 발레단이 가장 많이 공연하는 작품은 〈백조의 호수〉다. 그 이유를 놓고 뛰어난 작품성과 그에 따른 대중성의 결과임을 인정하면서도 한편으로는 지나치다는 우려도 있었다. 그러나 이번 무대는 이런 상황을 잠시 잊게했다. 신화적인 볼쇼이의 무대를 비로소 감상했다는 만족감 때문이었는데 지금까지의 한국 방문 공연 중 가장 훌륭한 공연으로 보였다. 춤·연기·음악·미술의 완전한 조화 속에서 진행된 발레무대에서는 안무자의 취향과 감각까지도 느낄 만큼 여유가 있었다.

볼쇼이의 〈백조의 호수〉(1995. 9. 21-23, 세종문화회관)가 지닌 특징은 줄거리 묘사보다는 춤의 시각적인 효과를 살리는 데 주력한다는 점을 들 수 있겠다. 예를 들면 원형을 최대한 보존하면서 4막을 2막으로 연결시켜 속도감을 주었고, 마임을 모두 삭제시킨 점이다. 마임이 등장하는 주요장면은 왕자에게 어머니가 결혼을 강요할 때, 백조공주가 왕자에게 마술에 걸린 자신의 처지를 설명할 때인데 자칫 지루해질 이런 장면을 춤동작으로 대치시켰다. 유일한 마임은 두 손가락이 하늘로 향하게 팔을 들어올리는 왕자의 사랑의 맹세로 유일했던 것일 만큼 극적인 의미도 강했다.

또 다른 특징은 왕자의 배역을 더 중시했다는 점으로 군무 도중에 잠시 등장하던 것과 달리 막이 오르자 곧바로 왕자가 등장해 독무를 추는 점이나 친구가 주도했던 3인무를 왕자가 직접 추어 이 무용극이 왕자를 중심으로 전개되는 사건임을 분명히 하고 있다.

왕자역의 안드레이 우바로프는 마마보이의 고통을 숲속의 사냥으로 풀어 보려는 나약한 귀족인 주인공 지그프리드를 매우 잘 연기해 보기 드물게 성격이 드러나는 왕자역을 보여주었다. 물론 기교만을 과시하는 주역들만큼 뛰어난 기교도 갖춘 스타였다. 상대역인 나제즈다 그라초바는 회전에서 탁월한 속도감을 과시하는 발레리나로 2막 1장의 파티 장면에서 — 백조로 가장하고 참석한 흑조역 — 최고의 기량을 과시했다. 뛰어난 발레리나에게도 다소 부담스러운 흑조의 춤을 자유자재로 요리하는 기량과 연기력은 경이로운 수준이었다.

　〈백조의 호수〉 원작과 비교해 볼 때 나타나는 볼쇼이 버전의 가장 큰 내용상의 차이점은 비애가 깃든 승리를 완전한 승리로 만들어낸 결말에 있다. 원작에 의하면 흑조 오딜에게 속은 왕자가 사랑을 맹세하면 백조 오데트는 호수에 빠져 죽게 된다. 왕자는 이 마술을 깨뜨리기 위해 자신을 희생하는데 악마 로트바르트에게 죽음으로 대항하는 왕자의 희생으로 두 사람은 물의 나라에서 영원한 사랑을 약속 받는다. 그러나 볼쇼이 버전은 현실의 결투에서 왕자가 승리함으로써 백조 대신에 로트바르트가 죽게 된다. 백조와 왕자가 물의 요정을 따라가는 음악에 죽어 가는 로트바르트의 모습을 연출한 안무는 독자적인 재미를 선사한다.(『중앙일보』 1995. 9. 23)

볼쇼이발레의 〈돈키호테〉

〈돈키호테〉는 이상향을 찾아 방황하는 돈키호테의 일화와 열정적인 스페인 춤을 고전발레의 형식에 접목시킨 작품이다. 모든 사람에게는 돈키호테의 일면이 있다고 한 어느 안무자의 말처럼 환상을 간직한 이 인물은 이미 18세기부터 발레무대에 등장했었다. 그러나 고전발레가 항상 젊은 연인들을 위주로 전개되듯이 각색된 발레용 대본에는 반대하는 결혼을 강행하려는 주막집 딸 키트리와 이발사 바질이 주역으로 등장한다. 돈키호테는 여기에 일련의 희극적인 사건을 제시하는 인물이 된다.

돈키호테는 키트리를, 심지어는 인형극의 주인공까지를 환상 속의 여인 둘시네아로 착각하면서 사건을 벌이지만 결국은 다시 둘시네아를 찾아 떠나고 바질은 가짜 자살소동으로 결혼 승낙을 얻어내 극이 마무리된다. 이 과정에서 거리·숲속·주막을 배경으로 펼쳐지는 화려한 춤의 향연은 〈돈키호테〉만이 지니는 활력을 선사한다.

볼쇼이의 〈돈키호테〉(1995. 9. 25−26, 세종문화회관)는 이러한 활력을 유감없이 표출해 각광을 받았는데 주역들의 열연과 솔리스트들의 개성 있는 춤 기교 그리고 군무진의 일체감이 조화를 이룬 결과였다. 특히 투우사의 활기찬 도약과 플라멩코의 관능적인 유연함이 강조된 2막의 주막 장면은 볼쇼이가 아니면 보기 어려운 무대였다. 키트리와 바질 역의 두 주역, 갈리나 스테파넨코와 유리 클레초프는 각기 활달하고 낙천적인 기질의 성격을 강조하면서 정확한 기교를 구사해 극을 주도했다. 특히 스테파넨코는 3막의 발레에 모두 등장해야 하는 많은 분량에도 불구하고 시종일관 최고의 기량을 유지해 쾌활한 키트리의 성격을 완벽하게 연기해 냈다.

고전발레의 꽃이라고도 할 주인공들의 2인무 그랑 파 드 되에서 두 사람은 놀라운 도약과 기교에서 오히려 안정감과 여유를 느끼게 했는데 그들의 발레

기교가 얼마나 완벽한 것인지를 대변하고 있었다. 스테파넨코는 한 번에 세 바퀴를 도는 피루엣 앙드당을 아주 쉽게 반복했고, 클레초프는 공중회전과 피루엣을 부담 없이 연결 반복해 냈다. 물론 마지막 절정을 장식하는 32번의 회전인 푸에테 투르도 완벽했지만 앞에서 보인 스테파넨코의 기량으로 미루어 충분히 예상된 것이었다. 그녀의 충만한 에너지와 무대를 아끼는 모습은 또 다른 최고의 키트리로 깊은 인상을 남겼다. (『중앙일보』 1995. 9. 28)

제임스 전과 〈루돌프 발렌티노〉

1995년, 올해가 영화 탄생 100주년이라고 한다. 또한, 이탈리아 남부에서 태어나 할리우드로 진출한 영화배우 루돌프 발렌티노의 탄생 역시 올해로 100주년을 맞았다고 한다. 우연의 일치로 보기에는 매우 명쾌한 이 사실에 대해 그의 고향 카스텔라네타 시에서는 영화 탄생의 깊은 의미와 발렌티노의 전설적인 명성을 기리기 위한 축제가 열렸다.

물론 이 축제에는 여러 장르의 공연 단체가 초청되었고, 그 중에 서울발레시어터도 포함되었다. 김인희를 단장으로 올 6월 창단공연을 가진 서울발레시어터의 상임 안무가 제임스 전은 레퍼토리로 정착된 그의 대표작들과 함께 신작 〈발렌티노〉를 모톨라 시에서 초연했다.

생면부지의 인물을, 그것도 외국인의 생애를 발레로 만든다는 작업이 어렵다는 것은 두말할 나위도 없지만 그 내용이 그들로부터 공감을 얻어내는 데는 타고난 소질 이상의 능력이 필요해 보였다. 안무자의 설명에 의하면, 발렌티노는 할리우드에서 마초(남성우월론적 기질)와 탱고로 각광받았다. 무성영화 시절의 스타이자 열정적인 새로운 남성미의 상징이었던 그는 그러나 31세의 젊은 나이로 사망했다. 그 원인은 무절제한 생활 때문이었다고 하는데 어머니에게 남긴 편지에는 외로운 모습도 짙게 깔려 있었던 젊은이였다.

안무자는 무대에 각기 배역이 있는 세 여인과 두 남성을 등장시켰다. 가면을 쓴 두 쌍의 남녀는 주인공의 환경을 조성하는 미지의 인물들이다. 세 여인은 각기 죽음·사랑·모성의 상징이었다. 남성 중 하나는 물론 주인공 발렌티노이고, 나머지 한 명은 그를 보호하고자 하는 인물 — 안무자 자신의 심정을 담고 있는 — 로 보였다. 죽음역의 연은경은 시작과 끝에 죽음의 강한 냄새를 꽃으로 나타낸다. 처음에는 한 송이를 마지막에는 꽃다발을 들이민다. 공연 장소에 따라 바뀐 꽃다발은 흰 백합일 때나 시든 흑장미일 때도 그 의미는 강렬했다.

사랑역의 허용순은 빨간 드레스와 황금빛 장신구로 치장하고 탱고 파트너로 등장한다. 강렬하면서도 끈적거리는 리듬이 지나가면 두 사람의 춤은 관능적인 2인무로 변한다. 루돌프 발렌티노가 경험했던 여자에 대한, 탱고에 대한, 삶에 대한 사랑이 느껴진다. 2인무가 끝날 무렵 서서히 무너져가는 주인공의 삶에 어머니의 모습이 등장한다. 작은 체구의 윤미애는 국립발레단 시절부터 춤에 연기력이 담겨 있었다. 허용순이나 연은경처럼 독특한 성격이 드러날 수 없는 배역이었지만 포괄적인 사랑의 이미지를 만들었다.

무너져가는 루돌프를 만류하며 애통해 하는 최광석은 근래에 포용력 있는 무대를 꾸미며 연기력의 폭이 넓어지고 있다. 그의 역할이 가장 부각되는 부분은 루돌프의 목에 감긴 밧줄을 풀어 던지는 장면이다. 극에 몰입해 있던 관객은 이 부분에서 어쩔 수 없이 잠시 안도감을 느끼는데, 안무자의 소품 사용이 평범하고 사실적이면서도 연출감각이 있다는 사실을 느끼게 한다.

루돌프 발렌티노 역에는 서울발레시어터의 주역인 로돌포 파텔라였다. 로돌포 파텔라는 제임스 전의 안무 성향을 가장 잘 흡수하는 뛰어난 무용가인데, 동향의 선배 예술가를 추모하는 인물로는 제격이었다. 그이의 이름이 루돌프 발렌티노의 이름을 딴 것이었다는 후문이고 보면 그 감회가 남달랐을 것 같다.

작품 〈발렌티노〉는 주인공이 신비에 싸인 인물이라는 사실에서 출발하여 죽음의 순간을 집중적으로 그려낸다. 그와 연관되었던 인물들과의 연계성을 통해 타향에서 느껴야 했던 고독한 내면세계를 묘사하면서 충분한 암시가 담긴 상징적 언어들로 처리했다. 이 작품을 통하여 제임스 전은 개인의 전기를 무용화하는 독특한 기법을 확립했고, 이는 그의 안무 폭을 다시 확장시킨 쾌거였다.

이번 서울발레시어터의 이탈리아 공연은 〈발렌티노〉로 인해 더욱 특별한 외국공연으로 평가할 수 있는데, 국내에서는 외국 무용가로, 국외에서는 한국 민속무용가로 둔갑하거나 그러한 오해의 소지를 남기는 공연들과의 확연한 차이점 때문이다. 〈세 순간〉〈공간〉〈희망〉 등은 이미 국내에서도 여러 차례

공연되었듯이 순수한 창작품이다. 더불어 그들의 정서를 발레로 만든 〈발렌티노〉는 이번 공연을 가장 진지한 세계무대 진출의 시도라고 해도 무방할 것으로 보였다.

특히 서울발레시어터에 입단을 희망하는 이탈리아 발레 댄서들이 오디션을 하기도 했는데, 무용의 전문화와 직업화가 완전히 정착된 그 사회의 시각으로도 충분히 매력 있는 단체임을 입증받은 셈이다. 로돌포 파텔라와 비토 야코벨리스가 이탈리아 출신이고 제니 할마슨이 미국 출신이라는 친근감 때문이기도 했겠지만 스위스 바젤발레단의 허용순, 미국 애틀랜타발레단의 김혜영과 최광석 등 국제적으로 활약하는 단원들이 함께한 무대의 화려함도 한 요인일 것이다.

이번 무대들을 통해 이 단체는 국제감각을 운운할 필요조차 없는 앞서가는 단체라는 사실을 새삼 확인시켰고, 독자적으로 어렵게 외국 무용계를 두드리며 한국을 알리는 우리 젊은 예술가들의 모습은 깊은 감명을 주기에 충분했다.

(『예술세계』 1995. 9월호)

'95 창무국제예술제

창무국제예술제는 93년도의 부토 페스티벌과 지난해의 유럽 무용에 이어 이번에는 아시아권의 현대무용단을 초청함으로써 꾸준한 국제행사로 명성을 얻고 있다. 특히 올해는 산카이 주크의 작품을 한국에 처음으로 소개해 예술제의 품위를 높였고, 중국의 유일한 현대무용단인 광둥현대무용단을 초청해 우리 현대춤의 위치를 가늠하게 했다.

유럽에서 특히 각광받고 있는 일본의 산카이 주크무용단은 안무자 유시오 아마가츠가 이끄는 부토 단체로 구성원은 남성만 5명이다. 이번에 공연된 〈경이롭게 서 있는 달걀〉(1995. 9. 28–29, 호암아트홀)은 일본의 현대무용인 기존의 부토가 지닌 장점만을 살려낸 작품이었는데, 부토춤의 새로운 완성으로 평가할 만한 독창성과 안정감이 보였다. 삭발과 백색 분장 그리고 느리거나 기형적인 움직임을 고수한다는 점이 부토의 일반적인 특징임에도 불구하고 두 계파, 즉 무대 형식을 중시하는 암흑 부토와 감정의 흐름을 중시하는 즉흥 부토는 매우 다른 느낌의 춤이었다.

형식에 치중하면 자칫 의미나 개성을 잃게 되고 개인의 의식에 치중하면 볼거리 없는 춤무대가 된다는 사실은 특히 부토의 경우 자명하다. 유시오 아마가츠는 부토의 고유영역을 지키면서 이 난제를 극복했는데 의식의 흐름을 무대효과가 수반된 행위로써 충분히 시각화시키는 방법을 발견한 때문이었다. 무대 바닥으로 끊임없이 떨어지는 모래와 물, 무대 중앙의 직사각형 호수, 호수의 물결이 투영되는 배경막, 작품의 일부로 치밀하게 짜여진 조명 효과는 각 매체와 인체의 결합으로 특정한 이미지를 만든다. 자연에 대한 경이로움, 인간 존재에 대한 경이로움이 느껴졌다.

산카이 주크가 작품성에 치중했다면 광둥현대무용단은 다양한 춤기교의 습득과 중국적인 특성의 확립을 목표로 하고 있었다. 〈열두 가지 중국 풍경〉

(1995. 9. 30-10. 1, 포스트극장) 을 통해 보여진 그들의 기량은 탁월했다. 단체의 짧은 경륜으로는 믿기 어려운 수준이었는데, 국립무용아카데미에서 전통무용과 고전발레를 전공했다는 설명으로 충분했다. 그러나 현대무용을 이념보다는 춤기교 위주로 받아들여 안무자 발굴이 미흡하다는 점과 중국적 특성을 찾기 위해 전통무용 음악이나 소도구를 이용하는 시도들은 우리 현대춤의 과거를 보는 듯했다.

그에 비한다면 한국 신세대 작가 초대전에 참가한 방희선의 <태양의 그림자> (1995. 10. 3-4, 포스트극장) 는 일상적이고 편안한 분위기에서 춤을 끌어가는 능력이 돋보였다. 가사이 아키라의 솔로 <나의 묵시록> (1995. 10. 6-7, 포스트극장) 은 즉흥 공연의 절정인 광기를 표출했고, 마지막으로 인도네시아 무지요노현대무용단의 공연을 남기고 있다. (『한국일보』 1995. 10. 14)

대기만성형의 컴퍼니 슈투트가르트발레

'서사 무용극의 온상' 혹은 '안무가의 컴퍼니'로 알려진 슈투트가르트발레단의 역사는 1609년부터 시작되었다고 한다. 16세기말부터 백여 년간 유럽 각국에서 유행했던 궁정발레단으로 시작된 역사가 오늘에 이른 것이다. 프랑스 루이 왕조의 그것처럼 화려하지는 않았지만 그들보다 깨인 시각으로 세계 무용역사를 공유했던 흔적을 보면 오늘의 명성이야말로 쌓이고 쌓인 연륜의 결과임을 느끼게 된다.

무용사를 살피면 몇 가지 굵직한 사건들의 얽힘과 풀림이 오늘의 무용계를 형성하고 있음을 보게 되는데 장 조르주 노베르와 필립 탈리오니 같은 핵심인물들이 이 발레단과 깊이 교류한 사실은 놀랄 만한 일이다. 1759년 칼 외젠 공작으로부터 슈투트가르트에 초청 받은 노베르는 오늘날의 발레 형태를 완성한 인물로 유명하다. 궁정발레는 귀족들의 오락용 공연물이었고, 무용은 그 부수적 산물에 불과하던 시기에 그가 주장한 무언극 발레의 필요성은 곧 무용의 독립선언과 일치했다. 화려했던 파리의 공연예술계에서 과격론자로 낙인찍힌 채 평생을 외국에서 지내야 했던 그의 비운이 외젠 공작과 같은 인물로 인해 화려한 결실로 남게 되었음은 오늘날에도 간과할 대목이 아닌 듯싶다.

비엔나로 떠나기 전 7년 동안 노베르는 이곳에서 '움직임의 공연' 즉 오늘날의 무용극을 공연하고 발레단의 규모를 늘리고 그 시대의 명성 있는 안무가들을 초청했다. 대표작으로는 <리날도와 아르미다> <메데아와 야송>이 있었다는 기록이 남아 있고, 베스트리스, 가르델, 도베르발 등 최고의 안무가들이 초청된 점으로 미루어 발레단의 수준을 짐작하게 된다. 노베르의 개혁 이후로 무용계를 강타한 바람은 낭만주의 발레의 등장이었다. 이로써 무용극에 아주 특별한 기교들이 등장하게 되고 아름다운 여인들의 춤이 발레의 이미지로 남는 계기가 된다. 최초의 작품으로 알려진 <라 실피드>의 안무자가 필립 탈리오니였고, 그가 슈투트가르트를 거쳐 파리에 데뷔했음은 의미 있는 사실이 아닐 수 없다.

영주의 소규모 궁정발레단으로 시작했지만 탁월한 안목으로 질적 향상을 꾀하던 발레단의 역사는 이때부터 존 크랑코가 등장하기 전까지의 130여 년간 끈질기게 이어진다. 큰 인물의 영향력 없이, 단체의 해체 없이 지내 온 기나긴 세월은 두 가지 설명을 가능하게 한다. 낭만발레 이후로 유럽 발레는 완벽한 쇠퇴기를 맞이했고, 러시아의 고전발레가 그 흥망성쇠로 역사를 주도할 시기였으므로 당연한 결과였다는 점이다. 동시에 고전발레의 영향권에서 완전히 벗어난 고유의 전통은 특유의 춤스타일을 정착시키는데 중요한 요인으로 작용했을 가능성을 생각해 볼 수 있다.

슈투트가르트의 특징을 애기할 때면 흔히들 이탈리아-프랑스, 프랑스-러시아, 러시아-유럽, 미국으로 도표화되는 역사에서 제외된 단체임을 강조한다. 오늘날의 발레계를 주도하는 고전발레의 영향권을 벗어난 전통 있는 발레단이 드물기 때문이다. 존 크랑코가 영국 태생이고, 현 영국 로열발레 출신임을 생각한다면, 특히나 그를 발굴한 마리 램버트가 러시아 발레의 전파자임을 전제한다면 간접적인 영향력까지를 배제할 수는 없지만 1950년대 무용계에는 이미 감정의 표출이 중시되는 추세가 압도적이었다. 결론적으로, 움직임의 표현력이 강조됐던 노베르의 전통을 간직한 이 단체와 '춤과 극의 완성자' 존 크랑코의 만남은 이미 예정된 '슈투트가르트의 기적'일 수밖에 없었다.

20세 때부터 안무를 시작한 존 크랑코(1927-1973)가 슈투트가르트에 정착한 1961년 이후로 발레단과 안무자 모두는 세계무대에서 주목받는 위치를 확보한다. 새롭게 등장한 발레 연출법인 장막의 극적 발레(full-length dramatic works)는 크랑코의 서정적 묘사능력과 마르시아 하이데의 출중한 연기력이 결합되면서 그들만의 독특한 발레를 만들어 갔다. 몇 년전 내한했던 독일 바이에른발레의 <오네긴>을 관람한 관객이라면 어떤 점이 크랑코의 매력인지 쉽게 짐작이 갈 듯하다. 고전발레가 춤을 보이기 위해 공연된다면 극적 발레는 춤으로써 얼마나 강렬한 감정 표출이 가능한가를 확인하는 장르다. 케네스 맥밀란이나 오늘날의 여러 안무가들 역시 이 극적 발레의 묘미를 만끽하게는 하지만 존 크랑코의 아다지오가 주는 긴장과 전율은 아무도 따를 수 없는 그만의 능력으로 평가된다.

서사극 속에서 환상적인 아름다움의 극치를 맛보게 하는 그의 안무력은 곧 감정과 기교의 완벽한 조화로 설명되며 〈오네긴〉에 앞서 발표된 〈로미오와 줄리엣〉 역시 이러한 이유로 각광받는 작품이다. 슈투트가르트식 〈로미오와 줄리엣〉이 공식 발표된 연도는 1962년이지만 그 초연은 1958년 이탈리아 라 스칼라에서이었음을 강조하는, 이탈리아를 배경으로 한 이 작품이 이탈리아에서 제작된 데 의미를 부여하는 인물도 있다.

〈로미오와 줄리엣〉으로 인해 이 발레단은 최연소이자 가장 활기찬 국제적 컴퍼니로 급부상하게 되고 안무가의 작품성을 가장 중요시하는 진지한 인상을 가꿔 왔다. 특히 1958년 결성된 안무자 배출 창구, 노베르 소사이어티의 활약은 슈투트가르트의 진취적 시각이 전통적인 것임을 재확인하게 한다. 우리 시대 최정상의 안무가들인 노이마이어와 킬리안을 배출시킨 안목은 크랑코를 발탁한 공적만큼 대단한 사실이기 때문이다.

1969년 뉴욕, 71년 모스크바, 74년 런던을 방문하면서 독특한 감동으로 각광을 받아 온 이 단체가 이제 한국을 방문하게 됐다. 73년 사망한 존 크랑코를 이어 오랜 기간 단체를 이끌어 온 마르시아 하이데는 브라질 출신이지만 독일 토박이 이상의 상징적 인물로 남아 있다. 존 크랑코. 마르시아 하이데. 리차드 크래건이 이루고 있던 트라이앵글은 무너졌으나 60년대 중반의 화려함이 그녀로 인해 지속되는 인상은 강하다. 마르시아 하이데는 전임자의 업적을 최대로 보전하며 자신의 독자적 작업을 선보이는 동시에 최정상 안무가들에게 작품을 의뢰하는 등 다양한 기획으로 발레단의 명성을 유지시키고 있다. 특히 국적을 불문하는 인재 발굴 방침은 슈투트가르트를 '인터내셔널리즘'이라는 특이한 성격으로 성장시켰다.

모리스 베자르부터 윌리엄 포사이드까지 전세계를 한 무대로 끌어들이는 이 열린 시각은 한국 출신의 발레리나 강수진과 재일교포 이정숙이 세계적 줄리엣으로 등장하게 된 배경과도 무관하지 않을 것이다. 강수진은 발레리나로서의 여러 조건을 타고난 인재이기도 하지만 최초로 국제무대의 주역을 따낸 한국인으로 널리 알려져 있다. 길지 않은 우리의 발레 역사로 보면 고무적 사실이 아닐 수 없다. 특히 이번 무대는 역사적 의의까지도 생각해 볼 수 있는 계기가 될 것이다. 존 크랑코의 <로미오와 줄리엣>이 완벽한 전수자 하이데를 통해 강수진에게로 옮겨진다는 사실 때문이다. 이로써 한국 발레가 세계의 계보에 등장하게 된다는 대단한 의미를 우리 모두 실감할 필요가 있다.

세계의 수많은 발레단 중에서 진취적 안목과 진지한 작업정신을 일관된 전통으로 간직한 단체는 드물다. 슈투트가르트의 이러한 전통과 우연히 교류하게 된 이 상황을 더욱 의도적으로 받아들일 자세도 필요하다. 노베르의 개혁정신이 전통으로 살아 숨쉬는 단체, 세계무용계를 이끄는 안무가들의 배출 창구, 서정성이 강한 극적 발레의 전통을 간직한 단체, 국적과 관계없이 모든 인재에게 개방된 발레단이 바로 슈투트가르트의 역사이자 미래일 것이다. (슈투트가르트발레단 내한공연 프로그램, 1994)

산카이 주크무용단 내한공연

예술가가 위대한 이유는 그가 사용하는 매체에 자신의 능력을 반영해, 보는 이에게 그 사실을 인정하게 한다는 데 있다. 그러나 관객의 입장에서 타인의 위대함을 인정하고 그 사실을 기쁘게 받아들일 무대는 극히 드물다. 그래서 종종 진정한 예술가와 그의 모방자들로 분류하기도 하고 특정인을 '천재'라든지 '위대한 예술가'라는 특별한 명칭으로 구별하기도 한다.

산카이 주크무용단의 〈경이롭게 서 있는 달걀〉(1995. 9. 28-29, 호암아트홀)은 안무자 유시오 아마가츠의 위대함을 기꺼이 인정하게 한 경이로운 무대였다. 그는 무대공간 전체를 표현매체로 삼았고 매순간의 연출에서 자연과 인간, 영원한 신비의 세계를 그려냈다. 그 무대의 움직임은 어떤 심오한 철학이라기보다는 강렬한 인간탐구였다는 생각이다. 이 강렬한 무대를 위해 그는 우선 무대장치와 조명 효과를 안무의 일부로 받아들였다. 하늘에서 떨어지는 모래와 물 그리고 무대 중심의 직사각형 호수는 이 작품의 이미지를 만들어 가는 중심이 된다. 부토춤 기교의 특징인 느린 걸음걸이와 기형적으로 몸을 비트는 춤사위로 등장한 유시오 아마가츠가 호수에 들어가는 순간 물에 번지는 파장이 무대 뒷배경에 나타나면서 경이로움이 시작된다.

호수에 선 그가 뿔나팔을 불 때(그의 몸은 머리까지 온통 하얗고 부드러운 천의 치마를 입었다) 그 고요한 정적은 베르사유의 한 조각상을 보는 듯하다. 이 이미지는 곧바로 인간의 과거와 미래와 영원한 자연인의 모습으로 지각되고 최소의 움직임이 어떻게 최대의 이미지를 만들어내는가를 보여준다. 인간의 무한한 재능에 대해 감탄을 자아내게 하는 이 도입부가 영원한 존재를 알리는 과정이라면 무대앞 오른쪽에서 꿈틀대는 그의 몸짓은 인간의 존재에 대한 실재적인 고찰이었다. 물과 흙이 인간을 빚어낸 재료라고 알려준 구약성서의 구절처럼 그의 입김은 떨어지는 모래와 조명 효과로 연결되면서 '달걀이 경

이롭게 서 있다'는 의미는 곧 신비한 인간 혹은 자연의 불가사의를 의미한다
는 사실도 알게 된다.

영원한 존재. 물과 흙의 존재에 이어 등장하는 이미지는 삶과 죽음이 반복되
는 처절한 투쟁이다. 혹은 삶에 대한 해석인지도 모르겠다. 세미마루를 위시
한 네 사람이 물 속에서 벌이는 떨어짐과 다시 일어남의 집요함은 어쨌건 살아
있는 인간의 모습과 닮아 있었다. 마무리에서는 흙 속에서 죽어 가는 인간과
그 죽음에 순응할 수밖에 없는 다른 인간들의 공허하고 슬픈 외침이 동시에 보
여진다. 이 무대가 간직한 '무용이 얼마나 멋진 예술인가'라는 속삭임이 들
리는 듯하다.

작품 전체를 통해 의미 없는 몸짓이나 연출을 발견할 수 없었다는 사실이 일
깨워 주듯, 완벽하게 구성된 <경이롭게 서 있는 달걀>은 우리시대 어느 곳에
서도 쉽게 접하기 어려운 독창적인 현대무용이었다. 우리 언론이 산카이 주크
를 제대로 평가하지 못했다는 사실에 대해 개인적으로 미안한 느낌이 있다.

(『예술세계』 1995. 11월호)

제17회 서울국제무용제를 정리하며

— 한양발레아카데미·서울현대무용단·댄스시어터 온·장정윤·현대무용단 푸름

17회를 맞은 올해의 서울무용제(1995. 10. 24–11. 8, 문예회관 대극장)에서는 총 8개 단체가 경합을 벌였다. 지난해 예심을 신청한 단체가 11개였고, 그 중 1개 단체만이 탈락해 위기상황이라는 지적이 있었음에도 불구하고 올해는 9개 단체 중 1개 팀만이 탈락했다. 열기가 식어 가는 추세를 놓고 수상자 결정이 경력(?)에 의한 낙점 때문이라는 지적이 지배적이다. 참가자들에게는 심각한 충격이 될 이러한 상황이 몇 년간 지속되다 보니 웬만한 배짱이 아니면 들러리를 자청하기에도 한계를 느끼게 마련인가 보다.

그런 만큼 지저분한 뒷공작 얘기가 공공연한 비밀이 되었다는 불만의 소리가 없지 않았고, 이 난제를 해결하기 위한 올해의 방안은 심사과정을 공개한다는 것이었다. 심사과정을 지켜본 무용담당 기자들의 의견에 의하면 '공정을 기했다'는 평판이었다. 그러나 장정윤 같은 무용가가 연기상을 놓쳐야 했던 상황에 대해서는 설명하기가 어렵다. 그래서 아직도 그 '공정'이라는 것의 실체는 확연하지가 않다.

올해의 대상은 김민희와 한양발레아카데미의 〈또 다른 고향〉이 수상했다. 발레시어터의 연출법이 정착했다는 느낌을 준 이번 작품은 발레시어터가 추구하는 '열정과 비전'(모리스 베자르의 설명에 의하면)이 어떻게 작품과 연결되는가를 충분히 보여주었다. 〈또 다른 고향〉에서 시인 윤동주는 죽음(정운식)과 순이(한성희)와 코스모스와 어머니에게 둘러싸여 있다. 그가 생체실험의 도구가 되었다는 사실이 묘사되는 한편 환영처럼 시인의 뇌리를 스치는 등장인물들과 그의 연계가 번갈아 보여진다. 그러나 이러한 배역의 분리보다는 이들을 배치시키는 순서나 적절한 성격 부여, 각 인물간의 만남으로 인해서 표출되는 감정의 폭발, 그리고 비현실적인 희망이 충분한 내용 전달과 함께 감동을 담고 있다는 사실이 작품을 성공으로 이끌었다.

서울국제무용제 김민희발레단 〈또 다른 고향〉 1995. 11. 7-8, 문예회관 대극장

그 결과인 듯 김민희가 안무상을 수상했고, 윤동주역의 정형수가 93년에 이어 다시 연기상을 수상했다. 죽음역의 정운식도 작품을 살려낸 공로로 보자면 연기상을 압도할 정도였다. 무대미술로 작품의 판타지를 살려낸 신선희가 미술상을 수상해 〈또 다른 고향〉은 도합 4개의 상을 휩쓸었다.

올해부터 신설된 우수상은 서울현대무용단의 〈사이버 스페이스-오디세이아〉가 차지했는데 작품의 구도면에서 완성된 느낌을 주었기 때문으로 보인다. 그러나 이 완성된 느낌이라는 것이 매우 위험한 요소임을 지적하지 않을 수 없다. 남의 이야기를 대신한다는 이유로 발레를 경멸하던 현대춤 선구자들이 무색하게도 극적인 사랑이야기에 결국은 춤이 이용되는 이 복고적인 성향은 어쩌면 현대무용의 정신에 대한 숙고 없이 정착되고 거대화된 원초적 문제의 원인을 스스로 드러내고 있는 것은 아닌지 모르겠다.

춤을 감상할 때 줄거리를 우선적으로 찾게 되는 관객의 시각에 따르기보다는 관객을 다양한 춤의 세계로 인도하는 가르침의 자세도 분명 무용가의 몫이다. 우리무용계가 유럽과 달리 발레를 현대춤의 모체로 생각하지 않고 있음에도 불구하고 또 고전의 현대화 작업이 아님에도 불구하고 현대춤 기교를 이용한 서술적 극무용의 시도는 특별한 현상이 아닐 수 없다. 그렇다고 〈사이버… 〉가 극적인 감동을 담아낸 것도 아니므로 뿌리찾기가 어렵다.

댄스시어터 온이 선택한 미와 추의 구분 같은 난제는 애초에 그 성공이 불가능해 보이는 주제인데, 이러한 모호함보다는 상대적으로 〈사이버… 〉 같은 명확한 내용이 선택받았다는 느낌이다. 그러나 작가의 창의력을 위주로 평가한다면 〈시이버… 〉보다는 우위에 두고 싶다.

장정윤의 〈천상의 소리〉는 작품의 전개과정에서 전달력을 찾기가 어려웠다. 다시 말해 연출력의 문제인데 무용에서의 연출이란 — 특히 현대춤의 경우 — 안무가의 작품 분석력과 일치한다. 개인의 생각을 시각적으로 객관화시키는 작업이 말처럼 쉽지 않다는 사실 때문에 수많은 시도가 연속되고 있는 것이다. 그러나 여기서 실패할 위험을 피해 쉬운 길을 찾는 것도 안무가의 의무를 다하는 태도는 아니다. 〈천상의 소리〉가 비록 이러한 보완책을 필요로 했지만 장정윤의 솔로춤은 독특한 아름다움을 담고 있었는데 만일 연기상이 극적인 표현력과 일치해야 한다는 이유로 그녀가 탈락했다면 앞서의 이유들과 같은 이유로 경악하지 않을 수 없다.

우수상 후보였던 현대무용단 푸름의 〈빗소리〉는 댄스시어터를 한국무대에 처음 소개해 화제가 됐다. 그러나 김민희가 발레시어터를 길러 내 자신의 것으로 만든 데 비해 푸름에는 댄스시어터의 요점이 없었다. 혹 필요에 의해 우연히 피나 바우쉬와 같은 꽃밭을 배경으로 테아트르 당스의 자유로운 떨림을 도용했는지는 알 수 없다. 그렇다면 박은화의 안무가 피나 바우쉬의 트레이드 마크에 완전히 눌려 버린 격이다.

댄스시어터가 과연 우리에게 정착될 수 있을 것인가? 모던댄스가 표현할 주제를 설정하고 움직임을 찾아낸다면 댄스시어터는 정반대의 방법론을 수용한다. 또한 춤추기를 좋아하지만 춤이라는 것 자체가 꾸며진 움직임이기에 저절로 도태된다. 안무가는 동작 제시를 하지 않는다. 단지 표현할 주제를 언어로 제시한다. 예를 들면, "동물이 함정에 빠지면 어떻게 하는가" 같은 것이다. 이에 무용가들이 움직이면 안무가는 마음에 드는 특정한 움직임을 찾아내 하나 둘 연결시킨다. 제목은 별 의미가 없다. 특히 관객에게 특정한 내용을 절대로 전달하지 않는다는 사실은 철칙이다. 피나 바우쉬는 특별한 감성으로 관객의 심리 변화를 예견하며 그에 적절한 움직임을 관찰하고 발견한다.

표현과 전달에 고착된 우리 무용계가 이럴 수도 있는 것이 춤임을 과연 수용할 자세가 되어 있는가에 대해 개인적으로 부정적인 입장이다. 그래서 피나 바우쉬의 트레이드 마크와 푸름의 〈빗소리〉의 연관관계를 명쾌하게 이해하기는 어렵다.

올해는 다행히 수준 미달작을 발견하지 못했다. 혹 내년에는 단체 미달에 수준 미달이라도 겹치지 않을까 하는 아슬아슬한 느낌도 있다. 올해의 미달 사태에서 컨템포러리무용단을 예선 탈락시킨 점은 의문이다. 직업 무용단원의 출연이 늘어나는 현실에서 직업 무용단의 참가 제한 또한 재고할 문제로 보인다. 무용제가 아마추어 경연대회라면 그리 대단할 것도 없지 않은가! 직업단체가 섣불리 참가하지도 않겠지만 그들을 미리 격리시키는 결정은 스스로의 부족함을 인정해야 했던 17년 전임을 되돌아볼 여유도 필요한 시점이다. (『무용예술』 1996. 1월호)

서울발레시어터의 〈상하이의 별〉

옛 상하이의 술집 풍경이 질펀하게 묘사되고 흘러간 대중가요가 유일한 발레음악이며 게다가 변사까지 등장하는 〈상하이의 별〉(1995. 11. 16–18, 예술의전당 토월극장)은 참 기발하고 신나는 작품이다. 제임스 전과 김인희를 주축으로 올해 창단된 서울발레시어터의 무서운 잠재력이 서서히 폭발하는 전조로 보였는데 〈상하이의 별〉은 그 참신한 시각에서 타의 추종을 불허했다.

소재는 그리 특별하지 않다. 우리가 막연히 알고 있는 독립군과 일본군 그리고 독립군 애인을 위해 정보를 빼내는 한 기생의 이야기다. 그러나 그 막연한 상상이 현실로 꾸며진 무대, 그것도 춤으로 꾸며진 무대를 보면서 신파극을 보는 재미를 느꼈다는 사실이 놀랍다. 안무자 김인희의 예리한 관찰력이 놀라운 것이다.

춤무대를 꾸미는 안무자들에게 새로운 무대란 항상 도달해야 할, 압박감을 주는 과제다. 그러나 대부분 그 방향을 잡지 못해 우왕좌왕하는 것이 현실이다. 특히 몇 안 되는 세계적인 안무자들의 어설픈 모방은 안타까운 모습이다. 서울발레시어터가 부각될 수밖에 없는 이유에는 바로 이러한 배경이 있기 때문인데 〈상하이의 별〉로 인해 새로운 것에 대한 압박에서 벗어나는 일이 그렇게 거창한 것이 아님을 다시 한번 증명했다.

막이 오르면 술을 마시는 아가씨들, 간교한 인상의 일본군이 어우러져 있다. 발레리나들이 분장한 술집 풍경은 그들의 아름다움과 섹시한 연기로 황홀하다. 아마도 이런 술집은 어디에도 없을 것 같아 아련한 상상의 세계로까지 보였다. 발레리나들은 흔히 연기에 미숙하다. 발레기교나 발레마임 이외에는 영역 밖으로 제외시키는 것을 당연시한다. 그러나 서울발레시어터의 발레리나들은 그렇지 않다. 질펀한 기생역을 흔연스럽게 해내 관객을 사로잡을 줄도 안다. 이 또한 춤무대에서의 전문성을 강조하는 발레단다웠다.

서울발레시어터 〈상하이의 별〉

　비련의 여주인공역은 윤미애가 맡았다. 일본군 대장역의 정운식과 술집에 들어선 그녀는 한국인 학생이자 옛 애인역인 문경환과 만난다. 이때 변사는 또 한번 '운명의 장난'을 운운하며 분위기를 잡는다. 결국 정보를 빼돌린 것이 발각되어 총성이 울리고 배역들이 서로 차례로 죽는다. 완전한 비극이다. 그러나 독립군이 뭔가 알아냈을 것이라는 유치한(?) 희망이 신파의 매력인가 보다. 〈상하이의 별〉은 이렇게 희망을 남긴 비극으로 막을 내렸다.

　요즈음 무용계의 세계적 추세는 토털 시어터가 상당히 부각된 상태다. 무용 속에 모든 장르가 필요에 따라 이입되는 형태다. 〈상하이의 별〉은 우리의 신파극을 발레로 변형시키면서 완벽한 토털 시어터를 제시했다는 점에서 아주 특별하고 독창적이었다.(『뉴스플러스』 1996. 1)

우리시대의 춤꾼

— 김승근·이종호·제임스 전·허용순·김원·김희진

예술의전당이 주최한 우리시대의 춤꾼전(1995. 11. 21-25, 토월극장)은 남성안무가 3인전과 여성무용가 7인전으로 나뉘어 공연됐다. 젊은 무용가들에게 무대를 제공하는 이 기획전은 여러 단체에서 활동하던 대표적인 무용가들을 한 무대로 불러모았다는 점에서 또 그 과정이 객관성을 인정받았다는 점에서 관심을 모았다.

안무가전의 김승근은 <가족>에서 결혼, 아기의 탄생, 부부간이나 형제간의 혹은 부자간의 갈등을 코미디로 풀어 나갔다. 이종호는 <공범>이라는 제목으로 악의 구렁텅이를 인상깊게 묘사했고, 제임스 전은 인류의 마지막 사교춤이라는 탱고의 열기를 <카페에서>에 담아냈다.

그러나 이번 무대에서는 안무가전에 참가한 세 사람보다는 솔로와 듀엣전의 여성들이 두각을 나타냈다. 특히 스위스 바젤발레단원인 허용순, 전북대학교수인 김원, 컨템포러리무용단원인 김희진을 꼽고 싶다.

허용순은 자유자재로 춤추는 발레리나다. 그녀를 볼 때마다 영화배우 메릴 스트립이 극복한 예쁜이 컴플렉스(?)를 떠올리게 되는데, 만일 춤꾼이란 호칭에 굉장한 찬사가 담겨 있다면 허용순은 춤꾼임에 분명하다. 마크 리보가 안무한 <플레이 잇>에서는 말괄량이 여자로, 제임스 전이 안무한 <발렌티노>중 2인무에서는 관능적인 여자로 두 가지 춤 모두를 흡수하고 여과시키는 방법이 독특하다.

김원은 배짱이 있다. <인터플루>에서 음악 없이 20여 분간 느린 움직임을 계속했다. 관객의 즐거움을 먼저 생각하는 추세에도 아랑곳하지 않는다. 그러나 관객의 시선을 놓치지 않아야 한다는 안무의 철칙에는 철저하다. 시선을 집중하게 되는 이유는 간단하다. 느림 속에서 독특한 군상의 형태가 계속 만들어지고 그 안에는 뭔가 규정하기 어려운 안무자의 의지가 담겨 있기 때문이었다.

생성과 소멸의 반복을 다룬, 안무가전에 더 어울릴 듯한 무대였다.

이번 우리시대의 춤꾼전을 통해 얻은 가장 큰 수확은 아무래도 김희진의 새로운 발견일 것 같다. 무용가로 잘 알려진 김희진은 발표작 <익명의 사회>를 통해 안무자로서의 역량까지를 인정받게 되었다. 동시에 자신을 표현하고자 하는 부류의 현대춤에서 이 두 영역이 모호해지는 당위성을 충분히 제시했다. 몸의 언어에 대한 충분한 자각과 필요한 춤사위를 뽑아내는 탁월한 능력으로 근래에 보기 드물게 진지한 작업 태도와 신선한 춤기교를 일치시켰다.

기획공연의 장점이 인재 발굴이라면 그 인재를 지속적으로 육성하는 것이 늘상 과제로 남아 있다. 특별한 경우, 반복적으로 기회를 제공하는 '스타 키워내기' 작업도 우리시대의 춤꾼전이 맡아 줄 수 있을 것 같다. (『세계일보』 1995. 11. 29)

키에프발레단의 〈잠자는 숲속의 미녀〉

〈잠자는 숲속의 미녀〉는 고전발레의 형식미를 한눈에 볼 수 있는 발레다. 마임으로 줄거리를 진행시키는 가운데 가장 많은 솔로춤이 들어 있다. 또한 서막을 비롯 전 4막의 장막 발레로 하루 저녁 내내 극장에서 춤과 환담을 즐겼던 옛 사람들의 관람법을 느끼게 하는 몇 안 되는 발레다. 키에프발레의 공연(1995. 11. 27, 예술의전당 오페라극장)을 보면서 이 전통적인 관람법이 러시아에는 아직 남아 있다는 느낌을 받았다. 31개 도시에 33개의 발레단이 있었다는 사실이나 발레 관람용 복장을 따로 들고 출근한다는 말들이 이를 뒷받침한다.

키로프발레를 향한 상트 페테르부르크 시민의 열정처럼 키에프발레 역시 키에프 시민들의 사랑으로 키워진 흔적이 역력했는데, 왕자역인 니콜라이 프라드첸코와 공주역인 안나 쿠쉬네료바가 모두 키로프나 볼쇼이를 떠나 고향에 정착한 이유도 거기에 있는 듯하다.

〈잠자는 숲속의 미녀〉에는 수정샘요정, 마법의 요정, 노래하는 새요정, 황금포도요정, 극을 이끄는 주역인 라일락요정, 파랑새와 그의 공주, 흰 고양이와 장화 신은 고양이 등 수없이 많은 솔리스트가 등장한다. 또한 세례식, 생일파티, 결혼파티로 막이 연결되기 때문에 초대된 손님으로 붐비는 궁정 장면의 연출에도 많은 인원이 필요하다. 극을 이끌어 가는 과정에서는 카라보스가 등장할 때의 괴기스러운 분위기나 백년 동안 잠들어 있던 왕궁의 신비한 모습을 살려내는 무대연출이 줄거리 전개의 효과를 좌우한다.

키에프의 경우 이 스펙터클을 연출하기에는 충분치 않은 인원이었고, 무대전환에서도 극장측과의 연습이 없었던 듯 안정감이 떨어졌다. 그러나 라일락요정의 우아한 자태와 부드러운 춤이 이를 만회하며 매번 동화의 세계로 이끌었고, 다른 요정들이나 3막의 보석요정들도 각기 제몫을 해냈다. 라일락요정의 활약과 더불어 파랑새 2인무의 즐거움도 빼놓을 수 없었다. 파랑새의 도약에 이어 파랑새 공주의 절도 있는 기교 속에 담긴 유연한 연기력은 결혼 축제의 하이라이트였다.

세계 정상의 발레단을 수없이 접한 우리 발레 관객은 지금까지 눈부신 기교나 스펙터클의 규모를 우선으로 비교해 왔다. 키에프발레의 첫 방문은 이런 우리에게 겹겹이 쌓인 매니아적 전통과 관객의 사랑을 듬뿍 받아 온 발레단의 모습에 부러움을 느끼게 했다. (『서울신문』 1995. 11. 29)

'95 신세대 가을 신작무대

— 이미영·이고은·김윤진·홍순미·홍선을

문예진흥원이 주최하는 신세대 가을 신작무대(11. 21−28. 문예회관 소극장)가 올해로 세번째의 막을 내렸다. 우수안무가 수상자는 <춤푸리 아리랑>을 발표한 이미영으로 김원과 박호빈에 이어 신세대의 선두주자로 나섰다.

지금까지의 특출했던 수상작들에 비해 <춤푸리 아리랑>이 범작의 수준에 머물렀다는 아쉬움은 있지만 올해의 참가작 중에서는 으뜸이었다. 지난해, 경합 절차도 없이 박호빈이 부각되었듯이 올해도 봐야 했던 젊은이들의 '공허한 팽팽함'에 실망이 크다.

제작비 지원 규모에서 가장 현실적이고 깔끔한 이 기획공연은 객관적인 시각으로 볼 때 활성화되지 않을 이유가 없다. 우리 젊은이들이 이나마 특혜를 받을 수 있는 무대는 전무하다고 단언할 수 있기 때문이다. 그래서 젊은 안무가들의 수준이 이 정도인 것인지 숨어 있는 인재들이 그 어떤 이유로 나서기를 꺼리는 것인지 갈피를 잡기 어려운 상황이다. 전자의 경우, 획일화된 교육 탓일 것이고, 후자의 경우 애늙은이를 만들어내는 분위기 탓일 것이다.

지난해의 저조함을 보며 기성세대의 심사를 불신하는 것일까 의심도 해 보았지만 지금까지의 심사 결과는 누가 봐도 공정했다. 무용계가 합심해서 조그만 행사 하나를 깨끗하게 지켜 주는 모습에는 희망이 담겨 있다. 문제는 준비되지 않은 상태에서 무대를 맞이하는 대부분의 젊은이들이 당황하고 있다는 점인데 좀더 지켜본다면 이 무대를 통해 옥석이 구분될 것 같다.

이미영의 <춤푸리 아리랑>은 떨림 같은 강렬한 춤사위가 호흡과 일치하는 독창적인 춤연기를 보였고, 무대 전환의 안정감이 작품의 전개를 충분히 도왔다. 그러나 짧은 시간에도 불구하고 탄생·절망·풀이를 다뤄야 하고 어두움·밝음이 교차해야 한다는 기존의 춤형식에 대한 비판적 시각도 필요해 보였다. 또한 주인공 중심으로 둘러선 군무진의 구도나 중심과 정면을 최우선의 위치로 생각하는 관행의 무비판적 수용도 답답했다. 떨쳐 버린 한국춤 춤사위에 걸맞은 현대 안무론이 조화를 이뤘다면 예년과 견줄 수작이 되었을 법하다.

이고은의 <태양의 탄식>과 김윤진의 <새장 구경>은 그 소재를 선택하면서 고민한 흔적이 역력하다. 두 사람 모두 사람의 관계에 대한 고찰이었는데, 이고은이 객관적이었다면 김윤진은 주관적이었다는 차이가 있다.

이고은은 독재자, 그 독재자에 굴종하는 자, 그 독재자로부터 피해망상을 얻은 자, 세 사람을 등장시켰다. 이고은은 여기서 피해망상에 시달리는 여자다. 독재자로부터 자유롭기 위해 스스로 월계수를 팔에 그리고 의연히 나서는 모습은 그녀가 결정한 삶의 모습으로 보였다. 후반부의 안정감과 확연한 의미 전달이 숙연한 분위기를 제시한 장점이었던 반면 전반부의 단절된 감정 교감이 상황 제시를 명확히 하지는 못했다. 박재홍의 솔로가 중심을 잡아 주면서 상황이 부각되었고, 발레라는 한계 속에서는 깊은 자기 성찰이 충분히 발휘된 무대였다.

김윤진은 자신이 새가 되어 동물원에 서 있다. '수상한 먹이'를 더 이상 던지지 말라는, 세상을 향한 — 어쩌면 춤계의 선배들을 향한 — 항변 속에는 정곡을 찌르는 아픔이 묻어 있다. 지쳐 버린, 더 이상의 꿈이나 희망을 스스로 파괴하면서 자유를 얻는 태도는 이고은의 경우와 상반된 모습이었다. 우리 젊은이들이 느끼는 슬픈 자화상을 꼬집어낸 시각이 현실감 있고 예리하다. 하지만 그 의도를 무대화하는 과정에서는 무대 세트와 의상의 부조화가 두드러졌고, 우화적인 표현에서 필요한 강렬한 인상이 부족해 보였다.

홍순미의 <그래 이제 코드를 뽑자>는 과거가 좋았다는 사실을 주입시키는 태도에서 거부감을 조성했고, 현대를 묘사하는 매체와 방법들이 진부했다. 반면 짧게 끝나는 몇몇 소절에서는 독특한 매력도 보였다.

홍선을의 <갓꽃무덤>은 언급되지 않은 사람들 — 그 무능한 젊음이 처량할 정도인 — 에 비한다면 애쓴 흔적이 보였다. 그러나 홍선을의 무대를 보고 마기 말랭과 피나 바우쉬의 무대를 떠올린 사람들이 한둘이 아님은 심각하다. 이 무대뿐 아니라 요즈음 우리무용계는 세계무용계의 축소판 같다. 얼마 전에는 윌리엄 포사이드풍의 무대도 접했다. 독창적인 것을 구하다 보니 이런 방법들이 손쉬운 해결책일 테고 관객의 입장에서도 어차피 거쳐야 할 성숙의 과정으로 보는 편이 마음 편하다. 그러나 문제는 그것을 수용하는 방법과 자세가 미숙하다는 데 있다. 특정 무대를 모방할 것이 아니라 그 무용가의 무용관을 이해하고 수용하며 같은 방법론을 추구하는 자세라면 지금보다는 한 단계 앞선 무대들이 꾸며질 것이다. (『예술세계』 1996. 1월호)

서울예술단의 〈비무장지대에 서서〉

안무자 임학선의 '비무장지대로 향한 긴 여행'이라는 글 중에 철새들과 풀잎들이라는 대목이 눈길을 끈다. 한국춤이 자연의 모습을 이처럼 서정적으로 그려낼 수 있음을 일찍이 알지 못한 것이 새삼스럽다. 새로움을 만들어내는 능력은 아주 사소한 발견에서 시작된다는 사실을 〈비무장지대에 서서〉 (1995. 11. 29–30, 문예회관) 가 공연되는 동안 또 한번 생각하게 됐는데 바로 이 매력이 예술 행위가 반복되는 원동력이 아닌가 싶다.

이번 무대는 서정적 환상이 부각되면서 바람에 날리는 풀잎들만 무성한 비무장지대의 풍경을 그려냈다. 풀잎들의 이동을 보면서 관객은 나름대로의 사건을 그 안에 집어넣어 볼 수 있어 편안하고 가끔 의미 있는 상념에도 빠져들 여유를 느낀다. 이 분위기는 총체적인 무대행위의 조화로 이뤄졌는데 풀잎 같은 춤사위, 바람 같은 의상, 언덕 같은 무대, 공허한 외침 같은 음악이 '상념'을 유발할 정도로 조화를 이뤄낸 보기 드문 경우였다.

풀잎들은 한들거리는 팔의 춤사위와 빠르고 가벼운 발걸음을 연결시켜 치마꼬리를 날리며 경사진 무대를 종횡무진한다. 이러한 판타지는 그 배경이 비무장지대였기에 더 명확하고 절실하게 다가왔다. 얇은 천으로 뒷부분을 늘어뜨린 이미현의 의상이나 무대 오른쪽의 입구를 경사지게 꾸민 손호성의 미술을 통해 춤무대를 위한 타 장르의 연계적 중요성이 부각된 흔치 않은 무대였다. 다만 중반에 삽입된 전형적 구도(남성들의 등장) 의 의미는 이 자유로움에 역행하는 이상의 효과를 보지 못해 모처럼의 아름다운 판타지가 단절되는 아쉬움을 초래했다.

서울예술단의 체제에 대해 아는 바는 없지만 이번 공연을 통해 본 무용단의 수준은 순수 직업 무용단을 능가하는 것이었다. 고른 기량과 세련된 매무새를 갖춘 단원들의 춤사위가 단정하고 깨끗하게 풀잎의 이미지를 만들어 갔다. 한국춤 기교로 이처럼 군더더기 없이 통일된 화려한 이미지를 보리라고는 예상하지 못했던 만큼 <비무장지대에 서서>가 던진 의미는 신선한 아름다움으로 남아 있다.(『무용예술』 1996. 1월호)

국립발레와 유니버설발레의 〈호두까기인형〉

국립발레단과 유니버설발레단이 대규모 발레 작품들을 감당해 내며 안정기에 접어들었다는 사실은 우리 발레의 새로운 부흥기를 의미한다. 안정기를 점치는 기준으로는 레퍼토리의 확장과 매년의 공연 내용이 희망적이라는 판단도 있겠지만 연말의 〈호두까기인형〉이 십여 년간 꾸준히 공연되고 대중성을 확보했다는 결과를 우선으로 꼽게 된다.

이번 겨울 시즌은 유니버설이 먼저 시작해(1995. 12. 18-24, 예술의전당) 공연 기간을 국립발레단(1995. 12. 23-29)과 합하면 발레 무대로서는 드물게 연말 내내 들뜬 분위기를 조성했다. 어린이 관객을 겨냥한 기획인 만큼 공연장이 소란했던 반면 문화적인 경험을 제공하려는 부모들의 배려는 우리 사회의 안정된 여유로 보였다.

유니버설발레단의 〈호두까기인형〉은 '환상의 세계'를 연출하는 데서 탁월했다. 1막 파티장의 크리스마스 트리나 사슴이 끄는 눈썰매, 특히 눈의 나라 배경은 유니버설의 무대답게 정교하고 치밀했다. 어린이를 대상으로 한 공연들에서 쉽게 발견되는 엉성함을 찾을 수 없었다는 점에서 더욱 돋보였는데 어린이의 시선이 매우 날카롭다는 사실에 주의를 기울여야 할 모든 공연예술 단체에게 모델로 제시해도 좋겠다.

구성면에서는 2막의 디베르티스망이 화려하고 재미있는 짜임새를 보였는데 중국춤에 우산을 든 군무진을 등장시킨 것처럼 대부분 군무 위주로 구성해 활력을 유지했다. 양치기춤을 늑대와 소녀의 마임으로 꾸며 웃음을 자아냈고, 아라비아춤에서는 부드러운 2인무를 강조해 작품 자체의 약한 부분에서 오히려 좋은 반응을 이끌었다. 또한 1막에 등장한 눈의 요정 이유미는 숙련된 기량으로 차갑고 가벼운 요정의 연기를 쉽게 소화했고, 2막의 사탕요정 강예나는 동양인의 체형을 운운하지 않아도 될, 새로운 스타의 탄생을 예고하고 있었다.

그러나 유니버설의 당면문제도 이 무대를 통해 드러났다. 남자 주역과 군무진의 절대부족 현상이 그것이다. 하이라이트라고 해야 할 사탕요정의 그랑 파드 되에서 요정을 들어올리지 못하는 기사는 더 이상 요정의 기사가 될 수 없다. 또한 눈송이춤과 꽃의 왈츠는 적어도 16명의 여성 군무진이 필요한데 이를 충당하지 못함으로써 반감된 효과도 상당했다.

아울러 음악 문제도 지적하지 않을 수 없는데 오케스트라의 규모가 작다는 이유 이외에도 마치 차이코프스키의 「호두까기인형」 연주회장 같다는 인상을 남겼기 때문이다. 연주음악과 무용 반주음악의 차이점을 모른다고 생각해야 할지 알면서도 무시한 무성의함을 탓해야 할지 모르겠다.

마지막으로, 가장 확연히 드러난 극장측의 실수는 경악할 정도였다. 오페라극장에서만 연속적으로 발견했기 때문에 더욱 기억에 남는데 한번은 러시아 키에프발레단 공연 때였다. 조용한 무대와 대조적으로 무대 안쪽에서 고함소리가 여러 차례 들려 출연진을 당황하게 했는데 국가간의 친선을 위한 문화교류에 이런 어처구니없는 실수가 용납되는 것이 우리의 현실이다. 이번의 실수도 가관이었다. 거실 장면이 날아가고 클라라가 눈의 나라에 도착할 때 눈의 요정이 춤을 춘다. 그런데 무대조작의 실수로 눈의 요정은 1분 이상 시커먼 벽돌벽을 배경으로 춤을 췄다. 대관료가 비싸기로 소문난 극장인 만큼 무대 스텝진에게 요구하는 기대치도 높다.

국립발레의 <호두까기인형>은 무대장치와 소품의 조잡함으로 인해 유니버설과 비교할 수준이 아니었다. 특히 드로셀마이어가 클라라에게 주는 호두까기인형이 피노키오 인형으로 둔갑해 나오는 장면은 실소를 자아낸다. 이빨 사이에 호두를 넣어 깨먹는 인형이니 입 주위가 강조되어야 할 텐데, 또한 작품 제목인 만큼 어떤 경우라도 피노키오가 나와서는 안 될 텐데, 무대와 객석의 거리를 감안한 안일함은 동심을 혼란시키기에 충분했다.

그러나 국립은 유니버설의 단점인 군무진의 확보에서는 문제가 없었고, 클라라의 나이를 춤출 수 있는 13세 정도로 설정해 극적인 구성에서는 공감대를 확고하게 했다. 드로셀마이어가 어린이들에게 보여주는 인형극에서도 <페트

루슈카>의 축소판인 유니버설의 칼을 든 무어인보다는 사랑 마크 의상의 곰을 등장시켜 가벼운 극으로 보는 재미를 살렸다.

전반적으로 뛰어난 기량을 부각시키지는 못했지만 클라라를 중심으로 하는 극의 전개와 마무리에는 성공을 거둬 두 발레단이 상반되는 모습을 보였다. 음악 역시 사건의 전개에 효과적인 역할을 담당해 상반된 모습을 강조했다.

(『예술세계』 1996. 2월호)

국립무용단의 〈황혼의 노래〉

국립무용단 67회 정기공연(1995. 12. 14−19, 국립극장)을 보면서 우리에게는 고유한 춤공연이 없었다는 사실을 새삼 깨달았다. 수건춤·북춤 등 춤은 있었지만 장시간 동안 동일한 주제를 다루는 관람용 춤극의 모델이 발레 형식과 흡사한 것이 역력했기 때문이었다. 특히 이번 공연이 82년에 안무된 〈썰물〉의 개작임을 상기할 때 근래에 국립무용단의 창작물에서 보았던 '답습 이미지'의 원인이 확연해졌다.

서양에서도 발레가 종합극으로부터 독립하면서 오페라의 몸짓화로 독자성을 주장한 바 있듯이 무에서 유를 ― 한국춤으로부터 춤극을 ― 만들어내기 위해서는 모델이 필요했음은 분명하다. 그렇다고 우리의 판소리가 춤극으로 전환될 만큼 스펙터클한 것이 아니기 때문에 '우리것'을 모델로 하지 않았다는 아쉬움의 여지도 없는 상황이다. 또한 공연용 춤의 경우 권번을 위주로 전수되었던 춤이 확산되면서 한국춤 전공이 생겨났음을 볼 때 국립무용단이 발레 형식을 빌어 왔던 상황은 필연적일 수도 있었다.

그러나 50년대의 착상에 근거한 이 최초의 작업들이 '우리것'으로 돌변하면서 정착된 사실을 감지한다면 우리춤과 우리 춤극의 혼동을 방관할 수는 없을 것이다. 〈황혼의 노래〉는 제작연도를 감안할 때 수작이었다. 80년대만큼 '우리것'을 강조하던 시대도 없었던 듯한데, 진도의 무혼굿을 스펙터클로 연출한 점은 괄목할 만하다. 어찌 보면 이 작품은 우리춤의 모든 형태를 담아내면서 극의 전개를 끌어가는 교과서적 작품이고, 시대적 산물로서의 보존가치와 아울러 복제물을 제한하기 위한 레퍼토리로서의 가치도 있어 보였다.

총 2막 10장 중 전반부와 후반부가 판이한 결과를 얻고 있는데 후반부가 죽음이라는 동기로 인해 극적인 효과를 얻어낸 반면 전반부는 더 구체적인 상황 제시가 필요했다. 노부부의 등장, 회상 속의 젊은 부부의 등장, 그들의 딸인 옥이와 옥이의 약혼자 석훈의 등장은 각기 2인무의 연속으로 관객에게는 그들의 구분이 모호하다는 점과 아울러 춤의 시각적인 변화가 절실했다. 또한 감정상의 변화 원인을 제시하기 위한 배경(군무진)의 활용 없이 음악에 따라 춤이 바뀌는 장면의 연계성은 연기자들의 기량과 관계없이 매끄럽지 못했다.

그래서 1막이 끝날 때까지 <황혼의 노래>는 북춤과 캐릭터댄스의 별미에도 불구하고 특별한 인상을 남기지는 못했다. 반대로 2막에서는 풍랑장면의 효과음악이나 풍어제의 활기, 남성 군무진의 호흡 일치로 고조된 극적 분위기가 충분히 전달돼 안정감을 얻어냈다. 특히 무혼굿의 연출이 성공적이었는데 옥이와 석훈이 영혼으로 만나는 장면은 신비한 아름다움을 담아냈고, 무대 회전 효과로 가중된 청결의 이미지가 작품 전체를 성공적으로 마무리했다.

일회용 공연이 아닌, 레퍼토리의 정착작업이 한국춤에도 시급한 만큼 <황혼의 노래>는 국립무용단의 작품을 대표하는 한 형태로, 특히 80년대의 조류를 반영하는 작품으로 의미가 있다. 동시에 '우리것'이란 개념에 대한 후진들의 생각에도 변화가 있어야겠는데 <황혼의 노래>가 '우리것'임에는 분명하지만 그것만이 유일한 것은 아니라는 사실이다.

끝으로, 사족이지만, 공연 후의 인사에 대해서 언급하고 싶다. 요즈음 부토 무용가들처럼 춤보다 인사에 치중하는 해프닝이 자주 벌어져 그리 진지한 태도로는 보이지 않아 관심을 갖게 되었는데, 국립무용단의 경우에는 엄격한 서열이 문제였다. 특별출연한 원로가 주역들 다음으로 혼자 인사하는 모습은 내부의 서열을 관객에게마저 강요하는 부담이었다. 관객의 눈에는 주역이 최고의 대상일 수밖에 없다는 이유 외에도 공연된 작품의 여운이 지속되는 분위기를 단절시킬 위험이 있다. 필요하다면 다른 방법으로 예의를 갖출 수는 있을 것이다. (『무용예술』 1996. 3월호)

홍신자의 〈네 개의 벽〉

현대라는 수식어가 붙은 예술은 어렵다. 어렵다는 의미 속에는 이해할 수 없고 느낌을 공유할 수 없다는 부정적 측면과 그 안에 담긴 의미를 발견한 이후의 경이로움에 대한 긍정적 반응이 포함된다.

현대무용으로 지칭되는 춤을 보면서 또한 홍신자의 몇몇 공연까지를 포함해서 〈네 개의 벽〉(1995. 2. 2-4, 예술의전당 자유소극장)처럼 현대라는 수식어가 적절하게 느껴지기는 처음이다.

홍신자는 무대를 횡단하며 같은 동작을 서너 번씩 반복한다. 단순한 걸음걸이에 팔을 돌리는가 하면 넘어질 듯 다시 서고 엎드려 허리를 넘겨 보기도 하고 호롱불을 들고 무대를 왕복하기도 한다. 때로는 암흑에서 때로는 특별한 조명의 도움을 받으면서 피아니스트의 조용한 연주를 음미한다. 앉아서 고개를 돌리는 동작의 반복처럼 단조롭기 그지없는 움직임 속에서 그렇다고 뭔가를 표현하려고 애쓰지도 않는 것 같다.

그러나 그 자신은 어떤 지속적인 감정을 다지면서 춤을 계속한다는 인상을 주었는데 힘겹게 삶을 헤쳐 가는 강인하며 순박하고 겸손하면서도 예리한 존재로 보였다. 일반적인 춤무대의 관심사로 꼽게 되는 예쁘게 보이기, 기교 자랑하기, 뭔가를 잘 연기하기와는 무관한 태도였던 이 극히 단순한 움직임은 존 케이지의 「네 개의 벽」을 연주하던 유지 다카하시의 구음이 끝나면서 특별한 의미를 담고 있는 동작들로 변했다.

예배의식에서처럼 어떤 신성한 대상을 향한 경배의 몸짓, 이별을 생각하는 듯한 팔 흔들기, 십자 모양이 드러나는 붉은 조명 앞에서 뒹굴기, 잦은 발동작으로 미끌어지듯 걷기, 떨고 있던 몸을 힘겹게 끌어올리기의 각 동작이 몇 장의 슬라이드처럼 짧게 보이고는 암흑으로 단절된다. 절대적인 필요성에 의해 고안된 듯한 일련의 동작들은 꾸밈이 없으면서도 참으로 표현적이다. 전통적

홍신자 안무 〈네 개의 벽〉 1985, 아시아 소사이어티, 뉴욕

인 한국 여인의 마음속을 홍신자가 대신 풀어내는 것 같았는데 입·눈·귀를
차례로 만지는 마지막 모습은 특히 인상적이다.

〈네 개의 벽〉은 현대나 전위로 지칭되는 예술행위가 각광 받기 위한 요소,
즉 시선을 묶어두는 힘을 지녔다. 행위자의 의지가 뚜렷하지 않은 춤이 인위적
이고 역겨운 분위기로 단절된다면 진정한 아방가르드에게는 관객을 멍한 상
태로 빨아들이는 일관된 힘이 있다. 홍신자의 꾸밈없는 단조로움이 더 크게 느
껴지는 이유는 정형화된 춤꾼의 이미지를 이 일관된 힘으로 깨뜨렸다는 데 있
을 것이다. 우리에게도 이런 무용가가 있다는 사실이 다행스럽다.(『한국일
보』 1996. 2. 8)

'95년도 발레계 결산

Ⅰ. 전반적으로 나타난 변화

문훈숙, 최태지, 김인희 세 사람이 각기 유니버설발레단, 국립발레단, 서울발레시어터의 단장직을 맡게 된 사실은 95년도의 커다란 사건이다. 우연의 일치로 보기에는 뭔가 설명이 부족한 이 세태의 흐름은 발레계의 세대교체이자 신선한 바람을 기대하게 되는 원동력이다.

국제무대의 주역을 맡았던 문훈숙이 어쩌면 그녀를 위해 준비되었던 자리에 예상보다 빨리 정착했고, 비슷한 시기에 무대에서의 라이벌이었던 김인희가 제임스 전의 새로운 작품 성향을 모태로 서울발레시어터를 창단했다.

국립발레단장직은 김혜식 단장이 한국예술종합학교 무용원장에 임명되면서 공석이 되었는데, 30대 중반의 최태지가 '국립'의 단장이 된 저변에는 이러한 신세대 돌풍의 영향력도 작용했을 것으로 보인다.

이 세 사람 모두 외국의 발레학교에서 기초를 닦은 발레리나 출신들로 직업발레단의 경험이 풍부하다는 면에서 우리 발레계가 전문성을 확고히 했음이 입증된 셈이다.

이와 맥을 같이하는 또 다른 현상으로는 95년도에 두 개의 국제발레콩쿠르가 한국에서 열렸다는 점에 주목하게 된다. 제1회 유니버설발레단-키로프발레콩쿠르와 제1회 광주국제발레콩쿠르가 그것이다.

이 또한 우연이라기보다는 특별한 필요성의 일치에서 비롯된 현상인데 우리 발레계에 자랑할 만한 인재들이 넉넉히 자라나고 있음을 간접적으로 시사하는 측면을 강조하지 않을 수 없다.

그러나 국제콩쿠르와 단장직의 신세대 돌풍이 안고 있는 일종의 불안감도 떨쳐 버릴 수는 없다. 특히 국립발레단의 경우는 예술감독과 단장이 겸직이며 상임 안무가도 없는 실정이라 매 공연을 위해 외국 안무가 초청에서 생기는 부담을 감안해야 한다. 우리 안무가들의 객원안무를 장려하는 등 적절한 조치가 필요해 보인다.

또한 국제콩쿠르에서는 자칫 외국인에게 많은 상금만을 지불하게 되는 자선사업식 행사가 염려되는 동시에 이를 방지하기 위한 대책으로 부당한 한국인 수상자들이 배출되는 것도 예상 밖의 결과는 아니다.

이러한 문제점들에 주시하면서 공연과 콩쿠르가 진행된다면 95년은 한 단계 도약한 상태에서의 희망적인 새출발이 이뤄진 원년으로 정리할 수 있을 것이다.

II. 공연 작품의 분류와 평가

1. 국립발레단·유니버설발레단·서울발레시어터의 공연

국립발레단은 상반기에 〈카르미나 브라나〉를, 하반기에 〈라 바야데르〉를, 12월에 〈호두까기인형〉을 공연했다. 이 중 〈카르미나 브라나〉는 94년도 작품의 재연이었고, 〈호두까기인형〉이 특별한 기획공연임을 감안하면 〈라 바야데르〉가 주된 관심을 끄는 무대였다.

〈라 바야데르〉는 10여 년전 국립발레단에서 3막 '망령들의 왕국'을 선보였고, 한 대학 발레단에서 전막을 공연한 바 있다. 그러나 작품 내용을 파악하고 있는 안무자가 내한해 국립발레단의 레퍼토리로 전수한 정식 통로라는 점이 중요하기 때문에 사실상의 한국 초연으로 평가된다.

이국적인 배경과 고전발레의 정형미가 어우러진 배경을 묘사해야 할 무대장치가 매우 허술해 지적을 받았지만 니키아역을 맡은 두 발레리나 이재신과 한성희가 각기 기교 처리와 극적인 묘사에서 우열을 다투며 열연했다.

솔로르역의 신무섭과 김용걸이 출중했고, 객원으로 초청된 러시아의 스페트라나 최와 미국의 요한 랑볼이 각기 감자티역과 황금신상역을 화려하게 연기했다. 그러나 이 공연을 통해 해외 유학생과 대학 선발팀이 아닌 안정된 군무진 확보가 국립발레단의 당면과제로 떠올랐고, 솔리스트의 부족이 위험수위에 달했음을 보였다는 점을 지적하지 않을 수 없다.

12월의 <호두까기인형>에서는 군무진이 어느 정도 확충되어 안정감은 있었지만 무대장치와 소품의 조잡함은 여전했다. 특히 호두까기인형이 피노키오 인형으로 둔갑한 대목은 어린이의 마음에 속임수를 심어 줄까 염려스러울 정도였다.

유니버설발레단은 상반기에 <발란신 축제>를, 하반기에 신임 예술감독 브루스 스타이블의 안무 <인 더 무드>를 포함한 소품 모음을, 12월에 <호두까기인형>을 공연했다.

<발란신 축제>는 예술감독이었던 로이 토비아스가 꾸민 마지막 무대가 된 셈인데, 여유와 품위와 격조를 중요시하는 유니버설의 전통을 재확인시킨 무대였다. 특히 <세레나데> <라 소남블라> <테마와 바리에이션>이 발란신재단에서 제공한 작품으로 재단에서 공인한 발란신 테크닉의 표준을 그대로 공연했다는 사실은 토비아스의 말처럼 한국발레사상 역사적인 일이 아닐 수 없다. <라 소남블라>에서 문훈숙, <세레나데>에서 이유미의 활약이 돋보였다.

반면 <인 더 무드>에 대한 평판은 부정적인 측면이 강했다. 평론가 이종호는 "스타이블의 이 미국풍 발레는 가볍기는 하지만 신나지 않는다. 우선 춤에 개성이 없다"라고 『객석』(1995. 12월호)에 쓰고 있다.

<호두까기인형>은 크리스마스 트리나 사슴이 끄는 눈썰매, 특히 눈의 나라 배경에서 '환상의 세계'를 연출하는 데 성공했다. 눈의 여왕 이유미와 사탕 요정 강예나는 이러한 배경의 효과로 더욱 화려한 기량을 발휘했는데 특히 이유미의 파 드 되를 통해서는 브루스 스타이블의 깔끔한 기교 처리를 엿볼 수 있었다. 반면 남성 주역이 수준 미달이었고, 군무진 부족 현상이 국립을 능가하고 있어 꿈속의 축제가 지녀야 할 들뜬 기분이 단절되는 아쉬움이 있었다.

국립과 유니버설이 단단한 행정체제와 비교적 풍족한 재원을 확보하고 있는 대규모 발레단이라면 올해 창단된 서울발레시어터는 다소 불안정하고 모험적인 출범을 감행했다.

새로운 춤스타일과 작업 분위기를 찾아 독립한 이들은 관능적인 아름다움을 솔직하게 발산하는 매력을 지녔고, 젊음의 열기로 관행을 거부하는 독자적인 시각과 추진력이 재산이다. 6월의 창단공연에 이어 7월에는 이탈리아 순회 공연을, 11월에는 이탈리아 발레단과의 합동공연을 서울에서 갖는 등 분주한 한 해를 보냈다.

창단공연에서는 제임스 전의 <세 순간> <도시의 불빛> <현존>과 단체의 고문인 로이 토비아스의 <뉴 와인>이 공연됐다. 이 중 <세 순간>과 <도시의 불빛>은 이 단체의 95년도 고정 레퍼토리가 되었고, 이탈리아 순회에서는 <루돌프 발렌티노>가 중심이었다. <뉴 와인>이나 <세 순간>이 서정적인 아름다움을 강조했다면 <도시의 불빛>과 <현존>은 춤의 엑스터시를 담고 있다. 전자의 경우는 여느 발레단들의 모습과 차별이 불분명하지만 후자의 경우 우리 발레계에서는 혁신적인 작풍인 만큼 발레단의 강한 이미지로 남았다.

기교와 창의력 그리고 행정적인 문제 때문에 아무도 도전할 수 없었던 개인 직업 발레단을 창단한 김인희와 제임스 전은 한국발레사에 큰 의미를 던진 인물로 평가될 것이지만 이들의 존속이 결코 쉽지 않으리란 우려도 깊다. 어쩌면 우리 무용계의 성숙도를 실험하는 상징적인 단체라고 보아도 좋을 것이다.

2. 제17회 서울무용제와 제3회 신세대 가을 신작무대

지난해에 이어 올해도 서울무용제의 대상이 발레 계열에게 주어졌다. 김민희&한양발레아카데미의 <또 다른 고향>으로 이 작품을 안무한 김민희가 안무상을, 주역으로 출연한 정형수가 연기상을, 무대미술의 신선희가 미술상을 수상하는 등 도합 4개의 상을 수상했다.

시인 윤동주의 마지막 모습을 그려내면서 그 과정을 시간적, 혹은 사건의 연결 순으로 묘사하지 않은 방법론이 특이했다. 마치 안무자가 주인공의 뒤엉킨 생각들을 지켜보면서 설명하는 듯한 구조인데 사건의 설명에 의존하던 발레 무대에 신선한 바람을 일으켰다.

김민희는 또한 <또 다른 고향>으로 무용예술사가 주최하는 제3회 무용예술상에서 대상을 받기도 했다. 94년도에는 발레리나 강수진이 무용가상을 받은 바 있다.

95년도 신세대 가을 신작무대에서의 당선자는 한국무용 계열에서 나왔지만 발레 계열에서 처음으로 이고은이 <태양의 탄식>으로 두각을 나타냈다. 간혹 상황 제시가 명확하지 못했던 점을 제외하고는 발레라는 한계 속에서 깊은 자기 성찰이 담긴 무대를 만들었다. 당선작과 우열을 다투었던 만큼 발레 계열의 적극적인 참여를 유도하는 계기가 될 것으로 보인다.

3. 기획공연 및 개인 공연·동문 단체 공연

첫번째 기획이면서 가장 큰 관심을 모았던 예술의전당 주최 '우리시대의 춤꾼전'에는 제임스 전이 <카페에서>를 안무했고, 허용순·백연옥이 솔로·듀엣전에 참가했다. <카페에서>는 그보다 앞서 현대춤협회 기획으로 공연되었던 <상하이의 별>과 흡사한 무대배경과 춤사위인데다 <상하이의 별>보다 집괄력이나 창작의 깊이가 떨어져 상대적으로 효과가 반감됐다. 하지만 구체적이고 사실적이면서도 추하지 않게 애정 행각을 묘사한 솔직한 용기가 눈길을 끌었는데 '심각해야 예술인가'라는 항변처럼 보였다.

스위스 바젤발레단원인 허용순은 마크 리보와 제임스 전의 작품에서 각기 말괄량이 소녀의 모습과 관능적인 여인의 모습을 연기해 자유자재로 춤추는 기량을 과시했다. 반면 백연옥은 안무감각의 미숙함으로 인해 무대를 룸바춤 경연장으로 만드는 커다란 실수를 범했는데 제임스 전의 '재미'와는 엄청난 차이가 있음을 알지 못하는 이유가 궁금했다.

국제댄스이벤트 공연에서는 김선희가 독무 <속세의 번뇌가>를 춤췄다. 군더더기 없는 춤사위가 인상적인데 승무의 느낌으로 미루어 장막 발레에서의 캐릭터 댄스로 삽입되어도 좋을 작품이었다.

춤작가 12인전에는 박인자, 문영철, 김순정이, 한일댄스페스티벌에는 전홍조가 참가했다. 개인 공연을 가진 사람들로는 조승미, 서차영, 조윤라가 부각된다. 조승미는 <삼손과 데릴라> 광주 초청공연을 비롯 조승미발레단 창단 15주년 기념공연 등 활발한 활동을 벌였고, 조윤라는 감정의 흐름을 성공적으로 연출한 무대를 남겼다. 서차영은 <레이몬다> 한국 초연을 시도했으나 혹평을 받았다. 대학 발레단에서 고전발레의 대작을 한국 초연하겠다는 발상 자체가 시대착오적일 수도 있을 것이다.

동문 단체들로는 최성이발레아카데미를 선두로 애지회, 한양발레아카데미, 발레블랑, 경희발레단이 공연을 가졌다. 간혹 생겨날 좋은 작품을 기대하는 실험무대로서의 긍정적 가치와 함께 단체의 존재를 확인하기 위한 행사용 공연의 부정적 측면도 두드러졌다. 특히나 이들 공연에서 화젯거리가 될 만한 작품이 거의 없기에 발레협회나 발레연구회의 공연처럼 자칫 행사용이 될 가능성이 점점 증가하고 있다. 애지회가 문예회관 대극장에서 성의 있는 무대를 꾸몄고, 발레블랑의 김나영이 〈스톡홀름 증후군〉으로 번득이는 재치를 인정받은 것이 가장 큰 수확으로 보인다.

4. 외국 단체의 내한공연

3월에 키로프발레단의 〈백조의 호수〉를 선두로 볼쇼이발레단의 〈백조의 호수〉 〈돈키호테〉를 비롯 영국국립, 영국로열, 프랑스 영발레, 몬테카를로 발레, 롤랑 프티, 레닌그라드발레, 키에프발레 등 어느 해보다도 다양한 프로그램을 접했다.

키로프에서는 세계 최고의 군무진을, 볼쇼이에서는 발레리나의 뛰어난 기교를, 영국국립의 〈코펠리아〉에서는 고풍스러운 연출을 보았고, 롤랑 프티 발레단의 〈칼멘〉은 고전발레만을 보아 온 관객들에게 강한 인상을 남긴 작품이었다. 특히 몬테카를로발레는 발란신의 초기 작품인 〈돌아온 탕아〉와 〈이고르 왕자〉를 한국에 소개했는데 발레단의 기량은 떨어졌지만 매우 중요한 가치를 지닌 공연이었다.

반대로 무용계와 무용 관객을 우롱하는 사건도 있었다. '스타스 오브 아메리칸 발레' 초청 공연이 소규모 뮤지컬 무용단으로 돌변했기 때문이다. 아메리칸 발레의 스타라면 다른 사람들을 떠올리게 되는데 주최측은 고의적으로 발란신과 레슬리 브라운을 앞세워 '발레'임을 강조하면서 혼란을 야기했다.

〈사랑의 나날들〉처럼 뮤지컬 댄스의 정수를 보일 수 있는 그들에게 〈로미오와 줄리엣〉 〈해적 2인무〉를 추게 했으니 무용단과 관객 모두에게 큰 실례를 범한 셈이다. 앞으로는 무용계의 특정단체 — 무용협회나 발레협회 등 — 에서 이러한 침해를 제지할 여유도 있어야 겠다.

III. 95년의 성과와 의미

95년도의 전반적인 무용계 분위기는 국제화 바람을 우선적으로 느끼게 했는데 세계무용연맹이라는 무용가들의 모임을 대대적인 공연과 연결시켜 국제교류에 박차를 가한 일을 꼽게 된다.

다음은 무용가 개인들의 활동으로 김혜영과 최광석이 애틀랜타발레단에서 주역으로 발탁된 소식, 슈투트가르트발레의 주역 강수진이 다시 <잠자는 미녀>에서 성공적인 무대를 꾸몄다는 보도가 국외의 중심 소식이었다. 허용순과 문호가 세계무용연맹 행사 때 내한해 소속 발레단과 공연하며 그 수준을 가늠하게 한 사실도 획기적이었다.

키로프발레학교에서 유학하고 돌아온 강예나가 유니버설의 주역을 맡은 사실도 희망적인 미래를 예고하고 있다. 이러한 바람은 발레 학도들을 부추겨 외국 발레단을 겨냥하는 대기자들을 만들고 있는데 철저한 실력 위주의 경쟁 분위기가 형성되고 정착되는 밑거름이 되고 있다. 아울러 국제콩쿠르와 젊은 단장들의 신선함이 이 분위기를 성공적으로 끌어갈 주체로 봐야겠지만 현재로서는 특별히 주목하기가 어렵다.

철저한 실력 위주의 경쟁사회가 직업 발레단의 풍토라면 우리는 현재 그 기본적인 구도와 형태를 갖추었다고 하겠는데 이를 바탕으로 매우 신속한 변화가 계속되리라는 전망을 쉽게 할 수 있다.(『'95 문예연감』1996)

'95년도 무용계 결산 및 '96년의 전망

유난히도 국제화 바람이 심하게 불었던 한 해였다. 무용올림픽으로 홍보된 국제댄스이벤트, 프랑스 영발레 초청 한불 합동공연, 이탈리아 아테르발레토 초청 서울발레시어터 합동공연이 올해의 새로운 행사였고, 창무국제예술제, 한일댄스페스티벌, 서울국제무용제가 몇 년째 계속되고 있다. 특히 일주일간 40여 개 단체가 공연했고, 무용 연수와 학술제를 병행했던 국제댄스이벤트는 우리 무용사상 최대 규모의 행사로 기록되었다. 창무국제예술제에는 산카이 주크무용단이 초청되어 화제를 모았다.

이 공연들이 볼쇼이발레나 키로프발레, 영국국립발레 등의 내한공연과 다른 점은 우리 무용가들과 외국 단체가 함께 행사를 주도했다는 점인데, 행사별로 장단점을 가려 보면서 국제화 바람의 허실을 찾아내는 일이 올해를 정리하는 주요안건이 될 것 같다.

세계무용연맹총회와 함께 개최된 국제댄스이벤트는 불과 몇 개월이 지난 지금은 까마득히 잊혀진 대규모 행사였다는 데 제일 큰 문제가 있는 듯하다. 인상적인 작품이 없었다는 이유와 함께 과장된 홍보가 영원할 수 없음을 지적하고 싶다. 무용축제에 올림픽이라는 표현을 사용한 사실부터 거부감이 생겼던 홍보전은 마치 전세계 무용계를 대표하는 유일한 단체의 회의를 한국에 유치한 것 같은 착각을 불러일으키는 데 앞장섰다.

한국에만 해도 무용협회, 발레협회, 현대무용진흥회, 아시아무용협회, 한국무용연구회, 발레연구회, 현대춤협회, 무용학회 등등 수많은 모임이 있다는 점을 미루어 보더라도 세계무용연맹이 유일할 수 없음은 상식에 속한다. 그 이유가 무엇이었는지 궁금하지만 자꾸만 속아야 했다는 사실이 불쾌하다고 느끼기에 앞서 인위적인 최대·최초에 연연하는 촌스러운 모습에서 탈피해야겠다는 조급함이 앞선다. 만일 몇몇 나라의 무용가들이 주도하는 무용축제로만 알렸더라면, 그리고 실속 있는 행사들만을 추렸더라면 그런대로 알맹이 있는 행사였다는 평가를 내릴 수 있는 부분도 많았다.

스위스 바젤발레단의 허용순, 프랑스 타파넬무용단의 남영호, 러시아 국립 발레단의 문호가 활동하는 무대를 보면서 그들이 좋은 단체에 소속해 있음을 확인하면서, 우리 무용가들의 열기에 찬 모습을 알리고 확인한 행사였다는 생각이 들었기 때문이다. 또한 현대무용의 고전으로 알려진 그라함의 <비가>나 발레 안무가 발란신의 초기 작품 <돌아온 탕아> 등을 국내 초연한 사실은 큰 의미를 지닌다. 이러한 큰 의미에 스스로 족쇄를 채운 격이 되어 버린 무용올림픽(?) — 운동경기의 정신보다는 대규모 행사임을 강조하려 했겠지만 — 은 무너져내린 다리가 있는 나라와 썩 어울린다는 느낌을 지우기 어려웠다.

창무국제예술제는 93년도의 부토페스티벌에서 일본의 현대무용을 이해하는 데 충분한 자료를 제공하면서 시선을 모았다. 지난해에는 유럽의 실험무용을 선보이더니, 드디어 올해에는 산카이 주크의 <경이롭게 서 있는 달걀>을 수입하는 쾌거를 올렸다. 신문사에서 행하는 문화사업이 대중화된 발레 명작을 초청하는 것과 달리 전문인을 위한 공연 유치라는 점에서 깊은 인상을 남겼는데 이 경우 오히려 홍보가 부족했다. 같은 예술제 참가작이더라도 작품성보다는 중국과 자바의 무용을 한국에 처음 소개한다는 의미가 컸던 단체들과의 선별적인 시각이 필요했다.

산카이 주크는 92년 서울무용제가 초청했던 필로볼러스와 함께 오늘날의 세계무용을 한국 무대에 선보인 특별한 경우로 평가되는데, 이러한 초청 작업은 명작 발레 초청과 병행되어야 할, 그러나 섭외면에서는 오히려 쉽지 않은 우리 무용계 내부의 과제로 보인다. 문화사업으로 행해지는 외국 단체 초청을 두고 매번 <백조의 호수>를 볼 수밖에 없는가라는 이의를 제기하기도 하지만 일반 관객의 기호가 그것이라면 그나마 만족하지 않을 수 없는 실정이다. 이들 공연장을 통해서 발레를 감상하는 인구가 폭발적으로 증가한다는 사실을 확인하는 남다른 기쁨도 있다.

그러나 여기서 지적하고 싶은 것은 개인의 수입을 위해 무용계와 무용 관객을 우롱하는 사건이 발생했다는 사실이다. 특히 올 3월에는 발레 인구 증가를 노린 해괴한 공연이 있었는데 무책임한 사기행각으로 보여 긴장하게 된다. '스타스 오브 아메리칸 발레' 초청 공연으로 장소는 세종문화회관이었다. 포스터에는 조지 발란신이 안무한 〈아폴로〉를 춤추는 한 스타가 나와 있다. 누가 보더라도 소규모 뮤지컬 무용단이라고는 생각하기 어려웠다.

　미국의 브로드웨이 뮤지컬에는 탁월한 만능 예술인이 출연한다는 사실을 몰라서도 아니고 제롬 로빈스나 발란신이 뮤지컬 안무를 했고, 나탈리아 마카로바가 뮤지컬의 주인공이었음을 몰라서도 아니다. 특히 발레와 뮤지컬을 놓고 질적인 논쟁을 벌이는 것이 무가치하다는 사실도 알고 있다. 그러나 확실한 것은 아메리칸 발레의 스타라면 우리는 다른 사람들을 떠올리게 된다는 점과 주최측이 고의적으로 발란신과 레슬리 브라운을 앞세워 '발레'임을 강조했다는 점이다. 〈사랑의 나날들〉처럼 뮤지컬 댄스의 정수를 보일 수 있는 그들에게 〈로미오와 줄리엣〉〈해적 2인무〉를 추게 했으니 무용단과 관객 모두에게 큰 실례를 범한 셈이다. 이 공연에 대해 별다른 추궁이 없는 무용계를 보고 의아했는데 이러한 기획이 계속되지 말라는 법도 없고 보면 보통 일이 아니다.

　외국 단체와의 연계 작업 중 올해만의 특징이라면 같은 무대에서 합동으로 공연한 프랑스 영발레단과 이탈리아 아테르발레토 초청을 꼽을 수 있다. 같은 작품에 출연하거나 같은 부류의 춤공연을 하면서 그 수준을 같이하게 된 원년이라고도 하겠다. 영발레의 경우 우리 학생들의 기능이 많이 뒤쳐진다는 사실을 놓고 리듬감이나 호흡법 같은 기본기에 원인이 있음을 발견하게 해 무용의 조기 전문교육에 대한 당위성이 강조됐다. 20세의 그들은 이미 전문가의 길로 나섰고, 우리는 아직 길고 긴 학생의 길을 남기고 있는 데서 오는 문제는 심각했다. 한편 한국측 안무가 안애순의 작품을 춤추는 영발레단원의 모습은 새로운 분위기를 만들어냈는데 한국춤 춤사위가 가미된 현대춤을 추는 그들의 모습이 전혀 낯설지 않고 오히려 신비한 안정감을 가미했다는 사실이 그것이다.

　아테르발레토와 서울발레시어터의 합동공연은 우리에게 제임스 전 같은 안무가가 있다는 데 자랑스러움을 느끼게 한 무대였다. 이탈리아 무용단이 유명 안무가들의 작품을 발췌해서 공연한 데 반해, 서울발레시어터는 모두가 제임스 전의 안무였다. 물론 그 레퍼토리를 사들이기에 충분한 재정이 없거나 이를 연기할 좋은 무용가들이 없다는 비관적인 시각도 있을 수 있겠으나 이 모두를 감안하더라도 안무자 확보가 더 어려워진 세계무용계 사정으로 볼 때 다행스러운 일이 아닐 수 없다.

레퍼토리를 사들인다는 개념은 특히 발레 쪽에 해당되는 말인데 우리 무용계가 무심코 넘기는 비디오 테이프에 의한 공연이 그들에게는 분노할 만한 사실임을 명심할 때가 언제 올지 걱정스럽다. 올해도 모 대학 발레단이 모 공연을 한국 초연한다고 기자간담회까지 가진 적이 있었다. 가관인 것은 최고의 판매부수를 자랑한다는 모 일간지에 커다란 기사와 함께 볼쇼이발레의 사진이 실렸다는 점이다. 볼쇼이발레와 그 공연이 대체 무슨 관계였는지 궁금하다. 만일 비디오 테이프가 없었다면 그 공연이 절대로 이뤄질 수 없음은 명백하다. 흉내내기에 불과한, 그것도 학생들의 미숙한 기능에 의한, 뿌리도 없고 버전도 없는 공연이 예술의전당 오페라극장에서 막을 올렸다. 한국 초연이라는 매력에 또 지고 만 꼴이다.

안무자의 지도나 특정 작품에 대한 공연인가를 얻지 못하고 행해지는 모든 공연은 잘못이다. 불과 얼마 전까지도 그것에 대한 인식조차 없었던 우리무용계였다. 작곡가에게 매 공연 때마다 사용보고와 함께 몇만원씩의 사용료를 지불하는 외국 무용계의 풍토를 진정으로 이해하지 못하는 한 우리의 국제화 바람은 공염불로 끝나게 될지도 모른다.

3년째 계속되고 있는 한일댄스페스티벌은 한국과 일본을 오가며 매년 2회의 공연을 가져 이번에 5회를 기록했다. 지난해의 낮은 수준을 인식한 때문인지 올해는 한국측 무용가들 선정에 각별히 신경을 쓴 흔적이 역력했다. 반면 일본측 무용가들의 수준은 상식을 벗어난 정도였는데 일본의 젊은 무용가 모두를 의심받게 할 소지가 있었다. 그러나 이미 첫해의 공연에서 본 일본 젊은 이들의 능력을 감안한다면 진행상의 문제가 상당히 심각해졌음을 짐작하게 된다.

개인의 주도로 이뤄지는 기획이 몇 년을 지속하기 어려운 이유가 바로 재정과 직결되듯이 자비를 투자하면서 외국공연을 하는 것이 명예인가 아닌가를 따지는 의식과도 연결되는 일이다. 기획팀의 재원 확보가 어렵다면 자비로 참가할 무용가를 구하게 될 것이고, 이에 동조할 무용가란 대부분 — 그들의 상식으로는 — 신데렐라 컴플렉스군으로 보는 것이 당연하다. 이 또한 우리무용계의 고질병인데(그래서 이번 한국팀을 비난할 수는 없지만) 외국공연이라면 자신에 대한 대우를 따지는 것은 고사하고 무조건 덤벼드는 자세다. 어느 외국인이 출연료 받지 않고 공연한 적이 있는가를 생각하면, 아직도 그 출연료의 엄청난 액수 때문에 불러올 수 없는 무용가들이 대부분임을 생각하면 열심히 노력하면서 때를 기다리는 예술가의 자존심도 미리미리 지켜 둘 필요가 있을 것이다.

　앞서 부풀리기 포장에 대해 언급한 바 있지만 무용협회가 주관하는 서울국제무용제 역시 그 테두리를 벗어나지 못했다. ‘국제’가 빠진다고 서울무용제의 권위가 떨어지는 것도 아니건만 이스라엘 키부츠무용단 하나를 초청한 채 ‘국제’의 명맥을 유지하고자 했다. 그 무용단이 혹 작품성에서 뛰어난 공연을 했더라면 개런티 등을 감안해 충분히 이해할 수도 있겠지만 어린이날 행사용으로 만점일 키부츠판 <동물의 사육제>를 서울무용제 개막 축하공연으로 봐야 한다는 사실은 어처구니없는 행정의 결과였다. 외국 무용계에 대한 정보가 그 정도라는 수준을 스스로 드러낸 결과에 황당하지만 행여 정보에 어둡더라도 적극적인 자문을 구했더라면 하는 생각에 행정편의주의라든가 하는 어려운 표현이 바로 이런 경우가 아닐까 하고 생각해 본다.

　결과적으로 95년도의 국제화 바람은 과잉 포장, 실력 보완, 관행 탈피의 문제점을 시급히 해결해야 한다는 과제를 남겼는데 해가 갈수록 국제교류의 폭이 넓어질 전망임은 자명하기 때문이다. 이와 아울러 국제행사를 치르면서 우리 무용가 육성의 중요성을 자연스럽게 터득하게 되었다는 점은 95년도가 남긴 가장 중요한 소득으로 보인다. 국제행사를 기획하는 과정에서 외국인과의 경쟁력을 인식하게 되었고, 실력을 갖춘 인재의 육성을 절감하게 된 것이다.

따라서 좋은 무용가를 찾아내는 기획공연들이 점차 증가하는 추세도 올해의 특징으로 집어낼 수 있겠는데 '전문화'에 대한 무용계 주변의 책임의식의 발로로 보아도 무리는 없을 듯하다.

예술의전당이 기획하는 우리시대의 춤꾼전이 대표적인 경우이고, 92년 이후 계속되는 신세대 안무가전, 현대춤 안무가전, 작가 12인전 등도 좋은 안무가나 무용가를 선별하는 데 특별히 주목한 한 해였다. 그러나 전문가 혹은 작품의 창조자로 인정할 만한 무용가의 수가 지극히 제한되어 있는데 김은희의 〈바람의 여인〉, 제임스 전의 〈도시의 불빛〉, 김민희의 〈또 다른 고향〉, 전홍조의 〈멀리서 노래하듯〉, 조은미의 〈문〉 등이 개성을 지닌 올해의 작품들이었다.

창작적인 면에서 우리 무용계의 현재 모습은 세계적인 추세를 다양하게 받아들이는 단계로 보이고 독창적인 무엇이 나오기 위한 당연한 과정을 거치는 셈이다. 발레의 경우 우려먹기식의 재공연이 반복되어 레퍼토리 확장을 하지 못했던 침체기가 이미 옛말이 되었고, 특정 계파의 현대춤이 무대를 더 이상 장악하지 않는다. 한국 전통무용이 점점 더 그 품위를 높여 가는 반면 춤기교의 뿌리를 한국춤에 둔 실험적인 창작 무용도 활성화되고 있다.

물론 그 과정에서는 객관적인 호응을 얻지 못하는 춤론이나 졸작들이 난무하기도 하고, 외국춤의 경우 춤론은 무시한 채 외양만을 모방해 우스운 모양새로 나타나기도 한다. 예를 들면 기존의 춤무대가 지니는 훈련된 움직임, 표현의 부담, 조명이나 배경에 따른 인위적 시야 조작을 거부하기 위해 해변을 날뛰는 실험공연이 외국에서 있었다면 한국에서는 비슷한 행위를 자유로운 표현을 위해 혹은 무용의 대중화(?)를 위해서 한다는 식이다. 그 오묘하고 미세한 감각, 그러나 엄청난 철학적 차이가 담긴 상황들을 일일이 나열하자면 끝이 없다. 다행히 올해는 그 답답함에 모범답안으로 세울 작품이 등장했는데, 서울무용제에서 대상을 수상한 김민희의 경우다. 〈또 다른 고향〉은 발레시어터 기법을 완전히 소화해 윤동주의 죽음이라는 자신의 소재에 접목시키는 데 성공해 외국춤 성향의 올바른 수입 모델을 제시했다.

춤의 정신을 공유하고 이해하기보다는 그 춤의 분위기나 동작만을 가져와 자신의 얄팍한 춤론에 끼워 맞추는 안무가는 비디오에 의한 발레 재구성보다도 예술가적인 의식이 부족해 보인다. 그래도 이 모든 작업들이 당분간은 반복될 것이고, 어느 순간 세계적인 안무가들이 춤추는 이유에 각기 동조하는 우리 무용가들이 나오게 될 것이다. 그러나 그것만으로 만족할 수는 없는 일이다. 흔히 사용되는 '독창성'이 말처럼 흔하게 나타나는 것은 아니지만 언젠가는 다른 나라에서 모방의 대상으로 삼게 될 우리의 안무가를 배출해야 끝이 날 일이다. 독창적인 무용가 배출이 우리의 목표라면 우리는 지금 남의 것을 수용하고 이해하면서 준비하는 단계에 들어와 있다. 이나마 무조건적인 배척이 예술가의 권위로 비쳤던 과거에 비하면 속도감 넘치는 변화의 결과다.

끝으로 국제행사의 증가와 기획공연의 작품 선별이 낳은 무용계 분위기 변화를 지적하지 않을 수 없다. 객관적인 판단 기준이 선명히 부각되고 있다는 점은 지적한 바 있지만 그 결과 과거와는 달리 스타를 인정해 주는 분위기가 우세해져 춤계의 정신적 전환기를 대변하는 듯하다. (『문화예술』 1996. 1월호)

III

1996

장정윤의 〈누가 잠자는 숲속의 공주를 깨웠는가〉

〈잠자는 숲속의 미녀〉는 고전발레를 대표하는 작품이다. 동화의 세계를 3막극으로 풀어내며 마녀 카라보스와 라일락요정의 대립에 따라 변하는 인간의 모습이 재미있게 묘사된다.

이 내용상의 단순한 재미에 반기를 들고 동화를 새롭게 해석한 장정윤의 〈누가 잠자는 숲속의 공주를 깨웠는가〉 (1996. 2. 10, 예술의전당 자유소극장)는 제목만으로도 상당한 호기심을 유발한다.

장정윤은 우선 대본을 통해 성(性)에 대한 생각들을 앞세워 내용을 변화시켰다. 오로라 공주의 탄생이 왕비의 외도로 비롯된다는 첫번째 가정은 '성 베드로에 가면 아이를 얻으리라'는 점쟁이의 말에 따라 왕비가 수도원에 가는 것으로 설명된다.

그곳에서 만난 청년과 왕비와의 접촉을 장정윤은 동화의 흐름 속에서 상징적으로 묘사했는데 성 베드로 수도원의 설정과 아울러 풍부한 상상력이 담겨 있다.

" '아이, 다리 아파, 장미꽃 가시에 찔렸나봐, 쓰라리네.' '봐요! 벌써 피부가 변했잖아요.' 청년은 왕비 앞에 무릎을 꿇고 왕비의 가녀린 그러나 발랄한 다리에 입을 가져다댄다. '어머 무슨 짓을…' 당황해 치마를 여미는 왕비. 왕비를 도회지에서 피서온 아가씨로 아는 순진한 이 청년. '독이 퍼지기 전에 그 독을 입으로 빨아내야 해. 이리와 앉기나 하라구.' 치마가 들쳐지고 드러나는 왕비의 흰 발목. 청년은 입으로 발목의 상처를 빤다. 흰 목이 뒤로 젖혀지며 왕비는 안도의 한숨을 몰아쉰다."

이렇게 해서 공주가 태어나고 15살 되는 해에 물레가락에 찔릴 운명에 놓인다. 장정윤에 의하면, "공주가 15세 되던 날 아침 왕과 왕비는 궁에 없고 공주만이 혼자 남게 되었다. 소녀는 기분 내키는 대로 여러 곳을 돌아다니며 방을 둘러보다가 드디어 어느 성탑에 다다랐다. 문이 열려 있는, 물레 잣는 사람들이 모인 방안을 호기심 많은 공주는 들여다보았다. 그곳 한구석에 얼굴이 희열로 벌겋게 상기된 한 병사의 모습이 보인다. 착하고 아름다운 공주는 연민의 정이 가득한 눈빛으로 병사를 바라보더니 말없이 병사의 얼굴을 쓰다듬기 시작한다. 사내는 박동이 살아서 펄떡거리기 시작한다. 아무것도 모르는 소녀는 깜짝 놀라 손을 떼려 하였으나 손끝이 감전된 듯 움직여지지가 않는다. 이제까지 느껴 보지 못한 이상한 기분에 공주의 얼굴이 갑자기 상기된 듯 붉어지며 숨을 몰아쉰다. 갑자기 무서운 생각이 난 공주가 겁에 질리는 순간 병사의 손길이 와 닿는다. 그 손길에 소녀는 이상한 호기심과 새삼 느껴지는 미묘한 감각에 넋을 잃는다.”

공주가 100년 동안의 잠에 빠지는 원인을 이렇게 설정한 장정윤은 구원의 입맞춤에 대해 “사랑과 성의 완벽한 일치를 의미”한다는 결론을 끌어내고 있다.

비록 모든 부분의 묘사가 미화되기는 했지만 불륜의 죄책감과 성에 대한 공포가 이번 작품의 출발점이었다. 이 성적 억압이 무대를 지배하는 사실상의 주제였다면 구원의 입맞춤은 작가가 애써 큰 의미를 부여하고 새로운 시각을 호소한 부분이었는데 성행위의 아름다움과 진지함을 대본을 통해 예찬한 사실은 우리 무용계에서는 처음 있는 일이다.

발레 작품을 소재로 하는 이러한 내용상의 각색은 <백조의 호수>나 <지젤>을 비롯하여 현대무용 안무자들에게 무한한 상상력의 기반이 되고 있다. 단순한 줄거리나 인물의 성격을 달리 해석하는 과정에서 보이는 기발함이 곧 천재성을 인정받는 작품으로 연결된 경우도 많다.

불행히 우리에게는 이러한 시도가 없어 사고력의 한계를 스스로 인정할 수밖에는 없었는데 <누가 잠자는 숲속의 공주를 깨웠는가>로 인해 이 불안감은 상당히 누그러들었다.

그러나 공연의 내용은 대본이 제시한 특별한 상상력을 충분히 담아내지 못해 장정윤의 이번 실험이 반쪽의 선을 크게 넘지 못한 것으로 보였다. 특히 군무진의 활용이 눈에 띄게 미진했는데 <천상의 소리>를 비롯한 장정윤의 안무 스타일 중 가장 치명적인 부분이다.

예를 들면, 단상에 올라선 장정윤의 치마가 벗겨지자 하체가 드러나고 근육질로 뭉친 여체는 두려움과 에로틱한 분위기를 만들어 간다. 이때 군무진이 꼭 등장했어야 하는지는 모르겠지만 이 힘겹게 얻어낸 독특한 분위기를 한순간에 무너뜨리는 군무진의 동떨어진 움직임은 이해하기 어렵다.

왜냐하면 장정윤의 솔로에서는 동작 하나하나가 매우 정교하고 상황에 적절하게 다듬어진 데 비해 군무는 시간 때우기 춤을 위해 존재하는 듯한 무성의한 움직임을 보이기 때문이다.

전체 구성으로 볼 때 솔로보다는 군무가 중요한 부분이 많은 작품으로, 특히 군무는 솔로가 존재하는 이유나 상황을 제시하는 역할을 해야 하므로 구성면에서는 솔로보다도 훨씬 많은 연출력을 필요로 한다. 또한 주역과 군무진의 의상에 대한 차별화도 도가 지나쳐 작품 감상의 시각적인 맥을 단절시키는데 색감이나 질감·디자인·장식물까지 느낌이 매우 달라 같은 무대의 인물들로는 조화가 어려웠다.

이번 작품에서 탁월했던 부분은 현대무용에서도 비현실적인 아름다움이나 서정미가 발레 이상으로 부각될 수 있다는 점을 보여준 장정윤의 힘풀린 부드러운 춤이다. 현대무용가로 지칭되는 사람들 중 어쩌면 유일하게 이러한 능력을 지닌 무용가가 장정윤인데 그의 독자적 능력이 적절히 활용된 솔로춤은 이 작품의 주춧돌이었다. 세련된 에로티시즘이 반영된 침실 장면의 듀엣 역시 더 길게 전개될 가치가 있어 보였다. (『예술세계』 1996. 3월호)

양정수의 〈환상보행〉

인위적으로 구분한 내용 전개는 춤언어의 독창적인 영역을 침해한다. 〈환상보행〉(1996. 3. 10-11, 문예회관 대극장)을 놓고 이런 지적을 하는 이유는 양정수가 이 문제를 상당부분 해결했기 때문이기도 하지만 동시에 이와 관련된 아쉬움을 남겼기 때문이다.

양정수는 여자 셋과 남자 셋을 부각시켰는데 두 여자와 한 남자 사이에서 생기는 갈등이 작품의 내용이라면 백치소녀와 메신저는 상상의 세계를 장식하는 배경들이다. 1장에서는 메신저가 신비한 영향력을 행사하며 인물들의 성격

양정수 〈환상보행〉

을 부여하고, 2장에서는 윤락가를 연상시키는 나름대로의 환상을 만들어낸다. 이 환상은 3장에서 보인 절망의 강도와 조화를 이루면서 작품을 지탱하는 기둥으로 제몫을 하며 안개 속을 거니는 사랑이야기를 풀어나갔다.

문제는 4장으로, 앞서의 세 장면이 독자적으로 환상보행을 했던 것에 비해 모든 면에서 축소되는 분위기였다. 끝정리를 위해 춤의 맥을 끊은 격인데 '우리(관객)도 그 정도는 스스로 해결할 줄 안다'라는 항의도 나올 법하다. 자칫 판에 박은 듯한 삼각관계로 비칠 장면들을 승화시킨 면에서는 양정수의 연출력이 돋보였고, 특히 춤사위와 그 흐름이 적절하고 편안해서 보는 즐거움이 있었다.

반면 출연진, 특히 군무진의 기량은 흡족하지 못했다. 김희정과 박진수의 듀엣으로 이를 만회하기는 했지만 특정 대학교수에게 주어진 작업여건으로 미뤄두기에는 그 열기가 아까웠다.

막이 오르면서부터 이 작품을 국립발레단에게 준다면 좋을 것 같다는 느낌을 지우기 어려웠는데 춤 장르 상호간의 교류가 없는 우리의 현실에서는 좀처럼 발견되지 않는 현상이다. 아마도 〈환상보행〉이 만드는 환상적 분위기, 서정적인 움직임, 스펙터클한 재미가 원인인 것 같다. 이번 작품은 한국문화예술진흥원이 제공하는 창작활성화 지원금으로 이뤄졌는데 우리 춤계에 호환성을 부여했다는 사실만으로도 그 의무는 충분히 했다고 보인다.(『한국일보』 1996. 3. 14)

바뇰레 국제안무 한국 예선대회

― 김보영·안정준·황미숙·이윤경

파리의 북쪽 근교에 위치한 생-드니에서 2년마다 열리는 국제안무교류전이 올해로 다섯번째, 햇수로는 10년을 맞았다. 우리나라는 지난 '94년부터 참가하고 있고, 한국현대무용진흥회에서 그 예선을 주관하고 있다 분야는 직업안무가, 개인 안무가, 젊은 안무가로 나뉘어 있고, 대회측에서 각국을 돌며 예선을 치른다. 한국 예선(1996. 3. 12-13, 문예회관 대극장)에는 직업 분야에 김보영이, 개인 분야에 황미숙·안정준이, 젊은 안무가 분야에 이윤경이 작품을 선보였다. 이들의 경합 상대는 32개국에서 예선을 신청한 200여 명인데 세 분야가 모두 통과될 수도 있고 모두 통과하지 못할 수도 있어 흥미로운 결과가 기대된다.

안무작업을 타예술의 창조작업과 동일시해 안무가를 예술작가로 인정하는 풍토가 정착된 프랑스에서 안무를 경연에 부친다는 발상은 지금까지도 상당한 반발을 일으킨다고 한다. 그러나 무용작품은 작가의 생존시에 발굴되지 않으면 그대로 사장된다는 대회장 로리나 니클라의 설명은 참으로 인상적인 이유였다. 화가나 소설가의 사후인정을 생각하면 춤의 시간적·공간적 한계가 끔찍하기조차 하다. 이런 생각으로 각국의 안무가를 발굴하고 그들을 초청해 프랑스에서 무대를 마련한다는 취지는 대단하다.

김보영의 〈결합쌍태(結合雙胎)〉는 몸이 붙은 두 쌍의 쌍둥이를 등장시켜 이들이 서로 엉기며 꼬이고 풀리는 모습들을 보인다. 탄력 있는 천으로 둘씩 연결이 되어 있고, 이 상태로 두 팀이 서로 만나고 떨어지는데 천의 사용에서 불안함이 느껴지지 않아 유연성이 돋보였다. 특히 국제대회를 인식하고 의식적으로 '한국적'인 주제와 움직임을 강조하는 경향을 탈피한 무대는 신선했다. 그러나 천으로 결합되고 그 안에서 형상을 바꾸는 모습들이 춤무대에 자주 등장했던 만큼 김보영의 실험적인 발상이 충분히 전달되지는 못했고, 마지막에 껍질을 벗고 나오는 나체들도 상식을 뛰어넘지 못한 결말로 보였다. 이런 이유로 외양과 춤풀이 과정으로 볼 때 <결합쌍태>가 국제무대에서 독창성을 인정받기는 어렵게 보였지만 김보영의 무대에는 창의적인 시각이 담겨 있었다. 머지않아 이번의 한계를 극복할, 현재로서는 가장 관심을 두고 싶은 안무가였다.

개인 분야에 참가한 안정준의 <달집>은 여자 2명과 남자 1명을 등장시켜 제사의식을 진행시켰다. 춤 내용이 알차고 정화되었으며, 연기면에서도 조화를 이뤘다. 황미숙·이윤경과 함께 인위적으로 한국냄새를 만들었다는 점에서 어떤 압박감을 느끼게 했고, <달집>에 대한 서정적인 내용묘사에 반해 춤의 내용은 다분히 설명적이었다는 인상이 남아 있다.

황미숙의 <그녀의 꿈>은 그간의 황미숙이 쌓아온 이미지를 뒤흔들 만큼 조급한 주제 선정으로 보였다. 가부장적 사회에서 여성의 굴종을 거부한다는 사실을 춤으로 표현하기는 불가능에 가깝기 때문이다. 차라리 그 동안 황미숙이 보여왔던 콤플렉스에 싸인 여인 시리즈 중 하나를 선택했더라면 한국 여성이 아직도 '구태의연한 틀'에 연연함을 보이는 효과와 함께 그 내용을 미루어 짐작하게 하는 이중의 효과를 얻을 수 있었을 것 같다. 여자가 무시당했던 사회가 어디 한국뿐이었을까? 어쩌면 유럽이 더욱 심했을 수도 있다고 보이는데 우리것이라면 왜 항상 어둡고 비참한 것만을 생각하게 되는지 함께 풀어 볼 숙제인 것 같다.

이윤경의 <기우는 달>은 인위적인 영상만들기가 더욱 부각됐다. 이유 없는 심각함과 느린 움직임이 관객을 숨막히게 할 만큼의 메시지를 주었는지에 대해서는 부정적인 생각이다. 이 장면이 갑자기 밝은 분위기로 바뀌면서 느림-빠름-느림의 전개를 고수했는데, 이 전환의 방법론과 당위성에 대해 관객을 이해시키기 위한 연구가 필요해 보였다. 포즈의 구성과 정지가 비록 지나치게 부각되기는 했지만 간혹 짧은 환상은 느껴졌고 신나는 춤판 장면은 김희진·최혜경 등의 기량을 보이는 장면으로 효과를 보였다. 춤판의 분위기는 언뜻 창무회의 그것과 비슷해 보였는데 한쪽은 파괴를, 한쪽은 새로운 도입을 한 결과임을 보면서 필요에 따른 변형이 어떻게 서로 접근하는가를 제시했다.

94년도 젊은 안무가 수상팀인 다미아노 포아와 로라 시미의 초청공연은 수상작을 공연한 12일과 신작을 공연한 13일의 평가가 판이했다. 작품 제목이 〈천천히, 빠르게〉와 〈가면서 느끼는〉인 것으로 보면 그들의 춤이 생각을 표현하지는 않음을 알 수 있다. 움직임의 속도감이나 그 느낌을 주제로 할 경우 움직임 선택에 세심한 배려를 해야 함은 물론 독특함을 보여야 한다는 어려움이 있는데 〈천천히, 빠르게〉는 움직임의 편안함과 기발함을 충분히 강조했다. 반면 〈가면서 느끼는〉은 이런 주제로 작업하는 안무가들이 장기전에 돌입하기 어려운 상황을 단적으로 입증하는 무대로 보였다. 움직임에 대한 더 이상의 아이디어가 없는 듯 무성의하고 무의미한 동작의 나열로 지루함을 강조했다.

바뇰레 안무콩쿠르는 국제적인 신뢰를 얻고 있는 만큼 이 대회에서 안무가로 인정을 받는다면 우리 무용계의 세계 진입은 급속히 전개될 전망이다.

(『예술세계』 1996. 4월호)

'96 신춘 공연

— 류은경·심재희·오현옥·이연수·김효진·김정아·박경숙·유니버설발레단

최성이 발레아카데미 기획시리즈 Ⅲ

류은경의 〈허수아비 / 어느 날〉과 심재희의 〈왜 다시 생명인가〉로 꾸며진 이번 무대(1996. 3. 12−13, 문예회관 소극장)는 수원대학교 동문 단체 공연이다. 이 공연을 보면서 우선 눈에 들어온 느낌은 동문 발레단에서는 보기 드물게 이들이 발레의 정통 기법을 습득했다는 점이었다. 이는 다리 근육의 발달로도 알 수 있지만 특히 등판을 사용하는 모습에서 확인됐다. 〈허수아비 / 어느 날〉는 동화적 상상의 세계를 소재로 기교를 보이는 발레 특유의 형태로 류은경이 몸에서 풍기는 표현력이 있는 좋은 무용가임을 알리는 데 주력했다. 새들의 등장이 사족처럼 보이면서 전덕현과의 듀엣을 더욱 강조했더라도 좋았다는 느낌은 있지만 허수아비의 하루를 그려낸 부담 없는 재미가 있었다.

우주만물의 유기적 관계를 그려내고자 한 심재희의 발상은 우선 무엇인가를 탐구하고 도전하고자 하는 초보 안무자의 노력이었는데 비록 그 결과가 만족스럽지는 못했지만 연구하는 자세는 높이 살 만하다. 발레의 도식화된 아름다움을 탈피하면서 특별한 표현력을 찾아 웅크리는 움직임을 강조했고, 커다란 천을 소도구로 뭉쳐진 생명체들을 그리려 애쓴 흔적이 보였다. 그러나 이러한 실험은 이미 선행된 사실이 있기에 크게 부각되지는 못했다. 형상화하기에는 물론 글로도 묘사가 쉽지 않은 소재였던 만큼 객관적으로 자신의 작품을 보는 눈을 갖는다면 무대를 연출하는 흐름이 원만해질 것 같았다. 타인의 눈으로 자신의 작품을 보는 연습이야말로 작품을 격상시키는 원동력이기 때문이다.

제14회 탐 정기공연

오현옥의 〈가스실(Gas Chamber)〉(3. 16, 호암아트홀)은 일종의 분노를 느끼게 하려는, 혹은 속죄의 감정을 끌어내려는 의도에서 시작된 것 같다. "그

들이 가스실에서 질식사할 때 당신은 무엇을 했습니까?" 프로그램에 적힌 오현옥의 질문이다. 아마도 세상사에 존재하는 모순된 모습을 보이며 그 안에서 부끄러움을 끌어내려는 발상이었겠지만 무대에서는 아무런 느낌도 받을 수 없었다는 사실이 또 다른 모순으로 보였다.

가스실이 갑자기 부각된 동기도 불분명하지만 그 만행의 기간에도 다른 사람들이 생존했음은 당연하게 느껴지는데 역사적 사실이 무대로 이입되면서 현장감을 잃었다는 이유가 컸다. 커다란 그물망 뒤에 사람과 인형을 배치해 가스실을 꾸민 무대미술의 효과로 첫장면의 이미지는 성공적으로 보였으나 춤이 진행되면서 탐의 다른 공연들과 변별력을 찾기 어려웠다.

특히 주제에 대한 안무자의 의도가 결여되었다는 사실이 첫장면에서부터 드러나는데 급박한 상태를 경험해 보지 않은 사람이 그 상황을 꾸며낼 때 생길 법한 미적지근함이 원인이었다. 그래서 가스실을 배경으로 설정한 이유가 단지 춤추기 위한 상황 조작으로까지 보였다. 사실적인 사건 묘사나 상징적인 이미지 묘사에 대한 진실된 탐구가 선행되지 않는다면 이런 부류의 주제는 사실상 성공하기 어려운 춤무대로 남게 된다.

이연수의 〈일상-怒〉역시 무대의 통일성에서 상당한 혼란이 있었다. 요란한 색상의 천에 감긴 주인공이 공중에서 내려오면서 몸을 움직이는 형상이 과연 일상의 분노와 어느 정도 객관적으로 일치된 느낌을 불러낼 수 있을 것인가에서부터 혼란을 느끼게 된다. 또한 분노한 여인들의 의상이, 그것도 젊은 안무자의 그것이 용납하기 어려울 정도로 작위적이었는데 일상이라는 소재와 어둡고 탁한 조명, 겹겹으로 채색된 무대와 함께 각기 흩어져 있었다. 이런 가운데 보여지는 테크닉 역시 제 기능을 다하지 못함은 당연하겠지만 몰입할 수 있는 움직임의 환희 같은 것도 보이지 않았다. 한 순간의 한 동작이 좋았다고 해서, 이런 순간들이 서너 번 발견되었다고 해서 좋은 춤안무라고는 보기 어려울 것이다.

이번 공연은 두 작품 모두가 조은미의 기교에 담긴 서정적인 화려함이나 전미숙의 예리한 이미지를 계승하지도, 독자적인 표현력을 찾아내지도 못한 상태였다. 탐에 대한 기대가 증가하는 상황에서 역으로 지나친 기대의 피해를 입지 않았는가 하는 생각도 해본다.

'96 내일의 춤꾼 시리즈 — 김효진·김정아

창무예술원이 주최한 내일의 춤꾼 시리즈에는 모두 5개 팀이 참가했다. 그러나 한성희와 김용걸을 비롯해 기대되는 무대였음에도 불구하고 3월의 무용 공연량이 많았던 이유로 그 중 3개 팀을 보지 못했음을 아쉽게 생각한다.

김효진(3. 8, 포스트극장)은 김매자 원작 <춤본 I>을 재구성하고 <독백>을 안무했다. 김효진의 <춤본>은 그 분위기와 동작이 전혀 다른 듯한 인상이면서도 그 안에 내재된 표현을 공유한 새로운 맛이 있었다. 어쩌면 춤추는 사람 모두에게 같은 소재가 될 춤 특유의 본질을 느끼는 작업에서, 그것도 창무 단원으로서 <춤본 I>을 배제한 창작이란 사실상 불가능한 작업일 것이다. 그래서 <춤본>의 재해석이란 타이틀로 춤의 자유로운 호흡법을 느끼면서 자신의 기호대로 시간과 공간과 힘에 변형을 가한 김효진의 사고에서는 남다른 객관적인 판단력이 느껴진다.

김효진이 보인 <춤본>에서는 각 동작에 충분한 의미를 부여하려 한 점이 눈길을 끌었는데 오늘의 춤꾼전에 참가했던 김은희가 몸의 탄력으로 상황을 이끄는 노련함이 있듯이 이러한 부분에 대한 관심이 앞으로의 과제로 남아 있다. 장구의 자유로운 리듬과 솔로춤의 접목이었던 <독백>은 기본적인 춤틀이 없었던 만큼 안무자에게는 상당한 부담이었던 듯하다. 직접적인 감정표현을 위한 도구로서의 신체 이용법은 기존의 현대무용이 지나온 역사이기 때문에 자칫 한국춤의 현대화 작업이 옛날의 현대무용을 재생할 가능성이 커지고 있다. 이는 김효진 세대가 극복할 과제로 남아 있다.

김정아의 <장희빈>(3. 20, 포스트극장)은 텔레비전 드라마의 장면들을 벽에 투사시키며 진행됐다. 장희빈이란 여인에 대해 김정아는 대부분의 사람들처럼 요화인가, 일세의 여걸인가, 사회의 희생물인가라는 의문을 제시하고 있다. 이 모호한 의문들은 어쩌면 영원히 해결되지 않을 장희빈의 신비함인 만큼

춤의 대상으로 간혹 부각되었지만 춤무대의 관행으로 볼 때 현대춤의 소재로
는 독특하다.

대례복을 입고 등장한 장희빈은 위의 세 가지 이미지를 차례로 보이는데 가
슴의 열기를 표출하는 화려함과 돗자리와 항아리를 소품으로 한 비극적 죽음
이 강조됐다. 이러한 가운데 표출된 독자적인 노선을 구축하려 한 노력은 참신
한 무대로 기억될 것이다. 그러나 작품에 집중적인 인상을 부여하기 위해서는
나열식보다는 집중적인 인물탐구도 필요하다. 춤무대에서는 비록 어떤 사실
이 개인의 편견이더라도 좋은 특징이 있는 만큼 장희빈에 대한 김정아의 특별
한 해석이 전체적인 맥을 이뤘다면 보는 재미가 더해졌을 것 같다. 〈장희빈〉
은 더 길게 개작되어도 좋을 만한 작품이었다.

〈카툰댄스〉는 〈장희빈〉이 보였던 안무자의 부담을 완전히 벗어난 자유로
움의 극치였다. 이 작품을 보면서는 두 가지 생각을 했는데 하나는 김정아가
우리 춤계로서는 감당하기 어려운 '무서운 아이(Enfant Terrible)'라는 점이
고 다른 하나 '잘 키워진 딸'(발레 La fille mal gardee의 반대로 떠오른 이미
지)이라는 점이 양립했다. 만화의 기법을 춤의 형식에 도입하면서 무대를 마
음대로 요리하는 능력이나 상황과 일치하는 독특한 동작들을 나열하는 수준
이 보는 이로 하여금 스스로 쉰세대임을 느끼게 하기에 충분한 놀라움의 연속
이었기 때문이다.

쉰세대 특유의 적대감이 속삭였다. 김정아는 미국에서 이러한 공연을 많이
봤을 것이라고, 상상하기조차 어려운 유머 감각이나 그를 받쳐 주는 동작의 기
발함이 어떻게 그의 능력일 수 있겠느냐는 모함이었다(이는 순전한 개인적인
상상이다). 동시에 남의 능력을, 그것도 무작정 좋아서 춤추기를 갈망하는 순
수함을, 저질스런 의심의 눈으로 보지 말라는 반성의 속삭임도 들렸다. 빗나
간 시선을 꺾고 본다면 김정아는 미래를 대표할 인재였다. 특히 권투선수와 돈
의 상관관계를, 닭장 속의 해프닝을 그려낸 과정은 놀라운 대목이었는데 흘러
넘치는 의욕과 재치가 이번 무대만으로는 부족해 보였고, 음악에 대한 센스나
객관적 시각으로 자신의 무대를 감지하는 연출력에서도 타의 추종을 불허했

다. 첫장면과 마지막 장면의 듀엣이 위의 장면들과 연계성이 확고하게 될 방안을 찾는다면 완벽한 카툰댄스가 만들어질 것 같다.

박경숙 발레 10주년 기념공연

한양대학에서 조승미발레단의 중심이었던 박경숙이 공주대학에 부임한 지 10년이 됐다. 지역적인 한계에도 불구하고 박선영과 경성숙 같은 제자들을 선보인 이번 무대(3. 25, 문예회관 대극장)는 〈디베르티스망 글라주노프〉와 〈새벽을 여는 사람들〉로 짜여졌고, 그간에 연마한 공주대학생들의 기량과 박경숙의 안무력을 평가하는 계기가 됐다. 대학 발레단에서 공연하는 고전 레퍼토리는 대부분 기교 연습용의 기능이 두드러지는 만큼 직업 발레단의 그것과 비교해서 감상할 수 없다는 전제를 하고 본다면 공주대학생들이 보인 〈디베르티스망 글라주노프〉는 10년의 연륜에 비해 뒤지지 않는 무대였다. 동작의 정확성이나 발레 연습을 통해 다듬어져야 할 체격 조건 등이 다른 대학 발레단에서처럼 지적되기는 하지만 군무진의 고른 기량과 여성 솔리스트의 탁월함이 춤의 흐름을 원활히 하는 힘이었다.

〈새벽을 여는 사람들〉은 2년 전 서울무용제에 참가했던 작품으로 기억하고 있다. 이번 무대에서는 내용 전개가 쉽게 연결돼 초연에서보다 의미 전달이 확실했고, 숙련도에서도 성숙된 안정감이 있었다. 아담과 이브의 설화에서부터 종말론적 결말까지를 다룬 이 작품은 결국 박경숙 스타일의 선교 발레였는데, 조승미의 〈삼손과 데릴라〉가 극적이며 스펙터클한 반면 〈새벽을 여는 사람들〉은 상징적이고 압축된 맛이 있었다. 원죄·타락·교화·구원의 의미로 전달된 각 장면의 상황처리가 세련됐고, 군무진을 효과적으로 활용한 점이나 무대를 압도하는 남성 4인무의 활력, 특히 김길용의 활약이 눈길을 끌었다.

그러나 기독교인의 예술세계는 귀결이 항상 기독교적 메시지 전달이어야 하는가에 대한 의문이 조승미 계열의 안무자들에게 남아 있었음을 이번 기회에 이야기하고 싶다. 특히 이번 작품이 성공작으로 기록된 이상 시선을 달리할 명분도 충분하다. 수많은 찬송가가 있을 수 있다는 사실은 인정하지만 일반인

박경숙 〈새벽을 여는 사람들〉 1996. 3. 25, 문예회관 대극장

을 대상으로 한 독창회의 모든 노래가 찬송가라면 뭔가 이상하지 않느냐라는
느낌 때문이다. 자칫 특수집단의 특별한 춤으로 한계가 지워진다면 평가의 기
준도 얼마나 열렬한 찬양이었는가에 맞춰야 되지 않을까 하는 생각도 든다.

유니버설발레단의 〈잠자는 숲속의 미녀〉

3월 30일(토) 예술의전당 오페라극장 저녁공연은 강예나와 이원국이 오로
라와 데지레 역을 맡았고, 이유미가 라일락요정을, 나오미 기타무라와 권혁구
가 파랑새 2인무를 추었다. 얼마전 같은 무대에서 키에프발레단이 같은 작품
을 공연한 후라서 자연스럽게 비교가 되었는데 그 단체가 지방에서 육성되는
소규모 발레단였던 만큼 유니버설이 돋보였다. 이런 비교가 아니더라도 〈잠
자는 숲속의 미녀〉는 유니버설의 무대가 세계무대에서도 손색없다는 설명을
장치와 춤에서 충분히 하고 있었는데 정돈된 대규모의 화려함이 즐거운 발레
감상을 유도해냈다.

특히 강예나를 보는 느낌은 즐거움에서 시작해 우리의 발레교육이 처한 현

166

실과 연결되면서 착잡한 심정으로 변화되었는데 젊은 혹은 어린 육체에는 신이 부여한 고유의 탄력이 있다는 사실을 발견했기 때문이었다. 강예나에게는 발레기교들이 숨쉬는 것만큼의 노력도 필요치 않게 쉬워 보이는 이유를 찾다 보니 인간의 육체는 그 나이에 가장 가냘픈 아름다움을 지니게 된다는 점과 전문 발레리나로 키워졌기 때문에 살아 있는 요정이 탄생했다는 점을 발견하게 되었다. 한국에서 교육을 받았더라면 지금쯤 어느 대학 신입생 정도일 것을 생각하면 사장된 수많은 강예나들에 대한 책임은 누구에게 물어야 할지 답답했다. 몸의 탄력이 극치를 이뤘을 때 춤을 출 수 없다는 제도는 '악법도 법'이니까 계속 지켜야 되는 것인지 모르겠다.

이번 공연의 또 다른 즐거움은 4막짜리 발레 공연을 3막으로 압축함으로써 지루함을 없애고 삭제된 서막의 주요 장면들 — 카라보스의 광기와 요정들의 춤 — 을 1막과 3막에 분산시켜 분위기를 살린 데 있었다. 비록 전통적인 방식을 포기했다는 불안감은 있지만 관객으로서는 더 쉽고 친숙하게 개작한 것인 만큼 올레그 비노그라도프의 새로운 버전이 각광받게 될 것임이 분명해 보였다.

1막이 시작되면서 꽃의 왈츠가 화려한 개막을 알렸고, 오로라의 순박한 춤과 숨막히는 로즈 아다지오, 카라보스의 독설, 라일락요정의 예언이 진행된다. 로즈 아다지오에서의 강예나는 마치 자동인형처럼 기교를 구사해 그 천진함에 미소짓게 했다. 감정적으로 충분히 성숙할 수 없는 경륜인 만큼 이 자연적인 혜택이 사라지기 전에 연기의 원숙함을 체득하기를 기대한다. 2막에서는 데지레 왕자 일가가 등장하고 라일락요정이 오로라의 환영을 보여주면서 데지레를 유혹해 결국 공주의 궁으로 인도한다. 특이한 점은 왕자가 직접 카라보스를 찔러 죽이고 공주에게 다가감으로써 라일락의 배역이 삭제되었는데 이역시 속도감 있는 변형에 걸맞은 해결책으로 보였다.

3막에서는 결혼 드레스를 입고 등장했던 오로라가 디베르티스망을 감상한 후 퇴장해 다시 클래식 튀튀의 그랑 파 드 되를 추는데 화려함의 절정을 이룬다. 파랑새의 나오미 기타무라가 스스로 즐기는 여유 있는 춤을 보인 반면 요정들은 체격과 기량에서 고르지 못한 흠집을 남겼다. 가장 잘못된 배역은 라일 락요정이었는데, 길고 우아한 선을 생명으로 하는 이 역할에 비해 이유미는 너무 작은 체구를 지녔다. 그 동안 지켜본 무대로 보아 이유미가 오로라 공주로 는 성공했을 것이라는 개인적인 생각을 지우기 어려웠다.(『무용예술』 1996. 5 월호)

'96 댄스시어터 온 정기공연 — 〈뒤로 가는 산〉

94년에 창단된 댄스시어터 온이 서서히 그 성격을 형성해 가고 있다. 〈뒤로 가는 산〉(1996. 4. 5-6, 예술의전당 토월극장)은 그 성격을 '건조함'으로 규정하기에 적합했는데 무용가들의 표정이나 줄거리의 전개에서 파생되는 개인적인 감정이 사라졌기 때문으로 보였다. 이러한 경향은 지난해 서울무용제에서 보인 〈파우누스의 추〉에서부터 시작된 것으로 그 이전의 창단공연이나 지난해의 〈13아해의 질주〉에서와는 아주 다른 모습이다. 그 이유는 무용단의 대표이자 안무자인 홍승엽이 서울현대무용단을 이끄는 박명숙을 스승으로 오랜 작업을 해온 사실에서 찾게 되는데 〈혼자 눈뜨는 아침〉과 같은 개인의 느낌이 강하게 반영된 안무작업이 홍승엽의 모체였기 때문으로 보인다.

물론 창단공연 때부터 내용을 전개하는 방법론에서 차이점은 있었지만 이번 무대가 갖는 건조한 느낌은 새롭고 신선한 홍승엽만의 개성으로 부각되면서 독립을 확고히 했다. 〈뒤로 가는 산〉은 차창에 비친 풍경을 비유한 제목으로 작가는 여기서의 풍경을 개인의 의지와는 관계없이 흘러가는 거대한 힘으로 해석했다. 총 8개의 장면들 속에는 대부분 풍경을 보면서 느끼는 개인의 소외감이 주제로 담겨 있고 간혹 금속 끝에 공이 달린 공치마의 화려한 회전처럼 눈요깃거리도 보인다.

건조하다는 의미는 관객을 특별한 상황으로 끌어들이려는 인위적인 계산이 없다는 뜻과도 통하는데 꾀를 부릴 수 없는 상황인 만큼 꾸밈없는 동작의 힘만으로 작품 전체를 해결해야 하는 어려움이 있다. 홍승엽은 발레와 현대무용의 다양한 기교를 습득한 안무자답게 풍부한 어휘로 이를 극복해 갔고, 각 장면을 처리하는 과정에서는 무대를 충분히 이해하는 능력을 발휘했다. 예를 들면 개구리가 등장하는 장면에서 개구리 분장을 한 출연자와 개구리의 상황을 연기하는 출연자를 달리해 구체성과 상징성을 동시에 만족시키는가 하면 개구리

홍승엽 〈뒤로 가는 산〉 1996. 4. 5-6, 예술의전당 토월극장

의 움직임들이 대부분 검정 옷을 입은 두 남성의 힘으로 생겨나게 함으로써 수동적이고 나약한 모습을 강조한 구성이 세련된 안무감각을 느끼게 했다.

두세 번 등장하는 군무진은 매번 독특한 움직임의 테마와 그 변형으로 건조함 속의 재미를 선사했는데 나경아·조성주를 비롯한 단원들의 개인적인 이미지와도 이번 작품은 썩 잘 어울렸다. 댄스시어터 온에게 남은 과제가 있다면 각 장면이 압축되면서 얻게 되는 독창성의 효과적 주입과 군무진의 기량이 상향 평준화되면서 얻게 될 일체감의 엄청난 에너지를 획득하는 작업일 것이다.

(『한국일보』 1996. 4. 11)

국립무용단 제68회 정기공연

　국수호 단장겸 예술감독이 부임한 이후 첫번째 정기공연(1996. 3. 30~4. 2, 국립극장 대극장)이 젊은 무용가들에게 무대를 열어 주는 기획으로 시작됐다. 부임하기 이전인 지난 연말 초청안무가로 〈황혼의 노래〉를 이미 공연했고, 올 하반기에 잡힌 신작발표 무대를 생각한다면 이번 기획은 새로운 안무자를 육성하는 무대로 의미가 깊다. 국립무용단원들이 대부분 춤추기에서는 자타가 탁월함을 인정할 정도로 오랜 경력자들임을 생각할 때 안무자 역시 그들 중에서 선발되어야 함은 상식이다. 그러나 춤을 추는 능력이 어느 정도 타고나는 것이라면 춤을 만드는 능력은 천부적인 것인 만큼 중견단원들에게 제공된 이러한 무대는 막혀 있던 물꼬를 트고 새로운 인물을 추려내는 필연적인 한 과정으로 보인다.

　김향금의 〈석학(夕鶴)〉과 이지영의 〈아룽의 여인들〉은 각기 서로 다른 소재를 풀어나갔는데 그 방법론에서 보인 차이점은 많은 이야깃거리를 남겼다. 〈석학〉은 매우 친숙한 줄거리로 아마도 우리 전래동화집에 들어 있는 내용인 것 같다. 부상당한 학을 구한 사냥꾼이 여인으로 변한 학과 결혼하고 학은 그 보답으로 깃털을 뽑아 비단을 짜서 남편을 돕는다. 그러나 남편의 무리한 요구로 깃털을 없애고 결국 학의 신분임이 발각돼 고향으로 날아간다는 내용이다.

　그 줄거리가 지닌 환상 때문에 이 작품은 명작 발레에서처럼 줄거리를 쫓아가며 쉽게 볼 수 있었다. 이미 알려진 내용을 춤으로 꾸미는 과정은 사건의 전개와 묘사에서 성패를 구분하게 되는데 내용을 충분히 전달하면서도 감정이 이입된 형태로 각 장면을 처리해 성공을 거뒀다. 특히 춤과 극을 상황에 따라 적절히 접목시킨 대목들, 예를 들면 학의 무리와 진달래들이 어울려 춤추는 군무는 한국춤의 아름다움과 섬세한 재미를 살리는 데 주력하고 학이 고통받는 장면은 실감 있는 묘사로 극적인 전개에 신경을 모은 장면들이 상호보완적이었다. 한국춤에서는 보기 드물게 성격이 독특한 모습으로 등장한 기녀의 몸짓에서도 학과의 대비효과는 물론 직접적이면서도 강한 표현력을 얻어냈고, 마지막 학이 날아가는 모습을 영상으로 처리한 대목에서는 비극의 분위기를 끝까지 마무리했다. <석학>은 널리 알려진 소재를 선택한 결정이 큰 힘이었던 셈이고, 내용묘사에서도 각 장면에 구체성을 부여해 연출력에서 진일보한 공연으로 보였다.

이지영이 안무한 <아롱의 여인들>은 현실을 춤에 담아 보고자 하는 일련의 시도들 중 하나였다. <석학>의 부류가 매너리즘을 주의해야 한다면 후자는 공통적인 관심사를 집어내 강조하는 예리한 안목을 잃지 않아야 한다. '반도 여자 근로정신대'에 소속되어 있었던 한 할머니의 증언을 회상 형식을 빌어 현실과 과거를 오가며 풀어 가는 가운데 때로는 역사적 사실이, 때로는 주인공의 개인적 감정이, 혹은 특별한 춤의 이미지들이 나타났는데 작품 전체를 감독하는 일관된 시선이 절실했다.

<아롱의 여인들>이 실험의 연속선상에 놓인 작품인 만큼 이러한 지적보다는 어려운 작업과정을 높이 사야겠지만 실험작의 반복이 성공적인 모델로 가기 위해서는 여러 각도에서의 비판적 시각을 확대시킬 필요가 있다. 타악기 연주단을 오케스트라박스에 배치한 열성적인 무대꾸미기에 반해 안무의 장면들에서는 생동감이 느껴지지 않았는데 젊은 주인공의 춤사위보다도 할머니의 그것이 더 활력 있어 보이는 이유나 무사들의 칼부림이 상식선에 머물고 여인들의 대립장면이 눈에 익은 표현방법의 재현이었던 이유가 바로 일관된 시선의 결여에 있지 않았는가 하는 생각이다. 반면 구음과 함께 이뤄지는 초혼제의 춤이나 대형 태극기가 등장하는 과정의 숙연함, 독립선언문 낭독과 일본 천황의 항복 메시지를 삽입하면서 장면 변화를 유도한 점에서는 노인이 처했던 시대적 상황과 노인 개인의 감정들이 조화를 이뤄 <아롱의 여인>들이 지닌 장점으로 부각됐다.

일관된 시선이란 이 작품의 경우 전적으로 할머니의 눈을 통해 묘사되어야 하는 만큼 안무자가 할머니의 생각 속으로 빨려 들어가 일치될 때 더 절실하고

다양한 표현기법을 얻게 될 것 같았다. 대본에 나타난 세심한 감정묘사가 머지 않아 몸짓으로 완성되리라는 기대와 함께 이지영을 춤의 영역 확장을 꾀하는 국립의 무용가로 기억하게 된 사실을 이번 제68회 국립무용단 정기공연이 남 긴 큰 의미로 보고 싶다.(『예술세계』 1996. 5월호)

제3회 민족춤제전

— 현대무용단 줌·하야로비현대무용단·김용복무용단·새앎춤회

한국민족예술인총연합이 주최한 춤제전(1996. 4. 25–28, 문예회관 대극장)의 올해 주제는 '환경문제'이었다. 춤으로 풀어내는 푸른 환경에 대한 갈망은 이미 산발적이나마 여러 차례 무대화되었지만 총 8개 단체가 모두 한 가지 문제를 놓고 작업했다는 점에 주목하게 된다.

이 주제는 결과적으로 두 가지 부류의 작품군을 형성시켰는데 오염된 환경이 좋을 리 없듯이 그 결론이 이미 명백한 만큼 단순한 논리에 따른 '고발' 차원에 머문 경우가 첫번째 부류였다. 예컨대 평화로운 풍경에서 즐겁게 춤추는 장면 다음에는 어둡고 거센 회오리바람에 쓰러지거나 오염된 바다나 쓰레기 더미가 쌓인 슬라이드가 보인다. 마무리는 다시 아름다운 배경 아래서 춤을 추거나 굿을 하는 방식으로 전개되는데 "반성합시다!"라는 구호를 말 대신 공간 구성으로 시각화했다는 사실 이외에는 별반 이야깃거리가 없다.

반면 두번째 부류는 주제에 접근하는 시각의 폭이 넓고 구체적인 제시능력이 있었는데, 땅의 가치나 인간의 무신경증을 앞세워 환경을 생각하게 하는 안무상의 세련미가 있었다. 현대무용단 줌의 <침묵의 소리>는 땅에 대한 경건한 예배의식을 바탕으로 땅과 바다와 하늘과 인간의 상호연관성을 성공적으로 담아냈다. 배경막이 내려온 상태로 바닥에 깔려 있고 그 안에서는 생명체가 움직인다. 뒷배경에는 하늘색 조명이 비치고 안개와 아울러 갈매기 소리가 들리는데 이 모든 상황이 원시의 해변을 연상시키기에 적절했다. 땅으로 보였던 배경막이 제 위치를 찾아가면서 네 쌍의 인간들이 바라춤과 함께 원시부족의 구음에 맞춰 행진하는 장면에서는 땅의 신성함에 대해 새삼스러운 외경심을 불러일으킨다.

하야로비현대무용단의 <라스트(The Last)>는 공포에 찬 인간의 모습을 강조하는 과정에서 군더더기 없는 춤의 신선함을 보였다. 공간의 이동은 편안하

면서도 치밀한 계산 아래 있었고, 추상적인 순간의 느낌조차도 충분한 이유가 있어 보이는 움직임과 연결돼 작품에 몰입할 수 있었다. 이러한 춤작가적 기량은 이번 작품을 안무한 노현정뿐만 아니라 이보영 등 하야로비의 안무자들을 눈여겨보게 하는 특징으로 나타나고 있는데, 부산여대 졸업생들을 지도하는 교수의 탁월한 능력을 감지하게 된다.

이밖에 김용복무용단의 〈청학동〉에서는 미지의 세계가 지닌 신비함이 보였고, 새앎춤회의 〈검은 바다를 위한 풀이〉에서는 한국 춤사위에 활력을 더한 가벼운 동작들이 새로웠다. 내년을 위해 욕심을 부린다면, 민족춤제전이란 타이틀이 지닌 엄청난 중압감을 객관적으로 풀어내기 위한 단체의 선별이 상당히 중요한 문제로 보인다. (『한국일보』 1996. 5. 2)

'96 춤작가 12인전

— 남정호·전홍조·김현자

한국현대춤협회에서 주최하는 춤작가 12인전(1996. 4. 26−28, 호암아트홀)
이 올해로 10주년을 맞았다. 특별한 의미가 있는 무대였던 만큼 올해의 참가자
들은 자타가 공인하는 춤계의 대표적 인물들이었고, 공연 수준 또한 호기심과
감상의 재미를 충분히 만족시켜 준 기록할 만한 경우였다. 12인 모두가 각기
뚜렷한 개성이 담긴 작품을 선보인 가운데 혹자는 지금까지의 작업을 진행시
키는 한 과정으로, 혹자는 지금까지의 실험에 대한 성공적인 결말로, 혹자는
또 다른 영역확장의 기회로 이번 무대를 대했다는 차이가 있었다.

창작과정에서 의문에 대한 해답을 얻으면 그와 동시에 새로운 의문에 말려
들어야 하는 것이 예술가의 업보라면 성공적 결말도 작가 개인에게는 그리 반
가운 일만은 아닐 것이다. 더구나 관객의 욕심이란 것은 한없이 잔인한 일면이
있다. 몇 번의 환호와 갈채 후에는 "나를 또다시 새롭게 만족시켜 보시오"
할 것이기 때문이다. 이것이 예술계의 생리임을 과장하면서 잔인한 관객은 이
번 무대에서 성공을 거둔 춤작가로 남정호, 전홍조, 김현자를 꼽았다.

첫날에 공연된 남정호의 〈신부〉는 대례복과 족두리의 꿈많은 신선함이 망
가져 가는 과정을 특별한 개인의 감정이입 없이 나열했다. 그 과정에서 족두리
와 대례복이 아기의 모습으로, 무거운 짐으로, 날지 못하게 하는 족쇄로 보이
게 하는 도구로 변화했는데 마치 수학공식에 대한 설명처럼 명료하고 치밀한
계산이 깔려 있었다. 치밀함의 결과인 군더더기 없는 묘사와 함께 사이사이에
춤기교와 남정호 특유의 유머가 섞여 편안한 동참과 아울러 춤작가의 기지를
발견하게 한 보기 드문 무대였다. 짧은 작품에서도 무엇을 어떻게 그리고 어떤
예측되는 결과가 있을 것인가를 감지하는 능력이야말로 작가의 가장 중요한
기본기라는 강연을 춤으로 하고 있었다.

둘쨋날의 전홍조는 발레기교를 바탕으로 새로운 창조작업을 하는 대표적

전홍조 〈시클라멘이 있는 창가〉 1996. 4. 26-28, 호암아트홀

인, 어쩌면 그 감성의 예민함이나 능력의 탁월함에서 독보적인 작가다. 특히 이번의 〈시클라멘이 있는 창가〉는 그간에 전홍조가 실험해 왔던 내면 깊숙이 박혀 있는 어떤 언어들을 끌어내는 작업의 완성으로 보였는데, 전홍조와 로돌포 파텔라(서울발레시어터 수석)의 능숙한 기량 이외에도 두 사람의 상호보완적인 조화가 절정에 이른 결과였다. 뿐만 아니라 음악과 미술을 포함한 무대 전체를 안무작업의 일환으로 화폭을 넓혀 작업해 온 전홍조의 노력이 결실을 맺어 무엇이 어째서 좋은지 모른 채 우선 빠져들게 되는 강한 흡입력을 지녔다. 김영태의 시 "바람은 자고 눈시울이 무겁듯 한쪽 옆구리에서 푸른 실이 풀리고 자꾸 풀리듯 물에 잠긴 얼룩진 魂 시클라멘"이 전홍조의 〈시클라멘의 창가〉로 변화된 것을 보면서 시인과 춤작가의 혼의 교감에 대해서도 신비함을 느낀다. 이러한 교감은 우리 춤계에서는 아직까지 보지 못했던 경지의 것으로 경이롭다.

김현자는 근래에 생춤 시리즈를 중심으로 작업하고 있다. 이번 무대에서도 역시 〈생춤. 6 — 메꽃〉을 공연했는데, 김현자가 추구하는 춤의 세계를 가장 쉽게 알 수 있는 작품이었다. 사실 생춤에 대한 간헐적인 설명을 접했음에도 불구하고 그 에센스를 찾지 못해 온 것이 사실이었으나 이번 무대를 통해 다른 작품들과의 연계성을 확인하면서 '여성미'의 부각이라는 개인적인 결론을 내렸다. 김현자가 보는 여성의 아름다움이 생동감 있는 육체의 아름다움과 동일시된다는 가정을 하고 본다면 생춤의 매력은 소녀의 관능미를 탐구하는 작업에 있었다.

인간의 육체가 지닌 아름다움 자체에 관심을 갖는 것이, 특히 그 아름다움이 에로틱한 분위기를 조성할 때 무용가들은 일종의 금기를 범한 것으로 간주되기도 한다. 신전의 무희들이 결국은 인간의 노리개로 전락하면서 생겨난 폐단이 중세에는 예배무용조차 금지하게 된 원인이었고, 육체를 정신에 비해 저급한 것으로 결론 지은 철학이 수세기를 장악하는 데 일조한 역사 때문일 것이다. 게다가 지금도 술집에서는 버젓이 육체의 움직임이 상품화돼 있다. 이러한 현실에서 당당히 육체의 아름다움과 그 에로틱한 매력을 탐구하는 김현자의 행위는 매우 도전적인 발상이 아닐 수 없다. 어찌 보면 춤의 근원적인 특성 중 한 가지에 귀착한 결과라고도 하겠는데 〈메꽃〉의 경우 에로티시즘의 정수였다.

모리스 베자르는 "클래식 튀튀는 세상에서 가장 야한 옷이다"라고 했는데 무대 아래서 보이는 치마 아랫부분 때문에 자신은 이 옷을 입느니 아예 타이즈를 입겠다고 했다. 그에 비한다면 김현자의 관능미는 매우 치밀한 연구 끝에 얻어진 포즈의 연결로 튀튀의 야함과는 질적으로 비교할 바가 아니다. 황진이의 춤이나 최승희의 춤이 비슷했을 것 같다는 막연한 상상도 불러일으킨다. 김현자의 당당함과 현실적 금기는 계속적인 충돌을 예견하게 하지만, 소녀의 아름다움으로 중화된 김현자의 농염한 춤 〈메꽃〉만큼은 춤계에 또 다른 신선함으로 기록될 것 같다. (『예술세계』 1996. 6월호)

애틀란타발레단과 서울발레시어터 합동공연의 의미

애틀란타 시가 한국인들의 관심을 끌게 된 가장 큰 이유는 올림픽 개최지라
는 점 때문일 것이다. 그러나 올림픽에 대한 관심이 커지기 이전부터 애틀란타
발레단은 우리 무용계에 상당한 호기심의 대상으로 부각되었는데, 김혜영이
몇 년전 주역으로 입단했다는 소식 때문이었다. 아울러 지난해에는 최광석 역
시 주역으로 입단해 김혜영과 함께 <신데렐라>에서 성공적인 기량을 선보였
다는 공연평을 접한 이후의 내한공연이고 보니 한국 관객의 입장으로는 그 기
대가 남다를 수밖에 없다.

또한 옥스퍼드판 발레사전에 수록된 이 발레단의 소개를 보면 그 전통과 활
약상이 이미 오래 전에 인정된 것임을 알게 되는데 미국 최초의 지역 발레단으
로 지금까지 활발한 순회공연을 계속하고 있다는 사실은 역사적으로도 매우
큰 가치를 지녔다고 하겠다. 애틀란타발레는 1929년 '도로시 알렉산더 콘서
트 그룹'으로 창단된 이후 1944년에 애틀란타 시 빅발레로, 1967년 오늘날의
단체명으로 개칭되었고, 창단 후 지금까지 활발한 활동을 계속하고 있다.

이 발레단과 공연을 함께할 서울발레시어터는 김인희를 단장으로 95년에
창단된 짧은 역사에도 불구하고 한국에서 가장 진취적인 발레단으로 자리잡
았다. 진취적이라는 의미는 다양한 공연무대와 횟수에서, 작품의 취향에서,
발레단이 형성된 배경에서 찾게 되는데 고정관객의 확보는 물론 발레의 대중
화에도 앞장서고 있다. 지난 일 년 동안 창단공연을 비롯해 이탈리아 순회공
연, 아테르 발레토와의 합동공연, 수차례의 야외공연, 소극장 기획공연, 예술
의전당 초청공연, 두레극장 장기공연 등 극장의 크기나 위치에 관계없이 왕성
한 활동을 해왔다.

이러한 활동은 상임 안무자 제임스 전의 작품이 매우 독특한 매력을 지녔기
때문에 가능했다고 보여지는데 '힘의 분출'이 주는 후련함을 우선적으로 꼽

게 된다. 연민·고뇌·풍자·열정이 서로 어울린 작품들과 함께 때로는 투명한 발레 동작들을 때로는 끈적거리는 성적 관심거리를 다양하게 다루고 있다. 발레기교를 기본으로 삼아 창작을 하는 안무가들이 매우 드문 우리 상황에서 그것도 유머 감각을 잃지 않고 다양한 소재에 자유롭게 접근하는 제임스 전의 스타일은 새로운 춤을 원하는 무용가들을 불러모으기에 충분한 매력이 아닐 수 없다. 제임스 전의 취향에 끌려 모인 서울발레시어터 단원들은 유니버설발레단과 국립발레단에서 활동하던 주역들을 포함한 상당수가 탁월한 기량을 지녔고, 특히 로돌포 파텔라는 대부분의 작품을 진두지휘하고 있다.

이번 공연에서 애틀란타발레는 〈Read My Hips〉와 〈Pastoral Dances〉, 서울발레시어터는 〈Danses Concertantes〉와 〈현존〉을 준비했다.

외국 발레단의 잦은 내한에도 불구하고 춤의 유행을 느끼고 오늘의 감각을 공유할 수 있는 작품을 감상할 기회가 많지 않은 우리 관객 입장에서는 기대가 크다. 각 작품의 특징으로 부각되고 있는 기교의 정확성과 유머를, 서정적인 낭만과 우아함을, 춤과 음악의 조화를, 삶의 단편을 얼마나 짜임새 있고 조화롭게 완성했는가를 살펴보는 일이야말로 수준 높은 감상법이 될 것이다.

애틀란타의 레퍼토리는 물론 모두 한국 초연 작품이고, 서울발레시어터의 〈Danses Concertantes〉는 이번 무대를 위해 특별히 안무한 로이 토비아스의 신작이다. 예술감독인 토비아스는 화려한 경륜을 바탕으로 서울발레시어터의 정신적인 지주가 되고 있고, 무대에서는 제임스 전의 열기를 다스려 주는 대조적인 작품 경향을 보이고 있다. 〈현존〉은 지난 창단공연 때 초연된 제임스 전의 작품으로 인간의 모습 중에서 가장 거친 것과 부드러운 것을 대조시켜 감동을 유도하려 했던 기억이 있다. 이번 무대는 다듬어 내놓는 것인 만큼 더욱 좋은 무대가 될 것 같다.

두 발레단의 합동공연이 김인희·제임스 전·김혜영·최광석의 유대관계를 기반으로 시작되었다고 본다면, 또한 이탈리아와의 합동공연을 보더라도, 서울발레시어터는 민간외교에서도 앞장서는 탁월한 국제감각을 지닌 자랑스런 단체가 아닐 수 없다.(합동공연 프로그램, 1996. 5)

'96 창무큰춤판·국제현대무용제

창무큰춤판

올해로 10주년을 맞은 창무큰춤판(1996. 4. 1-5. 9, 포스트극장)의 테마는
'춤과 연극과의 만남'이었다. 춤과 연극은 그 출발점이 동일했을 것이라는
추리를 할 수 있고, 실제로도 종합극에서 긴밀한 연관성을 발견하게 된다. 그
러나 막상 춤 안에서도 고전이니 현대니 무슨 무슨 기교니 하는 식으로 분화를
계속해 왔고 연극 또한 독자적인 세분화를 해온 상태에서 춤과 극의 만남이 말
처럼 쉬운 일은 아닐 것 같았다.

총 10개 팀이 참가했는데 대사를 하는 춤극이나 춤이 들어 있는 연극 이외의
것을 상상하고 만들어내는 작업을 기대하는 조마조마한 마음이 무대와 객석
공통의 것이었던 실험무대로서의 가치는 높았다. 예상처럼 이들 중 성공적인
결합으로 보이는 공연물은 불과 두세 개에 그쳤지만 이번 기획을 통해 보여진
실패의 원인 역시 젊은 춤작가들에게는 가치 있는 교훈이 될 것으로 보였다.
좋지 못한 결합으로 보인 몇 가지 원인 중에는 춤과 극의 연관성을 애초에 포
기하고 시작한 경우가 있었다.

이지현과 심길섭의 <… 여자 20살>에서 이지현은 시작과 끝을 춤으로 처리
하고 심길섭은 중간 부분들을 움직임이 있는 연극으로 만들었다. 이지현이 춤
을 시원스럽게 잘 추었고 연극팀의 움직임이 어눌했다는 지적을 하기 이전에
두 부분의 연계성이 모호해 어리둥절했다. 둘이서 하나를 만들어야 하는 것이
숙제라면 이들은 애초에 숙제에 대한 해석을 달리한 것 같았는데 여자에 대한
각자의 생각을 독립적으로 피력하더라도 무언가 연결고리는 있어야 했다. 20
세 여자의 고달픔을 표피적으로 묘사한 결과는 진부한 소재를 재확인하는 과
정일 뿐이었고, 앞뒤의 춤은 이에 비해 지나치게 추상적이었다.

서영숙과 이재환의 경우에는 연극의 목소리를 전혀 찾을 수 없어 더욱 문제

가 컸다. <너는 피에로가 왜 피에로인지 아니?>에는 두 장르의 만남이라는 느낌이 없음은 물론 기존의 춤공연에서보다도 미숙한 전달력을 보였다. 이유 없는 심각함에서 혹은 서 있거나 느리게 걷는 동안 연기자가 무슨 생각에 빠져 있는지를 알 수 있는 관객은 없다. 적어도 관객이 동참할 것 같은 기분만이라도 지닐 수 있도록 뭔가를 던져 주는 기술은 대부분의 우리 안무자들이 연마해야 할 부분이다.

조성주와 박장열의 <흔적>은 중심인물인 남자(박장열)와 네 명의 기억 매개체로 보이는 무용가들이 춤과 극의 만남을 구체화했다. 그러나 전체적인 구성이 만족스럽지는 않았는데 <흔적>을 보면서 갑자기 바놀레 안무콩쿠르 예선에 맞춰 한국을 방문했던 영국의 한 무용극장장의 지적이 생각났다. "한국의 작품들은 도입부가 모두 앉아서 혹은 일정한 포즈에서 서서히 시작된다"는 요지였는데 답답한 느낌을 조심스럽게 표현하는 것 같았다. 하필이면 조성주의 작품에서 이런 생각이 든 이유가 무엇일까를 따져 보니 미안하게도 조성주에 대한 기대가 선입견으로 자리잡고 있었다.

서로에게 상처를 주는 행위로 보인 상대방의 눈가리기 동작을 비롯해 항상 심각하게 전개시킬 특별한 이유가 있었는가, 이 정도의 주제면 웃음 속의 상처로까지 극대화시킬 수 있지 않았을까도 생각해 본다. 이러한 욕심은 장미꽃다발을 든 네 명의 무용가들이 처절하게 쓰러졌다 일어서면서도 잃지 않는 끈질긴 미소의 의미에서 조성주 자신이 제시했다고 보여지는데, 살면서 느껴지는 공포와 분노와 타협의 이미지를 단숨에 그려낸 능력은 탁월했다.

성공적인 결합을 보인 무대로는 최지연과 손병호, 안윤희와 강화정을 꼽게 된다. 최지연과 손병호의 <숲의 전설 ― 아직도 두레박은 있을 것이다>는 여자의 꿈과 남자의 현실이 갈등 원인이라는 전제 아래 부부싸움을 진행시킨다. 이들은 이 싸움을 자연스럽게 진행시켰는데 특히 극과 춤의 한계를 식별할 수 없게 한, 단지 싸움만을 구경하게 한 연출이 기획 의도로 볼 때 성공적이었다. 춤과 대사가 튀지 않게 조화를 이룬 점이나 심리묘사의 정곡을 찌르는 대사 선택, 현실과 환상 혹은 현재와 과거로 대립되는 두 쌍의 남녀가 같은 무대에서 공존하는 장면 설정도 효과적이었다. 이밖에 갈등을 설명하는 방법론에서도 신선하고 색다른 느낌을 받았는데 이를 발전시킨다면 연극이나 춤의 고유한 희열이 절정에 달하는 순간까지도 접목시킬 수 있을 것 같았다.

안윤희와 강화정의 <비·극·원·리>는 무대를 꾸미고 관객의 등장을 연출하는 데서부터 최고의 의욕을 보였다. 다른 팀에 비해 예외적으로 연출가 강화정의 활약이 두드러진 무대였지만 안윤희의 역할도 작지는 않아 보였다. 대화-아리아-토슈즈에 관한 강좌-듀엣과 트리플-3 또는 4 솔로-바리에이션-드라큘라의 불면-대화로 연결되는 장면들은 처음에는 제각각 무의미해 보이는 장면들을 연출한다.

벤치에 앉은 남녀의 대화, 얇은 막 뒤로 보이는 무대에서의 드라큘라 등장, 남녀의 갈등 등 혼란스러운 전반부가 지나면서 점차로 등장인물간의 연관성과 메시지가 부각된다. 욕망의 희생물인 인간의 모습이 발레리나를 통해 보여지는데 드라큘라와 남자 역시도 욕망의 희생물이기는 마찬가지였다. 공간 자체에 환상을 심었고, 공연 내내 뭔가를 생각하며 집중하게 한 연출이 돋보였음은 물론 발레리나로 등장한 안윤희의 토슈즈 강좌와 함께 드라큘라와의 2인무가 인상적이었다.

이밖에 황미숙과 송인현이 <아나야, 청산 가자!>에서 버려진 아이들의 문제를 심도 있게 지적했다는 점과 다른 몇몇 작품에서는 춤과 연극과의 만남이 혼란스러움만을 강조했다는 점도 지적하고 싶다.

국제현대무용제

교육문화회관에서 열린 제15회 국제현대무용제 (1996. 5. 23-26) 공연장은 답답했다. 춤은 관객에게 보이자고 추는 것이련만 관객은 한 개의 소품이 끝날 때마다 어둠 속에 버려진 꼴이었다. 그 막간에 프로그램도 읽어야 하고 휴식도 취해야 할텐데 관객에 대한 극장측의 서비스는 아예 존재하지 않았다. 게다가 너무 많은 작품을 배정해 지루함까지 겹쳤는데 눈이 확 뜨이는 작품도 없고 보니 고역이 아닐 수 없었다. 오죽하면 '국적 다른 쭉정이를 모아 놓아도 국제는 국제일 것이다'라는 한탄이 나올 지경이었다.

이 정도의 무대를 국제현대무용제라고 한다면 부끄럽지 않을까를 생각할 즈음 다행히 더그 바론무용단의 〈Rise〉와 〈Let's Dance〉를 보게 되었다. 이번 초청단체 중 가장 많은 공연을 한 것으로 미루어 대표격임에 분명했는데 추락하는 것의 날개 역할을 톡톡히 해냈다. 춤의 악센트를 자유자재로 변화시키는 기량은 감동적이라고밖에는 표현할 수 없었는데, 그 기량을 바탕으로 작품에 접근하는 논리도 객관성이 있었다. 진정한 춤의 매력은 춤추는 사람이 춤을 즐길 때가 아닐까를 생각하게 만든 그들은 더 이상 춤의 노예가 아니었다. 뿐만 아니라 에너지의 변화를 스스로 조절하는 춤의 진수를 선보였다.

흐름의 자유로움과 유연함, 폭발적인 에너지, 리듬감은 정형화되고 도식화된 우리 무용가들의 무거움과 대조를 이뤘다. 이상한 점은 무대가 어두워지면 어김없이 한국팀이 등장했다는 사실인데 동작 구성에서도 대부분 '이거 어려운 동작인데 너를 위해 참고 있는 거야' 하는 부담을 주고 있었다. 작품풀이에서도 무언가를 가르치려는, 개인의 생각을 주입시키려는, 혹은 음악과 의상만 바뀐 채 의미 없는 움직임을 그럴 듯하게 포장해 글로 적어 놓는 행태가 만연했는데 요즈음에는 보기 드문 경우만을 모아 놓은 듯했다.

첫날과 마지막날의 공연을 보고 하는 말이지만 더그 바론이 재치 있는 일장 연설을 멋들어지게 했다면 그 밖의 팀들은 더듬거리는 몇 마디로 썰렁한 대화를 어색하게 하는 것 같았다. 안나 소콜로우 플레이어스 프로젝트팀의 공연은 자세히 보지 못해 언급할 수 없지만 그 명성에 걸맞는 무대를 꾸미지 않았을까 추측해 본다. (『무용예술』 1996. 7월호)

제2회 죽산국제예술제 개막공연

　전위무용가로 알려진 홍신자와 웃는돌무용단의 거주지 죽산은 경기도 안성군에 있었다. 논길, 밭길 사이로 올라가다 보니 토담집들이 나왔고 그 위로는 야외공연장이 있었다. 지난해에 이어 두번째로 열린 죽산국제예술제(1996. 6. 4–9, 죽산 야외공연장)는 '예술을 통한 자연과 인간의 만남'을 테마로 안필연의 설치미술과 퍼포먼스로 개막을 알렸다. 저수지 뚝 위에서 바가지를 깨고 진흙을 물에 던지는 안필연의 살풀이(?)가 끝나자 행위자의 뒤를 따라 걷고 있던 관객들은 갑자기 멀리 서 있는 여자의 나체를 보게 된다. 가와무라 나미코의 〈워킹〉이 시작되고 있었다.

　나미코는 1964년부터 10년간 무용가와 안무가로 활동하던 중 극장에서의 무용공연에 의문을 갖고 야외공연을 시작했으며, 1982년 이후로는 계속 나체로 공연을 하고 있다고 한다. 춤의 목표를 '육체의 상태 변화를 통한 자신의 지각'으로 삼았기 때문인데 백여 미터를 20여 분 동안 느리게 이동하는 나체는 뚝 위의 무성한 들풀들과 완벽한 조화를 이뤄 현대인이 막연히 동경하는 원시의 낙원을 떠올리게 했다. 풀밭의 여인은 발레리나나 부토가들이 자신의 몸을 예쁘게 보이기 위해 혹은 신성시하기 위해 분가루를 칠하는, 어쨌거나 자연스럽지 못한 분장은 하지 않았다. 그래서 그녀의 주장은 춤의 단계를 지나 도인이나 철학자의 경지를 향해 가는 것으로까지 보였는데 자연광선 아래 드러낸 맨살은 인간 본연의 모습 — 물론 현대인들의 상상 속에서 부풀려지고 이상화된 — 에 대한 향수를 불러일으켰다.

　저수지에서의 개막제에 이어 웃는돌 야외무대에서 에이코와 코마 그리고 두 사람의 아들 유타가 〈윈드〉를 공연했다. 1971년 히지카타 타츠미 컴퍼니에서 활동했고, 1972년에는 오노 가즈오에게 사사했으며, 역시 1972년 독일에서 만자 추미엘에게 무언극을 배웠다는 이력을 보지 않더라도 〈윈드〉는 일본의 부토를 계승하는 춤이었다. 분칠을 했고 움직임이 느린 외형은 물론 인간의 원초적인 감성들 혹은 삶의 과정들에 대한 접근을 자연과 접목시키는 내용이 전형적인 부토춤, 그러나 히지카타와 오노의 이론적 접근을 접목시킨 새로운 부토춤으로 보였다.

흙으로 다져진 야외무대에는 가늘고 부드러운 새털이 널려 있었고, 적당히 강한 자연풍에 실려 푸른 조명 아래 맴도는 깃털들은 편안함과 그 무엇에 대한 동경과 숙연함을 연출했다. 인간이 동물의 왕이 될 수 있었던 많은 이유 중에 하나는 분명 예술을 즐기는 능력이 있었기 때문임을 느끼고 새삼 행복해질 수 있었던 순간이었는데 야외무대의 의미가 무엇인지를 밝힐 좋은 본보기였다. 밖에서 춤을 추면 야외무대라고 생각해 왔던 수많은 무대들이 줄줄이 떠오르며 분노에 가까운 답답함을 상기시켰다. 〈윈드〉가 야외무대 특유의 아름다움을 전달했고 극장무대보다 자유롭고 편안했으며 무대와 객석의 교감에 성공했다면 이 모든 점을 하나도 고려하지 않았던 무대들에 대한 원망은 당연하고도 남았다.

바람결에 나부끼는 의상들, 여자의 긴 머리카락, 활시위를 힘차게 당기며 춤을 시작하는 남자, 그 옆으로 등장한 부드러운 천으로 된 기모노 차림의 미소년, 모든 움직임과 구성은 계속적인 신비함의 창구였다. 부토의 시작이 하층민의 비참함과 노약자나 병자의 움직임을 담아내는 데서부터 출발했다는 히지카타 다츠미의 무용론을 상기할 때 여자의 느리고 절망적인 움직임은 오래된 히지카타의 공연 필름을 보는 것 같았다. 오노 가즈오가 주장하는 즉흥 부토에서 따온 부분에 대해서는 홀린 듯한 상태에서 심신을 바친 듯한 초연한 자세였다고 생각하는데 자신의 내면세계를 꾸밈없이 보여야 한다는 원칙이 있다고 알고 있다.

반면 '바람'이나 '강'처럼 자연을 주제로 삼아 자연 속에다 기존의 특성들을 접목한 점이 선배들의 부토에 빛을 더하게 한 에이코와 코마의 독자적 시각이라는 해석을 해보았다. 〈윈드〉의 전체적인 느낌은 힘겹지만 무언가 계속해야 하는, 그것이 자연이고 인간의 운명임을 알려주는 것 같은 쓸쓸함이 지배적이었다. 물론 그 안에서는 모든 부토춤의 한계이기도 한 지루함도 있었고, 나체의 남녀가 누워 서서히 구르는 장면에서는 반드시 나체여야 했는가에 대한 의문도 남아 있다.

이번 예술제가 언론의 주목을 받은 주요 이유 중 하나가 '나체'라는 점 때문이었고, 김승근이 이탈리아 공연에서 나체로 춤추었으며, 한국에서도 재현할 것이라는 나체 열풍이 미묘한 상황을 만들어 가고 있었기 때문이다. 그러나 〈윈드〉는 부토의 특성을 이해하고 본다면 어떤 경우에도 관객을 압도하는 힘을 잃지 않았고 — 이는 무용가의 엄청난 내적 에너지를 입증하는 것으로 보인다 — 나체였다는 사실 역시 역겹거나 작품의 맥을 해치지는 않았다. (『예술세계』 1996. 7월호)

조프리발레단의 〈빌보드〉

조프리발레단의 내한공연(1996. 6. 18-22, 예술의전당 오페라극장)은 의미가 깊은 무대였다. 미국 문화에 대한 이해가 더 깊다는 통념에도 불구하고 유럽이나 러시아의 발레단들이 많은 초청공연을 해온 데 반해 미국을 대표할 만한 발레단으로는 첫 내한이었기 때문이다.

아울러 조프리발레에 대한 무용인들의 특별한 관심에서도 의미를 찾을 수 있는데 지금은 중견이 된 과거 한국의 발레학도 대부분이 조프리발레스쿨에서의 연수 경험이 있어 친근감이 더하다. 그러나 무엇보다도 큰 의미는 '미국의 발레'를 소개했다는 점에 있는데 자유로운 발상에 의한 발레 〈빌보드〉는 어찌 보면 발레의 종말 혹은 새로운 시작을 보여주는 작품이었다.

미국의 발레단을 이야기할 때 보통 세번째로 꼽게 되는 조프리발레단은 로버트 조프리와 현 예술감독 제럴드 아피노에 의해 1956년에 창단됐다. 아메리칸 발레시어터나 뉴욕시티발레와 달리 개인의 이름을 걸고 이만한 명성을 유지해 온 힘일 수도 있는 조프리의 특성이라면 개방적이고 자유로운 작품 선택이 우선일 것이다.

이번 〈빌보드〉에서는 특히 록가수 프린스의 음악만을 사용해 장막 발레를 고수한 점이 획기적인 발상이었는데 샹송 같은 대중가요에 춤을 붙인 소품과는 그 규모가 판이했다. 또한 찰스 뮐턴, 마고 사핑톤 등 선정된 4명의 안무자들이 현대무용이나 재즈발레 전공자 혹은 비디오 아트에서 두각을 나타낸 경력이 있는 만큼 기교에서도 발레 고유의 것을 벗어나고 있었다. 그래서 〈빌보드〉를 보는 시각은 새로운 것에 대한 흥미와 거부의 느낌이 공존할 수밖에 없었다. 더 중요한 관점은 어느 쪽이건 발레가 처한 창조의 돌파구가 더 이상 없어 보인다는 점을 인정해야 할 단계에 이르렀다는 사실이다. 현대발레와 현대무용의 구분이 모호해졌듯이 이제 재즈나 그 밖의 무대춤들이 발레를 요구하고 발레는 다시 그들을 요구하는 공존의 형태가 심심치 않게 발견된다.

〈빌보드〉의 의미가 광고이고 제럴드 아피노의 제작 의도가 광고에 담긴 메시지에 착안했었다는 점으로 미루어 볼 때 로라 딘이 안무한 1장 〈때로는 4월에도 눈이 내린다〉와 찰스 뮐턴이 안무한 2장 〈천둥·자줏빛 비〉는 성공적인 메시지 전달은 하지 못했다. 록음악에 맞춘 발레 소품과 뮤지컬의 단막처럼 보이는 독자적인 해석이 강했다. 반면 마고 사핑톤의 3장 〈슬라이드〉와 피터 푸치의 4장 〈기꺼이, 그리고 능히〉에서는 감각적인 사랑의 열기나 춤의 흥겨움을 충분히 맛볼 수 있어 록음악과 발레기교 혹은 춤의 교감이 조프리의 숨은 기량을 돋보이게 했다.(『한국일보』 1996. 6. 24)

서울발레시어터의 일 년

서울발레시어터는 불과 일 년 사이에 한국에서 가장 진취적인 발레단으로 자리잡았다. 진취적이라는 의미는 다양한 공연무대와 횟수에서, 작품의 취향에서, 발레단이 형성된 배경에서 찾게 되는데 고정관객의 확보는 물론 발레의 대중화에도 앞장서고 있다. 지난 일 년 동안 창단공연을 비롯해, 이탈리아 순회공연, 아테르 발레토와의 합동공연, 수차례의 야외공연, 소극장 기획공연, 예술의전당 초청공연, 두레극장 장기공연, 미국 애틀란타발레단과의 합동공연 등 극장의 크기나 위치에 관계없이 왕성한 활동을 해왔다. 2회 정기공연(1996. 6. 29–30, 문예회관 대극장)을 보면서 그들의 바쁜 일정이 소담한 열매를 완성하는 과정이었음을 확인했는데 작품 선택과 안무의 성과, 단원들의 연기가 창단 때보다 한층 무르익었음을 발견했기 때문이다.

상임안무자 제임스 전은 '힘의 분출'이 주는 후련함을 우선으로 연민·고뇌·풍자·열정이 서로 어울린 작품들과 함께 때로는 투명한 발레 동작들을, 때로는 끈적거리는 성적 관심거리를 다양하게 다루고 있다. 발레기교를 기본으로 삼아 창작을 하는 안무가들이 매우 드문 우리 상황에서 그것도 유머 감각을 잃지 않고 다양한 소재에 자유롭게 접근하는 제임스 전의 스타일은 새로운 춤을 원하는 무용가들을 불러모으기에 충분한 매력이 아닐 수 없다. 제임스 전의 취향에 끌려 모인 서울발레시어터 단원들은 대부분 탁월한 기량을 지녔고, 춤추는 동안에 발산되는 '끼'에 관한 한 타의 추종을 불허한다. 제임스 전과 단원들의 이러한 상호 이끌림은 객석의 탄성을 자아내기 마련인데, 단원 개개인의 성격을 파악하는 안무자가 우선인지 안무자의 취향이 맘에 든 단원들의 접근이 우선인지를 가려내기가 어려울 정도의 궁합이다.

〈도시의 불빛〉〈상하이의 별〉〈카페에서〉〈현존 I〉〈현존 II〉의 경우에 이러한 느낌들이 강해 신세대가 춤추고 싶고 보고 싶어하는 대표작으로까지 보인다. 간혹 몇 년 사이에 만들어진 작품인 만큼 서로 겹치는 부분들이 있어 정리가 필요해 보이는 부분도 있기는 하다. 하지만 각 작품마다 버리기 아까운 독특한 장면들이 있어 이들을 추슬러 가는 과정도 흥미 있는 관찰거리가 될 것 같다. 반면 서울발레시어터의 정신적인 지주가 되고 있고 무대에서는 제임스 전의 열기를 다스려 주는 로이 토비아스의 작품은 대조적인 경향을 보이고 있다. 예술감독인 그의 작품 <뉴 와인>이나 <폴로네이즈>가 그런 경우다.

이번에 공연된 <폴로네이즈>는 세 쌍의 남녀가 번갈아 가며 춤추는 형식으로 옛날 춤곡에 옛춤의 스텝들이 담겨 있어 독특했다. 고풍스런 느낌과 잔잔한 재미가 담긴 작품으로 오래 기억될 가치가 있었다. 발란신의 작품 <네 개의 기질>은 단원들의 혹독한 훈련을 대변하는 좋은 무대였다. 발란신의 특징이라면 우선적으로 매끈한 미모와 탁월한 기교를 꼽게 된다. 발레리나가 음악의 흐름에 따라 움직이는 그 자체를 춤의 목적으로 삼았던 만큼 <네 개의 기질>에는 움직임에서 나오는 놀라운 탄력과 다양한 기교가 들어 있다. 연은경, 최광석, 김혜영의 활약과 더불어 한국 초연으로서의 의미를 크게 했다.

<현존 II>는 사실상 서울발레시어터의 현재 얼굴이다. 제임스 전의 매력이라면 소재 선택의 자유로움과 솔직함 그리고 진지하게 문제에 접근하는 인간미가 느껴진다는 점이다. 권선징악이란 귀결을 놓고 예쁘고 선한 몸짓을 하는 것이 춤이고 심지어는 인간의 삶과 철학을 춤춰 보이겠다는 거짓말이 통하는 세상에서 더럽고 밝히고 싶지 않은 추한 인간의 모습에 관심을 가진 유일한 안무자일 것이다. 무대 오른쪽에는 고물차가 서 있고 깨진 유리창이 유난히 강조된 공간은 창고 안에 꾸며진 거대한 디스코텍이다. 그 안에서 춤추고 노래하고 마약과 매춘이 판을 친다. 그러나 자세히 보면 곽규동을 통해서 격렬한 구원의 외침을 강조한다. 어두운 면을 직시하는 현실의 고발이 난장판이 된 무대에 숨은 그림으로 담겨 있다. 난장판과 숨은 그림은 따로도 재미있지만 연결시켜 보면 한 순간 숙연해진다. 김인희 단장의 지도력을 포함해 서울발레시어터에 대한 신뢰감은 이번 공연을 통해 더 깊어졌다. 가지치기의 필요성보다는 그 열기와 의욕에 취해 같이 가고 싶은 것이 관객의 바람이다. (『객석』 1996. 8월호)

인도네시아 무용축제

　인도네시아는 일만삼천여 개의 섬으로 이뤄졌고, 그 중 칠천여 개의 섬에 수많은 종족이 살고 있다고 한다. 급속한 경제성장 속에서도 각 종족이 독특한 문화유산을 고스란히 간직하고 있는 나라로도 유명한 만큼 춤계에도 흥미진진한 연구대상이 많아 보였다. 특히 그 춤의 형태들이 원시종족의 공통적인 기원을 바탕으로 하는 내용에 극적인 제스처와 소리를 가미한 것이어서 우리로 하면 민속경연대회의 굿이나 탈춤이 가장 비슷한 형태가 아닌가 한다. 한편 민속경연대회의 작품들이 그들의 무대춤보다도 세련된 혹은 작위적인 인상을 느끼게 하고 그 외에는 달리 비교할 대상이 없다는 사실에 직면하는 충격도 느껴야 했다.

　이슬람과 힌두교를 비롯 각 종족의 신앙을 바탕으로 하는 의식이나 제례 혹은 축제춤의 다양함이 섬이라는 여건 속에서 보존되고 있음을 느끼는 순간의 감동과 호기심은 대단한 것이었고, 인류학적 관점에서 춤을 연구하는 학자에게는 도서관과 다를 바가 없는 환경이었다. 특히 발리 섬의 춤극이 힌두교의 철학을 철저히 따르고 등장인물들도 모두 신화 속의 인물들인 점을 든다면 그리스 로마 신화를 다룬 디오니소스 제전과의 비교도 가능할 것 같았다.

　발리 섬의 대표적인 춤인 께짝댄스나 발롱댄스는 모두 힌두 신화를 바탕으로 20세기에 만들어진 공연용이기는 하지만 그들의 삶이 들여다보인다는 점이나 그 구성 형태에 대한 발상이 재미있다. 원숭이의 소리를 '께짝'으로 듣고 있는 발리 사람들은 악한 신과 선한 신이 한 소녀를 사랑하면서 대결하는 과정을 보여주는 데 선한 신이 원숭이들의 도움을 받아 사랑을 얻는 결말이다. 수십 명의 마을 사람들이 마당에 둘러앉아 가운데 선 주인공들의 상황에 따라 께짝께짝 하는 소리를 내거나 팔을 들어올리는 등 극중의 원숭이가 된다. 한쪽 귀에 꽃을 꽂고 극적인 묘사에 열중하는 그들 중에는 칠순 노인들의 모습도 보였다.

발롱댄스 역시 악한 신과 선한 신의 영원한 대결을 다루는 내용인데 특이한 점은 악령이 인간의 몸속으로 들어가 인간을 변화시킨다는 상상이나 악령을 죽이지 못한 자책으로 칼로 자해하는 무사들의 심리를 그린 장면이었다. 힌두교의 기본 철학이 선과 악의 영원한 공존이라는 사실에 입각한 이러한 민속놀이들은 전쟁을 준비하는 무사의 춤 등을 포함해 발리 도처에서 성행하고 있다.

인도네시아의 이러한 춤문화에 대한 이해가 없다면 '전통의 현대화'라는 슬로건 아래 치러진 인도네시안 댄스 페스티벌 개막공연에 대한 이해는 불가능해 보였다. 우리의 춤문화로는 창무회의 춤이나 적어도 무용극, 더 나아가 살풀이나 산조 정도로 춤에 의존해서 다듬어진 작품들을 예상하게 되기 때문이다. 자바섬의 신화를 무언극으로 꾸민 인도네시아 무용가 무지요노의 춤이 가장 현대적인 춤으로 한국에 소개되었던 이유를 현지에서 깨닫게 된 셈인데, 무지요노무용단은 다사 마나오무용단과 함께 개막공연에 참가함으로써 확연한 차이를 느끼게 했다.

다사 마나오는 수마트라 서쪽에 위치한 니아스 섬의 무용들을 일곱 장면에 담은 〈춤소절〉이라는 작품을 발표했다. 북소리가 요란하고 노랫소리와 고함소리도 들리며 칼을 든 무사들이 나오고 여인들도 나온다. 안무가에 의하면 니아스의 문화 즉 전통의식이나 다양한 민속놀이의 형태에 니아스춤의 여러 움직임을 접목시켰다고 한다. 전통을 변화시키는 작업이 현대화라는 관점에서 본다면 다사 마나오는 생활의 춤을 추려내서 강조하고 극장무대로 옮기는 초기 작업을 하는 셈이었다. 이에 반해 무지요노는 민속의상을 입지 않고 신체의 움직임을 통해서 어떤 표현력을 얻고자 하는 시도를 보여 민속놀이의 범주를 벗어나고자 하는 노력이 앞선다.

개막공연에 참가한 외국단체로는 미국의 윈 메이, 캐나다의 맥신 해프너, 싱가포르의 안젤라 리옹이 있었는데, 국적이 다를 뿐 모두 중국계였다. 캐나다의 맥신 해프너의 작품에서는 안무자를 제외한 모든 무용가가 동양인이었다. 이들의 작품 수준은 국제무용제 개막공연용으로는 적당하지 못했지만 싱가포르 무용단의 경우 오늘날의 일반적인 현대무용 추세를 따르고 있어 지루함을 만회했다.

7월 25일의 개막공연에 앞서 가진 30분간의 오프닝 세레모니에는 자카르타 시장과 문화·교육부장관이 참가해 축사를 하는 등 춤계의 국제행사에 대한 행정적 지원을 느끼게 했다. 이 행사를 직접 지휘하는 살 무지얀토에 의하면 뿌리 깊은 전통예술을 성공적으로 극장무대화하는 작업이 그들의 숙제였고, 그 이유로 창무회가 전통춤을 통해 새로운 표현력을 얻었다는 점을 높이 평가하고 있었다.

인도네시아의 상황에서 보자면 창무회의 춤은 그들이 거쳐야 할 몇 단계를 앞서고 있으니 당연한 일이었는데 창무회가 변화의 발판으로 삼은 현재의 전통춤이나 장르간의 혼선이 가능했던 신무용 혹은 무용극의 모델을 그들 역시 답습할 것인지 혹은 색다른 독자적인 길을 걸을 것인지도 흥미 있게 지켜볼 만하다.

26일의 창무회 공연은 게둥 케세니안 극장에서 있었다. 중형의 오페라극장 규모로 벽면에 장식된 포스터만 보더라도 전통과 명성을 짐작할 수 있었다. 한 나라의 치부일 수도 있겠지만 우리 역시 같은 역사를 지녔으니 극장 묘사를 위해 인도네시아가 네덜란드의 오랜 식민지이었음을 밝혀야겠다. 그런 이유로 극장은 완전한 유럽식 건축양식이었다. <춤본 Ⅰ> <활> <춤본 Ⅱ> <춤 그 신명>이 창무회의 레퍼토리였고, 프랑스의 타파넬무용단과 함께 단일공연에 초청돼 40여 개 단체들 중에서 특별한 배려를 받은 기획이었다. 창무회의 공연에서는 상반된 입장을 느낄 수 있었는데 자긍심과 함께 더 발전된 창무춤에 대해 생각할 기회를 준 무대였다.

긍정적인 측면에서 보자면 춤의 숙련도에서 탁월했다는 점이다. 특히 <춤본 Ⅰ>이 부각된 이유라면 탁월한 기량이 감춰져 있을 때만 느낄 수 있는 절제된 움직임이 주는 감동 때문이었다. 호흡으로 유지되는 느린 움직임의 연속은 단 한 호흡의 흐트러짐에서도 맥이 빠지고 시선을 잃게 된다는 경험으로 볼 때 30여 분 동안의 절제된 움직임은 경이로웠다. 사족으로 보이는 단 한 동작도

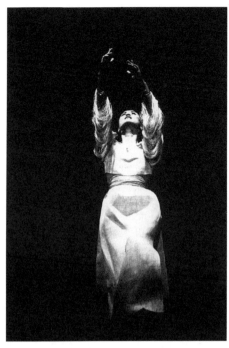

김매자 안무 〈춤본 Ⅰ〉 1996. 7. 26, 게
동 케세니안 극장(인도네시아)

발견할 수 없었고, 동작간의 연계에서는 무기교 속의 커다란 기교를 충분히 느
끼게 했다.

반면 전체 공연을 놓고 볼 때 작품간의 변별력이 떨어진다는 문제가 있었다.
최혜리의 워크숍을 통해 설명된 김매자의 창작춤은 한국의 춤사위들을 총망
라해서 표현에 적절한 도구로 삼았음을 알 수 있었는데, 그 다음 세대들을 통
해서는 또 다른 변화가 있어야 하지 않겠는가 하는 생각이다. 창무회의 고정
레퍼토리가 된 강미리의 〈활〉이나 〈춤 그 신명〉이 대부분 동일한 전개 방식
과 기교를 구사하고 있다는 점이 이번 공연에서 확연해진 점도 간과해서는 안
되겠지만 창무회의 의도나 지속적인 명성을 위해서는 디아길레프 스타일의
탐구도 바람직할 것이다.

국내 단체들 중 한국의 독특한 현대무용단으로 외국에서의 명성을 기대할
수 있는 가장 큰 가능성을 지닌 단체가 창무회인 만큼 이제 전통의 현대화 작

업을 완수한 창무회의 미래에는 어떤 혁신적인 변화가 있을 가능성도 있을 것이다. <활>에 대한 현지인들의 관심이 높았음에도 불구하고 강미리의 그릇을 아는 관객의 입장에서는 그의 다른 작품들이 차기 레퍼토리가 된다면 창무회를 위해서도 좋겠다는 생각을 해본다.

이제 인도네시아의 정세에 대해 언급할 차례인 것 같다. 총 일주일간의 공연 계획이 이틀만에 무산되었기 때문이다. 개막공연과 창무회의 공연을 끝으로 다음날의 공연이 취소되었다. 한 대통령이 30년을 넘겨 집권하기 때문에 일어난 시위라고 들었는데 자카르타를 떠나오는 버스에서 본 완전무장의 군인들과 더위에 지친 시민들의 모습에서는 답답한 비애를 느끼지 않을 수 없었다. 인도네시아의 춤에 대한 더 많은 이해의 기회를 잃었다는 아쉬움과 우리의 창무춤이 동양춤계의 선구자적 위치에 있다는 확신과 우리에게는 그들만큼 정말 토속적인 것이 남아 있지 않다는 깨달음을 얻은 기회였다.(『무용예술』1996. 9월호)

유니버설발레단·김영순의 춤

유니버설발레단의 〈지젤〉 〈레 실피드〉 외

　문훈숙 단장이 이끄는 유니버설발레단의 이번 공연(1996. 6. 26-30, 리틀엔젤스예술회관) 에는 한국 최고의 발레리나들이 등장했다. 문훈숙이 〈지젤〉과 〈후 케어스〉에서, 강수진이 〈지젤〉과 〈레 뉘아즈〉에서, 강예나가 〈레 실피드〉에서 열연해 유니버설의 저력을 유감없이 발휘한 공연이었다. 특히 독일에서 활동중인 강수진이 유니버설과 함께 〈지젤〉을 춤춘다는 사실이 크게 부각되었던 만큼 28일 밤공연은 대성황을 이뤘다. 그러나 강수진이 연기한 지젤이 완벽한 것이었는가에 대해서는 장담하기 어려웠고, 오히려 강수진의 고정 파트너로 한국에 알려진 이반 카발라리의 새로운 기량을 보게 된 계기였다.

　발레의 파 드 되에서 남성의 역할은 여자의 기량을 앞서는 부분인 만큼 강수진이 윌리로 존재하는 원천적인 힘을 지닌 최고의 파트너였다. 아울러 알브레히트 솔로에서는 유연성이 특별해 연기력과 함께 부드러운 기교를 보였다. 1막에서의 강수진은 길고 부드러운 팔에서 선천적인 우아함을 발산하며 더없이 가볍고 발랄한 발로네 스텝으로 등장했다. 극중의 사실적 연기에도 능숙했고 특별한 실수도 없었다. 그러나 군무진들과 교감이 부족해 두 사람만이 동떨어져 있는 느낌이 실성하는 장면까지 계속되었고, 결국 무대를 압도하는 극적 효과를 반감시켰다. 다행히 이 부분은 힐라리온역의 황재원이 극중 인물에 성실히 접근하면서 어느 정도는 만회했다.

　2막에서의 강수진은 기량면에서 극심한 편차를 보였는데 가볍고 부드러운 도약이 탁월해 윌리의 이미지를 성공적으로 연출하면서도 정작 〈지젤〉의 기교적 정수인 아다지오 솔로 부분에서 실망을 남겼다. 테마 음악으로 시작되는 무대 중심에서의 아라스공 데블로페 다음 소절들에서 에카르테 피케와 플리에가 연속되는 부분을 적당히 넘기고 그랑 아라베스크에서 포인트를 명확히 하지 않는 등 클래식의 고집을 드라마틱 발레의 흐름으로 넘겨 버린 인상이다. 지젤에 필요한 기량의 요소들이 열 가지라면 아홉 가지에서는 감동적인 모습을, 나머지 한 가지에서는 그 감동을 의심하게 하는 아주 특이한 경우였는데 오리지널을 고수하려는 의지보다는 실수를 두려워하는 스타의 요령이 안타까웠다.

29일의 <레 실피드>에서는 강예나가 작품과 어울렸다. 고전발레에서의 연기가 삭제된 에튜드식 작품인 만큼, 또한 외모에서 풍기는 춤의 선이 어느 작품보다도 중요한 만큼 강예나로서는 <레 실피드>에서 최고의 성공을 거두었다고 보인다. <생명의 환희>는 에드리엔 델라스가 1985년에 안무했다. 이 또한 에튜드식 작품인데 현재의 성장한 유니버설의 모체라는 감회와 함께 초창기 모습을 보는 신선함이 있었다. 특별초청으로 공연된 아키 나카타와 다이 사사키의 <돈키호테> 그랑 파 드 되는 별다른 감흥 없이 시작됐다. 그러나 아다지오 부분이 끝나고 남성 바리에이션이 시작되자 분위기가 고조되기 시작했고, 코다 부분에서의 여성 푸에테는 열광적인 반응을 얻었다. 싱글과 더블을 번갈아 가며 32번의 푸에테를 완벽하게 연기하는 힘에 대한 경이로움 때문이었고, 어떤 훈련상의 차이 때문에 우리에게는 이러한 기교가 불가능한 것인지에 대해서도 생각할 기회를 제공했다.

조지 거쉰의 음악에 조지 발란신이 안무한 <후 케어스>는 재즈풍이 가미된 음악과 걸맞은 춤의 향연으로 커플들이 번갈아 가며 무대를 사로잡는 작품이다. 그렇다고 자칫 기교 없는 흉내를 내다가는 어떤 작품보다도 지루하게 되는데 유니버설의 경우 이 작품의 재미를 충분히 살렸다. 문훈숙이 낮공연에서 <지젤>을 한 이유로 제1 파 드 되에 출연하지 않은 것이 아쉬웠지만 이유미, 이미자, 나오미 기타무라를 비롯한 전단원이 열연하는 모습에서 유니버설의 저력을 발견하게 했다.

김영순 귀국공연

김영순이 춤을 춘 경력은 누구보다도 길다. 길 뿐만 아니라 많기도 하다. 그의 경력을 세세히 알지 못하면서 한국에서 본 몇 번의 무대만으로 이렇게 단언하는 것이 위험한 일인지도 모른다. 그러나 그의 춤을 보고 있으면 사실이건 아니건 그렇게 믿게 된다. 열정이 느껴지고 춤추는 동안만큼은 몸에 관해서 도를 통했다는 생각마저 든다. 이번 공연에서는 특히 제니퍼 밀러 작 <프라먼터리>에서 그런 느낌을 받았다. 곶이나 돌기로 해석되는 이 제목은 "무엇인가 결정하는 순간에 이르기까지 맞서야 하는 인간의 두려움과 망설임"을 담고 있다고 한다. 경사진 사각형 상자 위에 연습복 차림의 김영순이 서 있다. 내면으로부터 분출되는 힘이 조화롭게 호흡과 일치하면서 세련된 동작들을 구사한다. 같은 위치에서 튀는 움직임도 없이 지루하지 않게 작품을 마무리하는 능력이 탁월했다.

그러나 <망월동>을 보면서는 김영순의 안무감각이 지극히 한국적(?)인데 놀라게 되는데 이 또한 이해하기 힘든 부분이었다. 작품을 풀어 가는 시각이 한국의 몇몇 안무가들과 다를 바 없었고, 어쩌면 그보다도 구태에 가깝다고 느꼈기 때문이다. 안무성향의 주기가 새롭게 시작되고 있는 것인지 그가 한 지점에 고착된 것인지 혼란스러웠다. <망월동>은 안무가의 감정에 도취해 걷고 흔들고 발작을 반복한 솔로로 순전히 음악의 여운에 집중하는 스타일이었다. 이런 경우 안무가의 감정이 진실한 것이었는가를 따져 보게 되고 그 춤으로 인해 관객이 망월동의 의미를 되새길 수 있었는가를 생각하게 되는데 불행히 그런 느낌이 확연하지는 못했던 것 같다.

훌륭한 무용가는 안무에서, 안무가는 무용에서 두각을 나타내기 어렵다는 세계적 스타들의 일화를 들지 않더라도 춤으로 인정받는 김영순은 그 자체로 스타임에는 분명하다. 왕성하게 춤을 출 만큼 춘 무용가의 미래는 무엇일까, 당연히 춤을 가르치는 것이다. 춤추는 방법을 알고 있다고 해서 가르칠 수 있는 것은 아니다. 문법과 회화의 차이처럼 같아 보이지만 아주 다른 것이다. 춤은 회화 같다. 춤을 느껴 보지 않고 춤과 살아 보지 않은 사람은 춤을 가르칠 수 없다. 뉴욕의 유일한 한국인 무용가로 알려진 김영순이 정착할 곳은 결국 한국 학생들을 위한 어느 무용 클래스여야 하지 않을까. (『무용예술』 1996. 9월호)

'고전발레의 아버지' 마리우스 프티파를 생각하며

오늘날 접하게 되는 발레의 유형들로는 <고집쟁이 딸>과 같은 전(前)고전 스타일, <지젤>과 같은 낭만발레, <잠자는 미녀>와 같은 고전발레, <레 실피드>와 같은 신낭만발레, <로미오와 줄리엣> 같은 드라마틱 발레, <세레나데>와 같은 신고전발레, 현대무용의 표현기법과 유사한 현대발레들이 있다.

그러나 '발레'라고 하면 떠오르는 시각적 이미지는 단연 고전발레 작품의 주인공이다. 잘록한 허리선을 살리며 불가사의하게 옆으로 뻗어 나간 발레의 상, 번쩍이는 보석 치장과 화려한 왕관, 확연히 드러나는 다리선 그리고 포인트 슈즈가 떠오른다. 클래식 튀튀를 입은 이 모습이 곧 모든 발레리나의 모습이라는 무의식적 상상은 전문가들마저도 가끔 경험하게 되는데 이를 바꿔 말하면 고전발레의 위력이 그 밖의 다른 발레 유형을 압도하고 있다는 의미도 될 것이다. 이처럼 아직까지도 모든 발레 유형을 대표하는 발레로 인식되고 있는 고전발레를 만든 사람이 바로 프랑스의 무용가 집안 태생인 마리우스 프티파(1819-1910)다.

당시 무용계의 상황은 프랑스를 중심으로 유럽 각국이 낭만발레로 화려한 개화기를 거친 후였는데 프랑스에서의 열기가 사그라드는 동시에 러시아 황실에서의 발레 육성이 본격화되고 있었다. 유럽의 대가들, 특히 프랑스의 무용가들은 대부분 러시아 황실극장으로 적을 옮기게 되었고, 프티파 역시 1847년 일년 계약으로 상트 페테르부르크를 방문한 것을 계기로 일생을 그곳에서 보내게 된다. 1862년 <파라오의 딸>이 대성공을 거두면서 프티파는 전세기를 통해 가장 위대한 안무가로 인정받게 되고, 그 결과 상트 페테르부르크 황실극장 수석안무가로 임명돼 50여 년간 60여 개가 넘는 장막 발레를 안무한 전설적 인물이 되었다.

프티파가 고안한 춤형식인 고전발레는 간단한 줄거리를 토대로 많은 등장인물이 다양한 춤기교를 보이는 것으로, 막과 막 사이의 배경을 상이하게 하는 연출법이 특징이다. 두 명의 남녀 주역이 추는 그랑 파 드 되는 최고의 기교를 담아 가장 적절한 순간에 보여지고 솔리스트들의 다양한 바리에이션은 주역들 앞에, 군무진의 화려한 조화는 개막과 폐막에 적절히 분배되는 형식이다. 막간의 상이한 배경을 위해 각 나라의 민속춤이 발레화된 캐릭터댄스가 필수적으로 들어간다는 점도 빼놓을 수 없는 특징이다. 이로써 프티파의 스타일은 발레에 다양한 춤모델을 수입했고, 발레 댄서들 사이에 치열한 기교다툼을 벌이게 해 화려한 춤의 향연으로 각광을 받았던 것이다.

국립발레단이 공연하게 될 <레이몬다> 3막, <백조의 호수> 2막, <파퀴타> 2막은 모두 프티파에게 특별한 의미가 있는 작품들이다. <파퀴타>는 원래 1846년 조셉 마질리에가 파리에서 초연했던 작품으로 "스페인의 짚시소녀 파퀴타가 프랑스 귀족의 아들 루시엥과 사랑하게 되나 신분의 차이 때문에 방황하던 중 파퀴타 역시 귀족의 잃어버린 딸이었음이 밝혀지면서 결혼하게 된다"는 내용이다. 1847년 프티파는 이 작품을 완전 개작하면서 러시아에 데뷔하게 되는데, 레옹 밍쿠스의 음악에 의한 프티파의 <파퀴타>는 현재 세계적인 레퍼토리로 정착되었다. 2막은 스페인 무희들을 연상시키는 흥겨운 발레무대이다.

1895년에 초연된 프티파·이바노프 안무의 <백조의 호수> 역시 1877년 줄리우스 레이징거가 안무에 실패했던 작품을 개작하여 고전발레의 대표작으로 만든 것으로 유명하다. 그러나 백조와 왕자가 만나는 2막은 이바노프가 전적으로 안무했던 만큼 프티파의 취향은 아니라고 봐야 할 것이다. 오히려 <레이몬다>나 <파퀴타> 같은 프티파 풍을 쉽게 이해하는 대조적인 장면이다.

마지막으로 1898년에 안무된 <레이몬다>는 프티파의 스타일을 이해하기에 좋은 작품이다. "레이몬다와 장드 브리안 사이에 사라센의 장수 아브데라흐만이 끼어들고 수호신인 하얀 여인이 두 연인을 지켜 준다"는 내용으로 헝가리 민속춤 동작이 발레와 접목되어 있다. 이 중 3막은 결혼식으로 연기력에서 고난도의 기량을 필요로 하는 장면이다. 대작 중에서 하이라이트가 되는 장면

만을 발췌하는 공연은 쉽게 접할 수 있지만 이번처럼 레퍼토리 모두가 대작의
한 막씩인 공연은 처음이다. 세 가지 대작이 각각의 맛을 담아낸다면 그야말로
화려하고 풍성한 발레무대가 될 것이다. (국립발레단 공연 프로그램, 1996. 9)

유니버설발레의 〈한여름밤의 꿈〉

〈한여름밤의 꿈〉(1996. 9. 5–8, 리틀엔젤스예술회관)은 4쌍의 연인들이 펼치는 사랑놀음으로 압축해 볼 수 있다. 인간세상의 왕과 왕비, 요정세계의 왕과 왕비, 서로 사랑하는 한 쌍의 귀족 그리고 그 귀족들을 각기 짝사랑하는 남녀가 주인공이다. 그러나 사실상의 주인공은 꽃가루를 뿌리며 장난치는 퍼크라는 요정이다. 잠에서 깨어난 숲의 여왕 티타니아가 당나귀를 끌어안고 좋아하는 모습이 곧 〈한여름밤의 꿈〉을 상징하는 모습인 것처럼 퍼크의 꽃가루 장난에 사랑이 오고 간다는 발상은 정곡을 찌르는 풍자가 아닐 수 없다.

이 작품의 내용은 물론 셰익스피어의 원작에서 각색된 것이지만 금세기 최고의 발레 버전으로 꼽히는 〈한여름밤의 꿈〉을 안무한 조지 발란신은 멘델스존의 음악에서 더 많은 영감을 받았다고 한다. 부루스 스타이블이 안무한 유니버설발레의 버전 역시 멘델스존의 음악인데 발란신과 다르게 2막을 3막으로 나누면서 인간세상의 묘사를 상세히 했다. 포로가 된 히폴리타 여왕이 티시우스 왕의 진정한 구애를 마침내 받아들이는 장면과 두 쌍의 귀족이 어떤 상황에 처해 있는지 즉 허어미아와 라이센더가 사랑하는 사이고 각기 헬레나와 디미트리우스가 연적임을 1막에서 설명하고 있다.

그러나 작품 전체를 놓고 볼 때 1막의 효과는 춤과 글의 거리감을 확인시키는 데 그치고 말았다. 서술적인 상황 전개가 작품 이해에 도움이 되고 안정감이 있을 것이라는 상식에도 불구하고 2막과 3막에서의 내용만으로도 충분히 즐거운 발레였기 때문이다. 아름다운 무대장치를 배경으로 등장하는 숲속의 통치자 티타니아와 오베론역은 박선희와 이원국이 맡았다(7일 밤). 그들의 2인무에서는 상체의 표현력이 탁월한 박선희의 요정다움, 품위를 갖춘 이원국의 개인기량과 함께 안무자의 절도 있고 감칠맛 나는 기교 구사가 엿보였다. 또한 콩꽃요정 강예나, 거미줄요정 임혜경이 환상적인 부드러움을 보였다면 디미트리우스 권혁구, 라이센더 황재원이 활기찬 도약으로 대비되는 춤의 아름다움을 보이는 등 단원 전체의 기량에서 성숙된 자기통제력을 느끼게 했다. 특히 3막에서 보인 여러 쌍의 군무가 박자에 일치하는 장면은 외국 발레단에서는 보기 어려운 통일된 호흡으로 깔끔하고 화려한 무대였다. 반면 현실과 비현실의 인물을 구분하기 위한 시각적인 배려가 아쉬웠는데, 인간과 요정의 의상이 장치의 변화와 무관하게 튜닉이었던 점이 그것이다. 또한 장난꾸러기 퍼크에게는 기교보다는 무대를 압도하는 제스처가 더 중요해 보였다.

〈한여름밤의 꿈〉이 한국 초연된 사실은 다른 고전발레의 초연보다 훨씬 의미가 깊다. 세계 발레계가 사실상 고전적 레퍼토리의 고갈 상태에 처해 있고 이 작품이 그 타개책으로 근래에 유행하는 만큼 어찌 보면 우리 발레가 드디어 세계의 유행 물결을 타고 있다는 해석이 되기 때문이다. (『한국일보』 1996. 9. 12)

우리시대의 춤

— 홍승엽·안은미·김순정·김선미

예술의전당 기획공연 '우리시대의 춤'(1996. 9. 4–14, 자유소극장)이 지난
해 보다 훨씬 조용히 막을 내렸다. 안무가와 무용가로 구분하던 것을 통일시키
고 극장의 규모를 축소시키면서 생긴 위축된 분위기였다. 또한 내용면에서는
우리시대의 춤을 출 사람이 한 해에 9명씩이나 있을까라는 생각을 하게 했다.
출연자 선별과정에서 제자 사랑을 위한(?) 힘자랑이 들어갔다고 느끼면서 9
명은 너무 많다는 생각을 하게 된 것인데 혹 기획자들이 미리 알아서, 관행대
로 챙겼는지는 모를 일이다. 계파별·계열별로 골고루 챙긴다는, 말도 안 되
는 발상을 앞세워 개인의 입지를 챙기는 사람들이 있어 왔듯 '우리시대의
춤' 역시 그쪽으로 가는 것이 아닌가 하는 의구심과 지난해의 참신함은 그것
으로 끝인가라는 아쉬움이 있다.

어느 시대의 춤이건 고전과 현대, 민속과 민족춤이 있어 왔듯 기획측의 의지
도 명백해질 필요가 있었다. 춤 잘 추는 30대 찾기가 목적이면 발레리나들과
한국전통춤 전수자들이 대폭 들어가야 할 것이고, 새로운 감각을 위한다면 상
대적으로 이 부분에서 뛰어날 수밖에 없는 현대무용가들 위주가 돼야 할 것이
다. 이 가운데 발레나 한국춤을 모체로 현대무용을 하려 하는 무용가들이 합세
한다면 금상첨화일 것이다. 사실 한국춤이나 고전발레기교로는 이미 몇몇 간
판스타가 직업무용단을 통해 명성을 얻고 있는 현실이고 보면 역시 창작작업
을 후원하는 무대가 아쉬운 형편이고 기교를 원한다면 그런 취향의 작업자들
을 선택할 일이다.

또 한 가지 생각할 일은 즉흥적 움직임이 춤인가 아닌가, 느린 움직임이나
걷는 움직임이 춤인가 아닌가 등등 본질적인 영역에 기획자가 참견할 일은 아
니라는 점이다. 이는 노베르 이후로 성문화된 무용의 역사 자체이기 때문이다.
'춤으로 돌아가자'라는 슬로건은 결국 기교를 보여달라는 요구로 보이는데

그 동안의 창작작업에서 우리 무용가들이 빚어낸 가치관의 혼란을 추슬러 보자는 의도에는 충분히 동감한다. 반면 그 혼란을 주도했던 사람들이 과연 전문적인 예술가로서 세계시장에서 팔릴 수 있을 것인가를 상상한다면 단연 아니라는 생각이다. 우리 무용계 상황이 특수한 만큼 무용가와 무용애호가로서의 무용가를 내부적으로 구분하는 의식이 먼저 생겨나야 할 시점이다. 그래서 무용가를 찾아내고, 때로는 무용애호가인 무용가들의 거센 반발을 감수하면서도, 찾아낸 몇몇을 꾸준히 지원하고 싶다는 기획 의도가 확고해졌으면 한다.

이번에 참가한 9명 중에는 본의 아니게 피해를 본 사람도 있었고, 무용애호가의 끈질긴 반복을 계속하는 사람도 있었다. 또한 죽도 밥도 아닌 국적불명, 시대불명의 춤을 추며 본인은 물론 관객까지 헷갈리게 하는 사람도 있었다. 그러나 96년도의 '우리시대의 춤' 기획에 대해 관객으로서 감사할 수작이 있었다는 점은 너무나 다행스럽다. 홍승엽의 <아다지에토>였는데 아마 주최측에서도 이런 작품을 기대하지 않았나 싶다. 홍승엽과 한금련이 춘 2인무로 깊은 감동을 주기에 충분할 만큼 여러가지 요소에서 완벽을 기한 작품이었다.

소품으로서의 2인무 중에 가장 인상 깊었던 작품은 하크네스발레 홀에서 추어진 아름다운 소년 소녀의 것으로 필름을 통해 본 것이었다. 그 이후로 항상 그 작품을 떠올리며 2인무의 황홀함이 재현되기란 불가능하리라는 생각을 해왔다. 이 생각을 홍승엽이 바꿔 버렸다. 감미롭고 신선하고 표현적인 2인무는 하크네스의 것이 환상이었다면 같은 춤이 현실로 전이된 느낌이었다. 항상 보고 싶어했던 춤을 본 것 같은 후련함, 되풀이해서 봐도 질리지 않을 것 같은 명작의 면모를 갖춘 이번 무대의 수확이었다. 현대무용가로 알려진 홍승엽의 작품답게 움직임에서의 독창성이 순화된 감정을 조절하는 도구로서 완벽했고 표현력 있는 발레리나로 알려진 한금련은 이 작품과 아주 잘 어울렸다. 현대무용가는 아름다운 생각을 할 수 없을 것만 같았던 인식의 벽을 깼다는 점도 대단한 발상으로 보인다.

안은미의 <하얀 무덤>은 폭발하는 에너지와 주체할 수 없이 떠오르는 아이디어의 산물이었다. 한마디로 정리되지 않은 충만한 젊음의 표출이었는데 과

'96 우리시대의 춤(1996. 9. 4-14) 안은미 안무 〈하얀 무덤〉 예술의전당 자유소극장

감한 노출, 터부시되는 움직임으로부터의 자유는 미국에서 활동하는 현 상황을 감안하더라도 파격적이다. 결혼의 과정을 묘사하면서, 상황에 따라 여자와 남자로 변신하면서, 결혼을 무덤에 비유한 〈하얀 무덤〉은 묘사방법에서 아주 자유롭고 혹간 방임에 이르는 즉흥적 요소가 강했다. 동양의 신비, 특히 수줍은 동양여인의 고착화된 이미지를 단숨에 깨버리는 충격효과를 등에 업고 자신의 입지를 굳혀 가는 안은미의 변화와 정리되는 과정을 지켜보고 싶다.

김순정은 특유의 시원하고 정형적인 선으로 〈신화의 끝〉을 보였다. 발레댄서 출신들이 창작에서 부딪히는 한계를 — 상황의 연결이나 음악에 대한 상식적 해석 — 완전히 벗어났다고는 보기 어렵지만 발레기교를 자신의 언어로 상당부분 소화시킨 점은 괄목할 만하다. 춤을 추면서 노는 어린 소녀의 이미지가 전체적으로 부각됐고 그 가운데 춤실력이 자연스럽게 흘러나와 그 동안의 작품들에 비해 성숙된 안정감이 느껴졌다. 이윤경은 〈홀로 아리랑〉에서 경지에 도달한 기교 구사를 했다. 사지의 움직임이 동체의 제어 아래 있음이 느껴질 때 이런 표현을 쓰는데 이러한 경지에 도달하기 위해서는 십수년 춤을 추고도 많은 연습이 필요할 것이다. 그러나 그 기교가 어디에 필요한 것이었는지를 미처 설명하지 못했다는 느낌이 있다.

김선미의 〈숨·결〉을 통해서는 자연적인 호흡법과 우리춤 기교가 교차되는 장면을 보았다. 통일성이나 짜임새가 문제로 남아 있기는 하지만 움직임에 대한 성찰, 그 성찰에 대한 이해와 실험이 느껴지는 이정표적 무대였다. '우리시대의 춤'전은 문예진흥원이 주관하는 '신세대 가을 신작무대'와 함께 매우 기다려지는 무대로 자리잡았다. 신세대가 20대들의 것이라면 우리시대는 30대의 것으로 더 비중이 큰 기획전이기도 하다. 이 두 기획전이 오랫동안 좋은 결과를 맺으며 지속된다면 무용계의 순환은 모든 지병을 치료할 만큼 빨라질 것이다. (『무용예술』 1996. 10월호)

국립발레단의 '프티파의 밤'

유니버설발레단의 <한여름밤의 꿈>은 한국 초연작이면서 최근에 리바이벌 안무가 유행하는 작품이라는 점 때문에, '프티파의 밤'은 명작의 하이라이트가 되는 막만을 추려 무대에 올렸다는 점 때문에 각각 기대를 모았다. 유니버설발레단이 다양한 등장인물에 따른 고른 배역으로 단원의 전체적인 기량을 향상시키며 앙상블 발레적 측면을 보여주었다면 국립은 러시아 유학생들을 주역으로 발탁하는 모험을 감행하며 스타 시스템의 확립에 주력하고 있었다. 같은 맥락에서 부루스 스타이블의 안무에 관해, 국립 주역들의 기량에 관해 이야깃거리를 제공한 무대였는데, 각기 한국발레계의 진일보된 면모를 보여주고 있었다.

국립발레단의 '프티파의 밤'(1996. 9. 12-15, 국립극장)에 대해서는 불가능해 보이는 작품 선정이라는 우려가 있었다. 관객의 입장에서야 더 없이 좋은 다양한 볼거리가 되지만 단원들에게는 그만큼 많은 부담이 주어지기 때문이다. 춤의 성격에 따라 즉각적으로 분위기를 바꿔야 하는 — 백조의 환상, 헝가리풍의 축제, 스페인풍의 축제로 이어졌듯 — 군무를 비롯한 솔리스트의 어려움이 느껴졌고, 작품의 해석에서도 군무의 역할에 대해서는 크게 관심을 갖지 않아 전체적인 해석력은 떨어져 보였다.

<백조의 호수> 2막에서 입단과 함께 오데트역을 맡은 남소연은 수줍고 나약한 백조로 독특한 매력이 있었다. 보호본능을 불러내는 부드럽고 조용한 포르 드 브라와 아라베스크가 탁월해 환상의 피조물인 반백조 반소녀의 실체처럼 보이기도 했다. 반면 주역으로 갖춰야 할 여러가지 기교에서는 아직 미숙함을 보여 무조건적인 외국 열풍에 대한 반대시각도 생겨날 조짐이다. <레이몬다> 3막 중 특히 주역의 솔로에는 발레라는 춤을 추는 사람들에게 부적당한 춤사위가 많이 들어 있다. 그래서 외국에서도 아무나 연기할 수 없는 부분인데

이런 경우 안무자의 세심한 해석력이 필요하다. 그래서 주역보다는 안무자에게 불만을 토로하고 싶다. <파퀴타> 2막에서 객원 주역을 맡은 배주윤은 스타로 대성할 소질을 지닌, 이번 공연의 수확이었다. 어린 나이에도 불구하고 끈적이는 솔로를 소화하고 푸에테 투르에서의 기교도 좋았다. 춤을 리드하는 능력과 무대에서의 본능적 과시력을 타고났고 팔동작의 섬세함이나 도약에서의 활기를 살릴 줄 아는 강한 성격으로 이런 성격의 발레리나가 드문 현실임을 감안한다면 밝은 미래를 점치게 했다. 이밖에 <파퀴타>에서 솔로를 보인 김용걸·최경은·최선아·김현주·이재신의 기량이 탁월해 공연의 하이라이트로 손색이 없었다. (『객석』 1996. 10월호)

아메리칸 발레시어터 내한공연

　미국을 대표한다는 발레단의 명성으로, 고전발레의 전통을 계승하는 점잖은 무게로 관객을 확보하는 아메리칸 발레시어터가 첫 내한공연(1996. 9. 18-21, 예술의전당 오페라극장)을 가졌다. 뉴욕시티발레가 소품 위주의 실험적인 작풍으로 고유한 특성을 살렸다면 아메리칸 발레시어터는 1939년의 창단 때부터 러시아 발레의 계승자이면서 미국 발레의 창조자로서 뚜렷한 의식을 지니고 있었다.

　초창기에는 안나 파블로바와 세계 순회를 했던 미카엘 모드킨의 지휘로 미셸 포킨의 작품을 미국에 소개했고, 그 이후로는 영국의 안토니 튜더나 프레드릭 애쉬튼, 미국인 아그네스 드 밀이나 오이젠 로링의 작품을 공연해 왔다. 그 과정에서 러시아의 공산화로 인한 레퍼토리 고갈로 기획상의 어려움도 겪은 것으로 알려졌지만 <지젤> <백조의 호수>를 비롯한 고전 명작발레 대부분은 물론 세계의 춤이 공존하는 다양성도 확보해 왔다. 뿐만 아니라 독자적인 연기력까지 개발해 가면서 미국적인 고전발레를 완성해 냈으며, 동시에 70년대 후반부터는 스타군단을 지닌 세계 최고의 발레단으로 자리잡았다.

　세계 각국의 스타들이 아메리칸 발레시어터로 모인 이유로는 그 발레단이 스타 중심으로 전개되는 고전발레를 위주로 한다는 특성 이외에도 미국이라는 나라가 지닌 풍부한 경제력 때문이기도 했다. 70년대 후반부터 80년대 중반에 걸쳐 활동했던 무용가들을 보면 스타군단이라는 표현이 너무나 적절하다는 생각을 하게 되는데 나탈리아 마카로바, 페르난도 부오네스, 신시아 그레고리, 미하일 바리시니코프를 비롯 최정상의 고전발레 연기자들이 군집해 있었다.

　이러한 스타군단의 전통은 이번 한국공연에서도 찾아볼 수 있었는데, 80년대가 발레리나 우위였다면 90년대는 남성무용수들 쪽에서 보다 화려한 경쟁력을 과시하고 있었다. 〈지젤〉에서 알브레히트를 연기한 호세 마뉴엘 카레뇨나 〈백조의 호수〉에서 지그프리드를 연기한 찰스 애스커가드는 사실적인 마임으로 극의 감동을 이끄는 자연스러운 연기의 사이사이 놀라운 기교를 과시해 우열을 가리기 어려웠다. 특히 극적인 흐름에 동화된 상태에서도 기회를 백 퍼센트 잡아내는 스타 기질이 어떤 것인지를 단번에 이해시킨 점은 괄목할 만하다.

두 작품에서 여성 주역을 맡았던 줄리 켄트는 발레리나로서의 아름다운 용모에 비해 대작의 테크닉을 감당할 힘이 부족해 보였는데, 〈지젤〉에서는 호흡의 통제력이, 〈백조의 호수〉에서는 지탱하는 힘이 아쉬웠다. 비록 한 순간에 가까운 부분이고, 그 밖의 부분에서는 탁월했지만 아메리칸 발레시어터를 지나간 선배 발레리나들에 비한다면 위축된 느낌을 지울 수 없었다.

작품 해석면에서는 자유롭고 사실적인 묘사로 극을 끌어가는 점이 미국 발레의 특성이라는 평판이 재확인된 무대로 두 작품 모두가 현실과 비현실의 경계를 자유롭게 넘나드는 낭만발레적인 특성을 지녔기 때문에 더욱 명백해진 듯하다. 두 작품 모두 비현실적 세계보다는 현실의 세계에서 감동을 주는 해석으로 러시아 키로프발레의 군무진이 보이는 환상적인 백조떼의 움직임이나 프랑스 파리오페라발레가 보인 요정들의 하늘거리는 가벼운 도약이나 일사분란함은 없었다.

반대로 다른 발레단에서 찾기 어려운, 이야기 속으로 관객을 끌어들이는 표현력에서는 탁월했다. 줄리 켄트만 보더라도 〈지젤〉 1막에서의 시골소녀 역할이 그 누구보다도 어울렸고, 지젤 어머니역의 카트린 무어 역시 우러난 애통한 감정을 직접적으로 객석에 전달하는 주요인물이라는 사실이 이 발레단만의 독특함이다. 〈백조의 호수〉에서도 귀족과 농민의 구분을 시각적으로 명확히 하고 그들의 신분 차이를 암암리에 느끼게 하는 연출로 발레 무대이기 이전에 작품 안에서의 상황 설명에 충실했다. 이러한 마임의 효과를 예로 들면 결혼하라는 왕비의 명령에는 무반응을 보이던 지그프리드 왕자가 생일 선물로 받은 활에는 큰 관심을 보이는 것을 관객 모두가 알아볼 수 있다는 점이다. 도처에서 발견되는 이 같은 마임의 확실한 전달은 편안한 분위기에서의 탁월한 기교와 아울러 느낌이 살아 있고 같이 즐길 수 있는 무대라는 측면에서 타의 추종을 불허한다.

주역 2인무에서는 줄리 켄트와 찰스 애스커가드의 호흡이 완벽했고, 왕자가 귀족의 품위와 탁월한 기량을 지녔다면 공주는 독특한 춤해석력을 지닌 발레리나였다. 그들의 춤에는, 아다지오에서조차도, 가속도가 붙어 감성과 일치하는 환희가 담겨 있었다. 그러나 24마리의 백조가 행진하는 장면이나 농부들의 생일 축하춤에서 그리고 <지젤>의 윌리 군무에서는 답답함이 느껴졌는데 그 이유는 극장 무대에 있었다.

무대장치로 인해 좁아진 공간에 서기에는 아메리칸 발레시어터의 규모가 너무 크다는 생각을 하면서 예술의전당 오페라극장이 어중간한 크기라는 사실을 새삼 느꼈다. 대작 발레 공연이 이뤄지는 외국의 대형극장에 비해서는 작고 일반공연용 극장보다는 크기 때문이다. 뒤늦게 발생한 신귀족주의의 산물이라는 비판의 눈초리를 애써 감추며 역사를 들먹이며 변명까지 해보지만 실질적인 안목에 대해서까지는 그만한 이해심이 생기지 않는다. (『예술세계』 1996. 11월호)

창무국제예술제·안성수 픽업 그룹

창무국제예술제

창무국제예술제 개막공연(1996. 9. 12, 호암아트홀)은 과거의 춤과 현재의
춤이, 동시에 아프리카와 동양의 춤이 혼합된 것이었다. 그래서 한편으로는
춤의 다양함을 다른 한편으로는 그 춤들의 발생 순서와 특징을 무의식적으로
정리 수용하기 위한 노력이 필요했다. 이번 행사의 테마가 아프리카 공연예술
인 만큼 무엇보다도 아프리카의 민속춤에서 말로만 들어왔던 원시춤의 형태
를 상당 부분 확인했다는 점은 커다란 수확이었다. 뿐만 아니라 춤의 유형으로
보아 비슷한 즉 꼬기, 흔들기, 구르기, 빠른 박자 만들기 등이 현대춤으로 전이
된 필라델피아무용단의 무대는 한 무대에서 춤의 맥이 정리되는 느낌이었다.
   그러나 수천 년의 역사를 뛰어넘는 작업이 그리 쉽지만은 않았는데 특히 무
대조명에 대한 해석이 없어 보였다. 서울현대무용단이나 창무회의 공연이 추
상적인 흐름의 맥을 지니고 있어 어두운 무대 일색으로 갔다 하더라도 자이레
나 가나의 민속춤은 생활의 일부분인 만큼 심각해질 필요가 전혀 없다는 말이
다. 우리의 춤무대는 기본적으로 어둠 일색이어서 때로는 전력의 한계가 있는
것일까라는 한심한 추측까지도 해본 적이 있는데 이번의 경우는 관행의 무서
움을 실감하게 했다. 동시에 무대의 일정한 분위기를 잡아가야 할 조명의 입장
에서도 이번 공연은 레퍼토리의 성격 때문에 황당한 경우였을 것이라는 생각
이 든다.
   손관중(9. 20, 포스트극장)은 이번 예술제를 통해 새로운 면모를 보였다. 지
금까지의 자기과시적 작품 경향을 뛰어넘은 <상… 601218>은 움직임에 대한
새로운 이해의 경지를 보였다. 움직임 자체가 어떤 감정을 끌어내게 한다는 기
본원칙이 성립됐다고도 하겠는데 동작 연계에서 내면과 외형을 일치시키려는
의지가 성공해 세련미가 느껴졌다. 지금까지 그가 보여주기 위한 춤동작을 생

각해 왔다면 이번에는 추상적인 언어를 독자적인 동작으로 번역하는 작업을 하고 있었다. 또한 플로어 패턴을 원으로 삼아 끊임없는 방황을 혹은 그가 부딪히는 정신적 갈등 묘사를 일관성 있게 풀어냈다. 그러나 동체에서 느껴지는 에너지의 강렬함 같은 연기가 부족해 감동의 경지로까지는 끌고 가지 못한 아쉬움이 있다. 평소의 혹독한 훈련으로 다져진 부드러운 동체가 스스로 움직일 때의 효과가 얼마나 강렬하고 아름다운 것인지는 두말할 필요가 없을 것이고, 이는 무용가의 필수적 의무가 아닐까 한다.

같은 무대에서 공연된 아이보리코스트의 베베 우알리무용단은 개막제의 아프리카 민속춤과 동일한 부류였다. 무대 중심에 북과 비슷한 타악기가 놓이고 그 밖의 악기들은 상황에 따라 바뀌는데 북을 치는 사람이 춤을 포함, 무대 전체를 리드해 간다. 베베 우알리는 종족의 토속춤에 우화적인 요소를 가미해 가며 춤의 기교와 함께 웃음거리를 제공하고 있었다. 풍요를 기원하는 듯한 춤에 이어 닭을 제물로 바치는 사람, 그 닭을 먹어 치우는 표범, 제물의 승천을 기뻐하는 닭 주인, 그러나 결국 사실을 알고 괴로워하는 모습들이 한 장면씩 보여진다.

그런가 하면 갑자기 구애의 춤으로 느껴지는 가·무·악의 기본형으로 되돌아가, 한 무대에서 그들이 지닌 춤 유산을 고스란히 보는 즐거움이 있었다. 표범으로 등장한 인물이 엎드린 채 공중으로 뛰는 모습은 경이로웠고 매우 빠른 발동작이나 재즈춤의 원형임직한 각부분의 유연하고도 강렬한 흔들기는 흑인춤의 멋을 느끼게 했다. 또한 우리 민속놀이로 알고 있는 서로 상대방의 다리를 걸고 뛰는 동작이나 농악에서 사용되는 엎드린 자세에서 다리 회전시키기 등 그 동작의 무한함에 놀라울 뿐이었다.

그러나 이들의 춤을 보면서 두 가지 문제를 떠올리게 됐다. 하나는 삶의 춤이 무대춤이 되기에는 시간적인 거리가 이미 너무 벌어져 관객의 진정한 즐거움을 쫓아오지 못한다는 점이다. 극적인 연출의 현대화가 필요해 보였는데 그 다양하고 활력적인 기교들이 현대적 안무가의 손에 넘겨진다면 수작이 탄생할 듯하다. 아니면 차라리 제례의 일부인 토속춤 그대로를 보는 재미가 훨씬 클 것이다. 다른 하나는 각 민족 고유의 유머가 타민족에게는 통하지 않는 문제다. 사실 여부는 모르겠지만 공연자들의 표정과 몸짓으로 미루어 그들에게는 요절복통할 장면에서 우리 관객은 무표정할 수밖에 없었다는 점인데 우리의 판소리를 처음 본 유럽인이 제때에 웃을 수 없는 것과 다를 바가 없을 것이다. 공연단의 열기는 후반부로 갈수록 뜨거워졌고, 안타깝고 민망할 정도의 열연이었지만 거리감을 재확인하는 답답함 또한 그만큼 컸다.

안성수 픽업 그룹

안성수의 춤(1996. 9. 19-22, 동숭아트센터)은 풍부한 상상력에서 시작해서 뛰어난 리듬감과 무대 기술에 대한 확실한 안목으로 끝을 맺었다. 음악을 선정하고 그 음악의 리듬을 신체의 굴곡으로 바꾸는 일도 상상력의 일부이기는 하겠지만 안성수의 경우는 순진무구한 순수함의 세계를 지닌 것 같다. 반대로 무대를 사각형 렌즈를 통해 관찰하는 듯한 공간정리법이 느껴질 때는 그 인상이 일순간 사라지고 만다.

대부분의 작품이 부드러움 속에 숨겨진 광풍적 기질을 담고 있는데 도약과 흐름의 움직임을 비롯해, 모든 동작에 풀려 있는 자유로움이 있다. 마치 춤을 벗어나 춤을 보는 듯한 여유로 안성수의 춤을 푸는 열쇠는 바로 이 여유의 근원을 찾는 데 있을 법하다.

이러한 특징은 〈빔(Bim)〉이나 〈달밤의 체조〉에서 두드러졌는데 기교에 대한 구속이 없었기에 움직임에 대해 순수하게 접근할 수 있었던 것으로 보인다. 어찌 보면 무용 기교적으로는 미숙한 동작인데 이것이 단순화되면서 혹은 소극적으로 움추려들면서 신선한 동작으로 새로이 태어나는 묘한 매력이었다. 이러한 매력은 안성수가 특정한 춤에 고착되지 않았기 때문에 혹은 그의 이력서가 대변하듯 특정 춤을 자기 것으로 흡수하기에는 너무 늦은 시기에 춤을 접했기에 생긴 결과일 것이다.

춤을 늦게 시작할수록 신선한 춤을 만들 수 있다는 아이러니가 성립된 경우인데 오늘날의 춤계가 기교와 형식에서 완벽을 기하고 있고 그 과정에서 치열

안성수 〈빔〉 1996. 9. 19-22,
동숭아트센터

한 경쟁을 하고 있음을 상기한다면 안성수의 경우가 충분히 신선해지는 이유를 알게 된다. 물론 그에게는 널려 있는 움직임 조각을 찾아내는 안무가의 예리한 눈이 있고 그 움직임을 효과적으로 활용하는 음악의 조절 능력이 있으며, 무대 공간에 대한 독특한 시각이 있기에 그 신선함이 빛을 발한 것이다. 작품 각각이 특정한 의미를 지닌 것이 아니기에 개별적으로 분류할 필요는 못 느끼지만, 〈왓에버(Whatever)〉가 초창기 작품답게 교과서적이라면 〈퀸(Queen)〉은 열정적인 움직임을 조명의 효과를 통해 배가시키는 등의 무대 기술을 담고 있다.

안성수가 이끄는 무용단원 7명이 모두 외국인이라는 사실도 평범하지는 않다. 천성으로 보이는 그의 넉넉함과 포용력이 작용했겠지만 단원들은 어쩌면 흉내낼 수 없는 안성수의 엉뚱한(?) 움직임 발견이 재미있고 신기한지도 모를 일이다. (『무용예술』 1996. 11월호)

앙주렝 프렐조카주 내한공연

프렐조카주의 공연(1996. 10. 11~12, 호암아트홀)은 예술가들에게 아이디어라는 것이 얼마나 중요한 작업의 원천인지를 확인시켰다. '나는 무엇을 춤출 것인가'라는 숙제를 놓고 그는 '발레 뤼스'의 예술적 가치를 재현하겠다고 마음을 먹었다. '발레 뤼스'는 디아길레프가 이끈 러시아 발레단으로 현대발레 작품의 산실이었다. 1929년까지 정확히 20년간 존재했던 길지 않은 역사의 발레단이었지만 그들이 남긴 성과는 오늘날에도 도달하기 어려운 전설적인 일면이 있다.

우선 무용가들이 역사를 뒤바꾼 인물들이었는데 포킨은 신낭만 발레로, 니진스키는 원초적 감각의 춤으로, 마신은 교향악 발레로, 니진스카는 상징적 발레로, 발란신은 신고전 발레로 각기 무용사의 절대적인 부분을 차지하고 있다. 극작가로는 장 콕토, 음악가로는 스트라빈스키, 라벨, 드뷔시, 프로코피에프, 사티, 미술가로는 박스트, 피카소, 마티스, 브라크, 위트릴로, 루오를 비롯해 새로운 감각을 지닌 예술가들의 총집합소가 바로 '발레 뤼스'였다.

총지휘자격인 디아길레프는 이들에게 항상 새로운 것, 놀라운 것을 요구했고, 발레단의 공연은 항상 스캔들과 환호의 대상이 됐다. 그러나 디아길레프가 사망하면서 무용가들이 흩어지고 세계무용계는 새로운 전환기를 맞게 되는데, 이 과정에서 '발레 뤼스'의 작품들은 대부분 신화처럼 남겨지고 만다. 아직까지 맥을 잇고 있는 작품들로는 니진스키의 〈목신의 오후〉, 니진스카의 〈결혼〉, 포킨의 〈장미의 정령〉, 발란신의 〈이고르 왕자〉, 마신의 〈퍼레이드〉 등이 있는데, 프렐조카주의 공연에서는 〈장미의 정령〉과 〈결혼〉 그리고 〈퍼레이드〉를 만날 수 있었다.

그러나 여기서 예술가의 아이디어에 대해 다시 이야기가 되어야 한다. 프렐조카주는 '발레 뤼스'의 작품이 아닌 그 신화적 현대성에 대한 경의를 표하고 있기 때문이다. 안무의 소재를 고전발레의 재해석에서 찾고 있던 안무가들 혹은 중세의 문양에서 찾고 있던 안무가들에게 프렐조카주의 착상은 아마도 부러움의 대상이 될 것 같다. '이 생각을 왜 먼저 해내지 못했을까'라는…. 고전의 재해석이 인위적으로 줄거리나 주제의 악의적 변형을 감수해야 하고 중세 문양이 던져 주는 영감의 한계를 극복하기 어려운 데 반해 '발레 뤼스'의 작품들은 현대발레의 모든 경향을 포괄적으로 담고 있을 뿐만 아니라 우리시대의 감각으로 직접 연결되는 작품 구조와 내용을 담고 있기 때문이다.

<퍼레이드>는 에릭 사티의 음악, 장 콕토의 대본, 피카소의 장치 및 의상으로 레오니드 마신이 안무해 1917년 파리에서 초연된 작품이다. "사실적(현실적) 발레"를 만들어 보자는 콕토의 제안에 따라 서커스단의 손님 끌기 장면을 보이는 이 작품은 큐비즘(입체파)을 최초로 도입한 극예술로 알려졌다. 사실적이란, 관객과 극중의 서커스단 사이를 연결하는 사회자가 있어 작품 자체가 손님을 부르는 서커스단의 장기 자랑이며 흔히 보는 거리의 풍경처럼 보인다는 의미다.

프렐조카주가 안무한 <퍼레이드>에도 확성기를 든 사회자가 나와 무슨 말인지를 계속 주절거린다. 그러나 서커스 단원들의 손님끌기라기보다는 이색적인 패션쇼를 보는 듯했다. 모자나 신발을 포함한 모든 의상이 초현실적인 모습인데 그 모양새가 특이한 것은 물론 색깔이나 형태의 불균형을 강조하는 듯했다. 분명 어떤 유머 감각이 있을 듯하지만 언어나 인습의 차이로 묘미를 느끼지 못하는 것인지 프렐조카주가 웃음 쪽 안무에는 소질이 떨어지는 것인지 모호한 상태에 그치고 말았다.

반면 <장미의 정령>과 <결혼>에서는 앙주랭 프렐조카주라는 인물의 성격까지를 훔쳐볼 수 있을 정도로 개성이 드러났다. <장미의 정령>에서는 성에 대한 남다른 관심을, <결혼>에서는 성에 대한 부정적 시각을 보이는데 두 작품을 연결하는 메시지는 순수함의 예찬으로 보였다. <장미의 정령>은 현대춤으로 새롭게 피어난 웨버의 왈츠였다. 포킨이 안무한 원작의 내용은 한 소녀가 창가에 앉아 잠들어 있는데 장미의 정령이 나타나 함께 춤을 추고 춤이 끝나면 소녀 역시 잠에서 깨어난다는 내용이다.

프렐조카주는 이 내용에서 에로티시즘을 강조했는데 소녀가 기다리는 것이 춤만은 아니었을 것이라는데 착안한 것 같다. 영화와 비교한다면 연소자 입장 불가에 해당되는 착상이겠지만 소녀의 성적 갈망이 장미의 정령이 등장하면서 구체화된다. 그러나 이 작품이 추하거나 진부하지 않을 수 있었던 기발함 역시 무대 한편에서 펼쳐지고 있었다. 소녀의 갈망이나 정령과의 열정적인 2인무가 무음악으로 시작된 반면 웨버의 음악 〈무도회의 권유〉는 아주 대조적인 흥겨운 2쌍의 2인무에서 시작된다. 무대 속의 무대를 만들어 그 안에서 2쌍의 남녀가 추는 춤은 현대무용가가 해석한 왈츠 음악이 얼마나 정겨운 것인지를 보여준다. 강렬한 리듬과 일치하는 흥겨운 춤은 망사 밖에서 점점 강해지는 노골적인 충동과 대비를 이룬다. 소녀의 생각 속으로 들어가 그 생각에 담긴 이중성을 파헤치는 듯한 〈장미의 정령〉은 원작보다 훨씬 성숙한 아름다움과 재미를 담고 있었다.

프렐조카주를 유명하게 만든 〈결혼〉은 1989년 작품이다. 니진스카가 초연한 해는 1923년이었고, 스트라빈스키가 러시아의 옛날식 결혼을 묘사한 칸타타를 작곡함으로써 만들어졌다. 스트라빈스키는 그 절차에 따라 음악을 진행시켰는데, 신부집의 상황, 신랑집의 상황, 결혼식, 결혼 파티 순이다. 니진스카는 이 순서를 진행시키면서 시골의 아름다움보다는 농부 여성에게 있어서의 결혼이란 서약·침대·출산·죽음·돈과 암소를 유산으로 남기는 일임을 느끼게 하는 투박함을 강조했다. 프렐조카주는 이 칸타타를 〈결혼… 그 합의된 강간〉으로 풀면서 극적인 절차를 무시했다. 친구에 의해 눈가림을 당한 채 등장했던 여자가 남자에 의해 같은 모습으로 퇴장하는 것이 절차의 모든 것으로 보인다.

5쌍의 남녀가 면사포를 쓴 신부인형을 난폭하게 내던지는가 하면 사랑스럽게 어루만지고 남자들끼리 춤을 추는가 하면 다시 여자들의 군무로 바뀐다. 기다란 의자를 끌고다니며 남녀가 같이 춤을 추기도 하고 그 의자에 올라가 몸을 던져 땅에 구르기도 한다. 그 다양하고도 끊임없는 움직임, 지치지 않는 무용가들의 활력, 무기교처럼 보이는 놀라운 기교가 35분간 계속되는 데 대해 경이로움을 표하지 않을 사람은 없을 것 같다. 결국은 5개의 긴 의자를 세워 인형을 그곳에 매달아 놓고 모두 퇴장하는데 교수형을 당한 신부인형들의 모습은 불행한 족쇄로서의 결혼을 강조한다. 5쌍의 남녀는 안무자의 말처럼 "눈에는 눈물이 가득 고인 채 천천히 합의된 강간을 향하여 걸어간다." (『문화예술』 1996. 11월호)

유니버설발레단을 지켜보며

무용 공연이 끝난 후 그것에 대해 무엇인가를 써야 하는 입장에 서면 무용가들이 공연에 대해 부담을 갖는 것과 비슷하게 두려움이 생긴다. 특정 단체에 대한 선입견이 부정적일 경우에도 그렇지만 더욱 두려운 경우는 글쓸 '꺼리'가 없는 커튼 콜을 지켜볼 때다. 유니버설발레단은 이런 종류의 두려움을 멀리하게 하는 것은 물론 숙제를 앞둔 사람에게 공부하는 즐거움까지 준다. 이 신뢰감 때문이겠지만 리틀엔젤스예술회관이나 예술의전당 무대를 찾아가면서는 항상 즐거운 하루 저녁을 꿈꿔 왔다.

즐거워지는 이유를 곰곰 따져 보면 결국 다시 신뢰감으로 귀결되는데 첫번째 작품 내용이고, 두번째 기량이며, 세번째 운영체계라고 생각된다. 작품 내용에서 보면 유니버설의 무대는 모조품이나 유사품이 아닌 진품이다. 기량에서는 단연 국내 최고일 뿐만 아니라 무대세트나 의상·조명 기술의 탁월함도 비교할 단체가 없다. 진품을 좋은 연기자와 함께 안락한 분위기에서 감상하게 된다는 믿음이 있는 한 유니버설의 공연은 즐거움의 원천일 수밖에 없다.

유니버설이 쌓은 이 신용(?)은 80년대초의 〈지젤〉전막 공연에서 시작되었고, 효를 발레 주제로 삼은 〈심청〉에서 폭을 넓혔다. 그리고 〈백조의 호수〉와 〈잠자는 숲속의 미녀〉를 차례로 소화시키면서 굳어졌다. 아울러 〈호두까기 인형〉으로 이제는 관객과 함께 스스로 즐길 수 있는 여유까지도 생겼다.

일본·대만에서의 해외공연과 대구·춘천·인천·광주·진주 등지에서의 공연을 비롯해 해마다 가장 많은 공연 실적을 자랑하는 발레단으로 자리잡아 단기간에 우리나라의 발레 수준을 급등시킨 공로는 참으로 대단한 것이다. 내년에는 또 하나의 진품을 계획하고 있다고 하니 벌써부터 하루 저녁의 즐거움을 기대하게 된다. 〈돈키호테〉전막 공연으로, 키로프 버전이다. 키로프 버전은 국내 초연인 것 같다. (유니버설발레단 소식지, 1996. 11)

조흥동의 춤세계

한국춤을 이야기할 때 흔히 남자춤의 특이함 혹은 우월함을 은근히 내세우는 분리 방법이 있어 왔다. 이야기하는 사람이나 듣는 사람 모두가 여자춤과 다르다는 점에서, 특히 굵직하고 시원한 선에 담긴 힘을 남자춤의 장점으로 여기며 인정한 것이다. 조흥동의 춤(1996. 10. 23, 문예회관 대극장)은 이러한 지금까지의 상식을 넘어 또 다른 남자춤의 매력을 보였는데 한국춤에 대한 시각을 넓혀 준 값진 무대였다. 소박하다고 해야 할지 꾸밈이 없다고 해야 할지 정확한 묘사가 어렵지만 옛날 영화 속에서 본 마을사람의 춤 같기도 하고 민속놀이에 담긴 흥이 맺힌 한 번의 손짓처럼 농축된 신명이 느껴졌다.

이 신선한 느낌의 원천은 정지동작을 현대적 미각으로 꾸미지 않은 데서 시작되고 있었는데, 한국전통춤이라 불리는 많은 춤사위들마저 서양적 미관에 얼마나 완벽하게 지배받아 왔었는가를 깨닫게 했다. 예컨대 어떤 자세에서 고개를, 눈을, 턱을, 어느 각도에 두면 자신이 표현하고자 하는 감정을 쉽게 전달할 수 있다는 어느 정도 객관화된 믿음이다. 서양춤이나 연극 연출에서 쓰이는 델사르트의 원리 같은 것이 우리가 눈치채지 못하는 동안 한국의 춤사위를 장악하고 있었다는 느낌이었다.

여성들이 춤계를 장악해 오면서 혹은 서양춤을 비롯한 여러가지 춤기교를 동시에 익히는 과정에서 생겨난 변화겠지만 주객이 전도된 오늘날에는 우리춤의 감추고 숨기는 무색무취의 끼가 담긴 춤이 오히려 신선했다. 조흥동의 춤은 오늘날에 보여지는 전통춤들이 생겨나기 이전의 춤사위를 느끼게 하면서 우리 조상들이 췄음직한 춤을 엿보게 했다. 턱턱거리는 발놀림이나 절제된 목놀림, 꾸민 흔적이 없는 흥겨움 같은 원형적 요소들 때문에 '전통'이라는 의미가 깊어 보였다.

전통춤 발표회의 레퍼토리가 극히 한정된 상황이고 사실 전통춤이라 불리는 그 자체도 역사적으로 보면 내세우기 갑갑한 구석이 많은 상황이고 보면 역사에 남은 한국춤계의 인물들은 전통에 대한 개념이 오늘날과 달랐던 것 같다.

86년에 초연된 조흥동의 〈시나위〉 춤만 하더라도 사실 현실과는 동떨어진 농경신에 대한 숭배의 춤인데 이런 작품들을 보면서는 은근히 무용계를 장악했던 조상 탓을 하게 된다. 이미 누군가가 했었어야 할 연구를 우리가 떠맡아야 한다는, 그러나 그 시기가 지나 불가능한 상황이 되어 버렸다는 그런 느낌이다. 같은 맥락에서 고 조택원 선생의 한량무를 개작한 〈회상〉이나 고 조한춘 선생의 꽹과리춤을 개작한 〈진쇠춤〉은 새로운 전통춤으로 훌륭했다.

다른 무대에서처럼 〈태평무〉 〈살풀이춤〉 〈승무〉도 추어졌는데, 조흥동의 〈태평무〉는 자연인의 춤에 가까울 정도로 자연스러운 춤사위가 지배적이었다. 음악에 몸을 맡긴 듯 편안한 흥겨움이 묻어 나왔고 감춰지고 숨기려 애씀에도 불구하고 삐져나오는 듯한, 쉽게 드러나지 않는 기질이 '진짜 끼는 이런 것'임을 대변했다.

조흥동이 새롭게 구성한 〈살풀이춤〉과 〈장구춤〉은 양성옥이 맡았다. 이 춤은 수없이 닦이고 짜여지고 꾸밈새에 익숙한 춤의 대명사이기도 하지만 조흥동은 무표정한 가운데서 춤을 소화하는 특유의 점잖은 자태를 강조했다. 동시에 수건의 길이를 승무의 장삼처럼 길게 만들어 양손으로 뿌리는 동작을 넣는 등 시각적인 변화를 꾀하면서 수건이 상징적 대상물로 사용되는 부분은 수용했다. 기다림의 의미가 강하고 품위 있는 여인상을 강조한 이 춤에서 양성옥은 절제되고 무게 있는 춤사위를 보였다. 표정이나 동작에서 꾸밈이 없는 춤이 잘 추기에는 어렵겠지만 춤꾼들에게는 도전 의욕을 줄 만하다.

〈장구춤〉에서는 반대로 양성옥의 화려한 일면이 강조됐다. 요염함과 신기가 감도는 기교는 안무자와 무용가의 만남이 얼마나 서로에게 중요한 것인지를 보여주면서 살풀이와 함께 양성옥으로서는 매우 성공적인 기회를 포착한 경우였다. 1990년에 양성옥을 위해 만들어졌고, 음악 구성이나 춤사위 모두가 조흥동의 독자적인 구상이라는 점에서 원본이 공연된 셈인데 조흥동의 또 다른 일면 ― 화려하고 폭발하는 감정을 내보이기도 하는 ― 을 강조하고 있다.

조흥동 안무, 김정학 〈태평무〉 1996. 10. 23, 문예회관 대극장

　〈승무〉의 경우 요즈음은 대개 한영숙류나 이매방류를 공연하는 데 반해 김 정학이 춘 〈승무〉에는 그런 설명이 없다. 단지 장삼춤 이후에 북춤을 추고 다 시 북가락이 보이는 상태로 춤을 추던 다른 〈승무〉와는 달리 북춤에서 끝을 맺는 방법이 시각적으로 깔끔했다는 인상이다. 전통춤 이수자들의 춤을 평가 하기 위해서는 어느 장단에서 무슨 동작으로 넘어가는 것이 누구의 것인가 그 리고 그 방법이 한영숙·이매방 선생이 가르치는 대로 되었는가 아니면 그 차 이가 무엇인가 등을 알아야 한다. 그러나 글을 쓰는 사람이 그 춤을 배우지 않 는 이상 백번을 본들 소용이 없다.

　그래서 누구누구 류를 고스란히 춤추는 공연장은 부담스럽다. 춤동작을 알 아야 구체적으로 평가가 가능하기 때문이다. 다행히 평소의 춤실력이 반영되 기 때문에 춤기량이야 평가가 가능하겠지만 그것이 정통한 것인가는 밝히기가 어렵다. 김정학의 경우 남자춤의 시원함과 조흥동 춤의 소탈함을 겸비한 <승무>를 보였는데, 장삼춤에서는 가늘고 긴 선이, 북춤에서는 북가락에 실린 강한 힘이 상호보완적으로 효과를 더했다.

'조흥동 춤의 세계' 공연을 통해 그가 무려 17명의 스승을 두었다는 사실을 처음 알게 됐다. 많은 춤사위를 알고 있으면서 그만의 장점인(김천흥 선생의 춤사위와 느낌이 닮았다고 생각되는) 꾸밈없는 춤 자체의 흥을 전달한 무대가 인상적이었다.(『예술세계』 1996. 12월호)

서울국제무용제 초청팀 공연

제18회 서울무용제 초청팀으로는 중국 상하이의 말리화예술단, 김현옥과 이탈리아 출신 파코 데시나의 공동작품, 지난해 전국무용제 우수상 수상작인 박현옥 대구컨템포러리, 지난해 서울무용제 대상작인 김민희발레단, 호주 리 워랜과 댄서즈, 프랑스 라피노무용단이었다.

이들 중 중국 말리화예술단(1996. 10. 25-26)은 문예진흥원에서 별도로 초 청한 단체인 만큼 무용제의 일부로 보기는 어렵다고 하지만 사실상 개막공연 작품으로 올려져 맥이 빠졌다. 그들의 공연 형식은 북한 예술단의 그것과 동일 한 것으로 몇 가지의 짧은 춤을 추고 나면 가수가 나와 노래를 부르고 다시 악 기를 연주하는 내용이었다. 별다른 오락거리가 없는 사회에서 대중들을 상대 로 하는 프로그램으로 보였는데, 우리로서는 유일한 비교 대상인 북한 예술단 의 공연내용과 비교할 때도 수준이 떨어지는 편이었다.

그래서 이번 무용제의 개막 작품은 '다국적 창작 공연'이라는 타이틀이 붙 은 김현옥과 파코 데시나(10. 27)의 <시나위 2000>으로 보는 편이 전체적인 맥을 정리하는 데 편리할 것 같다. <시나위 2000>은 춤 이전에 영감의 나열이 우선하는 명상적인 작품으로 비디오 댄스라는 것의 매력이 어떤 것인가를 성 공적으로 제시했다. 한국의 소리라고 할 수 있는 키질하는 소리, 절에서 들리 는 종소리 외에 바람소리, 농촌의 밤풍경 소리 등의 청각적 요소들과 사막을 찍은 비디오의 다양한 시각적 요소들을 풍부히 사용해 움직임 속의 이미지를 극대화했다.

<시나위 2000>에서의 이미지라는 것은 광활한 우주와 그 우주 속에서 자신 의 존재를 느끼는 한 인간의 추상적인 생각들로 보였는데 내몽골의 텅거리 사 막을 여행하면서 안무자는 그곳이 어쩌면 단군신화의 근원지일지도 모른다는 생각을 했다고 한다. 이러한 생각을 갇힌 무대 안에서 표출하기는 분명 풀지

못할 어려움이 있을 터이니 비디오 작업을 통한 공간 확장은 연출상의 커다란 발견이 아닐 수 없다. 사막에서의 한 여인이 모든 인간들 중 하나에 불과한 자격으로 서 있고 무대에서는 그 여인의 복제판이 대를 잇는, 영상과 무대의 연계는 영원과 현실을 공존시키는 색다른 방법론이었다. 비디오 댄스를 시도했던 몇몇 작업들의 명쾌하지 못했던 시각을 단번에 뒤엎은 <시나위 2000>은 뚜렷한 목적의식과 그에 따른 결과를 성공적으로 제시함으로써 우리 춤계에 새로운 장르로 자리잡았다.

박현옥(10. 28)의 <그리고 아침이 오다>에는 '처용 1996'이라는 부제가 붙어 있다. 처용의 분노·사랑·갈등·환희를 춤추었다는 설명인데, 춤내용에서는 처용설화의 어느 부분도 발견할 수 없었고, 그럴 바에야 그 누구(이순신이나 논개인들 어떠랴)의 분노… 환희이건 별 의미가 없는 것이 아니냐는 생각도 했다. 작품 구성이 등퇴장을 반복하는 기교 나열식이었기에 더욱 내용을 생각하기 어려웠는데 한 다리를 들고 오래 서 있기 같은 기교 자체를 과시하기 위한 클래스적 동작 구성 위주로 오직 출연진의 기량 하나에 따라 성패가 백퍼센트 가늠되는 부류의 춤이었기 때문이다. 이런 부류의 춤들이 10여 년전쯤에 서울무용제 대상작으로 선정된 사실로 미루어 전국무용제의 수준을 가늠하게도 된다. 다행히 정헌재를 비롯한 몇몇의 기교와 춤사위의 소화 능력 그리고 이를 넘어선 연기력이 부각돼 춤사위의 완성을 이룬 이후의 행보를 기대하게 된다.

김민희발레단은 지난해에 비해 열기가 좀 식었다는 느낌이 있었으나 시인 윤동주역으로 연기상을 수상했던 정형수의 춤에는 자신감이 붙었다. 특히 죽음역의 정운식은 한층 깊이 있는 동작을 표출해냄으로써 작품의 감동을 배가시켰다.

이번 무용제에서 가장 기대를 모았던 단체는 아마도 외국 단체인 호주와 프랑스팀이었을 것이다. 그러나 그 수준이 기대에 미치지는 못했다는 생각인데 근래에 빈번해진 외국 단체들의 내한공연이 탁월했기 때문이기도 하겠지만 어찌 보면 몇몇 한국 안무가의 작품보다도 밑도는 작품들이었다. 아울러 이들의 수준과는 별개로 외국에서 불러온 단체의 공연이 1회에 그친다는 사실은 상식적으로 납득하기 어려운 일이다. 초청 비용을 어느 개인이 부담했더라도 이렇게 기획했을지 궁금하다.

리워랜과 댄서즈(11. 2)의 〈훅트〉는 작위적인 포즈 나열과 그것에서 뭔가 심각함을 앞세우며 꾸며 보이는 듯한 태도 그리고 무엇인가를 표현해서 관객을 깨우치게 해야 한다는 발상들이 다분히 담겨 있는 계몽적인 수준에 머물렀다. 장점이라면 춤을 아주 잘 춘다는 사실인데 우리 무용가들이 댄서로 이름을 올리고 나면 그때부터는 선생님이 되는 반면 이들은 댄서인 이상 춤만을 고집한다는 평상시의 비교가 증명되는 듯했다. 그들의 몸놀림이 자유로울수록 우리 무용가들의 반성도 커져야 할 것 같았다. 라피노무용단(11. 10)의 〈아듀〉는 작품에 필수적인 무대장치의 일부분이 뭔가 빠진 듯했다. 작품설명에 의하면 의상의 색깔과 무대 배경이 상호 연결되는데 실제로는 그렇지가 않았다. 그래서인지 의상을 바꿔 입고 나오는 사람들이 매번 비슷한 손짓과 몸놀림을 반복하며 시간을 끈다는 느낌밖에는 없어 실망스럽기 그지없는 무대였다.(『문화예술』 1996. 12월호)

올해의 신인들과 미래 점치기

— 공민선·정선혜·박수량·송영선·강승구·박은정·이유리·김은애·김예림·엄성은

매년 11월은 공연이 많은 달이다. 그 중에서도 특히 올해는 신인들의 무대가 11월에 몰려 있어 소극장 무대마다 여유가 없어 보인다. 보름을 중심으로 잡아 전반부에만 한국무용연구회가 주최한 '96 신인안무가 발표, 한국현대춤협회가 주최한 신인발표회, 김현자 춤아카데미에서 주최한 새남무용제전을 통해 무려 10명의 안무가가 등장했다. 후반기에도 문예진흥원이 주최하는 젊은 안무자 창작 공연, 지구댄스시어터 공연, 발레블랑 공연을 통해 14명이 창작품을 발표하게 되고, 한국무용협회가 주최하는 신인무용발표회도 있다.

이들 중 전반부 10명의 작품을 보았는데 8명이 한국춤을, 다른 2명이 현대춤을 토대로 안무에 대한 시각을 제시했다. 이 과정에서 춤 장르간이나 지역간의 차이에서 오는 근본적인 난제들이 또 한번 관심의 대상으로 떠올랐고 창작 원론적 생각들을 다시 한번 하게 했다. 현대춤이란 원래 안무하면서 혹은 안무하기 위해서 추어졌던 만큼 작업영역이 무한대인 데 반해 한국춤은 춤사위가 춤의 모든 것이었으니 같은 기준에서 본다는 것 자체가 비논리적일 수도 있다. 발레에서도 상황은 비슷하지만 줄거리의 묘사라는 연출 기교가 있고 애초에 보이는 춤으로 시작된 이유로 그래도 한국춤보다는 모방의 혹은 변형의 '꺼리'를 남겨 주었다.

한국춤의 경우 우리의 뿌리가 되는 춤사위란 은근한 교태가 아니면 근엄한 의식이었고 그도 아니면 악기를 신명나게 다루는 민속춤의 장기인데 무대 연출면에서는 그나마 발레만큼의 '꺼리'도 없다. 이러한 악조건 아래 초창기 한국춤 안무자들이 극무용을 만들었고, 그후 춤사위의 연결만으로 한국춤의 기교를 늘려 가는 과정을 지나 지금은 이들을 간혹 성공적으로 변형시키는 작업들도 이뤄지고 있다.

그러나 문제는 성공적인 변형 작업일지라도 한국땅을 벗어나서는 너무 민

속적인 측면이 강조된 창작으로 보일 위험이 있고 기존의 형태를 파괴하려는 시도들은 자주 구시대의 현대춤처럼 감각이 떨어진다는 사실이다. 이 두 가지 문제를 동시에 해결하는 안무자가 나온다면 필시 한국인의 정서가 풍기는 독특한 예술가로 인정받게 될 것이다. 하지만 더 이상 한국춤을 추는 무용가로는 인정받기 어렵다는 점도 받아들여야 할 운명이다. 한국춤을 추면서 안무하는 사람들이 이처럼 모순되는 과제를 안고 있음에도 불구하고 창작 작업이 계속되고 있다는 사실은 어찌 보면 계란으로 바위 치는 행위처럼 무모하기도 하고 양파까기처럼 답답한 구석이 있다. 하지만 이 맹렬함 덕에 머지않아 무엇인가가 생겨날 것이라는 희망이 있고 간혹 이를 입증할 만한 확실한 조짐도 보인다.

신인안무가 발표(1996. 11. 6-7, 문예회관 소극장)에서 〈통영별곡 I〉을 안무한 공민선과 새남무용제전(11. 12, 정동극장)에서 〈가을풀〉을 안무한 정선혜의 작업에서는 완성되지는 않았지만 미래의 무엇인가로 연결될 독특한 매력이 보였다. 공민선은 작품을 끌어가는 연출력에서 탁월했는데 우선 자신의 솔로와 네 명의 군무가 보이는 시각적 대비효과를 살려낸 점을 꼽게 된다. 공민선의 움직임은 꿈틀거림에 가까운 동작들이었지만 그 안에서 여성성을 충분히 발휘하는 교묘한 연기력이 보였다. 반면 주변의 인물들에게는 한복을 갖추고 주위를 맴도는 건조함을 제시해 균형을 유지했다.

또한 삶과 죽음을 상징하는 물체인 널을 이용한 움직임들은 "통영을 그리다가 돌아오지 못하고 사라져간 영혼들이 띠배를 타고 오고 가듯"으로 묘사한 안무 의도를 구체적으로 제시한 예리한 발견이었다. 아울러 자신의 장기인 창을 적절히 이용하는 감각에서도 안무에 대한 감지력이 느껴졌다. 같은 날 공연한 박수량은 음악의 흐름에 따라 여러 동작을 나열하고 변화시키는 방법을 택해 춤의 기량을 보였고, 송영선은 춤사위의 다양함과 탄력을 만들어내는 에너지 관리가 높은 수준에 도달해 있었다. 그러나 박수량의 방법이 극히 상식적이고 송영선이 스승인 김영희의 독특한 춤사위를 무비판적으로 수용한 점 등은 여러 번 지적된 바 있는 신세대들의 고민거리다.

다음날에 공연한 강승구는 순간적인 감정묘사와 정확한 상황묘사에서 재능을 보였으나 마무리에서 구태를 답습했고, 박은정은 구시대의 현대춤을 보는 듯한 느낌을 남기는 데 그쳤다. 하지만 새남무용제전에서의 이유리와 김은애에 비한다면 박은정 등은 우수했다. 참가 대상을 선발하는 규모가 다른 때문인 듯 안무라는 작업이 하찮은 것으로까지 전락해 버린 무대였다. 이유리의 〈해일〉은 말초적이고 일차원적 접근법으로 관객을 당황하게 만들었고, 김은애의 〈신부〉역시 대학의 월례발표회 수준에 그쳤다. 다행히 정선혜의 〈가을풀〉로 체면을 세웠는데 춤사위가 섬세하고 서정적인 안정감이 있었다. 정선혜는 한국춤의 기본기를 적절히 용해시켜 새로운 춤사위로 만들어내는 재능을 지녔고, 춤에서 보여지는 곡선미를 살리는 데 대한 나름대로의 시각과 이해가 뚜렷해 보였다.

한국춤과 대조적으로 자유의 방대함에서 허우적거리는, 그래서 어떤 경우에는 더 막막한 현대춤에서도 안무라는 작업이 만만치는 않다. 관객들은 자주 안무가에게 춤으로 요술을 부리는 마술사가 되기를 요구하기 때문이다. 또한 그 마술이 자신의 이성과 감성을 때로는 지성까지를 골고루 만족시켜 주기를 원하고 있다. 현대춤협회의 신인발표회(11. 8-9, 문예회관 소극장)에 등장한 김예림과 엄성은은 이러한 관객의 무리한(?) 요구에 답해 줄 만한 떡잎으로 보였다. 특히 김예림은 감춰진 생각들이 많고 그 생각들을 표출할 능력과 용기를 지닌 때로는 자신감을 지닌 신인으로 보였다.

이번 무대에서는 〈화향〉이라는 한 작품을 두 사람이 공동으로 안무하면서도 각각의 기량을 독립적으로 부각시켰다. 모두 다섯 장면 중 세 장면을 통해 작품의 통일성을 확고히 했고, 각자의 개성을 발휘할 수 있는 장면들이 하나씩 들어 있어 자칫 감당하기 어려운 지속적인 전개를 성공적으로 유지했다. 김은수의 피아노 연주에 시작된 〈화향〉은 젊음만이 지닐 수 있는 살아 있는 감수성을 단번에 느끼게 했다. 춤은 두 사람이 추고 있었지만 내용은 한 사람의 생각을 그리는 독백적 인상이 강했고, 자신의 어떤 기질을 스스로 포기할 수밖에 없다는 사실에 대해 고통을 느끼는 상황묘사였다. 스스로의 결정에 의한 순응

김예림 안무 〈화향〉 중 '단조 몇 소절의 바람기' 1996. 11. 8-9, 문예회관 소극장

일지라도 보이지 않는 그 어떤 대상에게 고통의 크기만큼 화풀이를 하는 의식 처럼도 보였는데 그 대상이 춤무대이고, 의식에 굳이 명칭을 붙인다면 성인식 에 관한 에세이 정도가 적격일 듯하다.

 아울러 작품으로서의 완성도와 무게를 지닌 춤풀이 과정에서는 신인의 경지를 이미 넘어서 있었기에 순수함과 세련됨의 조화가 객석을 정화시키는 듯했다. 솔로 파트만을 놓고 본다면 기교와 감각과 능력을 고루 갖춘 김예림은 〈단조 몇 소절의 바람기〉에서 특유의 강한 기질과 냉혹한 절제, 요염함을 섞어 넘쳐 나는 춤꾼의 기질을 발휘해 차세대 유망주임을 확고히 했다. 〈배신, 그리고 장례식〉 파트를 맡은 엄성은은 가볍고 고운 선이 장점이었는데, 군무에서 그 탁월함이 더욱 두드러졌다. 두 사람의 공동작품은 젊은이들의 춤무대양에 비해 아주 드물게 발견되는 성공작으로 스스로의 성인식을 치르는 아이들의 모습 같아 처절하고 예뻐 보이기도 했다.

마음을 꿰뚫어보는 안목과 그것을 동작으로 표출하는 능력을 바탕으로 향기를 잃은 것에 대한 반항을 이렇게 속 시원히 할 수 있는 특권이 바로 무용가의 것임을 새삼스레 확인한 무대였다. 두 안무자는 이제 섭섭하지 않을 만한 보상을 받은 셈인데 누구나 잃게 되는 향기에 대한 애착을 이렇게까지 짚고 넘어갔으니 축복을 받은 셈이다. (『객석』 1996. 12월호)

제2회 현대춤안무가전

　한국현대춤협회(회장 조은미)가 주최하는 현대춤안무가전(1996. 11. 25-26, 문예회관 대극장)은 올해로 두번째에 불과하지만 괄목할 만한 작품들을 선보이는 수준 높은 기획무대로 자리잡고 있다.

　이번에도 평소 안무가적 자질이 뛰어나다는 평판을 받아 온 전미숙과 김영희의 신작이 또 한번의 파문을 남겼는데 서로 다른 측면에서 감동을 이끌어낸 성공을 거둬 이 행사의 기틀을 확고히 했다.

　전미숙의 안무 스타일은 쉽게 볼 수 있고 때로는 편안하고 즐겁기까지 하지만 그 안에서는 처절함 같은 것이 느껴진다는 공통점이 있다. 그의 신작 <개·꿈 그리고 국화>에서도 역시 아픔 같은 것이 공감되는데 이번에는 분노의 표출을 통해서였다.

　<개·꿈 그리고 국화>는 크게 세 부분으로 나뉘어졌다. 어둠 속에서 불빛을 향해 하나씩 뛰어나오는 야수 같은 여인들의 충격적인 에너지로 시작해서 실성한 듯한 여인이 화려한 드레스를 차려입고 절규하는 장면으로 끝을 맺는다. 이 사이에 껍질(의상)을 벗어 걸레질을 하고 그 걸레로 끈을 삼아 2인무의 기교에 활용하기도 한다. 이러한 춤 사이에 공중에서 떨어져 무대를 더럽히는 먼지가루가 새로운 시각적 충격이 되고 마침내 여인들은 방독면을 쓰고 쇠사슬에 갇힌 듯 허우적거린다. 허우적거림에 대한 반발로도 혹은 강조로도 보이는 하얀 여인의 부상(무대 앞부분의 부상)은 끔찍한 느낌을 남길 만큼 강렬했다. 생각의 단상들이 지속적으로 보여지면서 춤의 동작들이 그 느낌을 유감없이 드러내는 안무 기교는 대부분의 안무자들이 부러워할 만한 전미숙 특유의 장기다.

　김영희의 춤은 고음이나 저음만으로 노래를 부를 때처럼(이런 노래가 있는지는 모르겠지만) 긴장과 힘을 필요로 한다. 이번 작품 <아무도 Ⅱ>는 저음으

김영희 〈아무도 II〉 1996. 11. 25-26, 문예회관 대극장

로 계속되는 느낌을 받게 되는데 움추려들고 탈진하고 다시 일어서서 웅크리는가 하면 날카롭게 주시하는 움직임의 연속이었다. 춤을 추는 사람이 완전히 몰입하지 않고서는 연결이 불가능해지는 부류의 춤으로 특정 기교나 배역을 연기하는 일반적인 춤과는 달리 독특한 매력이 있었다. 어쩌면 춤이 표현력을 얻고자 노력했던 표현주의 무용의 이상형이 김영희 스타일의 춤이었을지도 모른다는 생각마저 든다.

자신의 내면을 뚫어 보는 듯한 독백적인 몸짓이 표현적인 춤이라면 〈아무도 II〉는 한국춤이라는 새로운 어휘로 표현주의를 부흥시키고 있었다. 표현의 깊이를 한 단계 넘어서서 얻어낸 춤에 담긴 긴장감 때문에 시종일관 시선을 고정시킬 수밖에 없었다.(『한국일보』 1996. 11. 28)

제18회 서울국제무용제 전반부 참가작

제18회 서울국제무용제(1996. 10. 25–11. 16, 문예회관 대극장)에는 관례대로 총 10개의 단체가 참가했고, 전반부 6개팀(11월 7일까지)은 서울현대·다움·미오로시·김기백·김은이·도정님 무용단이었다. 예년에 비해 전반적인 수준은 높았지만 우열을 가려 부각시킬 만한 작품은 보이지 않았다.

장애숙이 안무한 서울현대무용단의 〈황무지〉는 부드럽고 지속적인 분위기를 끝까지 연결시켜 나간 강도 있는 추진력이 신선했다. 이는 장면 장면을 난도질하듯 잘라내 억지로 짜맞추거나 대충 알아서 보라는 식의 안무 방법에 비한다면 새로운 면모일 뿐만 아니라 세련미까지 인정된다. 그러나 이 새로운 방법 안에서 다시 시작해야 할 과제가 있었다. 움직임으로의 기승전결이 모호했기 때문이다. 각각의 움직임으로 본다면 장애숙이 노력한 흔적이 역력한 아름다운 어휘들이지만 이 어휘들을 적절히 구사해서 문장으로 완성하는 작업을 남겨 둔 인상이다. 애초에 황무지라는 전제를 제시하고 시작한 춤일지라도 춤 자체에서 다시 한번 황무지에 대한 해석을 시도해야 한다는 점은 어렵지만 도달해야 할 목적점이다. 대작의 에필로그처럼 보이는 분위기로 일관했고, 뭔가 열정적인 내용의 대작 드라마를 마무리하는 장면이나 오페라의 서곡 같은 느낌을 주는 이유가 바로 정곡을 비켜 간 접근법 때문이 아닌가 한다.

다움무용단의 〈우화 Ⅳ–장끼〉는 장끼의 입장에서 본 살아남기 방법이라는 사실을 프로그램을 읽고 알았다. 우화는 사실상 만만해 보이는 내용처럼 만만하게 다룰 수 있는 춤의 소재가 아니다. 웃음 속에 든 교훈을 몸짓으로 표현하기에는 항상 위험이 도사리고 있다. 자칫 학예회가 될 수도 있고 동물 흉내내기에 머물다 끝날 수도 있기 때문이다. 하여간 이 우화에 매력을 느끼고 네번째 시도를 한 안무자 김용철이 이 길을 고집하고 있으니 지켜볼 일이고 또 기대도 해봄직하다. 이번 무대에서는 그러나 우선되는 웃음 속에서 애환이나 동정심이 스스로 생겨나는 그런 기술은 보이지 않았다. 우선 분위기가 심각했고, 새의 모양새를 한 사람들이 나와 새처럼 움직이는 데 그쳤다는 인상이다. 성과라고 한다면 장끼의 등장으로 인해 춤사위의 자유로움을 충분히 누렸다는 점일 것이다.

미오로시발레단의 이번 안무는 황규자가 맡았다. <네 개의 창과 두 개의 돛대>는 네 쌍의 남녀가 등장하는 8인무로 결혼의 갈등을 다루고 있는데 사실상 사랑의 여러 과정을 보이는 무대였다. 이번 무대를 통해 본 황규자의 작품 성향은 깔끔하고 서정적인 면이 강했고 표현력 있는 어휘 선택에서도 능력을 발휘하는 안목을 과시했다. 무대장치와 구성원 간의 시각적 조화도 좋았고 풀어가는 방법도 자연스러웠다. 반면 출연진들의 기량은 다른 팀에 비해 미숙함을 보였고, 춤의 맛을 알기에는 역부족인 쌍도 있었다. 다행히 김길용이 이 아마추어적 냄새를 지우는 데 활약하며 작품을 무난히 이끌었다. 이번 작품에서뿐만 아니라 김길용은 어디에서건 최선을 다해 연기하는 무용가다. 작품 속으로 빠져들어 그 작품의 일부가 되는 데는 타의 추종을 불허하는데 그런 이유로 그의 춤은 맛이 살아 있다. 발레 부분의 연기상감으로도 손색이 없다. 김기백무용단의 <땅, 어둠의 땅>은 8명의 남성들만으로 춤이 이뤄져 특이했다. 탄광 막장 속을 묘사했다는 줄거리와 썩 어울린다. 그러나 특이한 만큼의 효과를 봤다고는 하기 어려운데 매번 8명이 같은 부류와 강도의 에너지를 요하는 움직임을 반복한 데서도 원인을 찾게 된다. 머리에 쓰는 전등과 바퀴 달린 가방처럼 보이는 통을 소도구로 쓰면서 춤 안에 끌어들이는 연출법을 접목시킨 면에서는 실험성이 부각됐지만 그 적용과정이 매끄럽지 못하고 그를 위한 불필요한 움직임도 많았다. 전반부의 춤 도중에 전구를 머리에 쓰는 동작에서 앞으로 전등이 켜질 것임을 예측하게 되었듯이 뭔가 감쪽같은 예민함이 결여된 느낌이다.

김은이 짓무용단의 <일식>을 통해서는 안무자가 평소 한국 춤사위보다는 공연춤의 연출 기법에 우선적인 관심을 두고 있음이 드러났다. 성경의 내용인 소돔과 고모라의 이야기를 현실에 이입시킨다는 가정이 담긴 춤 내용은 간혹 상당히 자유롭고 개방적인 일면을 보였고, 짓무용단의 특성을 느끼게 했다. 특히 머리를 풀고 하얀 드레스를 입은 여인들이 무대 뒷부분 단상에 늘어서서 호곡하는 듯한 장면은 독립적으로 강한 이미지를 지녔다. 우리춤의 외형에서 거듭된 변형을 거친 것이었지만 현대춤 무대로서도 아주 특이한 아름다움을 발산하는 장면이었다. 반면 극적인 설명 부분으로 보이는, 여인이 지구본을 등에 지고 나타나고 한 남성이 땅속으로 들어가는 장면 등은 위험한 요소였다. 성경의 내용이라면 신성이 결여되었고 — 특히 악의적인 의도로까지 의심받을 수 있다 — 일상에서의 일이라면 그 표현 양상이 지나치게 사실적이라는 두 가지 난제를 안고 있는 부분이었다.

도정님발레단의 〈미망의 해조음〉은 사실상 세종대학 애지회의 공연이었다. 몇 년전의 무용제 참가작이었던 〈진주〉와 다른 점이 무엇인가를 결국은 찾지 못한 무대로 심하게 얘기한다면 애지회의 두 작품은 동일한 것으로 보였다. 두 주인공이 행복한 결말인가 아닌가, 혹은 구체적인 소품을 사용했는가 아닌가의 차이가 있을 뿐인데 사실 발레에서의 결말이란 마지막 포즈로 간단히 해결되고 소품의 의미도 미약하다는 사실로 미루어 본다면 이러한 시각이 당연할 수도 있다.

왈츠 리듬에 클래스에서의 동작을 대칭대형으로 반복하는 춤은 클래식 작품에서 볼 만큼 보아 왔고, 이런 부류의 춤사위를 구사한다는 사실 자체에 대해 더 이상 격려의 시선을 남겨 줄 시대도 아니다. 미오로시의 작품들이 나름대로의 색깔을 내보이며 성장하는 데 반해 애지회의 작품들이 답습을 반복하는 이유가 궁금하다. 애지회의 장점이라면 그간 발레기교를 비교적 잘 구사한다는 것이었지만 이제 그 점조차도 크게 부각되지 않고 있다. 국립발레단 공연을 통해 표현력을 인정받고 있는 박상철이 연기상감 후보로 지목은 되지만 이번 무대에서는 작품의 혼란스러움으로 인해 그간의 평판만큼 부각되지는 못했다.(『무용예술』 1996. 12월호)

국립발레와 유니버설발레의 〈호두까기인형〉

국립과 유니버설, 두 발레단에서 거의 동시에 〈호두까기인형〉을 시작했다. 고전발레를 중시하는 두 발레단의 유사한 성격 때문에 시작된 일이지만 이제 매년 12월이면 〈호두까기인형〉으로 인한 긴장감이 고조에 달한다. 같은 작품을 동시에 공연한다는 사실이 발레단측으로 볼 때는 일종의 모험인데 각 발레단의 실력이 여지없이 드러나고 비교되기 때문이다. 이 상황은 유니버설발레단이 예술의전당 오페라극장에서 〈호두까기인형〉을 시작한 94년부터 구체화됐고, 이제는 연중행사로 벼르고 기다리는 한판 승부가 된 느낌이다.

국립발레단의 입장에서 본다면 예상하지 못했던 복병을 만난 셈인데, 20여 년간 아기자기한 재미를 선사하는 것으로 충분했던 무대가 갑자기 확연한 비교의 대상으로 도마에 올랐기 때문이다. 특히 올해는 특별한 이유 없이 버전을 바꿔 국립발레단측에서도 상당한 위기감을 느끼고 있고 이를 극복하려 했다는 추측을 낳았다. 그러나 안타깝게도 그러한 시도들이 성공적이지 못했고 그 이전의 수준에도 못 미치는 결과를 보였다. 지난해까지만 해도 국립은 그 나름대로의 안정감과 전통이 있었고, 유니버설은 화려함과 세련미가 있었다. 각기 문제점들도 안고 있어 장단점을 따져 보는 관람이 가능했다. 그러나 올해는 버전을 첫 시도한 국립의 실패와 연륜이 쌓인 유니버설의 정리 작업으로 인해 비교할 수도 없는 차이를 보였다.

한국사람 중에 다른 단체에 비해 '국립'이 떨어지기를 바라는 사람은 없을 것이니 이 결과를 보는 관객들의 마음도 편하지는 않았을 것이다. 그러나 '국립'의 현실은 비참한 지경에 이르고 있다. 전체 단원들의 연륜이 짧아 춤연기력이 부족한 것, 제대로 춤의 맛을 전달해 줄 안무자가 없다는 점, 무대장치나 의상·소품에서 턱없이 떨어진다는 점, 지휘자가 춤을 따라 주기를 기대하지 말아야 하는 점 등에 과외로 공연장의 서비스가 떨어지는 국립극장의 행정팀까지 한몫을 한다.

이번 <호두까기인형>이 바이노넨 안무라는 사실은 텔레비전을 통해 처음 들었다. 국립과 유니버설의 작품을 놓고 바이노넨과 프티파·이바노프의 차이를 운운하는 진행자들이 무슨 잘못이 있겠는가. 국립의 경우 기존의 작품과 유사함으로 바이노넨 버전이라는 표현이 적절하고 프티파·이바노프를 원작으로 하고 있음을 숨길 이유는 없다. 또한 유니버설도 전 예술감독 델라스와 토비아스를 거친 레퍼토리이니 이바노프의 원작과는 차이가 있을 것이다. 최태지 단장이 연출한 이번 작품은 국립의 전통에 새로운 버전을 가미한 것인 만큼 이미 사망한 안무자를 앞세우기보다는 그 안무자의 어떤 점이 좋아서 택하게 되었는지를 설명해야 할 듯싶다.

1934년 키로프발레에서 초연된 바이노넨 버전의 특징은 요정이 없다는 점이다. <백조의 호수>에서 내세를 없애고 현실에서 승리하는 장면으로 처리했던 구소련의 철학을 생각하면 이해가 빠르다. 원작에서는 클라라가 호두까기 왕자 아저씨와 함께 눈의 나라를 방문해서 눈의 요정을 만나고 과자의 나라로 안내되어 사탕요정을 만나지만 바이노넨 버전에서는 클라라가 성인이 된다. 꿈속에서 성인이 된 클라라는 왕자와 함께 눈송이를 맞으며 춤추고 낯선 인형들이 모인 장소로 놀러 가서 인형들의 춤을 구경하고 자신도 춤을 춘다. 자연히 눈의 여왕이나 사탕요정 춤이 필요없게 되고 클라라의 춤이 많아진다. 내용상으로는 이처럼 큰 차이가 있지만 춤으로 보여지는 부분은 사실 크게 다르지 않다. 결국 어린이의 눈으로 신비한 세계를 볼 것인가 아니면 성인의 환상으로 사랑을 체험할 것인가의 차이인데 중심적인 춤은 성인 클라라이건 사탕요정이건 주역의 몫이기 때문이다.

국립의 이번 무대는 여전히 조잡한 장치와 의상 때문에 '연극'임을 절로 느끼는 분위기였고, 기존의 장점인 곰인형의 웃음이 인형극으로 대치되고 풀피리춤에 갑자기 어린이들이 등장해 맥을 끊는 등 볼거리가 더욱 없어졌다. 또한 꼬마 클라라가 포인트 슈즈를 신고 나오는 것도 큰 부담이었다. 쥐들의 분장이나 배역도 너무 축소된 느낌이고, 꽃의 왈츠도 여러 쌍의 파 드 되로 처리해 산란했다. 그러나 무엇보다도 심각한 문제는 춤의 맛을 내지 못한다는 점인데 연륜이 짧은 단원에게도 문제가 있겠지만 그보다는 안무자의 세심한 '만짐'이 결여되어 있었다.

이와 대조적으로 유니버설의 작품은 11회의 연륜이 쌓이고 오페라극장 무대에도 적응이 된 상태인 만큼 최상의 수준을 유지했다. 특히 원작에 충실한 버전을 전통으로 채택해 다듬은 탓에 동화를 보는 즐거움이 충분히 전달된다. 동화의 세계에서는 뭔가 현실보다 화려하면서도 예쁘고 즐겁고 과장된 때로는 허황된 일들이 기다려진다. 유니버설의 무대가 성공적일 수 있었던 가장 큰 배경은 이처럼 특별한 세계가 구체적으로 펼쳐지기 때문일 것이다.

1막에서 드로셀마이어가 가져온 광대인형들과 무어인형의 등장으로 시작되는 동화의 세계는 쥐들과 호두까기 병정들이 끌고나오는 대포와 기차 같은 정교한 소품들로 더욱 화려해진다. 특히 눈의 여왕과 작별하면서 타고 가는 눈썰매는 사슴이 그려진 화려한 마차로 크리스마스 트리의 웅장함이나 거리 풍경의 사실적 묘사 등과 함께 관객을 무대로 자연스럽게 끌어당기는 힘을 담고 있다.

<호두까기인형>의 성패는 밤 12시에 쥐들이 등장하는 부분에서부터 구분이 된다. 쥐의 모양새에 환상이 어느 정도 담겨 있는가를 보면 대충 전반적인 흐름이 파악되는데, 머리는 크고 배가 불룩하게 나온 유니버설의 괴물들은 그 자체로도 흥미를 끌기에 충분하다. 쥐들과 병정들이 싸우는 장면을 지켜보던 클라라가 쥐왕에게 슬리퍼를 던져 시선을 흩트리자 그 순간 호두까기인형이 쥐왕을 찔러 결국 클라라와 호두까기인형은 서로서로를 돕게 된다. 이 내용은 2막 과자의 나라에서 설탕요정에게 프리츠가 다시 설명하고 모든 과자요정들로부터 박수를 받는다.

쥐왕을 죽이고 난 호두까기인형은 잘생긴 왕자로 변하고 클라라는 프리츠와 함께 왕자를 따라 눈의 나라로 들어간다. 그곳에서 눈의 여왕과 그 파트너가 추는 아다지오와 함께 눈송이들의 도약과 회전을 구경하는데 눈 덮인 전나무숲은 그 자체의 환상적 분위기만으로도 압도적이다. 지난해와 달리 눈송이

군무진이 증가해 서정적인 아름다움이 충분히 묘사되었고, 테크닉과 함께 개개인의 연기력까지 세심하게 손질된 흔적이 보였다. 이 장면은 파티에서 남녀 광대와 무어인이 등장하는 인형극이 축소되면서 효과를 본 것과는 반대의 경우로 그만큼 다듬기 작업이 충분해진 것으로 보인다.

2막은 천사들이 지키는 과자궁전 앞에 설탕요정과 그 파트너인 호두까기 왕자가 나와 있는 장면부터다. 클라라와 프리츠를 맞이한 설탕요정은 그들에게 과자요정들을 소개시키고 무대는 곧 캐릭터 댄스의 연속으로 꾸며진다. 스페인춤이 초콜릿으로 아라비아춤이 커피로 나타나는가 하면 양치기 소녀와 늑대 이야기가 아주 재미있게 묘사되고 머더 진저와 봉봉춤에 이어 꽃들이 춤추는 왈츠가 연결된다. <호두까기인형>은 2막뿐이고, 그 중 1막의 절반 이상이 파티의 구체적인 묘사이기 때문에 발레다운(?) 춤을 보이는 장면은 다른 작품에 비해 짧은 편이다. 그런 이유로 1막에서는 파 드 되를 포함한 눈송이춤을 2막에서는 그랑 파 드 되와 그에 어울리는 꽃의 왈츠를 충분히 부각시켜야 하는 동시에 캐릭터 댄스에 각별한 신경을 기우려야 한다.

유니버설의 이번 공연은 이러한 관점에서 볼 때도 성공적이었는데 문훈숙과 이원국 팀의 원숙한 여유와 각 나라 민속춤의 독특함이 조화를 이뤘다. 스페인춤은 5쌍의 남녀가 열정적으로 추는가 하면 아라비아춤은 남자 3명과 여자 5명이 커다란 천을 들고 나와 그 아래서 아슬아슬한 파 드 되를 보여 매혹적이었다. 중국춤에서는 모자를 쓴 6명의 군무가 가운데의 세 사람을 응원해 활기를 더하고 양치기 소녀 정유진은 양들에게 잡혀 온 늑대를 야단치는 모습에서 동화와 아주 어울리는 배역이었다. 캐릭터 댄스에서 분위기가 고조되고 이를 기반으로 그랑 파 드 되가 펼쳐지는데 문훈숙의 포르 드 브라(팔의 움직임)에서는 연륜을 암시하는 강한 탄력이 느껴졌다. 아다지오 부분에서는 부드러움 속의 강인함이 주는 편안함을 전달했고, 코다 부분에서는 특히 객석에서도 춤의 즐거움을 느끼도록 유도했다.

유니버설의 대표적인 스타팀과 국립의 새로운 주역팀을 비교하는 데서 오는 불균형 같은 것을 감안하더라도 96년도의 <호두까기인형>은 두 발레단의 격심한 차이를 한눈에 알아차리게 한 결정적인 무대였다. 국립은 여러 번의 단장 교체로 인해 뿌리째 흔들린 발레단의 복귀에 특별한 관심을 기울여야 하며 레퍼토리의 질에서도 문제의식을 느껴야 한다. 고전발레의 경우라면 현재로서는 외국의 안무가를 초청해야 그나마 맛을 지닌 무대를 꾸미게 됨으로 예산상의 문제라면 창작발레와의 병행도 생각해 볼 수 있다. 유정옥, 남정호, 전미숙, 김선희, 전홍조, 제임스 전, 홍승엽 같은 안무가들을 객원 안무가로 위촉한다면 국립발레단의 위기를 극복하는 데 다소 여유를 느끼지 않을까 하는 생각도 해본다. (『객석』 1997. 1월호)

안애순의 춤

안애순은 기교면에서 특별히 예리한 감각을 지닌 안무가다. 기교 속에 다시 기교가 숨어 있어 감탄을 자아내게 하면서도 섬세한 각 동작들이 자연스럽게 융화되어 있다. 안무라는 것이 곧 움직임의 나열로 시작되기 때문에 독특한 동작을 찾아내는 단계에서부터 벽을 넘지 못하는 안무가들이 많은 현실에서 보자면 그는 행복함을 느껴도 될 만큼 풍부한 어휘를 구사한다.

안애순의 개인 공연(1996. 12. 28-29, 문예회관 대극장)에서 선보인 작품 〈명(明)〉은 빛을 따라 변화하는 무대 분위기와 함께 춤이 진행되는 구조로 그의 탁월한 어휘력을 발휘하기에는 안성맞춤이었다. 성숙된 안무자가 아니면 실패하기 쉬운 단조로운 주제로 긴 시간의 작품을 집요하게 진행시키는 힘이 놀라웠고 우선은 그것 때문에 그가 전문가임을 확인했다. 그러나 더 중요하게 생각되는 점은 작품 전개 형식이 고전적이면서도 안애순의 고유한 숨결이 느껴진다는 사실로 〈명(明)〉을 일반적인 정도를 깨친 이정표적 작품으로 보고 싶다. 〈명(明)〉에서 처럼 주제가 감정의 영역을 벗어난 경우 작품은 동작과 무대 분위기의 변화에 전적으로 의지하는데 솔로와 듀엣과 군무 등을 배열하고 연결하는 연출적 수준이 세계적으로 알려진 안무가들과 차이가 없었기 때문이다.

이는 자연스러움으로 위장된 지독한 탐구의 결과임이 보였고, 고전적이라는 수식은 이런 의미에서 자랑스럽게 받아들일 수 있다. 안애순의 춤이 현대춤인 만큼 여기서의 고전적이라는 의미는 물론 현대춤에 한정된다. 무미건조함 속의 잔재미를 동작이나 조명 처리로 섞어 주면서 김희진에게는 관능미를, 정정아와 박호빈의 듀엣에서는 세련된 기교의 조화를, 이윤경과 고은희의 솔로에서는 폭발적인 힘을 요구했다. 이밖에 김은희, 예효승 등 출연자 모두는 누구 하나 빠짐없이 화려한 기량을 보여 특별히 정제된 무대로 기억에 남는다.

안애순 〈명〉 1996. 12. 28-29, 문예회관 대극장

암흑의 대비나 빛과 색채의 대비가 던져 준 무대 이미지는 차가움과 따뜻함이 공존하는 것이었고, 춤의 성격에 따라 인간의 모든 감정들 역시 공존하고 있어 제목보다는 훨씬 폭넓은 느낌도 있었다. 다른 작품 〈만석의 꿈〉에서는 그림자극 '만석중놀이'를 그대로 보이면서 안애순 자신도 관객의 입장을 벗어나지 못한 소극적인 태도를 보였는데 타 장르와의 연결을 매우 조심스럽게 시도한 실험작이었다. (『한국일보』 1997. 1. 2)

제18회 서울국제무용제·국립무용단 〈오셀로〉·이정희의 〈복서〉

서울무용제 후반부 작품들

96년 11월 10일 이후 서울무용제는 모든 초청공연들을 끝낸 상태로 심사의 대상이 되는 열 개 단체 중 후반부에 해당하는 네 개 단체만을 남기고 있었다. 춤타래의 〈단장〉, 송준영의 〈태초의 빛〉, 강미리의 〈류-생명의 나무〉, 댄스시어터 온의 〈파란 옷을 입은 원숭이〉가 후반부의 작품들이다.

전반부의 여섯 단체를 본 후 '아마도 후반부에서 수상작들이 나올 것'이라는 추측이 떠돌았듯이 결과는 강미리가 대상, 춤타래가 우수상, 댄스시어터 온의 홍승엽이 안무상을 받는 것으로 나타났다.

한 단체에서 대상·안무상·연기상을 받아 왔던 지난 몇 년간의 관행을 깼다는 점과 같은 맥락에서 심사위원간의 시각 차이가 이처럼 대립적인 결과를 초래한 것으로 보였다는 점이 올해의 특이한 현상이었다.

모 일간지를 통해 소개된 심사과정을 보면 한 원로는 강미리무용단의 작품에 대해 무용인생을 걸고 반대했다고 하는데, 그간의 무용제 심사결과를 놓고 본다면 충분히 이해가 가는 대목이다.

그럼에도 불구하고 이번 무용제의 대상이 강미리무용단에게 돌아갔다는 결과는 상징적 의미를 지닌 대단한 변혁임에는 틀림이 없다. 그 동안의 무용제 뒷모습을 보면서 느꼈던 가장 주목할 만한 한 대목이 이로써 해결될 조짐을 보인다는 점에 초점을 맞춰 보면 희망적이기까지 하다.

멀쩡하게(?) 신명풀이를 하던 무용가들도 무용제용 작품 구상을 시작하게 되면 갑자기 복고적이고 튀지 않는 무난한 작품 만들기에서 벗어나지 않으려 했던 모습이 일반적이었기 때문이다. 상을 받기 위해서는 심사위원들의 취향을 생각하지 않을 수 없다는 결과였겠지만 다른 한편으로는 심사하는 사람들의 한계를 미리미리 알아차리는 우월한 식견의 표시이기도 했던 것이다.

이러한 관행 때문에 강미리의 작품이 대상을 수상하리라고는 생각하기 어려웠다. 논쟁의 결과로 그리고 그에 따른 세분화된 상의 분배로 결말지어진 96년도의 서울무용제는 실재적으로는 충분하지 않지만 상징적 의미로는 충분하고도 남음이 있는 이정표적 행사였다. 이제는 적어도 심사하는 사람들의 취향을 한 가지만으로 점칠 수 있는 가능성은 없어졌기 때문이다.

춤타래무용단(1996. 11. 12-13)의 <단장>은 혜경궁 홍씨와 사도세자의 비극을 모르는 사람이 없다는 친밀감 때문에 상당한 덕을 봤다. 아울러 상황의 선택과 묘사에서 속도감 있고 성취도 높은 무대를 꾸며낼 수 있었다. 한국 춤사위를 기본으로 하면서 필요에 의한 변형을 적절히 구사했고 특히 동작의 박자에서 자유로운 속도감을 표출한 점에 주목하게 된다. 예컨대 모든 동작의 박자가 동일한 데서 오는 무변화를 극복한 셈인데 느린 동작과 빠른 동작의 구분을 확실히 하는 데서 나온 생동감이 극적인 상황 전개를 돕는 동시에 춤판의 묘미 같은 것을 느끼게 했다.

그러나 <단장>을 보면서 우연히 발견한 사실은 조선역사에 들어 있는 비극을 춤으로 만들 때는 어느 춤이나 의상과 춤사위의 표현영역이 비슷해지고 그에 따른 작품간의 변별력이 없어진다는 점이었다. 왕과 왕비, 그리고 세자의 3인무 부분에서 문득 국수호의 <명성황후>의 같은 장면이 겹쳐 보이면서 생겨난 이 생각은 후반부로 가면서 더욱 확실해졌다.

<단장>의 전반부가 속도감 있게 여러 장면의 전환을 시도했던 것과는 달리 세자의 죽음 이후에 등장한 상복 장면이 지나치게 늘어지면서 불균형 상태를 보였다는 이유도 있었지만 소복 차림의 궁중여인들의 군무는 춤이 담아내는 힘에 있어 <명성황후>의 그 부분에 못 미치면서도 아류라는 인상을 강하게 남기고 말았다. 혜경궁 홍씨역과 함께 안무를 담당한 윤미라의 입장에서도 이 결과는 예상 밖의 일이었을 것으로 보는데 한 발 앞서 시도한 국수호의 틀에서 더 이상 진행시키지 못했다는 지적은 감수해야 할 것이다.

송준영무용단(1996. 11. 12-13)의 <태초의 빛>은 사람들의 이야기를 시작하는 원점으로 자주 무대에 오른 제목이다. 무대 뒷막 너머 공중에서 남녀의

포옹 장면이 보인 후 여자들의 군무로 연결되는데 안무자가 의도한 인간의 존엄성이나 신성함 등을 전달받기에는 무리가 따르는 구성이었다.

강미리무용단(1996. 11. 15-16)의 〈류-생명의 나무〉는 무대보다는 프로그램을 읽는 쪽이 이해가 빠르다. 그리고 30분간 무대에서 보여진 그 적은 움직임 안에 그렇게 많은 이야기가 담겨 있었다는 사실에 놀라지 않을 수 없다. 가면을 쓴 세 여인이 삼신할미였고, 군무진이 버드나무 꽃솜이었다는 내용은 단 한번의 관람으로 춤을 이해해야 하는 입장에서 보면 보통 난감한 일이 아니었다.

일본 춤극의 한 장면을 보는 것 같기도 했던 가면 쓴 여인들의 불분명한 참여나 사실상 무대를 이끌어가지만 춤 내용에서는 역시 역할이 불분명했던 주역의 배회가 작품 전체의 맥을 모호하게 만들었다.

인공적으로 바람을 일으켜 무대의 색다른 연출을 꾀한 점이 특이했다고는 하겠지만 그 자체만으로는 그다지 괄목할 대목은 아니었다. 그보다는 거칠고 투박한 춤사위가 지금까지는 보지 못했던 반항적 기질을 담아냈다는 점이 이 작품의 가장 소중한 특징으로 보였다. 강미리의 독무에서 보여진 투박함이 군무진으로 좀더 옮겨졌다면 시각적으로나 작품의 활기를 더하는 데 큰 보탬이 됐으리라는 생각도 든다. 배역은 있지만 그 역할이 없다는 모순이 이 작품의 문제점으로 보였다.

홍승엽(11. 15-16)이 안무한 〈파란 옷을 입은 원숭이〉는 올 한 해 동안에 세 개의 작품을 만들어낸 그의 왕성한 탐구를 종결하는 무대였다. 〈뒤로 가는 산〉에서 독자적인 춤세계를 확보했고, 〈아다지에토〉에서 춤에 대한 지식을 과시했다면 이번 작품에서는 시각의 폭을 넓히는 여유를 보이기까지 했다.

웃음을 자연스럽게 유발하는 계산이 느껴진다는 점에서 우선은 그가 진정한 프로페셔널 안무가로 변신했음을 알게 된다. 춤을 보면서 울거나 웃고 나면 — 사실 이런 경우는 너무나도 드문 일이지만 — 그 이유를 따져 보는 것이 관객 대부분의 습관일 텐데 그 이유는 어김없이 안무자의 계산에서 시작되기 때문이다. 자신이 전공한 매체를 통해 타인의 감정을 조정하는 예술가는 그것이 눈물이건 웃음이건 전문가로서의 입지를 확보한 사람이다.

〈파란 옷을 입은 원숭이〉는 전반부보다는 후반부로 가면서 점점 더 활기를 띠며 주도권을 잡았는데, 동물이 등장하고 장대로 해를 따서 나뭇가지에 거는 신나는 일도 벌어진다. 후반부의 절로 생기는 탄력에 비한다면 전반부에서는 꾸며진 느낌이 있기는 했지만 기교와 연출의 조화나 완성도 높은 마무리로 볼 때 대상감으로 손색이 없었다.

국립무용단의 〈오셀로〉

어느 나라에서건 국립무용단의 공연은 스펙터클한 맛을 보는 데 제일이다. 국립이라는 무거운 타이틀 때문에 실험성을 지니기는 어려운 대신 다른 단체에서는 볼 수 없는 장엄하고 화려한 대규모의 무대를 꾸미기 때문이다.

국수호 안무의 〈오셀로〉(1996. 11. 26-12. 1, 국립극장 대극장)는 국립무용단의 위용을 과시하는 그런 무대로는 근래에 보기 드문 특별한 성공을 거뒀다. 송범, 김문숙, 국수호, 김현자, 로돌포 파텔라를 비롯한 출연진의 유명세를 비롯해 화려한 무대장치와 의상 소품에 이르기까지 빈틈이 없었다. 부족들의 모임 장면에서 보인 무대의 위용이나 중세의 수도사 복장처럼 보이는 빨강과 검정 의상을 걸친 대규모 군무진이 무대를 가득 메운 모습들은 뭔가 비현실적인 대단한 환상을 담아냈다.

그러나 〈오셀로〉의 줄거리를 글자 그대로 재현하는 데 급급했다는 지적과 함께 시간이 흐를수록 같은 이유로 관람의 흥미를 잃게 됐다는 점을 빼놓을 수 없다. 이러한 내용은 프로그램에 실린 '작가의 말'에서도 지적되고 있는데 〈오셀로〉에도 어김없이 해당되기에 인용해 본다.

극작가 차범석은 각색 작업에 대해 이렇게 설명하고 있다. "춤극이 줄거리나 연극적 구성에 의지함으로써 춤의 참다운 멋과 맛이 희석되어 가는 경향의 지적이 나오곤 하였다. … 나는 제목을 〈무어랑〉이라고 붙였다. 오셀로가 무어족이었기 때문이다. 그러나 이 작품의 기본정신과 주제는 바로 인간의 원초적 본능의 하나인 질투와 시기심에서 빚어진 비극을 춤으로 표현하자는 원칙에서 한 발자욱도 물러설 수는 없었다. 다시 말해서 종래의 스토리 중심의 춤 극에서 벗어나 인간 내면세계의 미묘한 변화와 갈등이 한국춤으로 묘사될 수만 있다면 그 얼마나 바람직한 창조 작업이겠는가라는 자부심에서 대본을 쓰기 시작했다."

한국춤의 소재를 한국의 이야기에 한정시키지 않는 안무자의 열린 시각과 〈오셀로〉의 주제가 인류공통의 감정인 사랑과 질투라는 점을 동시에 본 사람이라면 이 작품에 대해 들뜬 기대를 하는 것이 당연한 일이었다.

어쩌면 이 기대가 컸기 때문에 자막의 지시에 따라 몸짓이 행해지는, 더구나 원작이 희곡이었기에 장면의 분절이 더욱 확연할 수밖에 없어 춤의 도구화가 더욱 강조되는 상황을 견디기 어려웠다. 극작가의 의도를 안무가가 알아차리지 못한 것이 아닌가 하는 생각마저 들었는데 사건 자체보다는 그 사건이 의미하는 핵심적 주제가 안무자의 시각으로 재현되지 않는다면 어느 희곡이건 춤의 소재로는 별 의미가 없을 것이다.

이정희현대무용단의 〈복서〉

권투선수는 이정희가 즐겨 모방하는 직업이다. "사각 링에서 피 흘리며 쓰러지는 복서… 그것을 즐기고 환호하는 군중들…" 우리시대의 자화상이라는 이번 공연의 메시지가 이미 오래 전부터 그의 주목을 받고 있는 듯하다.

전에는 이정희 자신이 권투선수로 출연했었는데 이번 작품은 경기장의 모습을 재현하는 데 주력했고, 공연을 하나의 해프닝이나 놀이처럼 끌고 나가면서도 자신은 죽음의 여신 혹은 수호신으로 분장해 무게 있는 의미를 던졌다.

〈복서〉(1996. 12. 4-12. 8, 예술의전당 자유소극장)의 공연장에 들어서면 무대 전체가 사각 링으로 꾸며져 있고 그 주변으로 수십 개의 의자가 놓여 있다. 자칫 가까이서 공연을 보고 싶은 생각에 혹은 빈자리가 없다면 당연히 앉을 수 있는 위치다. 하지만 공연이 시작되고 보니 그곳은 전부 출연자들로 채워졌다.

춤의 시작은 네 명의 야한 무희가 놀이춤을 추면서 검은 반바지에 배꼽티,

비닐조끼를 걸친 늘씬한 몸매를 과시하는 장면이다. 이정희의 이번 무대에서 추어진 춤동작을 보면서 즉흥적으로 놀이춤이라는 이름을 붙이게 됐는데 이 밖에도 TV춤이나 흔드는 춤이라는 별명을 지닐 법하다.

무용단들은 이 작품을 위해 놀이춤 동작들을 특별히 연습한 흔적이 있었고 그 동작들을 분석하면 고고·디스코·재즈·현대춤의 움직임들이 현란하게 뒤엉킨 것으로 텔레비전에서 늘상 보는 부류의 것이었다.

몇 년전 MBC무용단의 서은하가 발표한 <춤추는 세상>에서 이미 재즈춤의 진수를 느꼈던 만큼 이정희의 무대는 사실 풋냄새가 나는 정도에 그쳤지만 연출이나 메시지에서 춤을 압도하는 요소들이 강하게 부각되었기에 나름대로 재미를 지니고 있었다.

갑자기 무대가 가수의 공연장으로 둔갑하면서 객석의 분위기가 고조된 것과 같이 해프닝의 성공적 도입이란 측면은 괄목할 만했고 무대 뒷막에 설치된 스크린은 한판의 놀이판으로 혹은 사투의 장으로 고조된 분위기를 조성해 내는 데 절대적인 역할을 했다. 하지만 시종일관 편안한 느낌을 지니기는 어려웠다는 생각인데 비슷한 행위들이 순서를 바꿔 가며 여러 번 반복되는 이유로 경우에 따라 정리가 미숙한 부분이 불편한 분위기를 자아냈다. 아울러 놀이판의 춤으로 일관하기보다는 권투시합 중에 보여진 남성 2인무나 3인무처럼 나름대로의 조화가 느껴지는 동작들이 많아졌더라면 풋냄새에 대한 아쉬움도 덜했을 것으로 보였다. (『무용예술』 1997. 1월호)

박명숙의 〈에미〉

　박명숙은 경희대학 무용과에서 현대무용단을 이끄는 무용가다. 한국에 현대무용이 정착된 이후 1세대에 속하는 그룹 중에서 단연 두각을 나타낸 인물로 우선은 자신이 탁월한 기량을 인정받았고, 다음에는 가장 활발히 제자를 육성해 냈다.

　박명숙이 경희대학에 전임으로 자리잡으면서 현대무용계의 판도가 달하졌다고 해도 지나친 표현이 아닌데 일반적으로 받아들여지는 대학간의 격차에도 불구하고 박명숙 개인을 보고 대학에 지원하는 학생들이 상당수 생겨났기 때문이다. 80년대 초반부터 지금에 이르기까지 배출된 무용가들은 이제 서울현대무용단이라는 단체를 결성해 활동하고 있고 각자 개인적으로도 두각을 나타내고 있다.

　우리 무용 풍토가 대학을 중심으로 맥을 이루다 보니 한 교수의 스타일이 수십 번씩 반복되는 오류를 범해 온 데 비해 서울현대무용단은 이 어려움을 경이롭게 해결한 듯이 보인다. 장애숙, 안정준, 문정온, 이현수를 비롯해, 많은 단원들이 같이 활동하면서도 각기 독자적인 작풍을 보인다는 사실은 현실적으로 거의 불가능해 보이는 성과가 아닐 수 없다.

　박명숙은 초창기에 〈슈퍼스타〉의 막달라 마리아역으로 유명했는데, 20년이 넘게 지난 현재까지도 그를 능가하는 마리아는 없었다. 그후 〈초혼〉 같은 민속적인 접근, 〈잠자며 걷는 나무〉 같은 환상을 좇는 작업, 고구려의 설화를 테마로 한 일련의 작업을 거쳐 근래에는 여성학적 시각에서 삶을 조명하고 있다.

　이번에 발표한 〈에미〉는 "고대부터 현대에 이르기까지 시공을 뛰어넘어 남성우월주의 이데올로기에 억압당한 이름 없는 여성들의 상처받은 영혼을 달래는 진혼의 춤"이다. 소녀와 할머니의 만남 그리고 그 두 여인의 대물림이

박명숙 안무 〈에미〉 1996. 11. 27, 문예회관 대극장

전달된 후 숲속으로 모든 출연자들이 흡수되는 끝처리로 인간의 삶이 보여졌다면, 중간 부분에 들어 있는 여인들의 고달픈 노동과 남성들의 폭력 시위는 〈에미〉에서 강조하고자 하는 여성의 삶을 보여준다.

자칫 심각함으로 일관될 내용이었지만 박명숙의 변신은 양념의 효과를 이 심각함 속에서조차 찾아보려 했다는 점에 있었다. 사실상의 작품 내용은 중반부에서 시작됐는데 창살이 내려오고 노파와 젊은 여인의 대무가 보여지는 부분이다. 그 부분은 박명숙이 즐겨쓰는 춤 스타일인 감상적이고 가라앉은 분위기의 비현실적 공간이었다.

막이 열리면서 시작된 일련의 춤들은 모두 호롱불, 쓰레기 수레, 프라이 팬, 배처럼 보이는 커다란 소품들과 함께 이뤄져 심각한 본론으로 들어가기 전의 여흥거리로 보였다. 동시에 이 장면은 할머니의 장례식을 희극적으로 처리한 끝부분을 위해 준비된 밑바탕이 되기도 했다. 후반부에 등장한 비슷한 부류의 상징적 인물로는 임산부를 들 수 있는데 새장을 들고 만삭의 배를 내놓고 무대를 여러 번 횡단한다.

　이렇듯 <에미>는 춤이 여러 방향에서 동시에 이뤄지는 구성을 통해 단순화
될 수도 있는 그러나 결코 단순하게 접근할 수 없는 소재를 소화해 냈다. 문정
온의 감칠맛나는 탄력이 두드러졌고, 할머니역의 장애숙도 재치를 보였다. 간
혹 군무동작의 선이 명확하지 않거나 즉흥성이 강한 부분에서 순간적인 재치
보다는 몸에 익은 동작들을 보이는 군무진에게는 다듬기 작업이 필요해 보였
다.(『월간 에세이』 1997. 1월호)

김복희현대무용단 25주년 공연을 보고

아무리 뛰어난 발레리나도 35세가 지나면 힘들어 보이고 40이면 은퇴를 종용받게 된다. 체력뿐만이 아니라 나이가 들면 골격 자체가 아래로 가라앉아 날렵함도 사라진다. 춤의 종류가 틀려져 현대무용이면 발레보다는 좀 낫다. 그래도 뚱뚱한 아줌마나 할머니가 춤추는 것을 황홀하게 받아들일 가능성은 희박하다. 그래서 무용가들도 체격 관리하는 데 실패하면 대충 무대를 포기하고 사는 경우가 많다.

적어도 25년을 계속해서 춤춘 사람이면 나이가 50정도는 됐다. 25주년(1996. 12. 26-27, 문예회관)을 맞은 무용단이 김복희현대무용단 하나인 것은 물론 아니고 그보다 더 오래된 단체들도 쉽게 찾을 수 있지만 김복희라는 무용가에 대한 인상은 특별하다. 그는 아직도 춤을 춘다. 그냥 서 있거나 지나가는 정도가 아니라 테크닉들을 그대로 반복하고 있다. 현대춤의 장점인 개인의 취향을 표출하는 작업에 자신의 경험을 살려 오히려 풍부하게 끌고 간다.

특히 그의 체격은 멀리서 보면 소녀처럼 보인다. 긴 머리·마른 몸·가는 팔다리가 선천적인 혜택인지 후천적인 노력인지는 모른다. 어쨌건 김복희 교수를 극장 안과 밖에서 볼 때의 느낌은 매우 다르다. 〈다른 꽃 한 송이〉를 춤출 때 다리를 밀어내며 땅에 엎드리는 동작을 보면서 순간 아주 놀란 기억이 있다. 그 다음부터는 의례 상당 수준의 기교들을 기대하게 됐지만 첫번째의 기억이 던져 주는 의미는 상당한 것이다.

80세가 되도록 춤을 추는 일본의 오노 가즈오란 무용가가 있듯이 우리에게도 김복희라는 무용가가 있을 것이라는 기대는 우리 현대춤의 역사와 기반의 넓이를 대변한다. 특히 김복희의 춤은 생각이 깊어질수록 깊은 맛이 느껴질 듯한 소재를 다루기 때문에 지속적인 관찰을 즐기는 편안함이 있고, 이런 느낌은 그의 미래에도 지속될 것이라는 믿음이 있다.

그의 춤은 대부분 비밀스런 종교의식을 지켜보는 듯한 인상을 주는데 생소한 의식 절차들은 음침하고 괴기한 분위기와 무겁고 느린 움직임들로 꾸며진다. 불교 설화에서 소재를 얻거나 소위 한국인의 정서를 담고 있다고 평가되는 문학작품들을 다시 불교도의 시각으로 해석한 결과이기도 하기 때문에 그의 작품 경향은 쉽게 변할 가능성이 없다.

현대무용이 전세계적으로 전파되면서 파생된 대표적인 성향이라면 민족적인 특징과 현대춤의 접목을 꼽게 된다. 각 나라마다 이러한 의도를 추구하는 무용가들이 많았고, 한국에서도 거의 모든 무용가들이 이러한 작업을 시도해 왔다.

그러나 김복희가 대표적인 인물로 대두되고 있는 이유는 지속성 이외에도 종교적인 색채까지를 가미하면서 이중으로 접근했기 때문으로 볼 수 있다. 현대춤과 종교적(특히 기독교) 색채의 결합 또한 세계적 유행을 이미 거쳤지만 한국의 대표적 전래 종교와 한국인의 정서를 복합적으로 다루는 김복희의 춤 세계는 독자성을 인정할 만큼 구축된 듯하다.

〈꿈, 탐욕이 그리는 그림〉〈반혼〉 등의 작품에서 즐겨 쓰는 움직임을 보면 현대춤 기교의 정형적인 포즈들과 한국 춤사위의 흐느적거리는 듯한 동작들이 연결돼 있다. 외관상으로는 매우 쉽게 보이지만 순서만을 쫓아가는가 아니면 안무자가 요구하는 기분의 흐름을 파악했는가에 따라 특별한 차이가 있다. 〈반혼〉에서 오문자는 움직임 안에서의 힘의 배분을 자유로이 조절하면서 감정의 강도를 달리하는 세련된 춤사위를 구사했는데 무용단 전원이 오문자와 기량을 같이한다면, 또한 작품의 특성상 그렇게 되어야만, 철학적·문학적 메시지가 충분히 전달되지 않을까 생각해 보았다. (『월간 에세이』 1997. 2월호)

IV
_____

1997

제임스 전의 작품세계

제임스 전의 작품은 명확해서 좋다. 무엇을 보여줄 작정인지가 확실히 드러난다. 그리고 보여주려고 했던 것과 보기를 기대했던 것이 기분좋게 일치한다. 관객의 기대치를 이미 알고 접근하는 비범한 무대감각을 쫓아가는 사람이 그 이외에는 잘 떠오르지 않는다. 제임스 전이 연속으로 안무한 〈현존〉은 사실상 서울발레시어터의 얼굴이다. 그의 매력이라면 소재 선택의 자유로움과 솔직함 그리고 진지하게 문제에 접근하는 탐구력이다. 특히 〈현존 II〉를 보면서 이 점을 재확인했는데, 인간의 모습들 중에서 아픈 곳을 과감하게 드러내는 시각은 확실히 독특하다.

고물차가 서 있고 깨진 유리창이 유난히 강조된 창고 안에 꾸며진 거대한 디스코텍에서는 반항적 기질의 젊은이들이 모여 춤추고 노래하고 마약과 매춘이 판을 친다. 더럽고 밝히고 싶지 않은 추한 모습에 접근한 유일한 안무자가 바로 제임스 전이었다.

이 사실은 우리무용계의 뿌리 깊은 공주병을 치료하는 데 매우 중요한 실마리가 된다고 믿는다. 많은 안무자들이 자신의 얼굴과 작품의 내용을 혼동해 왔기 때문인데 권선징악이란 귀결을 놓고 예쁘고 선한 몸짓을 하는 것이 작품이었고, 주인공은 곧 안무자의 모습이었다. 문학에서의 계몽주의 기질이라고 해도 그리 틀리지는 않을 듯한데 춤을 통해 무엇을 가르치려고 하는 자세가 지배적이다. 내용 또한 선하고 아름다운 것을 춤추어야 예술적이라는 풍토에서 제임스 전이 등장했으니 시원하지 않을 수가 없는 일이다. 우리가 사는 세상 이야기를 하지 못한다면 과연 공연예술로서의 생명력이 있는 것일까를 생각할 때 특히 인간의 어두운 측면을 폭로하는 춤을 처음으로 무대화했다는 사실에서 〈현존〉 시리즈는 우리무용계의 굵직한 줄기로 기록될 만하다.

제임스 전의 작품이 지닌 매력을 분석해 보면 '힘의 분출'이 주는 후련함

서울발레시어터, 제임스 전 안무 〈도시의 불빛〉

을 우선적으로 꼽게 된다. 초창기의 <도시의 불빛>에서는 그 엄청난 에너지의
조화에 놀랐는데 이와 함께 연민·고뇌·풍자·열정이 서로 어울린 작품들을
만들어낸다. 때로는 투명한 발레 동작들을 때로는 끈적거리는 춤사위들을 과
감히 사용하는데 독특한 개성이 있는 각 작품을 이루는 풍부한 움직임도 그의
장점이다. 발란신의 무대처럼 깔끔한 <세 순간>이나 각설이의 모습을 통해 웃
음 속에서 애환을 보여주는 <희망>, 재즈춤을 보이는 <공간>, 개방적인 남녀
관계를 강조한 <카페에서> 같은 다양한 작품을 만들었다.

특히 서울발레시어터의 이탈리아 공연은 <발렌티노>로 인해 더 특별한 외
국공연으로 기억된다. 국내에서는 외국무용가로, 국외에서는 한국민속무용
가로 둔갑하거나 그러한 오해의 소지를 남기는 공연들과의 확연한 차이점 때
문이다. 영화배우 루돌프 발렌티노의 탄생 100주년을 기념하기 위한 이탈리아
의 한 도시 축제에서 <발렌티노>를 안무한 배짱은 대단했다. 발렌티노는 할리
우드에서 마초와 탱고로 각광 받았던 무성영화 시절의 스타이자 남성미의 상
징이었다. 그러나 31세의 젊은 나이로 사망했다. 그 원인은 무절제한 생활 때
문이었다고 하는데 어머니에게 남긴 편지에는 외로운 모습도 짙게 깔려 있었
던 젊은이였다.

생면 부지의 인물을, 그것도 외국인의 생애를 발레로 만든다는 작업이 어렵
다는 것은 두말할 나위도 없지만 그 내용이 그들로부터 공감을 얻어낸 <발렌
티노>는 성공작이었다. 이 작품을 통해 제임스 전은 개인의 전기를 무용화하
는 기법을 확립했고, 이는 그의 안무폭을 확장시킨 쾌거였다. 발레기교를 기
본으로 삼아 창작하는 안무가들이 매우 드문 우리 상황에서 제임스 전은 매우
소중한 존재다. 유머 감각을 잃지 않고 다양한 소재에 자유롭게 접근하는 그의
춤은 보기에 편해서 좋고 춤에 빠질 수 있어 좋다.(『객석』 1997. 2월호)

창무춤 20년

한국무용사에 꼭 기록돼야 할 무용단이 있다. 20년 전 결성된 '창무회'라는 단체다. 이화여대의 김매자 교수를 중심으로 한국춤에 대한 새로운 자각과 접근을 시도했었는데 그들의 역사는 갈채보다는 고난을 감수하는 쪽이었다.

일반적으로 알려진 한국무용이란 전통 춤사위에 기반을 두고 창작된 신무용에서 기원을 찾을 수 있다. 독무였던 신무용이 무대 적응기를 거쳐 군무로 변화했고 더 나아가 서양춤인 발레의 무용극 형식을 취해 한국춤극을 완성했다. 그리고는 한계에 부딪혀 더 이상의 방향 제시를 하지 못했고, 변형된 신무용에 '한국무용'이란 이름을 붙였다. 자칫 전통적인 한국의 문화유산인 것으로 착각할 요인을 만든 것이다.

'한국무용' 자체가 1930년대 이후의 창작무용인 것을 생각할 때 창작무용인 창무회의 작업이 비난받을 아무런 이유가 없었다. 하지만 신무용 스타일을 벗어났기에 '한국무용'이 아니고 김매자 교수가 한국무용 전임이었기에 신무용의 범주를 벗어나서는 안 된다는 강력한 주장이 비난의 출발점이었다. 뭔가 훈련치 않은 닭과 계란의 순위다툼 같다. 그래서 창무회의 작품에 대해 '한국무용이 아니다'라고 비난하는 내용을 '신무용이 아니다'라는 내용으로 수정해서 들으면 훨씬 이해가 쉽게 된다.

신무용과 창무춤은 전통무용인 <승무> <살풀이> <탈춤> <농악> 등의 춤사위에서 기본동작을 추출한다는 공통점을 지녔다. 그러나 신무용이 장식적 요소들을 중요시하는 데 반해 창무춤은 그 요소들을 철저히 거부한다는 차이점이 있다. 마치 발레와 표현주의 현대무용의 대립 같다. 기교를 중시하고 예쁘고 우아한 미소를 잃지 않는 화려한 꾸밈이 신무용이라면 창무춤은 어둡고 개인적이고 추하고 표현적이며 꾸밈이 없다.

우연의 일치겠지만 현대무용에서 포인트 슈즈를 벗었듯이 버선을 벗고 고운 한복 대신에 속치마나 속바지를 변형시킨 의상을 입었다. 무대는 어둡고 음향은 기존의 춤 리듬이 아닌 구음이나 타악 장단이다. 춤의 내용도 비서술적이고 암시적인 장면처리로 간접적이고 추상적이다.

창무춤의 효시이자 대표작은 〈도르래〉로 볼 수 있다. 창무회 창단 20주년 기념공연(1997. 1. 28~30, 문예회관 대극장)에서도 내세웠듯이 확실히 20년 전의 〈도르래〉는 충격적이었다. 세 가닥의 긴 천으로 여섯 명의 여인들이 서로 감고 풀기를 반복하는 가운데 "어미는 이빨로 네 배꼽줄을 끊었다. 끊어도, 끊고 또 끊어도 끊어지 않는 끈이 있어 나를 묶고 태초를 묶어 돈다…"는 느낌을 담아냈다. 한국춤이라는 장르의 심오한 표현 가능성을 최초로 제시한 창무회의 작품이었고, 이를 바탕으로 〈춤, 그 신명〉 〈춤본 Ⅰ·Ⅱ〉 〈활〉과 같은 대표작들이 나왔다.

근래에 보이는 창무춤의 스타일은 강미리의 〈류─생명의 나무〉처럼 추상적인 의미 전달에 집중하는 것과 김은희의 〈넘보라살〉처럼 한 순간의 이미지를 극대화하는 것들이 있다. 강미리가 스펙터클한 무대장치의 효과를 강조한다면 김은희는 작은 소품과 미세한 움직임에도 민감한 반응을 보이는 극히 예민한 무대를 꾸민다.

창무춤을 독자적으로 계승하고 있는 김영희는 표현적인 방법론에 더욱 집착해 꾸밈없는 움직임들을 춤작품에 수용하는 파격적인 단계에 이르렀다. 전통 춤사위를 거부한 김영희나 아직은 고수하는 강미리 그리고 적절히 요리해서 다시 꿰맞추는 김은희의 미래에 창무춤이 걸려 있다. (『월간 에세이』 1997. 3월호)

창무회 6인전

— 서영숙·한소영·김효진·김지영·최지영·김은희

한복과 한국음악과 한국춤사위가 어우러지면 한국무용이라고 한다. 창무회의 춤은 20년 전부터, 특히 이 요소를 배격하는 강도가 점점 더 커지는 요즈음 한국무용이 아니라는 비난을 거세게 받고 있다. 그러나 전문가가 아니면 알 수 없는 중국이나 일본의 음악 혹은 다른 동양계 음악들이 한국무용에서 사용되더라도 식별할 수 없기 때문에 그냥 한국무용으로 간주된다는 사실은 어떻게 설명할까. 한복도 그렇다. 한국이라고 원시가 없고 중세가 없었겠는가, 그러니 복장에 대한 견해도 소유권을 주장하기에는 떳떳하지가 못하다.

그렇다고 한국무용의 춤사위가 수백년의 전통을 지닌 것이어서 신성한 계율처럼 받아들일 수 있는가에 대한 대답도 미묘하다. 전통무용과 한국무용을 동일시할 경우에는 이를 부정할 근거가 불분명하지만 우리의 현실에서는 전통무용과 한국무용이 달리 인식되는 경우가 많다. 전통무용 자체도 그 정통성에서 적지 않은 오류를 시인할 수밖에 없을 것이라는 추측이 당연시되는 우리 무용사의 현실이지만 우리 모두가 '이것을 전통으로 받아들이자'라는 묵계를 만들어 인간문화재를 지정했으니 문외한으로서는 더 이상의 관심이 불필요한 일이다.

창무회는 자신들의 작업을 창작춤이라 부르고 있다. 그러나 한국무용 역시 창작춤이다. 신무용이라는 창작춤이 어느날 한국무용이라는 이름으로 개명을 했기 때문이다. 어찌 보면 진정한 신무용은 창무회의 춤이 아닌가 하는 생각마저 든다. 우리나라에서는 신무용이 무대무용으로 인식되고 있지만 발레를 전통무용으로 지닌 독일에서는 표현적인 무용, 개인의 어둡고 무거운 감정이 강조되는 무용을 신무용이라 불렀기 때문이다. 초창기 신무용과 창무회의 창작춤은 한국의 전통 춤사위를 바탕으로 하고 있다는 공통점을 지녔다. 그러나 신무용이 민속적인 소재와 춤사위를 가장 중요시한 반면 창무회의 창작춤은 추상적인 주제를 다루고 있다. 어느 평론가에 의하면 신무용은 발레에, 창작춤은 현대무용에 가깝다고 하는데 바로 이러한 이유 때문이 아닌가 한다. 근래에 들어 창무회의 작업들은 더욱 더 기존의 현대무용 쪽으로 향하고 있다. 창무회뿐만 아니라 배정혜, 한상근 등도 정도의 차이는 있지만 같은 방향을 향하고 있다. 신무용 계열의 작품들이 어느덧 고전무용으로 자리잡고 보존을 기다릴 상황이다.

창무회를 비롯한 창작무용가들 모두는 유일한 무용언어였던 신무용에서 태어난 사람들이다. 이들이 신무용을 탈피하면서 발레의 형식이나 현대무용의 표현기교 심지어는 발레시어터의 연출형식까지를 빌려오고 있다. 아무리 훌륭한 춤 스타일도 영원히 만인을 만족시킬 수는 없고, 항상 기존의 것과 새로운 것이 공존한다는 역사적 증명이 있듯이 우리의 실험은 필연적인 과정으로 보인다. 하지만 이 필연성을 마음놓고 강조하기에는 겁이 나는 것도 사실이다. 새롭다는 것에 대한 무비판적 대응이 빚어내는 심각한 결과를 목격하기 때문인데 알곡과 쭉정이를 가르는 작업까지가 우리 세대의 몫인 것 같다.

창무회 6인전(1997. 2. 1–2, 포스트극장)에는 창무회 20년의 모습들이 담겨 있었고 미래의 모습들도 어렴풋이 짐작할 작품들이 있었다. 서영숙의 <쥐구멍에 볕든 날>이 초창기의 실험작과 유사했다면 한소영의 <미친 듯 살고 싶어라>는 창무춤의 응축된 힘과 몰입 부분을 성공적으로 발전시켰다. 예술감독 김매자의 <춤본>처럼 <독백>을 춤 소재로 삼은 김효진은 그간의 많았던 무대 경험을 살려 춤사위 구사력을 얻은 듯했다. 무대를 장악하는 어떤 힘을 발산하면서 자연적으로 터득한 진보된 표현력을 과시했는데 기존의 창무춤이 얼굴과 팔·다리의 동작에 의존도가 높았던 것과는 달리 동체까지가 완전히 무너지는 모습을 보였다. 김지영의 <따뜻한 죽음>과 최지연의 <눈물나무>는 기존의 현대무용 무대와 흡사한 인상을 준다. 김지영이 모노드라마적이면서 무대 연출적인 탐구에서 성숙했다면 최지연은 현실감 적용을 의식적으로 추구해가는 듯하다. 동시에 바깥으로 회전하며 팔을 안아 감는 것같이 아주 독특한 춤사위도 종종 보였다. 이 두 사람을 비롯한 창무회의 젊은 무용가들은 특히 기존의 현대춤 부류와 근접할 경우 감각이 상당히 앞서 있었고, 적응력이 탁월했다. 변신의 수준이 놀라울 정도로 급성장하고 있는 것으로 미루어 독창적인 어떤 춤이 머지않아 창무회를 통해 나올 것 같다는 생각이 든다.

김은희의 〈넘보라살〉은 또 다른 그의 대표작이 될 것 같다. 객석을 숨죽이게 하는 그 위력은 안무력과 기량과 연출력에서 번갈아 가며 느껴지는데 한 치의 허점도 용납하지 않는 완벽함이 직업무용가로서의 완성을 대변했다. '아리랑'으로 시작되는 도입부에 고개를 재빨리 한 번 돌린 후 지루할 만큼 검정 드레스의 뒷모습을 보이다 적절한 순간에 시선을 객석으로 향하는 판단력은 작품과 관객을 꿰뚫고 있는 증거로 보였다. 발레의 프로므나드처럼 한 발로 서서 안쪽으로 회전하는 묘기나 무릎을 구부리고 발바닥으로 밀며 옆으로 이동하는 동작 등 무한한 발견 또한 흥미롭다. 무대 중앙에 쌓인 푸른색 톱밥더미를 중심으로 한 바퀴 도는데 춤의 상당 부분이 소요되는 구도로 그 과정에 철사로 얽힌 넓고 긴 드레스의 다양한 활용도 춤의 일부가 된다. 흰옷 위의 검정옷과 파란색의 톱밥더미가 만들어내는 색상의 조화에서 장식으로 걸어둔 조그만 화관의 효과에 이르기까지, 뒷걸음으로 행진하는 자태나 추임새까지 김은희는 무대예술가의 경지에 도달해 있었다. (『무용예술』 1997. 3월호)

'탐' 솔로 공연
— 조양희·엄성은·성미연

　현대무용단 '탐'이 결성됐을 때의 상황이 떠오른다. 이화여대 무용과 현대
무용 전공자들로 구성된 컨템포러리무용단이 포화상태에 이르자 1980년 제2
의 단체로 '둘째'라는 이름을 받아 태어났고, 82년 '탐'으로 개명했다. 같은
뿌리에서 두 단체가 활동하다 보면 둘째는 당연히 빛을 받지 못하는 위치에 놓
이는 만큼 창단 당시에는 아무도 '둘째'의 미래가 이처럼 화려해질 것을 예
상하지 못했다. 탐의 역사는 예술감독 조은미의 '탐 가꾸고 지키기'와 직결
돼 있고, 근래의 활력소는 옛날 컨템포러리처럼 매년 학교를 졸업하고 등장하
는 신인들이다. 특히 요즈음 들어 그 신인들의 기량이 탁월하다는 평가를 받고
있고 무용계에서는 군단이라고 해도 좋을 만큼 많은 수가 계속적으로 탐에 유
입되고 있다.

　올해 처음으로 기획된 탐 솔로 공연(1997. 2. 17-18, 문예회관 대극장)은 이
러한 상황을 대변하는 무대로 이틀 공연에 무려 8명의 신인들이 등장했다. 이
들의 연령은 20대 중반으로 대부분 현재 대학원에 재학중이거나 갓 졸업한 상
태다. 불과 십여 년을 거슬러올라가 비교해 보더라도 이번 공연의 전반적인 수
준은 비교가 되지 않을 만큼 성숙해서 탐의 신세대, 더 나아가서는 무용계의
신세대들이 질주하고 있다는 희망을 갖게 된다.

　이번 무대에서 특히 두각을 나타낸 신인들로는 첫날 공연에서 조양희를, 둘
쨋날 공연에서 엄성은과 성미연을 꼽게 된다. 조양희는 평소 반항적인 혹은 도
전적인 강인한 매력을 풍기는 무용가로 시선을 끌었다. 이번 <삼한사온>을 통
해서는 떠는 동작이나 팔의 동작처럼 작은 몸짓들에 탁월한 표현력을 부여했
다. 걷는 동작만으로도 몸의 각도를 달리하거나 높낮이에 변형을 가해 색다른
감정을 표출했는데, 천부적인 재능인 음악과 춤에의 몰입이 눈빛이나 동작으
로 강하게 전달된다. 만들어지는 무용가가 많은 오늘날의 추세와는 달리 그는

제3회 '탐' 솔로 공연, 조양희 〈편두통〉 1999. 2

타고난 무용가에 가깝다. 타고난 무용가가 만들어지는 과정까지 거치게 되었으니 그의 창의적인 장래에 기대를 거는 것은 당연한 일이다.

  엄성은은 청순한 고전적 이미지를 풍긴다. 그 때문에 뭔가 강렬함을 원하는 대목에서는 무대를 휘어잡는 흡입력이 부족하다는 인상을 받아왔다. 이번 무대는 그 인상을 만회하는 좋은 기회로 그의 잠재된 열기를 충분히 표출해 보였다. <모멘트-일상>에서는 독백적·즉흥적 제스처들이 자유롭게 나열되면서도 작품을 끌어가는 치밀한 계획이 우선적으로 안배됐다. 도입부와 전개부 그리고 종결부에 대한 해결방법이 일반적인 법칙에 따르고 있기는 했지만 기량과 안무력, 무대 연출력을 골고루 갖춘 안정감 있는 무용가로 부각됐다.

성미연의 <의혹> 역시 미세하고 자유롭고 순간적인 감정적 반응에서 유발된 움직임들로 짜여졌다. 뭔가 많은 생각들을 지니고 있지만 효과적 표출방법을 찾지 못한 탐구적인 무용가로 보였는데 그 때문에 무대막을 여러 번 교체하면서 새로운 시도를 모색하는 실험과정도 좋아 보였다. 박자와 멜로디가 강하게 느껴지는 음악에 때로는 방만해 보이는 동작까지도 불사하며 작품에 대한 애착을 보였지만 기교적인 기량을 충분히 발휘했는지는 의문이다. (『월간 에세이』 1997. 4월호)

시립무용단 5인의 젊은 안무가전
— 이중덕·이진형·강환규·김상진·김재득

서울시립무용단에서 매년 기획하는 단원 작품발표회가 올해는 '5인의 젊은 안무가전'으로 꾸며졌다. 모두 30대 초반인 무용가들 중 이진형을 제외한 모두가 남자라는 사실이 특별한 느낌을 주었다.

이중덕이 안무한 <Homo Sapiens Linne Homo Sex God>은 사랑에 대한 의문들을 나열해 놓은 듯했다. 남성미의 과시와 남성과 남성의 부딪힘에서 나오는 강렬한 에너지의 충격을 노리며 이를 강조하기 위해 여성의 부드러움도 염두에 둔 안무로 보였다. 그러나 주제에 비해 분위기의 연출이 마치 전쟁을 연상시키듯 지나치게 무거웠고, 기교의 구성에서도 더 구체적인 대치능력이 필요해 보였다.

이진형은 "사람이 죽으면 혼을 저승사자가 거두어간다"는 옛날이야기를 <밤놀이>라는 제목으로 안무했다. 자신이 혼의 역할로 분장했는데 춤 장르의 한계를 초월한 독특한 작품으로 기억될 만하다. 머리를 산발하고 특수한(예쁘지 않은) 분장을 했다거나 유니타드를 의상으로 선택한 외양은 시립무용단의 선배들도 이미 시도한 바 있지만 혼령의 장난기어린 움직임만으로 작품을 이끌었다는 잔가지치기 작업이 신선했다. 자신감 있는 결단력이 그의 특별한 능력이었는데 혼령다워 보이는 춤사위들을 발견하고 연기해 나가는 과정에서 춤실력 또한 만만치 않음이 드러났다. 전체적인 느낌은 계속 흐느적거리는 동작의 연결이었지만 머리를 흔들고 호흡의 강약으로 동체를 조절하는 모습에서 무용가가 도달해야 할 경지인 자유로운 몸 움직임이 느껴졌기 때문이다.

어깨춤·발구름·장난기어린 혼령의 제스처는 창의적이라 해도 과언이 아니었는데, 그 내면을 들여다보면 서울시립의 스타일과 아울러 김영희의 호흡법도 가미되었음을 알게 된다. 안무자는 탈춤의 동작들에서 많은 요소들을 도입했다고 하는데 기존의 지식들로 새로운 형태를 만들어내는 것이 창작의 근

272

본이 아닌가 하는 생각에서 안무가로서의 미래가 기대된다.

강환규가 안무한 〈개구리의 눈은 빨갛다〉에서 강환규는 자신이 장애인으로 등장한다. 냉대와 무관심의 고발 그리고 휠체어와 목발을 이용한 기발한 동작의 접목을 시도한 듯했지만 두 가지 모두 그리 성공적인 결과를 얻지는 못한 것 같다.

〈풀잎으로 누워〉를 안무한 김상진의 경력난에는 종합퍼포먼스 그룹 '또래'를 창단한 기록이 있다. 그에 걸맞게 그의 작품은 예기치 못한 행동들을 나열하는 데 주력하고 있었다. "젊은이들이 춤보다는 아이디어로만 승부를 건다"는 지적은 이미 동서양을 망라한 어른들의 불만이지만 진정한 의미에서의 불만의 대상은 아마 김상진이 선두주자가 아닐까 한다. 그에게는 소위 말하는 아이디어라는 것이 있어 보였기 때문이다.

상황은 장례식에서 벌어지는 것으로 변기가 설치되고 그 앞에 멍석이 펼쳐지고 변기의 뚜껑을 열면 죽은 젊은이의 사진이 나온다. 멍석을 둘러쓰고 시작되는 춤이랄까 혹은 몸짓은 아주 고전적인 반주를 수반하고 의상은 주술을 행하는 원시인의 그것처럼 보인다. 그러나 청소하는 여인들이 나오면서는 더 이상의 상상력이 전개되지 않았다. 앞서의 인물이 좋은옷을 입은 노인으로 등장하면서는 상식적인 애도의 분위기로 막을 내려 일상적인 종결부가 됐는데 도입부의 충격이 열매를 맺지 못한 것이 아닌가 하는 생각이다.

김재득이 안무한 〈가을 전설〉은 다섯 개의 짧은 춤 모음으로 구성되어 있다. 그 중 첫번째와 마지막은 그의 독무이고, 두번째와 네번째는 군무 그리고 세번째는 듀엣이었다. 그는 이 작품을 통해 망각된 순수함을 표출하고자 했는데 앞뒤의 솔로 부분에서 구체적인 감정전달에 성공했다. 얼핏 보면 피에로 복장으로 보이지만 그가 어린왕자로 분장했음을 알아차려야 춤에 대한 이해가 빠르다. 왈츠나 팝송 같은 음악, 청바지에 티셔츠 같은 의상으로 등장하는 군무진의 동작은 자세히 보면 한복에 국악기의 연주에 행해지던 동작들과 동일하다. 의상으로 가려졌던 비밀스런 동작들을 후련하게 보는 느낌은 배상복의 작품에서와 유사했고, 세번째 사랑춤에서의 기교는 발전적인 모습을 보였다.

하지만 몇 동작은 기존의 현대춤에 전적으로 의존해 작품의 전체적인 인상에 흠집을 남기지 않았는가 하는 생각이다. <가을 전설>은 안무자 김재득의 취향을 담고 있는 작품으로 보였는데 섬세하고 감성적인 작풍을 지닌 남성안무자라는 사실이 의외였던 만큼 이 때문에 지속적인 관심을 갖게 될 것 같다.

(『예술세계』 1997. 4월호)

제2회 한국안무가페스티벌

한국현대무용진흥회가 주최하는 한국안무가페스티벌은 신세대 안무가들을 발굴한다는 취지로 2년에 한 번씩 개최된다. 수상자에게는 상금과 함께 해외공연에 참가할 기회도 주어진다. 안무를 경연에 부칠 수 있는 것인가에 대해서는 여러가지 의견들이 있지만 발레 콩쿠르와 견주어 볼 때 현대무용은 아무래도 안무를 보지 않을 수 없는 일이다. 혹 기교를 위주로 본다는 경연대회에서조차도 그 기교를 효과적으로 발휘하는 기교 자체가 안무이므로 심사자의 개인적 취향과 무용을 보는 관점에 따라 간혹 커다란 실수를 범하지 말라는 법도 없다는 것이 부정적 견해다. 그럼에도 불구하고 오늘날에 각광받고 있는 대다수의 무용가들이 이러한 안무가 경연대회를 통해 데뷔한 사실이 있고 보면 경연대회 자체를 부정하기보다는 각 대회의 공정성과 기여도를 훗날에 평가한다는 느긋함도 필요해 보인다.

이번 안무가 경연 페스티벌(1997. 3. 17–18, 문예회관 대극장)에는 모두 여섯 명이 참가했고, 첫날에는 김민정, 민정희, 신용숙이 둘쨋날에는 김진우, 김은희, 장애숙이 각각 작품을 발표했다. 많은 대학에 무용과가 있는 데 비해서는 참가자들의 폭이 좁아 아직은 이 경연대회를 그리 대단한 것으로 볼 수는 없었고, 이를 입증하듯 특출한 작품도 나오지는 않았다는 것이 전체적인 느낌이다.

김민정의 <그럼에도 불구하고>는 구성이나 전개방법이 마치 한 편의 마임 공연을 보는 듯했다. 혹은 옛날 우리 만담가들의 말초적 웃음을 대사 없이 전달한다는 느낌도 있었다. 웃음의 근원이 자연스럽지 못해 깊이가 결여된 것이 원인으로 보였다. 민정희의 <함정>은 안무에 대한 기본기를 의심할 정도로 음악 메우기에 급급했다. 8박자에 두세 동작이 들어 있는 소절들이 끝까지 이어지는 모습은 에어로빅보다도 변화가 없었다. 동작 연결에서 그러하다 보니 전달력이나 느낌은 당연히 기대할 수 없었다.

신용숙의 〈겨울 태양〉은 의미 깊은 호소력을 얻으려 한 흔적이 있었지만 실재로는 메마른 상태로 일관했다. 춤을 추는 사람들 자체가 작품을 이해하지 못한다는 느낌은 집중력이 떨어졌기 때문에 생겼는데 표정의 효과나 그로 인한 여백의 효과를 감지하지 못한 것도 원인 중 하나였다. 도입부의 방식이 구시대적이고 기교는 그리 떨어지지 않지만 특별하게 부각되는 부분이 없다는 점은 〈겨울 태양〉이 욕구보다는 의무 때문에 만든 춤이라는 생각을 남겼다.

김진우의 〈어떤 기억〉은 나름대로의 통일성을 갖춘 안정감 있는 무대였다. 특히 안무자 자신이 섬세한 표현력과 음악성과 탄력 있는 기교를 갖춘 경우로 분절 동작과 종합적 동작을 자유로이 왕래하는 기량이 돋보였다. 동작의 탄력이나 절도에는 내재하고 있는 함축된 힘이 있었고 속도감이나 긴장감까지 느껴지는 즐거움이 있었다. 이와 함께 출연진의 기량도 조화를 이뤘고, 서정적 2인무도 무리없이 소화해 김진우의 다양한 매력을 선보인 무대였다.

김은희의 〈흐르는 거리〉는 안무력보다는 출연진 개인들의 기량이 부각됐다. 작품을 끌어가는 힘이 정리가 안 된 상태라 진부함, 단절된 지루함이 있었지만 정헌재, 이경은 등의 기량이 최고의 수준에 있어 간간이 독특하고 후련한 장면을 연출했다. 이밖에도 그림이 독특한 2인무나 남성 군무들이 독립적으로 효과를 발휘하면서 세련미를 더했다.

장애숙의 〈빙해〉는 마치 조지 발란신의 작품을 보는 듯했다. 구성이 단조롭고 음악 이외에는 어떠한 부수적 요소도 작품에 도움을 줄 수 없는 상황이었기 때문이다. 그러다 보니 기교가 부각될 수밖에 없는 상황인 데 비해 출연진의 기교는 이 작품을 소화해 내기에는 턱없이 부족했다. 무기교와 어눌한 몸짓은 이 춤의 형식이 안무자나 출연자 모두에게 흥미보다는 부담을 안겨 준 결과임을 드러냈지만 새로움을 향한 그 시도만큼은 높이 살 만했다. (『객석』 1997. 4월 호)

서울현대무용단·현대무용단 탐

서울현대무용단 정기공연

서울현대무용단 정기공연(1997. 3. 7-8, 문예회관 대극장)에서는 네 개의 작품을 볼 수 있었다. 그 중 박은정의 <달의 정원>과 김선영의 <이별 탈출>이 이 단체를 지탱하는 올해의 작품으로 보였다. <달의 정원>은 박은정과 박해준의 2인무로 전체적인 통일성과 안정감을 느끼게 했다. 음악·장치·의상·춤의 분위기가 전홍조의 무대와 비슷해 발레 계열과 현대춤 계열이 우연히 만나는 일치점 같은 것을 또 한번 확인하기도 했지만 움직임의 내용에서는 분명한 차이가 있었다.

우리 현대춤에서 등한시될 수밖에 없었던 서정성이 세련된 감각으로 되살아나는 듯한 2인무는 표현이나 메시지 전달의 과제를 떨쳐 버린, 춤 안의 느낌에만 충실한 편안함이 있었다. 춤의 세련미는 감상을 풀어가는 동작들이 절제되고 계산적이라는 원인에서 찾을 수 있었고, 그 과정에서 감정의 풍부함이나 늘임과 정지의 호흡이 명확해 자유로움까지도 감지됐다. 특히 박은정의 춤솜씨가 전체적인 흐름에 일조했는데, 동작 자체가 표현적인 언어로 보일 만큼 능력과 매력 그리고 무대연륜이 짐작되는 무용가로 기억될 것 같다.

김선영의 <이별 탈출>은 9명의 군무로 형식상 네 개의 장으로 나뉘어 있지만 안무자의 기호는 앞부분과 마무리 부분이 아닐까 하는 생각이 들었다. 그 부분들이 강렬하게 다가오는 반면 그와의 대립을 기대한 복잡하고 세밀한 감정 묘사는 적중하지 못했다는 느낌 때문이다. 만남·이별·탈출·기다림의 네 장면은 역동적인 큰 동작들과 곡예적인 요소를 강조하면서 시작됐고, 강약의 대립적인 춤을 반복하는 과정에서 3쌍의 듀엣, 남녀의 대립적 2인무, 남자 4인무 등으로 전개됐다. 점점 힘을 보태면서 처음과 같은 격렬함으로 마무리가 됐는데 시작할 때의 강한 느낌이 감동이나 독특한 기질을 감지하게 하는 수준까지 끌어올려졌더라면 연출상의 완벽함이 감지됐을 것이다.

제17회 탐 정기공연

성미연, 김미경이 탐의 새로운 안무자로, 이연수가 또 다른 대표적 안무자로 부각된 탐 정기공연(1997. 3. 22, 문예회관 대극장)은 정기공연에서 흔히 보게 되는 때우기식의 무성의와는 달리 화려했다. 성미연의 <재즈>가 시작되고 얼마간 시간이 흐르면 은근히 불만스런 뒤틀림이 시작된다. 불만의 원인은 그가 춤을 추지 않기 때문이다. 귀에 익은 재즈음악을 틀어놓고 객석과 무대가 같이 감상하자는 것인가, 간혹 몸을 뒤틀며 천천히 걷는 것이 전부일 바에야 재즈라는 제목을 붙일 이유가 있을까, 재즈춤을 전혀 모르는 상태에서의 단순한 동경일까 등등 불만의 강도가 점점 세진다.

그러나 <재즈>에는 영화 「플래시 댄스」를 본 사람들이 경험한 쾌감이 있었다. 안무자가 이를 계획한 것인가에 대해서는 알 수 없지만 끝으로 몰아가면서 절정을 이루는, 객석에서 보자면 불신에 대한 미안함이 담긴 감동 같은 것이다. 춤의 즐거움을 느끼게 하는 한판 솜씨자랑이 그야말로 후련하게 펼쳐진다. 맥이 분명한 강조점과 흐느적거림의 반복이 주는 몸놀림의 쾌감은 성미연과 이광석의 짧은 듀엣에서부터 시작된다. 성미연의 발작적인 뒤틀림에 담긴 놀라운 탄력은 더 이상의 무엇을 요구할 상황이 아니었고, 이광석도 이번 무대를 통해 개인의 기량을 최고로 발휘하지 않았는가 하는 생각이다. 짧은 마무리로 작품을 정리했는데, 오해에 대한 미안함 때문일까 그래도 한마디 덧붙인다면 너무 지나친 대조가 아니었는가 하는 물음이다.

김미경은 신세대인 걸로 알고 있다. 만일 춤의 성격이 춤추는 사람의 성격과 비슷하다고 가정한다면 그는 평소에 고지식하고 투박한 신세대가 아닐까 생각해 봤다. 그의 작품 <극(極)>은 마치 블럭쌓기놀이를 보는 것 같았다. 두 사람이 등장해서 서로 대립적인 때로는 상호보완적인 이미지를 만들어가는데 그 과정이 마치 하나 하나 동작을 쌓고 있는 듯하다. 김미경의 춤 특징은 선이 크고 대담하며 자잘한 장식은 절대사절이다. 이번 작품은 그의 춤 스타일과 썩 잘 어울렸고, 건조한 특징을 살려 구축해 나가는 안무 스타일은 모범답안을 작성하고 있는 여학생의 모습을 떠올리게 했다.

이연수가 안무한 〈워킹〉은 지금까지 그가 보여준 작품들과는 아주 다른 분위기였다. 대담해졌다는 느낌과 함께 그의 상상력이 상당한 수준에 이른 큰 성과라는 생각이다. 만일 이연수의 작품세계를 논할 기회가 생긴다면 〈워킹〉에서부터는 새로운 작업 시기로 기록해야 할 것 같다. 배경막과 무대를 흰색으로 처리하고 검정 양복 스타일의 군무진이 행진을 한다. 무대 사방에 조그만 단이 있고, 그 위에 다시 흰색 의자가 올려져 있는데 이곳은 행진의 다양함을 조성하거나 그림을 만드는 데 적절히 사용된다.

8명의 여자들이 대열을 바꿔가며 뛰기, 돌기, 떨기, 흔들기, 꼬기, 회전 동작을 하는데 원시시대부터 지속적인 춤의 요소가 된 이런 움직임들이 이연수 스타일로 짜여져 있다. 이연수는 특히 이번 무대에서 감칠맛을 강조하고 있었다. 어느 동작도 끝까지 끄는 법이 없이 중단되지만 그렇다고 무미건조하지는 않았다. 짧은 동작에서도 클라이맥스가 되는 부분에서 중단함으로써 오히려 흥미를 유발시키며 다른, 또 다른 동작을 계속적으로 제공하는 능력을 과시했다.

중반부에 들어서면서는 처음의 이러한 활기가 지속되지 못하고 잠시 분위기가 침체되지만 후반에서 다시 특별한 느낌을 담아 완결했다. 후반부에서는 전쟁의 이미지가 보이는데 조양희의 지휘관 같은 모습이나 유희주의 이국적인 외모에서 풍기는 개개인의 인상들도 이 작품을 이끄는 특별한 요소로 상당히 부각되고 있었다. 이연수가 솔로로 처리한 마무리는 행진의 강렬함과 달리 왈츠음악에 작고 밝은 장난스런 움직임들로 애써 잔잔함을 강조했다. 이로써 강한 흥분상태가 진정되는 안정제의 효과가 있었다. 반면 이 역할을 위한 준비였는지는 모르지만 처음과 중간 부분에 안무자가 걷고, 다시 노란꽃을 들고 등장한 부분들은 작품 전체를 놓고 볼 때 부조화로 보였다.(『무용예술』 1997. 4월호)

레닌그라드 남성발레단

레닌그라드 남성발레단 내한공연(1997. 3. 22-23, 세종문화회관 대극장)을 보면서 연신 웃을 수밖에는 달리 취할 방도가 없었다. 장난도 공연물이 될 수 있다는 사실과 이 장난을 본 관객들이 다음에 같은 발레작품을 보면서 울어야 할 장면에서 웃지나 않을까 하는 걱정, 그리고 이제 여기저기서 웃음거리의 대상으로 소재를 제공하는 클래식 발레는 서서히 고별식을 거행하는 것이 아닌가 하는 생각들이 교차했다.

첫번째 작품 <모두스(Modus)>와 두번째 작품 <꿈의 파편(Dream Fragment)>이 끝났을 때까지도 이들의 주특기는 드러나지 않았다. 특기란 다름 아닌 여장을 하고 포인트 슈즈를 신은 남자들이 교태를 과장하며 발레리나의 아다지오와 코다를 하는 것이다. <모두스>에 등장한 주인공의 다듬어진 몸은 발레수업에 일생을 바친 흔적이었다. 현대춤의 감각을 도입한 이 5인무 창작춤은 그들의 발레전통을 입증하듯 작은 볼거리들이 담겨 있었다. 두번째 작품은 유명한 고전음악 중 리듬이 강하고 특색 있는 널리 알려진 음악을 편집해 우스꽝스러운 연기를 곁들인 솔로였다. 꿈꾸던 청년이 혹독한 세상을 경험하는 비애로 향하는데 희극적 연기나 비극적 마무리가 자연스럽게 연결되어 나아갔다.

세번째 작품 <볼레로>는 라벨의 음악을 그대로 사용한 군무로 르네상스 시절의 궁인들이 입었음직한 디자인의 빨강 의상에 온통 번쩍이는 스팽글로 장식한 모자까지 썼다. 타이즈와 슈즈는 진분홍으로 색을 맞춰 입고 손에는 검정 부채를 들었다. 이 단체의 단장이기도 한 발레리 미하일롭스키가 등장해 볼레로 특유의 음악에 몸을 흔들면서부터 이들의 주특기가 서서히 드러났다. 서양식 부채춤으로 이름을 붙여도 별 무리가 없을 듯한 이 춤은 점점 많은 수의 사람이 등장하면서 부채의 갯수와 함께 크기가 커지는 재미를 보였다. 간간이 보여지는 동성애적인 장면들이 여자처럼 부드러운 남자들의 움직임을 통해 더욱 크게 느껴졌는데 그 자연스러운 몸놀림에는 경탄하지 않을 수 없다. 동시에 그들은 왜 이런 방법을 택했을까라는 의문이 솟지 않을 수 없는 광경이다.

2막에서는 아예 <돈키호테>나 흑조 그랑 파 드 되 같은 고전작품들을 발레리나와 같은 의상을 입고 나와 같은 춤을 그대로 보여준다. 이 부분에서는 평가라는 것을 할 수 없는 단계가 되다 보니 그저 웃을 수밖에 없다. 발끝과 무릎의 처리가 엉성한 것도 재미가 될 것이고 피루엣이나 푸에테 투르 혹은 그랑 즈테의 속도나 높이가 월등한 것은 환호거리가 되다 보니 기량이나 연기력을 논한다는 사실 또한 웃음거리가 될 일이다. 의문에 대한 한 가지 답변을 나름대로 생각해 봤다. 어색하고 우습지만 이 모습이 어쩌면 발레하는 남자들의 잠재된 소망이 아닐까 하는 것이다. 포인트 슈즈는 알려진 대로 여성의 전유물이다. 의상 역시 발레리나의 것은 장식이 화려하고 디자인도 화려하다. 또한 발레리나의 제스처에는 갈채를 유도하는 비현실적인 아름다움으로 치장된 애교가 있다. 반면 남성들은 발레무대에서 마음놓고 인사조차 하기 어렵다. 항상 여성을 먼저 챙겨 주어야 멋있는 파트너로 보이기 때문이다. 남성들은 이 여러 가지 전통적인 불이익에 대해 이백 년이 넘도록 대물림하며 억울해 했는지도 모를 일이다. (『한국일보』 1997. 3. 26)

유니버설발레단의 〈돈키호테〉

발레 〈돈키호테〉를 찬찬히 살펴보면 춤을 위한 소설의 각색법이 한눈에 들어온다. 17세기초에 씌어진 세르반테스의 작품이 지닌 문학적인 가치나 그 행간에서 발견되는 작가의 역량 같은 것은 물론 줄거리마저도 희생당하는 것을 목격하게 된다. 반면 독특한 분위기의 춤을 구성하기 위한 최고의 소재로 〈돈키호테〉를 적절히 요리해 간 재치를 발견하면서는 아무도 그러한 변형에 대해 이견을 제시하지 못할 안무상의 어떤 힘이 느껴진다.

발레에 등장하는 돈키호테는 둘시네아라는 환상 속의 여인을 찾아다니는 우스꽝스런 노인에 불과하다. 하지만 그가 없다면 춤이 전개될 수 없기 때문에 그는 주역이 아닌 숨어 있는 주인공이 된다. 발레 〈돈키호테〉는 키트리와 바질이라는 두 젊은이의 사랑이야기와 돈키호테의 여정을 교묘히 결합시키면서 줄거리를 끌어나가는 동시에 스페인이라는 지역적 특성 즉 플라멩코·판당고·투우사의 행진 같은 민속적인 요소를 발레와 접목시킨다. 장막 발레를 구성하면서 직면하는 안무상의 어려움이 이 두 가지 요소로 인해 아주 쉽게 해결된 〈돈키호테〉는 웃음과 환상적인 장면과 화려한 춤들이 끊임없이 펼쳐지기 때문에 고전발레 작품 중에서도 인기를 지속적으로 유지하고 있다.

유니버설발레단의 이번 공연(1997. 3. 27-30, 예술의전당 오페라극장)은 러시아의 키로프발레단 버전을 한국 초연함으로써 관심을 끌었다. 키로프극장은 러시아의 발레를 육성한 전통이 있는 만큼 모든 작품에 담백한 맛이 있다. 〈돈키호테〉의 경우에도 특별한 느낌을 받게 되는데 볼쇼이발레의 공연과 비교할 때 확실히 조용하고 안정감이 있었다. 발레란 이런 것 혹은 원작은 이런 것에 가까웠을 것이라는 느낌이었다. 흔히 〈돈키호테〉를 보면서는 투우사의 박력이나 집시의 교태가 과장될수록 환호하게 되고 심지어는 주인공들의 2인무조차도 끈적이는 매력이 있을 때 〈돈키호테〉답다라는 생각을 해온 것이 사

유니버설발레단 〈돈키호테〉 1997. 3. 27−30, 예술의전당 오페라극장

실이다. 이 해석이 정확한 것이었는가에 대한 의문을 던져 준 유니버설의 공연은 그 사실만으로 충분히 제몫을 해낸 무대였다.

가장 인상적인 장면은 강예나와 이준규(29일 낮)가 춤춘 3막의 그랑 파 드 되와 2막에서 임혜경이 보여준 집시 여인의 춤이었다. 3막의 무대를 키트리와 바질의 결혼식장으로 꾸미고, 의상도 흰색 예복으로 입은 두 사람의 춤을 키트리의 솔로가 대체된 것을 제외하면 스텝의 변화는 크지 않았지만 아주 색다른 분위기였고, 앞서의 담백한 연기력들을 완성하는 결정적인 역할을 했다. 집시 여인의 춤은 어쩌면 키로프 버전의 특성이나 독특한 매력을 포괄적으로 보이는 장면으로 집시의 참모습을 본 것 같다는 느낌은 감동에 가까웠다. 외적으로 꾸며진 관능미가 전부로 보였던 다른 무대와는 달리 이번 무대에는 강인한 여인이 품고 있는 고뇌와 공허한 감정이 표출되는 듯했다.

이밖에 서막에서 둘시네아의 환상이 보이지 않고 곧장 돈키호테의 여행이 시작된 것이나 2막에서 인형극을 제외시킨 점들은 관객의 이해를 명확히 하는 데 효과적인 진행으로 보였다. 풍차를 공격하고 기절한 돈키호테의 환상 속에서 꾸며지는 2막 2장에 등장한 큐피드의 재치 또한 탁월했는데 기대를 갖고 지켜볼 만한 신인이었다. (『월간 에세이』 1997. 5월호)

전미숙의 춤작품들

전미숙은 평론가들이 좋아하는 대표적인 무용가다. 그가 특별히 자신의 작품평에 신경을 쓰는 흔적을 전혀 찾을 수 없고, 간혹 경쟁적으로 좋은 평을 기대하는 무용가들이 있는 현실이고 보면 아이러니가 아닐 수 없다. 80년대 중반 서울무용제에 출품한 〈얼굴찾기〉에서부터 평론가들의 편애(?)가 시작되지 않았나 생각되는데 대상이나 적어도 안무상감이었다는 평론가들의 심한 반발이 있었다. 지난해 그는 〈개·꿈 그리고 국화〉로 제1회 무용평론가회 선정 올해의 작품상을 수상하면서 10년 전의 기억을 떠올리게 했다. 정작 무용계에서 주는 상에서는 근소한 차이로 밀려났지만 어떤 의미에서는 더 큰 가치가 있다고도 생각된다.

개인적으로 전미숙에게 충격을 받은 최초의 작품은 〈58년 개띠〉였다. 92년도로 기억하고 있다. 물론 지난해의 수상작은 더 큰 충격을 남겼다. 그 사이에 〈불감증〉이라는 작품도 있었다. 전미숙은 화려한 춤테크닉을 중시하거나 힘에 부치는 어떤 모험을 감행하는 스타일이 아니다. 반대로 작은 것을 끈질기게 파고들어 끝장을 보는 집요함이 있다. 아마도 그 집요한 물고늘어짐이 감동을 일으키고 속이 후련해질 춤작품을 찾는 목마른 평론가들이 환호하는 모양이다.

그의 작품 소재는 아주 개인적인 관찰이다. 어찌 보면 안무자 자신을 스스로 관찰하는 과정이 무대에 오른다. 〈58년 개띠〉 — 그는 정말 58년 개띠다 — 에서 보인 자화상은 무력감에 진저리치는 모습이었다. 떨어지는 먹이를 무감각하게 받아먹는 무표정함에서, 뭔가 목표를 정하고 아무런 계산 없이 수행하는 우직함에서, 정작 개는 멀쩡한데 관객인 사람들이 뭔가를 생각한다. 그는 베토벤의 「합창교향곡」에 줄넘기를 열심히 해서 관객을 속상하게 했었다.

〈불감증〉에서는 무대 위로 높이 설치된 철골 구조물 사이를 뛰어다니며 때

전미숙 안무 〈나비·비〉 1997. 5. 7-9,
문예회관

로는 바닥에 떨어지면서 몸을 혹사시켰다. 아픔을 느끼지 못하는 사람임을 고
백하는 이 장면을 보면서 정작 그가 아픔을 느끼지 못한다고 생각할 사람은 아
무도 없었다. 반대로 아주 예민한 사람임을 비로소 알게 된 작품이었다. 〈개·
꿈 그리고 국화〉는 위의 두 작품이 더 짙게 채색된 강렬함이 있었다. 숨어 있
던 분노가 구체적으로 묘사되면서 무력했던 개가 공격을 시작하고 아름다움
을 가장한 꿈은 방독면을 쓰지 않고는 견디기 어려운 고통이 된다. 국화는 아
마도 죽음을 상징하겠지만 그의 국화는 그리 만만치가 않다. 하얀 드레스의 강
렬한 여인이 얼굴을 비틀며 갑자기 무대 아래서 부상한다. 점점 더 강도 높은
분노의 이미지를 만들어 가는 그의 연출력에 기가 질리는 순간이었다.

이번 춤작가 12인전(1997. 5. 7-9, 문예회관)에서는 〈나비·비〉를 선보였
다. 예상을 뛰어넘는 장면의 연계로 그가 타고난 안무가임을 또 한번 과시했는
데 그는 나비인 동시에 심장이기도 했다. 넋 나간 표정, 꿈틀거림, 심한 충격으
로 인한 정신적 불안감의 묘사가 진행되는 과정에서는 지금까지의 작품들을

정리하는 듯 개별적인 상황으로 전이된 고독함이 배어 있었다.

그의 무대 밖 인상은 무대의 그것과는 전혀 다르다. 예술과는 담을 쌓은 사람처럼 보인다. 차분하고 절도 있는 선생님이다. 이런 이미지의 사람이 그처럼 개별적이고 강한 주장이 담긴 작품을 내놓으니 호기심도 커진다. 전미숙은 춤동작 연기세대 이후에 등장하는 생각이 깊은 안무가세대의 첫 주자다. 세계적인 무용흐름이 안무가 중심인 현실에 비춰볼 때 우리에게도 이런 안무가가 있다는 사실은 참 다행스러운 일이다. (『월간 에세이』 1997. 6월호)

박경숙 발레 공연

박경숙이 공주대학에서 '프르미에르' 발레단을 만들었다는 소식을 들은 지도 몇 년이 지났다. 발레의 불모지에서 확실한 결실을 얻어냈다는 증거였다. 그러나 대부분의 대학교수가 갖고 있는 학생 발레단 중 하나로 봐왔기 때문에 특별히 주목하지는 않았었다. 그들의 서울공연이나 서울무용제 참가작품을 보면서 많이 성장했다는 호감을 지니는 정도였다. 박경숙발레단 대전지역 순회공연(1997. 5. 19-23)을 보면서 지금까지의 생각에 크게 수정을 가할 필요가 있음을 느끼게 됐는데, 무용가들이 활동하는 지역적 특성을 파악하기 위해서라도 지방공연 참관이 필요함을 새삼 느꼈다.

우선 공연장에서 관객이 느끼는 지역간의 격차는 가장 큰 충격이었다. 대전이라는 도시의 유명도에 비해 공연장 예절은 말이 아니었다. 우송예술회관의 입장권에는 좌석이 지정되어 있지 않았다. 입장시에 어수선함은 물론 휴식시간에 자리를 비우면 즉시 누군가가 앉아 버린다. 학생 관객들의 재잘거림도 불안할 지경이다. 서울에도 교육문화회관처럼 소란한 공연장이 있지만 좌석은 기본권의 문제였다. 객석이 이 정도면 무대는 어떨까 싶다. 장치·조명·음향 등을 생각하다 보니 춤을 잘 추고 안무를 잘하는 것이 문제가 아니었다. 무대를 꾸미고 관객을 동원하고 발레를 보여주는 것이 우선적인 관심거리였다. 말로만 듣던 지역의 한계를 현실적으로 그것도 대전에서 느끼고 보니 박경숙발레단은 특별한 애정으로 보호되어야 한다는 생각이 들었다.

박경숙의 이번 레퍼토리는 <세레나데> <선교 발레> <지젤>이었다. 프르미에르발레가 <세레나데>와 <지젤>을 춤출 수 있는 단계에 도달했음은 그들이 그만한 졸업생을 배출했고, 그 연륜만큼 기량도 늘었다는 말이다. 아울러 대전지역의 관객들에게 발레 명작을 제공하는 유일한 지역 발레단체라는 증거였다. 그들에게 발레의 정교한 맛까지를 요구한다는 것은 현실적으로 불가능하므로 — 이는 전국 어느 대학 발레단의 경우에도 같다 — 작품 전개의 완성도를 보는 것으로 만족해야겠지만 군무의 일체감이나 포즈의 선에서 나오는 느낌들이 지속적으로 발전하는 모습은 고무적이다. 대학 발레단의 명작발레 공연은 지금까지 평가의 대상에서 제외시켜 왔던 것이 사실이다. 하지만 서울 이외의 지역에서는 작품이나 공연을 대하는 시각을 달리해야 한다는 체험도 좋은 경험이었다. 이러한 지역간의 구분은 각 지역에 전문 발레단체가 생겨난 이후에나 자연스럽게 없어질 것 같다.

프르미에르발레단이 〈지젤〉 2막의 무대를 제대로 갖추고 군무진으로 명작의 분위기를 이끌어가는 흔적은 대단해 보였다. 또한 알브레히트로 출연한 정남열은 안정감 있는 좋은 기교를 보이며 작품을 주도해 갔다. 반면 지젤역의 경성숙은 선천적인 선이나 연기력면에서 본다면 탁월한 지젤이었지만 믿기 어려울 정도로 특정 기교에서 부족함을 보였다. 경성숙이 연기하는 〈지젤〉을 보면서 스텝이 의외로 쉽다는 생각을 하게 될 정도였는데 유명 주역들도 실수하는 부분을 너무 쉽게 통과하기 때문이었다. 문제는 명확성이 절대적으로 부족한 데 있었고 외모로는 이만한 적격자를 찾기 어려울 정도인 만큼 개인적인 분발을 기대할 수밖에 없었다.

공주뿐만 아니라 충남지역의 발레를 이끌어온 박경숙은 어느덧 그 지역 발레계의 대모가 되어 있었다. 근래에는 청소년을 위한 발레공연과 함께 하사딤이라는 선교 발레단체를 결성해 발레를 통한 지역 발전을 주도하고 있는데 그의 끊임없는 열정이 아니었다면 〈지젤〉 공연도 불가능했을 것이다.(『월간 에세이』 1997. 7월호)

서울발레시어터 갈라페스티벌

서울발레시어터에서 주관한 국제갈라페스티벌은 공연시간만 두 시간이 넘고, 참가단체가 8개에 이르러 하루저녁을 위한 공연치고는 꽤 무거운 분량이었다. 그렇지만 어느 한 단체를 제외시킬 수 없는 팽팽한 긴장감이 있었고, 각기 나름대로 최고의 명성을 지니고 있는 만큼 볼거리가 풍성했다. 이 공연은 특별히 미국인 무용가 로이 토비아스의 고희를 기념하기 위해 준비된 것으로 한국의 서울발레시어터, 국립발레단, 유니버설발레단, 조승미발레단, 일본의 벨아므발레단, 모모코 타니발레단, 미국의 아메리칸 발레시어터, 모나코왕립 발레학교에서 참가했다.

이들은 토비아스의 일생과 많든 적든 인연을 맺은 단체로 미국과 일본을 거쳐 한국에 정착한 그의 여정을 보여준다. 그는 필라델피아에서 교육을 받은 후 아메리칸 발레시어터에 최연소자로 입단했고, 뉴욕시티발레단에서 수석무용수를 지냈다. 1960년부터는 일본 발레계에 교사 겸 안무가로 많은 영향력을 행사하며 프랑스와 도쿄, 필라델피아를 오가며 활동했고 한국과의 인연은 1981년 국립발레단 초청 안무를 하면서 시작됐다.

그러나 사실상 한국에 정착하게 된 계기는 88년 유니버설발레단의 예술감독에 취임하면서였다. 1995년 유니버설에서 퇴임한 이후 현재까지 서울발레시어터의 예술감독으로서 한국의 발레를 성숙시키는 데 매우 중대한 역할을 하고있다. 아메리칸 발레시어터의 간판스타인 로버트 힐과 줄리 켄트가 <로미오와 줄리엣>의 발코니 장면만을 춤추기 위해 한국에 왔다는 사실은 토비아스의 고희라는 명분이 아니면 상상할 수 없는 일이다.

또한 이번 무대는 일본과 한국의 발레단을 비교할 수 있는 기회였다. 물론 우리 발레단은 국내 최고의 단체이고, 일본은 개인단체라는 점을 감안해야겠지만 공식적인 무대에서 우리의 실력이 앞서 있음을 발견하는 것은 기쁜 일이다. 일본의 발레단들은 체계적은 혹은 국가적인 지원이 없다면 아무리 뛰어난 개인일지라도 지속적인 발전을 이룰 수 없다는 결과를 보여준 셈이다. 반면 우리는 그들에 비해서는 막대한 지원을 받고 있고 외국 발레학교에서 교육받은 인재들이 돌아와 정착하고 있으며, 국내에서도 전문적인 발레 교육이 이뤄지고 있다. 몇십 년 뒤진 열풍일지도 모르지만 우리 발레의 미래는 매우 희망적으로 보였다.

　서울발레시어터의 〈카프리치오 브리안테〉를 비롯해서 유니버설발레단의 〈결혼파티〉, 조승미발레단의 〈기쁨의 왈츠〉는 모두 토비아스가 한국에서 안무한 작품들이다. 그의 작품들에는 서정적인 아름다움과 멋쟁이의 가벼운 웃음이 들어 있다. 어쩌면 그는 조지 발란신이 만들어낸 신고전 스타일의 발레에 젖어 있는 마지막 인물일지도 모른다. 역사 속으로 사라져가는 사건들을 체험으로 지닌 토비아스가 남겨 놓은 작품들은 우리 발레계의 유산이 될 것이고, 젊은 발레단인 서울발레시어터에게는 든든한 뿌리가 될것이다.(『월간 에세이』 1997. 8월호)

남정호의 〈나는 꿈속에서 춤을 추었네〉

남정호의 공연을 본 것은 15년 전의 일이다. 그는 놀랍게도 무용을 즐기고 있었다. 분명히 무용은 즐기기 위해서 무대로 올라온 예술이지만 사상과 감정의 표현이라는 숨막히는 과제에 눌려 그 본성이 망각되고 있던 시절이었다. 대각선을 그리며 가볍게 선회하다 땅따먹기놀이를 하는 아이들처럼 분필로 그림도 그렸다. 그후로 남정호의 춤에는 유희·놀이·동심의 세계라는 단어들이 붙어다녔다.

〈나는 꿈속에서 춤을 추었네〉는 남정호의 이러한 놀이 작업들이 한 단계 그 욕심의 영역을 넓혀 간 최초의 경우였다. 안무자의 말을 빌면 "감히 비디오보다도 더 재미있고 레스토랑보다도 더 색다른, 패키지 여행보다 더 흥분되는 작품을 만든다면서 경쟁심을 가지고 돈키호테처럼 허우적거렸다"는 것이다. 그 동안의 무대에서 보여진 남정호 특유의 춤들이 더 편한 옷으로 바꿔 입고 휴식을 취한다는 느낌이 들었는데, 〈나그네들〉이나 〈신부〉에서 보인 동작의 풍만한 자유와 절제에 관해서는 관심을 두지 않고 있었다. 대신 마임과 대사와 무대구조의 획기적인 변형에 집중적인 관심을 보이면서 그 안에 풍자와 상상의 세계를 담아 보려 했다.

공연장에서 객석을 찾기 어려운 이유는 객석과 무대의 위치가 바뀌어 있기 때문이었다. 기존의 객석은 모두 흰색 천으로 덮혀 있고 무대 뒤쪽 그러니까 장치를 위해 비워진 공간에 임시 객석이 설치돼 있었다. 그래서 춤을 추는 공간과 객석이 가까운 반면 무대 뒤로 펼쳐진 공간은 무한해 보인다. 빨간 구두와 검정 구두를 가지고 마임을 하는 첫장면은 이 작품의 기본 골격이 남자와 여자의 이야기임을 암시한다. 멀리 흰색 천 사이로 군무진이 뛰어나온다. 장난스럽게 뛰는 동작 사이에 잠옷차림의 남정호도 합세한다. 꿈의 일단계다.

무대가 비면 장치를 운반하는 인부들이 나와 푸념을 한다. 무용가들과 장치

남정호 〈나는 꿈속에서 춤을 추었네〉
1997. 3. 21−23, 예술의전당

담당 스탭들 사이의 미묘한 갈등 같은 것이 담겨 있다. 춤계에서 살면서 부딪히는 이러한 일상의 문제들은 공연의 양념처럼 춤 사이에 끼워져 계속된다. 연극배우들이 퇴장하면 '부끄럽다' '욕을 한다' '와본 듯한 카페'라는 가사가 담긴 노래에 한 여자가 등장한다. 여기서부터는 〈한여름밤의 꿈〉이 묘사된다. 요정인 앞서의 마임이스트가 등장하기 전까지 무대는 안신희, 정운식, 박화경, 박진수 같은 자기 목소리를 지닌 무용가들로 메워진다. 이 과정에서 지금까지의 남정호 작품과는 색다른 느낌이 가미되는데 관능적인 분위기와 흐름보다는 기교가 눈에 들어오는 움직임들이 그 요인이었다.

　다시 무대는 연극배우들에게 할애된다. 평론가들에 대한 그리고 그들에게 맹종하는 무용가들 혹은 기자들에 대한 풍자가 담겨 있다. 움직이지 않으면 사일런트 댄스이고, 조명이 꺼져 있으면 다크 댄스라고 평론가는 말한다. 옆의 여자는 호들갑스럽게 감사하며 메모한다. 무대에 조명이 들어오면 앞서 요정에 의해 짝짓기가 이뤄진 남녀들이 펼치는 선정적인 느낌의 2인무들로 무대가 활기를 띤다. 이때 요정의 등에 업힌 꿈의 주인공이 등장하는데 주인공답게 모든 남자들을 독차지한다. 네 명의 남자들과 남정호가 펼치는 꿈속의 환락 그리고 남자들의 파트너인 네 여자들의 질투가 교차된 후 다시 무대는 제짝을 찾은 커플들의 욕정적인 움직임들로 채워진다.

다시 현실로 돌아와 연극배우의 무용학 강좌가 시작된다. 남정호의 춤론이기도 할 내용에는 놀이, 게임, 오래 구상, 모든 것을 표현, 객관적 점수 불가, 순수한 즐거움 등의 단어가 담겨 있다. 대단원은 네 쌍의 주역들과 십여 명의 군무진이 결혼식 복장으로 등장해 놀이판을 벌이는 것으로 시작된다. 연극배우들도 합세해 대무 형식으로 혹은 난장처럼 관객의 호응을 유도하는 흥겨움을 조장했다.

<나는 꿈속에서 춤을 추었네>를 본 직후의 느낌이라면 누구나 혼란스러움을 이야기할 것 같다. 새겨 보고 되짚어 보고 나서야 안무자의 '허우적거림'이 감지된다. 재미를 앞세워 주는 놀이판의 창조자가 감당했어야 할 압박감이 초롱초롱하게 숨어 있다. 각 장면이 자체로서 독립적이면서도 작품 전체로 볼 때 커다란 줄기를 이뤄가는 맥을 놓치지 않았다는 사실도 중요하지만 춤공연으로 보는 재미에 승부한다는 발상은 더욱 중요했다. 이는 시기적으로 꼭 필요하다고 보는 한 관객의 개인적인 생각 때문이기도 하고 그의 춤이 작가의 말대로 가볍지만 '천박하지 않았기' 때문에 더 설득력이 있었다.

채희완 교수의 분석처럼 남정호의 이번 작품도 파노라마적 '엮음의 고리', 살아 있기에 유희하고 유희하기에 살아 있는 '광대기의 현재진행형' 안에서 해석할 수 있었는데, 더 이상의 예리한 분석은 불가능할 정도로 정확한 관찰이다. (『예술세계』 1997. 5월호)

국립발레단의 〈노틀담의 곱추〉

발레 〈노틀담의 곱추〉는 빅토르 위고의 소설을 각색한 작품이다. 집시 소녀 에스메랄다와 세 남자가 얽힌 사랑이야기이지만 발레에서는 아무래도 성당의 종치기인 곱추 콰지모도가 극적인 장면을 주도하는 사실상의 주역이다. 83년경 미국에서 공연된 프랑스 버전 〈노틀담 드 파리〉에 대한 인상만 하더라도 에스메랄다는 기억에 없고 콰지모도의 눈빛만 떠오른다. 그가 누리에프였기 때문이기도 했지만 우수에 찬 콰지모도의 표정은 작품 자체에서 스스로 만들어지는 느낌이었다. 그처럼 강하게 호소하는 듯한 그래서 작품과 현실을 혼동할 정도로 공감했던 순간은 다시 없을 것 같다.

국립발레단의 안무(1997. 3. 21–26, 국립극장)를 맡은 이시다 다네오는 콰지모도라는 인물보다는 콰지모도가 보여준 강한 열정을 시각적으로 표출해내는데 주력했다. 안무자에게는 항상 교수형에 처해진 에스메랄다의 시신을 찾아가 그녀를 포옹한채 숨진 콰지모도의 영상이 자리잡고 있고 바로 이것을 표현하려 했다고 한다. 1막은 소설의 내용을 전개하는 데 할애했고, 2막은 안무자의 끓어오르는 정열을 표출하는 데 주력했다. 당연히 작품의 비중은 후반에 있었고 끝으로 모아진 대단원의 열기에서 보이는 80세 예술가의 혼은 대단해 보였다.

특별히 이번 공연을 위해 내한한 발레리나 강수진의 에스메랄다 역할도 후반부에서 부각되는데 죽음 직전의 장면들에서부터는 드라마 발레에 익숙한 그녀의 개성을 발휘한 무대였다. 상대적으로 1막에서는 등장인물의 성격이 충분히 묘사되지 못한 상태였고 기교의 난이도에서도 다른 발레에 미치지 못한다는 인상 때문에 강수진의 내한이 무의미한 것이 아닌가 하는 조바심마저 생긴 것도 사실이다. 현대적인 감각을 추구한 군무의 동작 구성이 의외로 고전적인 대칭기법이나 반복기법에 전적으로 의존하고 있다는 점과 각 장면마다의

국립발레단 〈노틀담의 곱추〉 1997. 3. 21-26, 국립극장

개성적인 의상이 전체적인 통일성에는 걸림돌이라는 점이 특별히 눈에 띄었다. 반면 사형장에 끌려가는 에스메랄다와 생모의 만남, 철골 구조물인 무대 세트를 통해 보이는 천상의 모습들, 부주교 프롤로에 대한 콰지모도의 분노와 살해는 극적으로 강한 연계성을 지속하고 있어 웅장한 마무리로 손색이 없었다. 이로써 작품 전체에 대한 인상에는 감동적인 요소가 충분히 담겨 있었다.

국립발레단의 군무진은 몇 년간의 과도기에서 벗어나 고른 기량을 과시했고, 프롤로역의 강준하와 생모 아그네스역으로 찬조출연한 김순정이 연기력 면에서 균형을 잡았다. (『한국일보』 1997. 4. 9)

美·知·藝의 〈겨울 단편〉

한국무용계의 아방가르드로 보이는 젊은 무용가들이 창단공연을 가졌다. 기존의 무용 형태에서 벗어나려는 사람들이 스스로를 '미·지·예'로 칭한 것을 보면 진보적인 예술가의 꿈도 결국은 원점에서 시작되는 것인가 보다. 네 명의 단원 최준명, 김향, 김효진, 손미정은 모두 한국무용을 전공했고, 창무회에서 활동해 오고 있다. 이미 창무회에서부터 길들여진 '우리춤의 새로운 해석과 창조적 발전'을 슬로건으로 내세웠다는 점에서는 크게 주목할 사항이 없지만 춤 장르간의 구분이 붕괴되는 과정이 보인다는 점에서 〈겨울 단편〉에 주목하게 된다.

우선 이들이 깨고 싶어하는 한국무용은 어떤 춤인가. 한국음악·한복 그리고 기방이나 사찰에서 혹은 농촌의 마당에서 수집한 춤사위를 연결시켜 만들어 놓은 1930년대 이후의 무대춤이다. 〈겨울 단편〉에는 한국음악이나 한복이 없다. 춤사위도 아주 많이 변형되어 알 듯 모를 듯 들어 있다. 한국무용과의 공통점이라면 무엇인가를 표현하고자 하는 무대춤이라는 점이다. 이는 공교롭게도 기존의 표현주의 현대무용과 이론상 같은 위치에 놓여 있다.

이러한 이유로 〈겨울 단편〉을 보면서 80년 초반까지 유행했던 현대무용 작품 중 하나를 보는 듯한 착각에 빠졌다. 특히 이 젊은이들은 80년대 현대무용가들처럼 음악과 미술의 적극적 협력을 과시하고 있으면서도 적절한 교류에 대해서는 초보적 단계에 머물러 음악에 대한 민감한 반응이나 설치미술과의 일체감을 얻어내지 못했다. 군무에서 무용가 개개인의 개성이 전혀 의식되지 않고 있음은 물론, 동작과 음악의 연결에서도 무성의한 즉흥 이상의 느낌을 주지 못했다. 마치 아무런 느낌이 없는 추상화 같았는데 기존의 한국무용이 구상화라면 〈겨울 단편〉은 기교와 작가의 능력을 더욱 뚜렷히 확립해야 할 필요가 있었다.

앞으로도 상당기간 이러한 실험들이 지속되겠지만 그 주동자들이 젊은 무용가들이라서 희망적이다. 현대무용과 동등한 수준에서 구성과 기량과 연출력을 인정받으면서 한국무용가의 독특한 개성을 담아내는 것이 그들의 목표일 것이다. 기교면에서도 객원출연한 이광석과 김봉수를 통해서 발견한 아주 중요한 사실이 있다. 그들의 춤동작은 크고 선명하고 확실한 강조점이 있었는데 기본기가 현대무용이기 때문에 얻은 활력이었다. 한국무용의 변형만으로 자유로운 춤을 추기에는 역부족임을 간접적으로 알리는 모습이었다.

한국춤 기본기를 지닌 여자들의 미세한 어깨놀림이나 이들이 아니면 발견해 낼 수 없는 독특한 동작 변형을 목격하면서 활력과 미세함, 이 두 가지가 한 사람의 몸에서 나온다면 얼마나 대단할까를 상상해 봤다. 원래 외형적인 기교에 약한 한국춤, 특히 그 변형만으로는 애초에 뭔가 충분치 못하기 때문이다.

(『한국일보』 1997. 2. 19)

'97 우리시대의 춤

— 한금련·연은경·이원국·김수현·이미영·이경옥·박호빈·남영호

안무와 춤연기는 밀접하지만 요구되는 능력에서는 별개의 것이다. 안무의 기본 특성은 개인적인 성격을 드러내는 독특한 연출법이 부각되어야 한다는 것이고, 춤연기는 갈고 닦은 기량을 발휘하며 작품을 끌어가는 것이다. 현대무용이 생겨나면서 안무가와 무용가의 구분이 없어졌기 때문에 오늘날에도 현대적인 춤을 추는 사람들에게는 이러한 분리가 무의미한 것은 사실이다. 그러나 전통적으로 안무가와 무용가의 영역이 달랐던 고전무용일수록 당면한 현실은 혼란스럽기 그지없다.

평생 발레기교의 정확한 수행이 곧 무용의 모든것으로 알아온 발레댄서에게 안무를 시킨다면 그는 분명 자신이 알고 있는 춤기교를 멋지게 펼쳐 보일 것이다. 하지만 안무의 특성을 놓고 따져보면 그의 춤은 매우 단순한 작업인 소극적인 안무의 범주에 속한다. 이는 평생 살풀이춤을 연구한 무용가에게도 해당되는 말이고, 그 누구이건 이 장벽을 성공적으로 무너뜨린 사람은 없었다. 그러나 우리나라에서 행해지고 있는 기획공연 대부분이 안무와 무용의 이러한 차이에 무감각하다. 원인을 따져보면 우선은 무용가들이 스스로 안무가로 인정받기를 원했고, 안무작업이 곧 춤공연이 된 많은 창작발표회가 있어 온 때문이다.

그러면서도 내부에서는 춤기교를 한국춤·발레·현대춤으로 구분해 놓고 창작에서 이들 춤의 기본기나 그밖의 외적인 요소들을 넘지 못하게 하는 한계를 강경하게 지탱해 왔다. 그래서 우리에게 남은 것이 무엇인가. 한국무용은 발레의 형식에 한국 춤사위를 넣은 무용극으로, 발레는 한국적인 소재에다 발레기교를 변형시킨 창작발레로, 현대무용은 기교나 한국적 스토리나 소재를 마구잡이로 취하는 이상한 현상들로 몇 십년을 지속해 왔다. 그러다 보니 발레나 한국춤 안무자들은 기존의 형태에서 쉽게 벗어날 수 없어 방황하고 현대춤

을 추는 사람들은 기본 정신이 흔들리는 것을 자주 보게 된다. 안무와 무용에서 동시에 성공하기란 너무나 어려운 일임에도 모든 사람이 이 어려움에 도전하고 있다.

우리시대의 춤(1997. 4. 9-19, 예술의전당 자유소극장)에 참가한 한금련, 연은경, 이원국의 경우를 보더라도 안무자를 따로 둔 연은경과 이원국에 비해 한금련의 무대는 매우 빈약했다. 한금련은 작년 이 무대에서 홍승엽의 아다지오 파트너로 좋은 평판을 얻었고 그것을 계기로 이번 공연에 초청됐다. 그러나 그의 무대는 안무자의 중요성을 무언으로 설명하면서 안무자와 무용가의 서로 다른 영역에 대해서 혹은 무용가가 안무자에 의해 얼마나 달리 보일 수 있는지를 강조하고 있었다. 무용가의 어떤 특징을 강조해 그렇게 멋있게 꾸며낸 홍승엽의 사람 쓰는 눈이 새삼 부각될 뿐이었다.

한금련의 〈기우뚱한 균형〉에 출연한 세 명의 남자들 중 하나는 기교의 미숙함이 정도를 넘어섰고, 별 의미없는 느린 움직임으로 시간을 끄는 안무로 전반부에서 이미 좋은 인상은 사라졌다. 유일한 기대였던 한금련의 등장도 이를 만회하기에는 부족했고, 두드러진 원인은 그의 앙셴느망이 조잡하기 이를데 없는 수준이었기 때문이었다.

연은경은 지난해의 김인희처럼 로이 토비아스 안무로 참가했다. 이 경우 연은경이 우리시대의 주도적인 발레리나 중 한 사람임을 확인하고 그의 기량이 지난해 조지 발란신의 〈네 개의 기질〉에서처럼 화려함을 유지하고 있다는 사실을 보여준다. 활력과 강인함이 담긴 기교를 구사하는 연은경으로서는 자신의 소임을 다한 셈이다. 그러나 소극장 무대와 신고전 스타일의 〈카프리치오 브릴란트〉가 공연으로서의 완성도에 충분히 접근했다고는 보기 어렵다. 이러한 경우 무용가들은 선의의 속임수가 불가능한 데서 오는 손실을 인정하지 않을 수 없다. 불안정한 무대상황과 객석과의 근접함으로 인해 생기는 불안감이 우선되기 때문이다.

이는 이원국의 경우도 마찬가지였다. 구노 오페라의 무용 파트인 〈파우스트〉는 춤의 내용전달까지 생각한다면 작품의 재현에서 생기는 문제점이 더 커진다. 반면 한국 초연이라는 점과 그 안에 담긴 앙레브망이 이원국의 강점을 최대한 살리는 기교들이었다는 점에서는 충분히 수긍하게 된다. 파트너를 한 손으로 들어올리고 전진한다거나 공중에서 던져 다시 받아내면서 보이는 앙 레브망 기교들은 정작 고전발레 작품에서도 보기 어려운 고난도의 기교였다. 재안무자 마크 에르모로프는 이원국의 남성적 기교 즉 파트너로서의 기량이 탁월함을 지목하고 이 작품을 선정한 것 같다. 아울러 이원국이 보인 회전이나 도약에서의 기교는 매년 더욱 깔끔하게 손질되고 있어 고무적이다. 무절제한 활력이 남성무용수 전체의 문제점임을 감안한다면 기량의 다듬기 작업이 확 연해진 이번 무대는 남성발레계에 상당한 영향력을 미치게 될 것으로 보인다.

김수현에 대한 프로그램의 소개는 "춤과 안무력을 동시에 감상할 수 있는 기회"라는 것이다. 그가 한국 창작춤을 추구하는 리을무용단 출신이고, 개인 작품도 여러 번 발표한 때문일 것이다. <길 위에서 길을 찾으며>는 그에 대한 지금까지의 평판을 원점으로 돌려놓기에 충분했다. 네 개의 노래에 담긴 가사 로 지금 춤꾼이 그것을 생각하고 있음을 감지하는데 '19세 색시… '에서는 색시가 춤을 춘다. 겉옷을 하나 벗고 난 다음에 초를 켜면 이번에는 죽음을 노 래하는 듯한 가사가 들린다.

세번째는 '솔아 솔아 푸른솔아… '가 나오면서 쇠사슬도 보인다. 이쯤에서 윗옷을 한 번 더 벗었던 것 같다. 각 장면의 연계가 이해하기에 불가능하기도 했지만 순전히 노랫말에 의존하는 발상은 무게나 의미를 부여한 듯한 극장식 당 공연물과 다를 바가 없었다. 네번째는 한 여자 성악가의 목소리가 담긴 '그 리운 금강산아'로 마무리를 했는데 어떻게 이렇게까지 쉽게 접근할 수 있었 던 것인지, 이것이 김수현의 본 모습인 것인지 혼란스러웠다.

이미영은 신세대 가을 신작무대에서부터 춤기량과 무대연출의 조화에 관심 을 두고 있다. 많은 안무자들이 전체적인 무대의 조화에 무관심하거나 무지한 데 반해 안정감이 있고 끌어가고자 하는 방향을 효과적으로 제시한다. 이것만 으로도 그의 안무력이 상당한 수준임은 부인할 수 없다. <하늘에 뿌리는 노 래>에는 세 명의 치매노인이 등장한다. 두 사람은 무대 양쪽에 놓인 항아리에 걸터앉아 있고, 이미영이 붉게 타는 배경막을 뚫고 전진해 무대에 합세한다. 치매노인들은 연신 웃고 있고 신명나게 춤도 춘다. 그러나 자세히 들여다보고 있으면 이 작품이 굉장히 어렵다는 느낌을 갖게 된다. 치매노인의 미소띤 얼굴이 죽음을 예견하기 때문이라는 것인지, 죽음이 즐겁다는 것인지, 나는 웃고 있지만 당신들은 죽음에 대해 깊이 느껴 보라는 것인지, 죽음의 미학이 그 노인들의 얼굴에 담겨 있다는 것인지, 안무자는 치매를 어떻게 경험해 보고 작품에 임했는지, 혹 춤을 위해 타인의 아픔이 장난스럽게 묘사되고 있는 것은 아닌지 등의 의문들이 생겼다.

이경옥의 〈명혼〉은 조용히 진행된 한판 굿이다. 그가 어두운 소재나 연출을 선호하는 이유로 신무용 스타일을 벗어난 창작무용가로 알려져 있지만 사실 그가 속한 환경 밖에서 보면 창무회나 리을무용단의 스타일에 가깝다. 그가 졸업하고 활동해 온 경희대학은 신무용스타일의 전수학교로 알려진 만큼 이경옥 같은 선의의 반발자들이 등장하는 배경이 되기도 한다. 하지만 신무용이라는 것이 한때 우리무용계의 모든 것이었음을 생각한다면 그러한 반발자들이 이미 한 세대 전에 있었다는 사실은 너무나 당연한 일이다. 또한 많은 추종자들이 굿을 소재로 이러저러한 작품을 발표한 지 오래다.

이경옥의 굿이 깔끔하고 서정적으로 정돈되었다고는 하지만 현대 한국춤의 고전적인 소재로 이미 한계에 도달했고, 이를 알면서도 반복적인 도전을 하는 현실은 한국무용가들의 창작한계선이 무너지지 않고는 해결될 기미가 보이지 않는다. 이경옥의 춤사위에서 보인 호흡의 연결과 맺음 처리도 다른 구성틀 안에서 보았다면 더 깊은 인상을 남겼을 것이다.

우리시대의 춤기획이 안무자가 아닌 춤 잘 추는 무용가 중심임은 현대무용가들의 수가 8명 중 2명에 불과하다는 사실로 짐작된다. 박호빈과 남영호는 둘 다 무난한 작품과 기량을 보이면서 이번 공연의 전체적인 중심을 잡았다. 박호빈의 〈생각하는 새〉는 작품의 뼈대에 큰 변화는 없었지만 편안함, 이완된 자세의 자유로움을 통해 조금씩 발전하는 모습을 보였다. 무대에 사선으로 세워진 깃털 두 개와 바지주머니에서 나오는 깃털이 소품의 전부였지만 그 효과적 사용법에서는 현대무용가들의 세련된 매무새를 과시했다.

남영호의 〈빠사주〉는 즉흥성이 가미된 작품이었다. 그래서인지 강조점과 꾸밈이 없다는 묘사가 가능한데 꾸밈이 없어 자연스럽다기보다는 어떤 동작을 자신의 의지대로 보이는 힘이 없다는 느낌을 받았다. 발작적인 움직임과 평면적인 도약 그리고 감정이 듬뿍 담긴 듯한 표정이 반복된 그의 무대는 유일하게 아무런 도움 없이 신체 하나로 공간을 채웠다는 것으로 기억될 것이다.

(『객석』 1997. 5월호)

춤작가 12인전

— 김선희·김기인·김영희·전미숙·윤미라

매년 춤작가전을 주관하는 한국춤협회회장 조은미(이화여대 교수)는 인사말을 통해 주최하는 입장에서도 관객 못지않게 작품의 옥석을 가린다는 점을 강조했다. 이러한 주최측의 설명이 아니더라도 11회를 맞은 이 공연(1997. 5. 6-8, 문예회관)은 이미 무용계를 대표하는 실속 있는 행사로 인정받고 있다.

첫날 첫공연을 한 김선희는 무용콩쿠르를 석권한 경력만큼이나 무대를 압도하는 힘이 있었다. 타고 난 테크니션 기질로 매번 관객을 사로잡는 때문인데 이번에는 발레기교의 절도와 소재의 대중성이 그의 끼와 섞여 화려하기까지

김선희 〈흐르는 사랑〉 1997. 5. 6, 문예회관

김영희 〈여기에 II〉 1997. 5. 6, 문예회관

했다. 〈흐르는 사랑 — 피아프〉에서 에디트 피아프로 분장한 김선희의 연기력은 예술종합학교 남학생들의 신선함과 함께 갈채를 자연스럽게 유발하는 밝고 흥미진진한 보기 드문 무대였다.

김선희가 전문가의 면모를 강조했다면 김기인은 아주 대조적으로 자신의 내면을 살피는 탐구작업을 내놓았다. 김기인의 춤은 철저하게 개인적이고 의지가 강하다. 그의 다른 작품들처럼 〈마음의 빛〉도 인체가 지닌 힘의 다양한 강도를 리듬감 있는 작은 몸짓들에 담았다. 평소에 비해 동작의 흐름이 빨라지고 탄력이 강조되었다는 점이 이번 작품의 특징이었고, 원을 그리거나 무대의 위치를 좌우로 이동하는 극히 절제된 플로어 패턴은 지속하고 있었다.

같은 형식을 고수하는 점에서 본다면 김영희 역시 뒤지지 않는다. 김영희의 솔로 작품은 대부분은 원형으로 제한된 공간 안에서 이뤄지는데 이번 작품 〈여기에〉는 석고처럼 보이는 원형의 무대장치로 공간을 더욱 좁혔다. 사람을 해치거나 물건을 깨뜨리는 살오름에서 묘사되는 살(煞)에 대한 그의 생각은 사람들이 모르는 사이에 서로 살로서 존재할 수 있다는 것이었다. 호흡의 강약

윤미라 안무 〈목가〉 1997. 5. 8, 문예회관

이 움직임을 전적으로 지배하는 과정에서 살기가 급속하게 몸을 통과하는 듯한 느낌은 현실처럼 묘사된 충격적인 상상이었다.

김영희가 음악이나 장치의 도움을 절제하면서 개인적인 생각을 담아낸다면 전미숙은 모든 요소를 최대한 작품에 응용한다. 관객의 입장에서는 볼거리가 많아진 전미숙의 작품들은 예상을 뒤엎는 아이디어의 창구다. 〈나비·꿈〉에서도 무대 중앙에 걸려 있는 커다란 곤충채집용 망이 작품을 끌어가는 중심이었다. 그가 내세운 나비는 심장을 찌르는 악역이었고, 내용상의 주인공은 심장이었는데 나비채 뒤로 보이는 그네 탄 전미숙의 흔들림은 일순간 심장의 박동으로 보이는 이중의 이미지를 담아냈다. 넋 나간 표정이나 착란의 상태를 느끼게 하는 꿈틀거림은 지금까지 그가 지속해 왔던 객관적인 감정묘사와는 달리 개별적인 상황으로 전이된 것이었다.

안무와 춤연기를 동시에 보여야 하는 작가전의 전통은 작가의 역량을 갖출 시기가 되면 기량이 감퇴한다는 자연스런 문제를 내재하고 있다. 하지만 윤미라의 경우는 이것을 문제 삼지 않아도 될 만큼 조화를 이뤄 눈길을 끌었다. 한국무용가의 면모를 간직한 그는 이제 전성기를 맞이한 듯 발디딤새에 안정감을 얻어 감칠맛 나는 춤매무새를 과시했다. 한 폭의 그림 속에서 잠시 나와 춤을 추고 들어가는 시적인 영상을 만들어내면서 힘과 기교는 물론 한국춤의 특징이기도 한 살살거림·미소·교태까지도 충분히 소화시켜 감동을 남겼다.

(『한국일보』 97. 5. 13)

댄스시어터 온 정기공연

홍승엽이 댄스시어터 온을 이끈 지 4년째가 됐다. 어떻게 살림을 꾸려가는 지 궁금해질 만하면 용케도 공연 소식이 들려왔기에 벌써 4년이 되었다는 축하라도 하고 싶다. 지난 가을 홍승엽이 서울무용제에서 안무상을, 무용예술사에서 올해의 안무가상을 수상하면서 이 단체가 안정궤도에 진입했음을 알린 바 있지만 이번 작품에서는 그 사실을 재확인할 수 있었다.

〈그가 또 수를 세고 있다〉는 아주 명쾌한 동작으로 시작됐다. 몸의 동체 부분 중에서도 일부만을 움직이는 특이함과 즐거움에 주목하기는 처음이었다. 동시에 마치 힘의 표출을 자유로이 조절하는 것처럼 보이는 움직임의 단절과 접목이 독특해 이 작품의 두 가지 주제로 내세울 만했다. 움직임이 주는 즐거운 느낌은 안무자의 자신감과 자유로운 연상을 필수적으로 요구한다. 홍승엽의 안무력이 절정기를 향해 상승하고 있다는 예감은 그가 이러한 창조자의 조건을 간간이 내비쳤기 때문일 것이다.

반면 언어적인 주제가 없는 춤을 30분간 지속하면서 — 이 자체가 굉장한 실험이기도 하다 — 처음의 감흥을 끝까지 유지하는 단계까지는 좀더 시간이 필요해 보인다. 후반의 6인무 경우 그 부분만을 떼어서 보면 아주 구시대적인 흐름과 동작을 발견하게 되는데 복고적인 맛을 살려내지 못하는 재현으로 보여 어리둥절하다. 안무자는 그러한 스타일의 춤을 구경하지 못했을 수도 있겠지만 동작을 다듬는 섬세함이 도입부에서처럼 집요했다면 있을 수 없는 결과였다. 저번 작품 〈파란 옷을 입은 원숭이〉가 진행될수록 흥미유발의 계기가 많았다는 사실은 작품의 여운으로 볼 때 아주 큰 장점이었다. 〈그가 또 수를 세고 있다〉에서도 비슷한 상황이 벌어진다면 홍승엽의 탁월한 대표작이 될 것으로 보였다.

박호빈이 안무한 〈절취된 기억〉은 포옹과 폭력이 반복되는 가운데 활기가 넘쳤다. 깊은 감성의 표출을 시도하는 내용이지만 오히려 새로운 기교나 동작의 화려함이 강했다. 이광석이 보인 고속 회전중의 정지된 순간 같은 탄력은 젊은 무용가가 아니면 도저히 흉내낼 수 없는 여유였다.

댄스시어터 온의 구성원들도 그 동안 많이 교체되었다. 이번에는 남자 8명과 여자 4명이 참가했다. 여자보다 남자가 많은 유일한 무용단일 것이다. 기교와 감성면에서 춤을 추기에 가장 적절한 연령층인 20대 후반의 무용가들 특히 남성무용가들이 보여주는 젊음과 원숙한 느낌의 조화가 이 단체만의 매력으로 뿌리내릴 것 같다. (『한국일보』 1997. 6. 10)

국립발레단 제90회 정기공연 〈해적〉

〈해적〉은 볼거리가 많은 작품이다. 1863년에 마리우스 프티파가 안무한 작품을 최초로 보더라도 시기적으로 낭만발레의 요소가 강하고 프티파가 강조했던 이국미와 스펙터클의 효과 때문에 다양한 발레 스타일의 혼합물이라고 할 정도로 의식적인 배합이 특징이다. 극을 끌어가는 마임 장면과 거기에 들어 있는 유머 감각이 낭만적인 요소라면 그리스의 소녀들이 나오는 노예시장은 이국적인 스펙터클이다. 3막의 클래식 튀튀와 안정감 있는 대열의 구도 그리고 무희의 아름다움을 마음껏 보일 수 있는 고전발레 스타일은 극의 내용으로 볼 때는 전혀 부합되지 않지만 그 와중에서 틈을 만들어내고야 마는 것이 또한 프티파의 안무 스타일이기도 하다. 〈해적〉에서는 터키의 악덕부호가 향연을 베푸는 것으로 나타나는데 극의 흐름으로 볼 때는 메도라를 본 악덕부호의 황홀함을 묘사하는 것이다.

국립발레단의 이번공연(1997. 4. 4−11, 국립극장)은 안정되고 성숙한 무대였다. 초연 때의 화려한 열기는 감소했지만 주역들의 탄탄한 중심이 돋보였고 군무진의 조화가 완전히 구축되면서 성숙한 면모를 과시했다. 처음으로 비중있는 배역에 발탁된 김은정은 귈나라 역에서 충분한 연습량을 보여주었고, 알리역을 맡은 김창기도 앞으로 눈여겨볼 만한 신인이었다. 또한 랑뎀역의 정남열도 등장인물의 개성을 충분히 살린 연기를 보여 활력을 더했다. 소녀들을 납치해다 파는 비열한 인물답게 표정이나 제스처 또는 움직이는 방식에서 마임의 캐릭터적 요소를 발견했고, 이러한 섬세한 부분에 관심을 기울인 결과가 성공적인 공연으로 연결된 듯했다.

그러나 누구보다도 이번 공연을 성공으로 이끈 인물은 김지영과 이원국이었다. 다른 커플들에게 문제가 생기면서 대부분의 공연을 이 두 사람이 맡았는데, 최고의 커플이 가장 많은 공연을 하게 됨으로써 관객들은 예상 밖의 행운을 잡은 셈이었다. 주인공 메도라역을 맡은 김지영은 나이가 어리고 체구가 작다. 선이 가냘퍼서 한눈에 신뢰감을 가지기는 어렵다. 그런데 자세히 뜯어 보면 작은 체구에서 속속들이 감정이 분출되고 있어 선천적인 발레 연기자임을 알게 된다. 한 예로 2막의 침실 연기에서 사랑의 느낌을 전달하는 동시에 극중 사건을 실감나게 묘사하는 데도 긴장을 늦추지 않았다. 능숙한 감정 표출법이 어린 발레리나라는 선입견을 감춰 주기에 충분했고, 김지영 자신이 요소요소에서 이러한 요령을 완전히 터득하고 있었다. 마임장면뿐만 아니라 라인을 만들고 동작을 연결해 가는 기교 연기에서나 기교의 과시를 위한 푸에테 같은 동작에서도 성숙함과 화려함을 적절히 구사하고 있어 김지영이 있는 한 국립발레단은 일단 스타 부재라는 고민에서는 탈피한 듯이 보였다.

이원국은 현역 발레리노 중에서 노장에 속하면서도 아직 최고의 자리를 놓치지 않고 있는 스타 댄서다. 어린 김지영과의 파트너쉽에서도 김지영이 원숙하기 때문인지 그의 훈련법이 긴장을 늦추지 않았기 때문인지 한 쌍의 주역으로 탁월했다. 파트너의 조건이라면 체격적인 조화와 아울러 기교면에서의 동등한 수준이 필수적인데 이원국과 김지영은 이런 조건에서 일치함은 물론 파드 되 기교에서 이원국의 노련함이 김지영을 리드하는 최상의 호흡일치를 보였다. 지난 몇 년간 주역 부재로 심하게 몸살을 앓은 발레단으로서는 비로소 한 차원을 높여 안정을 찾은 공연으로 이번 〈해적〉에 의미를 부여할 수 있을 것이다. 물론 지난해의 〈신데렐라〉에서도 이들이 출연하기는 했지만 두 사람의 기량과 호흡일치를 눈여겨볼 기회가 상대적으로 적었고, 작품의 안정성에서도 〈해적〉에 미치지 못했다.

특히 이번 〈해적〉은 최태지 단장의 개인적인 성향이 작품에 반영된 최초의 작품으로 보여 특별히 큰 의미를 부여하고 싶다. 1막과 2막에서 주역들이 탁월한 기량을 보였음에도 불구하고 관객이 극중으로 몰입할 수 있는 분위기가 약했던 반면 3막은 최 단장의 감각과 노력이 한눈에 느껴지는 이번 무대의 하이라이트로 보였다. 작품을 보면서 작가를 느낀다는 것은 양쪽이 모두 고차원의 감각을 지녔을 때 성립될 수 있는 일로 구체적으로 무엇이 어떠했기 때문에 3

막이 최태지 단장다웠는가를 제시하기는 어렵다. 하지만 감각적으로 살아 있는 무대를 보면 자신있게 이런 말을 할 수 있다. 의상과 무대와 조명과 동작과 출연진 개개인의 움직임이 깨어 있었다. 살아서 움직이는 무대의 화려함과 생동감이 그의 손길이고 취향이며 능력인 셈이다. 군무진의 깔끔한 배열과 그들 각자의 탁월한 자태가 이뤄내는 조화의 아름다움이 화려함의 가장 중요한 요인이었던 만큼 국립발레단은 구성원의 문제에서 만큼은 역사상 최상의 조건에 접어들지 않았는가 생각된다. (『예술세계』 1997. 5월호)

통일시대의 무용계 전망

"예술가는 창작을 진행할 때 항시 그가 반영한 생활에 대하여 스스로의 입장을 갖고 거기에 상응하는 평가를 내리며 예술형상을 통하여 자신의 어떤 정치적·도덕적·미학적인 이상을 체현하고 무엇이 진선미이고 무엇이 거짓·악·추이며 무엇이 혁명적이고 진보적인 것이며 무엇이 반동적이고 낙후된 것인가와 마땅히 무엇을 지지하고 칭송하며 무엇을 반대하고 폭로할 것이가를 사람들에게 알린다."

공산국가에서 예술가에게 요구하는 사회적 직책을 인용해 봤다. 그들의 예술, 작게는 무용계의 풍토나 작품들의 형태를 이해하는 데 많은 도움을 주는 내용이라는 생각에서다.

사실 우리는 북한의 무용에 대해 잘 알지 못한다. 텔레비전 화면을 통해 잠시 보여진 가무극 〈피바다〉, 80년대의 남북문화예술단 교류공연 중 일부가 우리에게 공개된 북한 무용의 전부다. 그밖에 92년 연변예술단의 〈춘향전〉, 95년 중국 말리화예술단의 내한공연을 참고할 만한 비슷한 공연들로 생각할 수 있다. 또한 중국 발레의 기교가 상당한 수준이라는 점과 구소련에서 공연되었던 〈백조의 호수〉 같은 작품들이 공산주의의 취향에 맞게 변형되었다는 사실로 미루어 사상에 지배되는 예술의 존재를 느낄 수 있었다.

그들의 춤공연물을 분류해 보면 〈피바다〉의 경우는 상식적으로 생각할 수 있는 전형적인 것으로 중세에 유행했다는 기적극처럼 목적이 뚜렷하다. 국가의 영광 더 나아가 우리가 익히 알고 있듯이 개인을 숭배하는 도구로서 사용된 경우다. 남북문화예술단 교류에서와 말리화 예술단의 공연내용은 매우 유사했는데 노래·춤·악기 연주 등이 사회자의 진행으로 반복적으로 행해졌다. 물론 노래의 종류와 가수, 춤이나 악기의 종류들이 변하기는 하지만 우리로서는 따분한 느낌을 지울 수 없었다. 그들 사회에서는 상당한 역사를 지속하고 있는 대중화된 공연 형태로 보였는데, 통제된 사회에서 이뤄지는 유일한 여흥거리가 아닐까 생각해 봤다. 말리화예술단의 공연내용과 북한의 그것을 비교하면 북쪽의 공연물에 참가했던 예술가들이 기능면에서 더 우월했다. 특히 무용의 경우 웃고 있는 모습에서조차 긴장감이 감도는 분위기였는데 개개인의 실수를 두려워함은 물론 줄이나 간격맞추기·박자맞추기 등등 군무의 일사분란함을 보이는 데 주력했다.

이러한 공연물에서 우리 무용가들이 주목한 것은 춤사위였다. 춤사위를 평가하는 기본적인 시각은 그 춤의 정통성에 관한 것이었고, 결론은 변형으로 손상을 입어 더 이상 우리춤으로 볼 수 없다는 것이었다. 그들의 춤은 분명 쭉쭉 뻗어내는 팔의 선이나 재빠른 발동작 또는 회전이나 도약에서 서양춤 특히 발레의 기본기를 상당부분 흡수했음을 입증했다. 그러나 우리 무용가들의 무조건적인 비판이 전적으로 옳다고 동조하기에는 뭔가 미진한 구석이 있는 것도 사실이다. 어찌 보면 분단 1세대들이 자신의 입지를 굳히기 위해 다시 말해 남북의 춤을 통합했을 때 자신의 정통성을 확고히 하기 위해 필요 이상으로 흥분하는 것이 아닐까 하는 느낌을 받을 정도였다.

누구의 춤이 얼마나 전통적인가를 밝히기 위해 참고 삼아 근대무용사를 언급하면 무대에서 행해지는 우리의 무용 공연물을 갖게 된 것이 불과 60여 년전 일이다. 현대무용과 신무용을 병행했던 최승희가 가장 주목받는 인물이었는데, 일본인 이시이 바쿠의 제자였고 이시이 바쿠는 그 당시 유행하던 표현주의 현대무용에 심취했다고 한다. 우리가 전통을 운운할 수 있는 유일한 이유라면 한성준 같은 인물의 민속춤을 계승해서 한국전통춤으로 보존하고 있고, 최승희의 후학들이 알게 모르게 전통춤사위를 그들의 창작춤에 수용했다는 정도일 것이다. 원점에서 보자면 최승희의 한국춤도 한국적인 무엇을 소재로 삼아 만들어낸 창작춤이고, 그 춤사위 자체도 새롭게 무대로 올려진 발견물임을 생각한다면 최승희의 춤을 추지 않는다고 해서 비판해야 할 이유는 없는 일이다.

같은 세대에서 활동한 다른 무용가들도 있었지만 최승희가 부각되는 이유는 그가 월북함으로써 남북의 무용 양쪽에 영향력을 행사했기 때문이다. 우리의 경우 신무용으로 불렸던 최승희 춤을 계승한 무용가들이 지금까지 무용계를 주도해 오고 있는 반면 북쪽에서는 그가 더 이상 활동하지 못한다는 소문이 나돈 것도 오래 전 일이다. 최승희의 춤이 앞서 인용한 예술가의 사회적 직책을 수행하지 못하는 부류임을 인정할 자료로는 김백봉의 춤무대가 대표적인 것이다. 오늘날 최승희의 춤을 계승 보존하고 다시 변형을 시도해가는 김백봉이 지난해 최승희의 작품들을 모아 무대에 올렸다. 다양해진 춤의 종류와 화려한 기교들로 눈이 채색된 오늘날의 관객이 60년을 거꾸로 봐야 하는 부담은 상당했지만 춤이 없던 상황에서 어디선가 춤을 발견하고 끌어낸 공적만은 평가해야 했다. 그의 춤들은 감각적이고 순간적인 착상에 의한 소품들이다. 가볍게 접근하고 그치는 단점이 있지만 초창기의 작업으로는 그것도 벅찬 일이었다는 추측으로 무마된다.

다음 세대인 우리 무용가들은 최승희 방식을 바탕으로 민속춤사위를 무대로 끌어내는 작업들을 활발히 했는데 혹자는 화려함을 혹자는 감정을 표출하는 데 주력하면서 가지를 만들어 갔다. 정작 최승희가 잠시 스쳐간 남쪽에서는 한국무용의 대모로 인정받는 반면 그가 살았던 북쪽에서는 그 춤이 사장된 것이다. 남북의 춤사위가 전혀 달라진 큰 원인일 것이다. 그러나 남북의 더 큰 차이점은 아마도 무용가 개인의 작업을 존중했는가 아닌가에서부터 시작될 것이다. 그들의 생각과 달리 예술이란 아주 개인적인 작업이라는 것이 우리의 생각이다. 개인이 사회의 영향력 아래에 있고 그 영향력이 작품에 반영될지언정 예술가가 사회를 위해 작품을 만든다는 것은 상당한 거부감을 준다. 개인적인 작업과 개인적인 취향을 인정해 온 결과 우리는 작품의 내용이나 형식에서는 매우 다양한 양상을 간직해 왔다.

반면 우리는 춤사위에 연연해 왔기 때문에 춤 장르의 한계를 넘었는가 아닌가를 문제 삼았고, 지금까지도 이러한 논쟁이 활발하다. 작품을 만들 때 한국무용·발레·현대무용을 미리 정해 놓고 그 범주에 적절한 동작만을 선택한다. 내용면에서는 개인적인 취향을 인정했지만 작품 전체를 놓고 본다면 진정한 자유를 누리지는 못하는 실정이다. 그러므로 우리도 완전히 개방적인 무용관을 지녔다고 볼 수는 없다는 결론이고 북쪽의 춤을 보고 그 형태과 작업체계를 문제 삼기 이전에 춤사위를 부각시키게 된 이유를 알 수 있다.

우리의 기교 중심적인 무용관을 좀더 공략하자면 한국무용 작품에 초기 현대무용의 구성법이나 표현법이 얼마나 많이 들어 있는가를 예로 들 수 있다. 또 무용극의 경우 발레의 형식을 그대로 차용했음을 모두가 인정하고 있다. 바꿔 말하면 북한의 춤사위도 변형된 것으로 보기보다는 우리와는 다른 배경 아래서 성장한 독특한 춤으로 인정할 필요가 있다는 것이다. 변형이란 원형이 있을 때 가능한 일인데 우리에게는 원형으로 볼 수 있는 전통적 무대춤이 존재하지 않았다는 생각 때문이다. 그들의 불찰이라면 민속춤을 보존하지 못했다는 것이겠지만 우리가 보존한 민속춤도 상당한 공백기 후의 복원작업에 의한 것이고, 그 또한 무대로 올라오면서 변형이 가해졌으니 완벽한 원형임을 주장하기 어렵다. 또한 전통춤 공연은 최근에 이르러서야 활발해졌으므로 우리 창작춤의 정통성을 지나치게 강조한다는 것도 내키지는 않는다.

그래서 우리가 초점을 맞출 부분은 춤사위의 정통성이 아니라 예술가가 처해진 작업환경이 아닐까 하는 생각을 했다. 남북이 통일되고 북쪽의 무용가들에게 무대에서의 자유가 주어진다면 그들은 무엇을 할까? 아마도 상당기간 최승희류의 소품들이 유행할 것이다. 무대춤에 접근하는 가장 기본적인 방식이기 때문이다. 다음에는 우리 무용가들이 걸어 왔던 창작의 길을 재현하겠지만 무용극의 경우에는 각색면에서 우리보다 예리한 시각과 연출법을 보일 가능성도 있다. 우리 무용가들이 비현실적인 소재에서 매력을 느껴 왔고 줄거리를 묘사하는 데 만족해 온 반면 그들은 더 현실적이고 구체적인 소재를 다룰 수 있는 능력이 있다고 보이기 때문이다. <피바다>처럼 목적하는 내용을 위한 구체적인 연출 효과를 연구해 온 그들의 전통이 개인적인 취향의 소재에서도 동일한 효과를 얻어낼 수 있지 않을까 하는 생각에서다.

창작의 기반이나 경륜으로 보면 물론 우리 무용가들은 매우 우월한 입장에서 시작하게 될 것이다. 그러나 우리가 그렇게도 중요시하는 기교의 숙련도에서는 자신할 수 없는 일이다. 어떤 춤의 장르이건간에 그들이 지속해 온 훈련

방법으로 춤기교를 습득하려 든다면 기교면에서는 수년 내에 우리를 능가할 수도 있는 일이다. 우리 무용인구가 많고 매년 전공자들이 천 명씩 배출되고 있지만 그들의 무용기교를 볼 때 전문가로서 평가할 만한 숫자는 수십 명에 불과하다. 그나마 혹독한 훈련이 사라진 지 오래된 무용계이고 보면 전문 무용기관인 국립단체들에는 북한의 무용가들이 상당수 자리잡게 될 것이다. 대다수 우리 무용가들의 진로는 목표를 대학 전임에 두고 있고 그에 맞춰 어려서는 무용을 하고 20대부터는 학위를 받기 위해 공부를 하게 되는데 이러한 풍토는 북측의 무용가들에게 매우 이상하게 비춰질 것이다. 하지만 우리의 체제가 그러하고 거기서 얻게 되는 안락함의 맛을 알게 된다면 그들도 대다수 이 길을 선택하려 할 것이다.

결국 통일이 되더라도 북한의 무용가들은 우리의 체제 아래 수용될 것인 만큼 커다란 혼란은 없을 것으로 보인다. 그러므로 우리가 주의할 점은 그들을 북한무용 전공자로 분류해 배척하거나 인정해 주는 대신에 그들의 춤이 우리와 다른 이유를 이해하는 입장에서 수용해야 한다는 것이다. 각 대학에 북한무용 전공교수 자리를 내주는 것이 가장 편리한 수용방법이기도 하고 그럴 가능성도 있지만 만일 이런 식으로 진행된다면 예술활동의 진보라는 차원에서는 무용계 내부에 더욱 큰 문제를 안겨 주게 될 것이다. 작품을 만들더라도 지금의 북한춤 형태를 벗어나서는 안 된다는 제약이 따르기 때문이다. 북한춤 형태를 보존하거나 하지 않거나를 결정하는 것은 무용가 개인의 몫이지 처음부터 주어지는 조건이어서는 곤란하다. 그보다는 그들이 지닌 탁월한 기량을 우선적으로 받아들이고 안무의 기량을 성숙시킬 기회를 제공하면서 우리 무용계가 도달하지 못하고 있는 전문무용가 체제를 확고히 하는 기회로 삼아야 할 것이다.

연변예술단의 공연에서 그들이 무대를 대하는 자세는 감동적일 정도로 열렬했다. 우리 무대에서는 느낄 수 없는 처절함이 감도는 쟁이기질이 부러웠다. 우리 무용가들은 언제부터인가 이 쟁이기질을 잃어버렸다. 춤은 좋아서 추는 것이고 남에게 보이고 같이 즐기려고 추는 것이다. 요즈음에는 이 쟁이기질을 끼라고 표현하고 있지만 어떤 춤이나 내용에서도 무용가가 혼신을 다해 최선의 모습을 보일 때, 무대를 경외하는 느낌이 전달될 때 감동이 생겨난다. 우리가 그들에게 배울 점은 춤을 향한 열정이다. 그리고 우리가 그들에게 알려줄 점은 춤을 대하는 다양한 시각이다. 그리고 더 넓은 시야를 갖기 위해 남아 있는 편견을 줄여 가야 할 것이다. (『문화예술』 1997. 6월호)

김화숙의 〈편애의 땅〉·신은경의 〈코리아 환상곡〉

김화숙의 〈편애의 땅〉

광주 지역을 중심으로 자라온 무용가들은 80년의 그 사건이 '광주사태'에서 '광주민주항쟁'으로 불려질 세월 동안 그 사건을 춤춰 보려 해왔다. 초기에는 광주를 들먹인다는 것이 무슨 범죄를 행하는 듯한 대접을 받아 곤욕을 치루기도 했었다. 광주가 명예회복에 박차를 가하고 있는 지금 광주의 과거를 되새겨보는 작업은 사실 시대에 너무나도 적절히 대처하는 것 같아 오히려 거부감이 들지만 김화숙의 이번 작업은 이미 95년 5월에 시작되었다는 점에 주목할 필요가 있다.

〈그해 오월〉〈편애의 땅〉〈그들의 결혼〉으로 이어질 3부작 중 이번 〈편애의 땅〉은 광주라는 도시가 지닌 항거의 역사를 관찰하는 작업처럼 보였다. 전통 있는 광주의 고등학교들에는 어김없이 자그마한 석탑이 서 있다. 일제 때 있었던 학생운동의 정신을 기리는 내용이다. 역사를 살펴본다면 훗날에 편애를 듬뿍 받을 일들이 특별히 이 땅에서 수없이 생겨났음을 알 수 있다.

시사성 있는 동일한 주제로 3부작을 계획한 이번 작업은 우리 무용사에서는 최초의 일이고 굉장한 집중력을 요하는 만큼 화제가 된다. 95년의 〈그해 오월〉이 광주 공연으로 그쳐 서울에서는 큰 관심거리가 되지 못했던 것과 달리 올해는 예술의전당 자유소극장(1997. 4. 30~5. 1)에서 공연해 관심을 배가시켰다. 〈편애의 땅〉은 한혜리 대본에 김화숙 안무로 전체적인 인상은 이 두 사람이 일치점을 찾지 못했다는 것이었다. 두 사람이 적어 놓은 작품의 개요와 작품 전반부의 객관적인 땅에 대한 묘사들에서 나타나는 느낌과 후반부의 극적인 상황이 조화를 이루지 못했기 때문이었다.

광주라는 땅에 대한 여러 인상들, 그 땅의 존재 자체의 느낌을 담아내려 한 도입부에서는 타악기 반주 음악에 단순하고 반복적인 제의적 움직임을 연결했다. 땅에 대한 예찬이나 탄원의 이미지가 느껴지는 상당히 성숙하고 세련된 접근이었다. 그러나 작품 전체로 볼 때 가장 집중적인 관심을 유도한 부분이 도입부였다는 점이 점도를 떨어뜨리는 요인이었다. 땅에 대한 묘사를 하다 보면 〈봄의 제전〉을 모티프로 하지 않을 수 없는 상황이기는 하지만 빨간색 옷을 입은 솔리스트가 옷을 벗고 들어가는 모습은 제물로 선택된 여인을 다시 보는 듯한 인상이었다.

세 쌍의 남녀가 등장한 부분은 추도의 분위기와 일상적인 삶 속에서 느끼는 애잔한 슬픔이 느껴지는 것으로 도입부의 군무와 조화를 이루고 있었다. 그러나 빨간 여인에서 잠시 보였던 감정적인 묘사는 후반으로 갈수록 극적으로 연결되는 강한 고리를 형성해 간다. 특히 마지막 장면의 경우 국화를 든 여자와 드레스를 입은 여자가 가곡에 맞춰 행진하고 만나는데 안무자의 개인적인 감정이 구체적이고 설명적으로 묘사돼 도입부과 종결부의 분위기가 매우 달랐다.

〈편애의 땅〉을 제대로 묘사하기 위해서는 극장 구조에 대한 설명도 필요하다. 1층 객석 전체가 무대로 확장돼 관객은 2층에서 내려다보는 구도로 대형의 변화나 등·퇴장의 자유로움을 볼 수 있는 이점이 있었다. 반면 동작의 활력이 반감되는 단점이 있었는데 무대 때문이라고 단정지어 말할 수는 없을지도 모르겠다. 연기보다는 안무 쪽에 그 원인을 두고 싶은데, 동작 자체에서 어떤 감동을 받은 순간이 한번도 없었을 정도로 잔동작과 큰 동작 사이에 있을 법한 중간 크기의 동작들로 일관했기 때문이다. 또한 무용수들이 지녀야 할 어떤 절실한 느낌 ─ 비록 그것이 감정적인 것과 무관하더라도 ─ 이 전혀 느껴지지 않았다. 광주는 쉽게 다뤄질 소재가 아니다. 그런 만큼 완벽함을 기대하는 시각도 크다. 또한 작품의 조그만 결점에도 크게 항의하는 보상심리까지 감당해야 할 진지하고 부담이 큰 작업이다.

신은경의 〈코리아 환상곡〉

고 홍정희 선생의 대표작으로 알려진 〈코리아 환상곡〉이 대물림하는 모습을 지켜봤다. 신은경 & 이화발레앙상블의 공연(1997. 5. 20, 국립극장)에서였다. 신은경의 이번 작업은 이러한 대물림이 우리의 새로운 전통으로 자리잡게 되어야 한다는 입장에서 매우 가치 있는 것이었다. 일종의 레퍼토리 보존작업으로 보았기 때문인데 가치를 인정할 만한 작품이 유산으로 남아 있게 된 사실도 우리 무용계의 성장으로 해석해 볼 수 있을 것이다.

새로운 작품을 선호하는 것은 이론상 당연한 일이기는 하지만 실제로 만들어지는 작품들이 기존의 작품들과 유사한 경우나 못 미치는 경우를 봐왔다. 또한 재현 가능성에 대한 인식이 아예 없는 창작작업들이 난무해 책임감 없고 일회용 실적용으로 때우는 춤들이 작품으로 행세를 하기도 했다. 신작과 함께 레퍼토리의 보존 — 무용가 개인의 작품에서도 — 은 창작의 질을 높이는 방편이 될 수 있기에 매우 중요하게 인식되어야 한다. '나의 대표작은 어느 것인가'에 대한 인식, 유사한 작품들을 하나로 통합하는 정리작업 등 우리 무용가들이 이번 기회를 통해 다음세대에 대물림할 수 있는 자신의 유작에 대한 관심을 가질 필요가 절실한 현실이다. 한국무용에서는 이러한 작업들이 한 세대 전에 이뤄졌지만 작품의 수나 규모에서 레퍼토리로 내세울 수 있는 기반이 약했다. 하지만 그 몇 가지 춤이 그 당시의 무용계를 전해 주는 대변자로 매우 중요한 존재임은 인정하게 된다.

<코리아 환상곡>은 홍정희 선생이 활동하던 시기에도 그의 대표작으로 매번 공연되었다. 당시에는 너무 자주하는 것이 아닌가를 문제 삼기도 했지만 어찌 보면 그 덕에 쉽사리 대표적인 레퍼토리로 등장했을 가능성도 있다. 신은경의 재안무에서는 2장의 의상을 바꾼 흔적 이외의 변형은 없었다. 그러나 작품의 분위기에서 세대차를 느끼게 했다. 원작에 비해 가벼워진 혹은 더 춤적인 요소가 부각되는 차이였다. 전세대가 <코리아 환상곡>에 대해 비장하고 처절한 느낌을 가졌다면 새로운 세대는 서정적인 꾸밈이나 장식의 화려함을 보였는데 세대간의 환경 차이에서 오는 자연스런 결과로도 보였다.

<코리아 환상곡>의 초연 연도가 명시되지 않아 확실하지는 않지만 20년 가량 지속된 과정으로 볼 때 이번 공연에서는 발레기교면에서 성숙한 모습을 보

였다. 음악과 일치하는 시적인 동작의 발견에 뛰어났던 홍정희 선생의 춤사위들이 발레의 깨끗한 선과 만나 더욱 빛을 발했다. 특히 2장에는 독특한 동작들이 많은데 명확한 리듬으로 가볍게 처리하는 장면이 인상적이었다. 재안무자가 의상을 바꾸면서 강조한 이유도 이러한 특성을 살려내기 위한 듯하다. 반면 항거의 장에서 필요한 동작의 강조점이나 힘의 적절한 분출 등은 초연자가 감당하기에는 무리한 부분도 있었고, 한국의 대모 혹은 여신의 이미지로 등장하는 여인역을 물려받은 신은경도 압도하는 위엄 같은 것을 재현하지는 못했다.

이번 공연을 보면서 고 홍정희 선생의 춤사위가 얼마나 강렬하고 위엄 있는 독보적인 것이었는가를 새삼 느꼈다. 그에 비해 신은경은 부드럽고 아름다운 선을 보였는데 작품의 전체적인 분위기가 같이 서정적으로 변화한 만큼 무리는 없었다. 표현적인 〈코리아 환상곡〉이 서정적인 〈코리아 환상곡〉으로 변화한 무대를 보면서 재현의 신기함과 안무자의 개성에 대해, 그에 따른 변화의 다양성에 대해 생각했다. 외국 발레의 명작을 흉내내는 것과는 큰 차이가 있었던 한국작품의 대물림은 확실히 여유가 있었다. (『무용예술』 1997. 6월호)

제16회 국제현대무용제

— 필립 쉐르무용단·벌티고무용단·양리핑·양정수·김원·지구무용단

　만일 국제현대무용제(1997. 6. 5-8, 교육문화회관)가 계속 같은 진행 방식으로 같은 장소에서 계속된다면 관객으로서는 참으로 부담스러운 공연이 될 것이다. 하루 저녁에 5-6개 단체를 휴식시간 없이 봐야 하는 상황은 소화불량 환자에게 먹을 것을 계속해서 강요하는 기분이었다. 공연장을 찾기도 불편하지만 분위기가 소란스러운 점은 무용제에 대한 신뢰감마저 떨어뜨릴 지경이다. '국제'라는 수식어가 들어가는 기획공연들을 보면서 충분히 신뢰할 수 있었던 경우는 거의 없었지만 외국단체 3개와 국내단체 9개의 공연 — 그것도 중국의 경우는 무용가 한 명에 불과한 — 이 매우 불평등하게 배분되어 있다. 외국인은 매일 공연하고 국내단체들은 단 한 번만 공연하니 연달아 매일 공연장을 찾아야 한다는 부담도 크다. 국내에 그처럼 수준 높은 단체가 많다고 볼 수는 없을 터이니 뭔가 내실을 기하는 조처가 필요해 보였다.

　스위스 필립 쉐르무용단의 〈회문〉에서는 단순한 동작에 감성을 담아내는 안무자의 능력이 부각됐다. 발동작에서 감성을 느낄 만큼 예민한 감각의 소유자로 음악에 많은 의존을 하면서 동작의 주제와 그 변형을 반복해 가며 기교적인 접근을 시도했다. 〈작은 재앙들〉은 작은 웃음을 유도해 가는 소품의 연결로 구체적인 상황이 제시되는 만큼 쉽게 공감대를 형성했다. 남자 1명과 여자 2명의 이야기가 벽에 부딪치면 유럽 특유의 빠른 왈츠 풍금소리에 또 다른 남자가 솔로로 이 상황을 해결해 간다. 유리잔을 원형으로 배치하고 그 경계를 오가는 아슬아슬함이나 남자 위에 올라선 여자의 이동에 따라 신음소리가 변하는 장면을 절정으로 선택한 발상은 춤에 재미를 주는 필수적인 연출 기교였다. 그럼에도 불구하고 이 단체의 전체적인 인상은 '싱겁다'는 것이었는데, 쓸데없이 심각한 것이나 저급한 수준의 감정표출이 담긴 것보다는 호감이 가지만 여러가지 의미에서의 압축된 '재미'가 없기는 마찬가지였다. (어두운

조명시설 때문에 충분한 효과를 발휘하지 못한 탓도 생각해 볼 수 있다.)

이스라엘 벌티고무용단의 〈연옥〉과 〈콘택트 렌즈〉는 비디오 댄스를 추구하는 일관성을 보였다. 〈연옥〉에서는 기어다니는 남자의 이마에 설치된 카메라가 움직이는 대로 배경막에 여자의 발이나 다리 혹은 전신이 나타나는 장면으로 시작했다. 이어서 제작된 필름이 투영되는데 위험하고 불안한 이미지들이 보여진다. 〈콘택트 렌즈〉에서도 주제가 되는 이미지들은 비디오로 처리된다. 자막에 비친 영상들에서 렌즈의 효과를 부각시킨 점을 찾으며 의미를 연결해 보기도 한다. 그러나 두 작품 모두 무대에서 실연되는 구성이나 기교는 매우 평범했고, 작품 전체로 볼 때 — 그 길이가 길더라도 — 부수적인 장식적 요소 이상은 아니었다. 여러가지 시도에도 불구하고 정리되지 못한 어수선함이나 부조화가 완성도를 낮췄다.

중국무용가 양리펑의 〈달빛〉은 6월 6일과 8일에 두 번 공연되었다. 나흘 중 이틀 공연만을 보았는데 예정과 달리 중복되어 아쉬웠고 아울러 한국 참가팀에 대해서는 모두 언급할 수 없음을 미리 밝힌다. 활발해진 중국무용단의 내한 공연으로 알게 된 그들의 무대춤은 개인의 장기를 보이는 데 초점을 맞춘다는 특징을 지녔다. 양리펑은 타고난 미모와 육체적인 아름다움을 손마디의 독특한 움직임과 허리의 유연성에 담아 과시한다. 동양적이라는 느낌과 아울러 관능적인 특성이 부각되는데 마치 달빛 아래 떨고 있는 몸을 보이기 위해 춤을 만들었다는 느낌이 우선적이다.

양정수의 〈동행〉을 보면서 그에게는 고유한 동화의 세계가 숨쉬고 있음을 재확인했다. 어떤 환상을 지니고 작품을 진행시키는 상상력은 그의 탁월한 특기이기도 하다. 남녀의 역할을 바꿔 놓은 해프닝 뒤에 나타나는 잠옷차림의 여인이 주는 효과는 적시에 작품에 생기를 주는 비약이었다. 남성 2인무 기량이 기대 이상이었고, 혼란 속에서도 동행인 남녀의 이야기를 놓치지 않는 예민함도 있었다.

김원의 〈독립적 공존〉은 단순하고 반복적이며 규칙적인 동작과 대칭적인 대형을 일관되게 유지했다. 그러나 김원의 다른 작품에서 보았던 생각이나 탄력 혹은 강한 표출욕구 같은 것이 완벽하게 사라져 버린 인상을 주고 있어 이해하기에 상당히 어려운 상황이다. 내용상으로는 이해가 되는 발상이지만 외형적으로 나타난 결과는 새삼스럽게 재현된 아주 익숙한 무대라는 느낌 때문이었다.

박인숙 지구무용단의 〈나누기〉는 소재가 지니는 현실감에서 여전했다. 우리 사회의 관심거리가 되고 있는 '북한 원조'를 다룬 듯했고, 밥상과 대접으로 동기가 유발되는 직접적인 묘사 방식으로 시작된다. 본격적인 춤에 진입하면서는 슈베르트의 「죽음과 소녀」 전곡이 사용되는데 고전음악을 사용하는 감각이 현대적이지 않다는 부조화를 먼저 느끼게 된다. 오늘날의 무용가들이 고전음악을 사용할 경우에는 아이러니를 강조하기 위한 수단으로 음악을 난도질하는 방식에 익숙해졌기 때문일 것이다. 작품의 내용은 시종일관 진지했고 마임적 부분과 순수한 춤 부분으로 나뉘어 있었다. 부조화가 강조된 부분은 제스처가 오가는 장면으로 음악의 서정성 때문에 전달력이 오히려 떨어지고 심각함이 없어진다는 느낌이었다. 반면 건조한 동작에서는 서정적인 음악 해석력이 탁월해 감각적으로 일치하는 순간을 여러 번 포착하게 된다. 음악에 심취할 바에 아예 의상도 일부분 서정적이면 어떨까도 생각해 봤다. 예술가의 필수적인 조건이 상상력이라는 주장은 그 상상력이 도달하는 다양한 결과와 연결시켜 볼 때 예술철학의 계파를 초월하는 가장 큰 공통점일 것이다. 동작에 대한 자유로운 상상력에 관해서는 완전히 열려 있었던 만큼 무한한 발견의 가능성을 가장 강하게 느낀 단체로 꼽는 데는 주저할 이유가 없다. (『객석』 1997. 7월호)

제16회 발레블랑 정기공연

발레블랑은 발레를 전공한 이화여대 졸업생 단체다. 꾸준한 활동을 해오면서 간혹 좋은 작품들도 보이는 이 단체는 지도교수의 입김보다는 동문들의 개성이 더 두드러져 보인다는 점에서 지속적인 관심의 대상이 되고 있다. 특히 이번 정기공연(1997. 5. 26, 문예회관 대극장)을 안무한 안윤희와 김나영은 발레계열의 안무자가 많지 않은 현상황에서 평소 특별히 언급되었던 신세대 안무자들인 만큼 기대도 컸다. 또한 이들은 각기 서울예고와 예원학교에서 발레교육을 전적으로 책임지는 위치에 있고 그들 또한 예원과 예고를 통해 교육되어진 만큼 한국의 발레현황을 고스란히 보여주는 상징적인 인물들이다.

동문단체의 공연은 실험성이 돋보여야 한다는 관점에서 볼 때 ─ 전문단체의 기량과 풍족한 재원 그리고 행정적 뒷받침을 간과한 작품 대결은 눈감아 봐주기를 기대하는 발상이기 때문에 ─ 두 작품은 발레 창작에서도 지적인 유희가 시작되고 있음을 알려 반가운 신호로 보였다. 비록 그 유희가 발레의 특정 작품이나 역사적 사실에 근거를 둔 기초적인 접근이긴 하지만 작고 구체적인 사실에 개인적인 판단을 접목시키면서 작품을 마무리해 간 흔적들이 대단해 보였다.

발레 공연장의 작품 수준들은 아직까지도 갑돌이와 갑순이의 사랑이야기를 한번은 즐거운 결합으로, 한번은 슬픈 이별로 바꿔 가며 작품의 수를 불려가는 추세가 강하다. 다음으로는 음악을 틀어 놓고 춤을 추는 방법인데 음악적인 감각이나 해석면에서 도저히 공감하기 어려울 뿐만 아니라 기교도 부족한 경우가 대부분이다. 또 다른 작품군은 '뜬구름 잡기' 스타일이다. 말로도 설명이 안 되는 선과 악의 미묘한 갈등이 무언의 제스처로 설명되기를 바란다면 그 깊이는 아동극에도 미치지 못함을 솔직히 인정하고 들어가야 한다.

이번 발레블랑의 공연은 "무식해서 이해하지 못한다"는 농담이 진담으로 바뀔 상황이었다. 기존의 사실을 알고 있어야 내용을 이해할 수 있기 때문이다. 그러나 더 시선을 끄는 부분은 춤으로 나타난 외형상의 차이가 아니었다. 자신이 선택한 소재에서 어떤 방법을 통해 주제를 부각시킬 것인가에 대한 내면으로 숨겨진 작가의 면모를 평가해야 했다. 김나영이 안무한 〈라 탈리오니〉는 낭만발레의 대표적인 발레리나로 알려진 마리 탈리오니의 일대기를 담았다. 그 중에서도 특별히 "환상 뒤에 존재하는 예술가의 모습"을 강조했는데, 발레리나들이 겪는 훈련의 고통, 화려한 추억, 최고의 평판을 향한 질투, 개인적인 사랑의 결말 같은 주제들을 가벼운 분위기로 묘사해 갔다.

　작품의 외형에 담긴 춤의 구성이나 기교면에서 본다면 특별한 노력의 흔적은 없어 보였지만 극적 구성에서 어색하지 않은 마무리를 해나간 점은 높이 살만했다. 춤과 극을, 그것도 한 여인의 일대기에서 발견한 사건들을 때로는 희극적으로 때로는 비극적으로 해석해 적절히 섞어낸 구성력은 탁월했다. 반면 전체적인 인상이 전기로서는 너무 가볍다는 것이었는데 마리 탈리오니가 춤췄던 〈라 실피드〉와 〈파 드 캬트르〉, 파니 엘슬러의 요염함이 담긴 고전작품들의 재현에서 단원들의 연기력과 기교가 원숙하지 못한 원인도 있었다.

　안윤희의 〈니키아〉는 고전발레 〈라 바야데르〉 1막을 달리 안무하면서 붙은 제목이다. 무대에 깃든 '정성'을 보는 것이 관객이 누리는 최고의 환대 라고 생각하는데 〈니키아〉의 막이 열리고 신전의 의식이 시작되는 순간 감동적인 환대를 받은 느낌이었다. 이 작품을 위해 인도의 종교의식이나 민속무용을 상당히 깊이있게 연구했음이 여실히 드러났기 때문이다. 사원의 비구니 주승으로 등장한 김수정이 인도의 예불소리에 기원하는 몸짓이나 신전의 무희들인 바야데르들이 등장해서 보이는 인도춤의 발레식 변형은 프티파의 원작에서는 보여주지 못한 강렬한 인도적인 색채를 담아냈다. 안윤희가 최초로 보였음직한 이 활력 있고 흥겨운 군무는 작품의 절정으로 기억에 남아 마지막의 신비한 죽음 장면과 대조를 이뤄 균형을 잡았다. 아울러 무대장치와 의상 그리고 분장에 이르기까지 작품을 대하는 진지하고 탐구적인 태도는 누구에게나 추천할 만한 무대였다.

그러나 내용의 각색이 — 감자티가 서자이고 그에게 배다른 두 언니가 있다는 — 춤으로 효과를 보기에 약했고, 배역의 설정에서도 문제가 있었다. 주인공 니키아보다는 그녀의 연적인 감자티가 부각되었기 때문인데 특히 첫장면에서 김서명이 보인 감자티의 솔로는 작품 내용을 혼동시킬 정도로 강한 인상을 남겼다. 원작의 줄거리를 변화 없이 진행시키면서 주인공의 비중을 달리 선택했기 때문에 오는 모호함이나 배역들의 외모에서 풍기는 인상을 재정리한다면 그 규모나 깊이에서 발레블랑의 레퍼토리로 보존할 가치가 있었다.

(『예술세계』 1997. 7월호)

서울무용제의 실험작들
— 댄스시어터 온·발레블랑

실험작이라는 말은 쓰기에 따라 참 편리하다는 생각이 든다. 지금까지는 주로 좋지 않은 의미로 충분히 정리되지는 않았지만 뭔가 열정의 기미가 보이는 작품들에 실험작이라는 묘사를 해왔다. 또는 아이들 장난처럼 형편없는 행위들에도 간혹 듣기 좋게 실험이라는 말을 붙여 주기도 한다. 그러나 이번 19회 서울무용제에서 발견한 실험작들은 지금까지의 의미와는 아주 다른 수준 높은 우수작들임을 의미한다. 우수작이 아닌 실험작으로 이름 붙인 이유를 따진다면 서울무용제의 스타일에는 어울리지 않았다는 설명이 적절할 것 같고, 역으로 서울무용제 수상작에 스타일이 존재한다는 사실은 커다란 문제이기도 하다.

댄스시어터 온의 홍승엽이 안무한 〈백설공주〉 (1997. 11. 3-4, 문예회관) 와 발레블랑의 한경자가 안무한 〈카모테자크〉 (1997. 11. 11-12, 문예회관) 를 이번 무용제에서 가장 신선한 작품으로 뽑아 봤는데 특히 홍승엽의 경우는 대중화의 장을 열어 갈 분위기가 느껴졌다. 홍승엽은 동화적인 세계를 인형극과 마임으로 연출하면서 나름대로의 내용 각색도 시도했으나 내용적인 차이점보다는 백설이를 비롯해 소품을 이용한 움직임의 색다른 표출법이 눈길을 끌었다.

주인공 백설이는 가부키의 그림자들처럼 검정옷을 입고 등장하는 남자들에 의해서만 움직여진다. 백설이 스스로는 팔 하나도 들어올릴 수 없는 상태인데 끝까지 유지되는 이 상황에서 백설이는 난쟁이들을 만나고 사과도 먹고 결혼도 하고 살인을 목격한다. 이와 조화를 이루는 인형극적인 재미는 군무진의 하반신에 의지한 혹은 의상처럼 고정된 인형들의 움직임이다. 군무진의 다리 움직임에 따라 과장되게 출렁이는 인형들의 동작은 매우 즐거운 분위기를 연출했고 개를 끄는 사나이 등 등장인물들의 외모도 동화의 세계에 빠져들도록 유도했다. 이밖에 거울이나 집모형 같은 소품의 분위기도 낭비되거나 모자람 없이 전체적인 동화의 세계를 묘사하는 데 적절했다.

홍승엽의 〈백설공주〉는 매우 차분한 전개에 잔재미를 가미한 안무자의 유머 감각이 돋보였는데 이 정도 수준의 연출을 감당해 낼 안무자가 없다는 사실을 인정하지 않을 수 없었다. 무용을 보면서 꼭 뭔가를 느껴야 하고 감동을 받아야 하는 걸까, 관객의 인식도 문제지만 안무자들은 이러한 지도자적(?) 의무감에 짓눌려 신음하는 형국이 우리 무용계의 안무성향이다. 그렇다고 소기의 목적을 달성하는 안무자는 거의 없는데도 반복되는 이유가 궁금하지 않은가 말이다. 나름대로의 결론은 안무에 대한 생각의 깊이가 어느 순간에 진전되기를 멈추어 버렸고, 그 다음부터는 그저 자동인형처럼 반복을 계속하기 때문이라는 것이다. 〈백설공주〉가 즐거운 이유는 장난 같아서, 인형놀이 같아서였다. 이 특징을 배제하고 본다면 춤동작이 부족해 보이고 화려한 기승전결이 없어 스펙터클한 맛에 길들여진 시각으로는 불만의 여지가 없는 것은 아니다. 그러나 멍해질 만큼 단순하고 조용한 흐름을 지켜보면서 어린이날 엄마랑 같이 볼 수 있는 현대무용이 드디어 완성되었다는 느낌도 들었다.

어린이에게 보여줄 목적의 아동극은 항상 엉성한 일면이 있는데 아동들이 과연 그 엉성함을 알아차리지 못할 것인가에 대한 의문을 품는 사람들이 있는지도 의문이다. 동화의 세계를 인형극처럼 연출하면서 작품성에서도 뒤지지 않는 창작품으로 홍승엽의 〈백설공주〉를 내놓는다면 어린 대중을 현대무용에 끌어들이고 무용에 대한 경외감과 감동을 줄 대표작이 될 것 같다.

발레블랑은 알려진 대로 여자들만으로 구성된 단체다. 이런 단체의 특성상 좀더 빨리 부각됐을 법도 한 모계사회 아마조네스가 〈카모테자크〉의 배경이다. 여성성을 여러 다른 이미지들과 분리시킬 수 있는 능력은 아무래도 여자로서의 자각과 연결되고 춤동작으로 그런 이미지들을 그려내는 데는 무용가로서의 무대 경험이 필요하니 평균연령이 30세에 가까운 발레블랑 단원들의 장기를 살리는 데 제격인 상황이었다. 여자 무사들의 격렬함, 원시적인 느낌의 동작들, 스스로 남성을 지배한다고 믿는 여자들의 왕국에서 일어나는 사건은 의외로 단순하고 서정적인 것으로 한 남자를 대하는 족장과 그 딸의 서로 다른 모습이었다. 결국 사랑하는 사이가 된 딸과 남자는 죽음에 이른다는 내용인데, 격렬함과 서정성의 대비가 극적인 긴장감을 유지하면서 단체의 연륜과 맞물려 상당한 볼거리로 떠올랐다.

그러나 홍승엽의 〈백설공주〉가 일관된 세련미로 극을 진행시킨 것과는 달리 죽어서 행복해진다는 〈백조의 호수〉나 〈라 바야데르〉식 해석이 갑자기 등장함으로써 지금까지의 신선한 활력을 완전히 잃게 되었고, 작품의 완성도면에서도 격이 떨어지고 말았다. 고전발레에서 3막에 걸쳐 진행되는 내용상의 비약을 단막으로 그것도 30분 이내에 처리한다는 발상은 아무래도 무리한 접근이다. 족장으로 출연한 김수정은 극의 중심인물로 부족함이 없었는데 어떤 위엄으로 감싸인 연기력을 나름대로 개발하고 이중적 감정이 담긴 2인무를 무난히 소화하는 능력으로 시선을 끌었다. 족장의 딸로 출연한 이고은은 족장과 대조적인 가냘프고 풋풋한 이미지로 서정적인 춤을 보여 한 남자를 대하는 이 두 사람의 연기력이 〈카모테자크〉의 중심이 됐다. (『예술세계』 1997. 12월호)

광주시립무용단의 〈호두까기인형〉

　고전발레를 주요 레퍼토리로 하는 발레단들은 세계 어디에서나 연말에 〈호두까기인형〉을 기획하는 것이 수십년간의 전통이 되고 있다. 서울의 대표적인 두 발레단인 국립과 유니버설에서는 이미 10년 이상 장기공연물로 이 작품을 무대에 올리고 있고, 어린이와 크리스마스 그리고 가족축제라는 작품 내용과 맞물려 흥행에서도 최고의 위치를 기록한다. 하지만 이 작품을 기획했다고 해서 모두 성공하는 것은 아니다. 대부분의 발레작품들이 무대미술에 의존하는 비중이 크기는 하지만 특히 이 작품은 무대미술의 역할이 절대적이다. 거대하고 화려한, 그러면서도 신비함을 담아내는 다양한 무대미술과 소도구 및 소품들이 동화 같은 세계를 수시로 제시하면서 분위기를 잡아 줘야 하는데 경제적인 부담이 대단할 뿐 아니라 미술상의 기교도 탁월해야 한다는 것이 성공의 첫번째 비결이다.

　이런 측면에서 광주시립발레단의 이번 무대(1997. 12. 13–14, 광주 문예회관)는 장기공연 경험이 있는 다른발레단들과 비교할 때 손색이 없었다. 반복적인 공연이 이뤄지면서 매년 보충되는 것이 무대배경이라는 점을 감안할 때 거리풍경이나 파티장 그리고 특히 눈의 나라 장면들은 탁월한 수준으로 보였다. 다음으로 봐야 할 것은 다양한 출연진의 관리 측면으로 어린이들에서 어른들에 이르기까지 발레춤과 무관하게 등장하는 1막 1장의 파티장면과 2장에 나오는 쥐와 병정들, 눈의 요정, 2막의 사탕요정과 그에 따르는 캐릭터댄스, 꽃의 왈츠 등에 나오는 대규모 단원을 어떻게 조달하는가, 또 그들이 작품을 어떻게 끌어가는가가 두번째 열쇠인 셈이다. 마지막으로 봐야 할 것이 안무자의 작품 해석력이 될 것이고, 각 춤에 주어진 동작 연결이 얼마나 극적으로 화려하게 연기할 수 있는 상황인가 또 그 역을 맡은 발레댄서들이 충분한 기량을 지녔는가 하는 것도 매우 중요한 감상 포인트가 된다. 사탕요정 그랑 파 드 되를 춘 송성호와 류언이는 고난도의 아크로바틱 기교에서 탁월한 호흡을 보였고, 꽃의 왈츠는 안무자가 가장 섬세하게 손댄 흔적이 보일 만큼 치밀하고도 화려했다.

광주시립발레단의 〈호두까기인형〉은 박경숙 단장의 안무였는데, 기본 모체는 국립발레단 스타일을 고수하면서 장치적인 기교들은 유니버설 무대의 화려함을 가미한 인상이었다. 국립발레단에서 임성남 전단장이 전통적으로 공연했던 형식을 크게 벗어나지 않으면서도 소품이나 기계장치로 시각적인 연출에 주력했는데 특히 무대미술이나 의상·소품 등에서 세심한 배려를 느낄 수 있었다. 사실 발레단에서 〈호두까기인형〉을 공연한다는 것은 너무나 당연하기 때문에 이번 광주시립의 경우도 흔한 작품이 다시 한번 재연된 정도로 지나치기 쉽다. 하지만 이 공연에 관심을 갖게 되는 이유는 보기에 따라서는 깊은 감회에 젖을 만한 역사적인 공연이라는 생각 때문이다.

무용의 역사를 이루는 기본 교육방식은 흉내내기 혹은 따라하기 더 나아가 반복하고 숙달하기 식으로 몸에서 몸으로 직접 체득하는 것이 어쩔 수 없는 원칙이다. 박경숙 단장이 보여준 〈호두까기인형〉은 그가 체득한 것을 다시 전수해 보인 것으로 드디어 한국발레가 정착했음을 알리는 커다란 사건인 셈이다. 전국에 있는 시립무용단들 중에서 광주시립은 발레단이라는 특성을 지닌 유일한 단체다. 지방의 무용단으로서는 유일한 직업 발레단이 광주에 있게 된 이유는 그 도시의 무용가들이 발레라는 장르에 특별한 애착을 가졌기 때문으로 한때 서울에서 활동하던 광주 출신의 발레댄서들이 많았던 이유도 이런 배경 때문이다. 하지만 발레라는 예술 장르를 제대로 수용하려면 거쳐야 할 여러 단계의 해결과제가 있는 만큼 문화교류가 활발한 서울의 단체들과 비교할 때 열정과 애착에도 불구하고 광주시립이 선두에 나서지 못하는 어떤 경계선을 인정하지 않을 수 없었다.

2년 전 국립발레단·유니버설발레단의 단장이 30대의 발레리나 출신으로 거의 동시에 교체된 지 일 년후 같은 조건을 지닌 박경숙 단장이 광주시립무용단에 부임한 것은 전혀 놀라운 사실이 아니었다. 특히 박경숙 단장은 다른 두

광주시립발레단 〈호두까기인형〉 1997. 12. 13-14, 광주 문예회관

사람이 외국에서 교육을 받고 발레단 활동을 한 경력을 평가받는 것과는 달리 우리 국립발레단에서 성장한 배경을 장점으로 갖고 있다. 13년간의 발레단 생활을 통해 그가 경험한 모든 작품들과 각각의 작품에서 맡았던 다양한 배역은 이번 〈호두까기인형〉 공연에서도 나타난 것처럼 드디어 순수한 한국발레가 뿌리내렸음을 입증한다.

　박경숙 단장은 한국발레의 대부로 평가받는 임성남 단장이 재직시 국립발레단에서 고전발레는 물론 한국적인 소재에 의한 창작발레를 무수히 경험했고 그 과정에서 일본이나 미국 등지에서 초청된 안무자의 작품도 경험하면서 군무진인 코르드 발레에서 주역이나 솔리스트까지 발레단 생활로 잔뼈가 굵은 무용가다. 이런 흔치 않은 사실 때문에 우리 무용사를 되돌아보는 입장에서 본 박경숙 단장은 상징적인 존재로 떠오르고 있다. 가장 앞세울 만한 사실은 그가 순수한 한국산 발레리나였다는 점과 그 발레리나가 이제는 독자적으로 발레단을 이끌어 가게 됐다는 점이다. 발레단의 전문성을 충분히 인식하는 시각이 예술행정에 도입됐다는 사실도 중요하지만, 한국발레 30년사가 만들어낸 단장감이라는 점에서 제2 제3의 순수 한국산 단장이 희망을 갖고 도전할 만한 새로운 풍토가 더 중요해 보인다. 발레 후진국이라는 스스로의 비하감을 만회해 준 상징성이 박경숙 단장에게 더욱 많은 기대를 걸게 한다.

　광주시립발레단은 지난해 〈코펠리아〉와 〈호두까기인형〉을 공연하면서 신임단장의 능력을 평가받았고, 단원들의 고른 기량면에서는 국립발레단에 뒤지지 않는 탄탄한 기반을 과시했다. 특히 지난 일 년간 단원들의 기량이 고르게 그리고 음악성이나 포르 드브라처럼 전문적인 섬세함에서 중점적인 향상을 보였는데, 이 또한 박경숙 단장의 공로로 돌려야 할 것이다. 박 단장에 따르면 영국 로열발레아카데미 방식의 테크닉을 전수했다고 하는데 수차례에 걸친 외국연수를 통해 직접 습득한 발레기교를 바탕으로 영국에서의 지도자 과정을 졸업한 경력에 걸맞는 성과로 나타났다.(『예술세계』 1998. 2월호)

서울발레시어터 '97 정기공연

　발레단에서 가장 중요한 인물을 가려내기란 불가능하다. 단장·예술감독·대표적 스타·단원들 중 누구 하나라도 역할이 어긋나면 즉시 무대가 달라지기 때문이다. 서울발레시어터는 이 역할 분담에서 탁월한 조화를 보여주는 단체다. 특히 상임안무가 제도를 두어 끊임없이 새로운 작품을 공급받는 체제는 세계 어느 무용단에도 뒤지지 않을 저력을 지니고 있다. 이번 공연(1997. 7. 17-19, 예술의전당 토월극장)에서도 안무가 제임스 전의 의지가 단원들에게 전달되면서 다시 한번 미묘한 조화를 느끼게 했는데, 안정되고 성숙한 무대였다는 인상이 깊다.

　〈바람의 노래〉〈흑과 백〉두 작품 모두는 극히 춤적인 혹은 발레적인 작품이었다. 92년 이후로 서울발레시어터의 작품들이 대다수 자극적인 측면이 강했었기 때문에 오히려 이번 공연이 색달리 보였다. 〈도시의 불빛〉이나 〈현존〉처럼 현란한 작품들이 객석의 환성을 불러일으켰던 일은 상당한 사건이었다. 몇 년간 지속된 이처럼 반항적이고 감각적인 일련의 작품들은 제임스 전과 서울발레시어터의 이미지 굳히기에서 빼놓을 수 없는 특성이었다.

　그러나 이번 무대는 잠시 휴지기를 맞은 화산처럼 보였다. 어찌 보면 성숙한 발레단의 면모를 갖추는 과정이었는데, 신작들이 평범한 범주의 작품들인 반면 연륜에서 오는 여유도 담겨 있었다. 특정한 감정들을 배제했고 춤의 동작과 행렬의 변화에서 단원들의 기량이 균등하게 부각된다. 깔끔하게 정리된 무대와 안정감 있는 기량에 승부를 건 〈바람의 노래〉에 등장한 세 쌍의 남녀는 혹독하게 단련된 춤사위를 구사했다. 그럼에도 불구하고 이면에는 어떤 독특한 자유로움이 남겨져 있었는데 아마도 이 단체의 특징적인 전통이 될 듯하다.

　서울발레시어터는 상황적으로 한국발레의 중흥을 주도하고 있다. 고전발레의 부흥이 한국을 중심으로 이뤄질 것이라는 예측은 가능하지만 창작발레에

서울발레시어터, 제임스 전 안무 〈바람의 노래〉 1997. 7. 17~19, 예술의전당 토월극장

서는 감히 엄두를 못 내던 상황에서 등장한 유일한 발레 단체이기 때문이다. 그들은 오늘의 이야기를 젊은이의 감각으로, 세계적 유행에도 뒤지지 않게 풀어나가는 능력을 지녔다. 〈바람의 노래〉와 〈흑과 백〉에서 남겨진 잔상들은 유럽이나 미국에서 본 듯한 착각을 불러일으킬 정도로 친숙했다. 그러나 이 친숙한 느낌은 서울발레시어터가 아니면 한국에서는 누구도 흉내낼 수 없는 수준에서의 비교 결과다.(『한국일보』 1997. 7. 29)

뉴욕시티발레 내한공연

　지난해의 아메리칸 발레시어터에 이어 올해는 뉴욕시티발레단이 초청된다니 급속도로 변화하는 우리의 문화적 인식이 놀라울 뿐이다. 1983년 여름과 84년 겨울에 뉴욕에서 보았던 두 발레단의 공연들이 이 글을 쓸 수 있는 귀중한 재산인 셈인데, 당시에 느껴야 했던 문화적 충격들을 오늘에 놓고 보면 격세지 감이라는 노인성 발언을 하지 않을 수 없다. 당시의 느낌을 솔직히 말한다면 고전발레를 위주로 하는 아메리칸 발레시어터의 명작들이 뭔가 감상을 했다는 뿌듯함과 함께 또 하나의 레퍼토리를 축적해야 한다는 사명감까지를 만족시킬 수 있어 더 좋았다. 그러나 시간이 흐르고 무용세계에 대한 관심이 깊어질수록 재미보다는 가치로 따져서 평가해야 할 무용들이 눈에 들어왔는데 가장 최초의 것이 바로 뉴욕시티발레단의 작품들이었다.

　고전 명작들은 모든 발레단에서 비슷하게 혹은 거의 동일하게 공연되지만 조지 발란신과 제롬 로빈스의 작품들이 무더기로 쌓여 있는 뉴욕시티의 독특한 분위기는 세계에서 유일한 것이라는 사실이 매우 중요하다. 특히 조지 발란신의 작품들을 통해서는 고전발레에서 신고전발레로 전환되는 발레의 변천과정을 볼 수 있는데, 몇 안 되는 20세기 최고의 사건일 것이다. 뉴욕시티발레에 대해 이야기를 하라면 누구라도 조지 발란신부터 시작하게 된다. 미국의 발레 부흥을 계획한 링컨 커스타인과 함께 아메리칸 발레스쿨을 만들면서 체계적이고 장기적인 발전 기반을 마련한 후 보여준 첫 작품이 1934년의 <세레나데>였다. <세레나데>처럼 기교면에서 더욱 자유롭고 화려하면서도 음악의 박자나 분위기에 완벽하게 일치하는 완성된 느낌을 주는 부류의 발레를 오늘날에 신고전 스타일이라고 하는데 고전발레의 전개형식이나 줄거리 구사 등을 완전히 배제함으로써 정제된 아름다움을 보인다. 이번 내한공연에서 보일 <네 개의 기질>이 이러한 특성을 확실히 보여줄 것이다.

1904년 러시아의 페테르부르크에서 태어난 조지 발란신은 이미 20대 초반부터 안무를 시작했다. 1925년에 시작된 디아길레프 러시아발레단에서의 대표작이라면 〈뮤즈를 인도하는 아폴로〉와 〈돌아온 탕아〉를 들 수 있는데 후반기의 작품들에서도 비슷한 경향이 재현된다. 〈뮤즈를 인도하는 아폴로〉에는 아폴로와 뮤즈로 보이는 무용가들이 등장해 각기 특성 있는 춤들을 보이면서 막연한 고대의 신화를 상상하게 하지만 구체적으로 그들 사이에서 진행되는 어떤 사건 같은 것은 실재하지 않는다. 독특한 춤을 얻기 위해 상황을 가정했을 뿐이라는 점이 고전발레와 정반대인 안무의 출발점인 셈이다. 이번에 공연될 〈내가 알게 뭐야〉의 경우가 비슷한 출발점을 지닌 작품일 것이다. 〈돌아온 탕아〉는 아무래도 줄거리나 등장인물의 성격을 완전히 배제할 수 없는 작품에 속한다. 이야기의 순서를 지켜나가는 점이 고전발레의 외형을 지니고 있는 반면 빠른 진행과 특이한 동작이나 의상이 주는 강한 인상은 독특하다. 이 부류의 작품은 이번에는 빠져 있는데 〈몽유병자〉처럼 엄밀한 의미에서의 신고전 스타일은 아니다.

　　후반기로 가면서 발란신은 점점더 음악의 중요성을 강조했다. 심지어 "모든 음악을 동작으로 보일 수 있다"고 했던 만큼 기교가 빨라지고 복잡해지고 다양해지고 있음을 짐작하게 된다. 이번에 보일 〈차이코프스키 2인무〉와 〈도니제티 변주곡〉은 2인무나 군무 등 고전발레의 춤형식을 빌어 그 안에 더 화려한 동작들을 넣은 작품들이다. 특히 〈차이코프스키 2인무〉에서는 예리한 바이올린 선율과 함께 고난도의 기교들이 이어지는데 무용가들의 기량이 최고 수준이 아니면 아름다움보다는 불안함을 느껴야 할 정도로 예민한 작품이다.

　　발란신의 작품들은 공식·비공식 경로를 통해 우리나라에서도 자주 공연되어 왔다. 때로는 뉴욕시티의 공연 모습과 비교해서 이야기할 정도로 훌륭한 경우도 있었지만 주로 흉내내기 수준에 머문 경우가 많아 안타까웠다. 발란신의 작품을 해석하고 감상하는 포인트는 음악적인 감각에 있다. 같은 동작을 하더라도 어느 순간에 악센트를 주는가에 따라 그 효과가 달라지기 때문인데 제대로의 경우에는 일종의 쾌감을 느낄 정도로 깔끔하지만 아닌 경우에는 발란신의 명성이 의심스러울 정도가 된다. 이와 함께 빠르고 복잡한 스텝들과 곡예적인 포즈를 자연스럽게 보이는 기교 훈련도 흉내내기에는 마찬가지로 어렵다.

발란신은 가볍고 크고 예쁘고 마른 발레리나들만을 특별히 선호했던 안무가로 유명하다. 바꿔 말하면 그의 작품 소재가 단순할수록 발레리나 자체의 아름다움이 더욱 필요했다는 것이다. 한두 명의 스타만이 크게 부각되던 고전발레와 달리 발란신의 발레에서는 특별한 주인공이 없는 경우가 빈번하므로 단원들의 기량이 모두 스타 수준으로 조화를 이뤄내야 안정감이 생긴다. 최근에는 세계적으로 스타 시스템이 아닌 앙상블 위주의 발레단들이 많아지고 있는데 발란신의 작품 스타일이 끼친 영향력을 대변하는 현상으로 볼 수 있다.

발란신이 고유한 스타일의 무용을 미국의 유산으로 남겨 주었다면 미국 태생인 제롬 로빈스는 이 유산을 다방면으로 연결지어가면서 현대의 무용 경향들을 제시한 안무가다. 연극·뮤지컬·현대무용·재즈를 섭렵한 경력답게 그의 작품들은 예측을 불허한다. 이번에 공연될 유일한 그의 작품 〈교차〉는 45년에 초연되면서 바로 레퍼토리가 된 작품으로 가벼운 분위기의 8인무다. 발란신의 스타일이 스스로 어떤 한계선을 정하고 있다면 로빈스의 작품들은 자유롭다 못해 풍부하다. 언젠가 그의 천재성을 집중적으로 감상할 기회를 따로 만들어도 좋을 것이다. 〈우리〉〈목신의 오후〉〈오퍼스 재즈〉 등 현대발레의 경향들이 모두 그의 작품 안에서 태동하고 있음을 느낄 수 있다.

현재 예술감독을 맡고 있는 피터 마틴스는 수잔 패럴과의 파트너쉽으로 유명했던 뉴욕시티발레단의 스타였다. 그의 작품들은 한국에 처음 소개되는데 〈바버의 바이올린 협주곡〉과 〈공포의 균형〉은 88년과 90년에 각각 안무됐다. 제목으로 볼 때 발란신 스타일을 고수하는 느낌이 들지만 몇 십년이란 시간의 벽을 뛰어넘은 만큼 더 현대적인 감각을 기대해 볼 수 있을 것이다.

이번 뉴욕시티발레단의 내한공연(1997. 10. 1-5, 예술의전당 오페라극장)은 한국에서 열리는 세계연극제의 공식 초청공연이다. 프랑스의 마기 마랭무용단이나 미국의 메레디스 몽크무용단에 비한다면 매우 고전적이고 안정감을 주는 단체가 될 것이다. (뉴욕시티 내한공연 프로그램, 1997. 9)

국립발레단의 〈라 바야데르〉

바야데르는 인도 성전의 제사에 종사하는 무희를 말한다. 예전에는 신전의 무희가 특별히 선택된 신성한 직업으로 인식되었음을 상기할 때 무희를 주역으로 한 이 발레가 아름답고 슬픈 이야기일 것이라는 상상은 어렵지 않다. '용감한 전사와 아름다운 무희의 황금빛 사랑이야기'라는 부제가 있듯이 전사 솔로르와 바야데르 니키아, 그리고 니키아의 연적이자 공주인 감자티를 위주로 전개되는 이 발레의 내용은 인도의 고전에서 줄거리를 발췌했다고 한다.

1877년 마리우스 프티파의 안무로 러시아에서 초연된 〈라 바야데르〉는 1막과 2막에서 이국 정취를 풍기는 화려한 무대를, 3막에서는 백색의 발레조곡을 보이게 연출되어 있다. 이 발레가 안무된 시대적 상황을 보면, 안무자들은 새로운 분위기의 색다른 무대를 선호했고, 이국적이며 환상적인 상황의 연출을 즐겼는데 이 작품은 이러한 특징을 명확하게 지니고 있다. 동양의 신비를 대표하는 인도의 성전이 배경이었기에 그들의 시각으로 해석한 무대의 색조는 붉은빛과 황금빛으로 장식되었고, 출연진이 인도의 민속의상이나 독특한 사제 복장을 한다는 등 외관상의 색다른 모습이 눈길을 끈다.

그러나 그 줄거리는 여느 발레와 크게 다를 바가 없는데 사랑을 위해 죽음을 선택한 여주인공의 희생이 주제로 부각된다. 솔로르를 사윗감으로 점찍은 라쟈 왕은 공주와 솔로르의 약혼식에 니키아를 불러 춤추게 하면서 독사가 들어있는 꽃바구니를 선물해 그녀를 살해한다. 니키아를 사랑하던 브라만의 최고 승려가 해독제를 주지만 솔로르의 배신을 알면서도 그녀는 죽음을 선택한다. 이로써 무용극의 내용은 끝이 나지만 〈라 바야데르〉의 대명사처럼 불리는 '망령들의 왕국'이 3막에서 펼쳐진다. 흰색 클래식 튀튀를 입은 24명의 군무진과 니키아 그리고 솔로르가 등장하는데, 고뇌에 찬 솔로르의 꿈으로 처리되는 장면이다.

이국적인 배경과 고전발레의 정형미가 어우러진 〈라 바야데르〉는 러시아 안무자 마리나 콘트라체바가 내한 안무함으로써 처음으로 국립발레단의 레퍼토리가 되었는데 우리 발레의 성장을 입증하는 무대(1997. 9. 16-23, 국립극장)였다. 니키아역을 맡은 두 발레리나 이재신과 한성희는 각기 극적인 묘사와 기교 처리에서 우열을 다퉜는데, 이재신이 3막의 기교에서 능숙했다면 한성희는 가냘픈 무희의 애절함을 유감 없이 연기했다. 솔로르역의 신무섭과 김용걸은 그들의 국제콩쿠르 수상경력이 입증하듯 품위 있는 발레리노로 손색이 없었다. 최고승려역의 김선호는 시종일관 사건의 전개를 지휘하는 탁월한 연기력으로 중량감을 더했고, 북춤의 리더인 박태희는 축하연의 흥을 돋우는 캐릭터댄스의 묘미를 살려냈다. 이번 공연을 위해 초청된 객원무용가 러시아의 스페트라나 최는 감자티역으로 자칫 건조해질 뻔했던 무대를 극적으로 이끌었고, 미국의 요한 랑볼은 황금신상에서 화려한 발레기교의 진수를 보였다. (『뉴스플러스』 1997. 10)

야마다 세츠코 공연무대

창무국제예술제 개막공연(1997. 9. 3-4, 포스트 극장)이 끝나가면서 깔끔하게 등장했던 야마다 세츠코는 엉망이 됐다. 어느새 외투가 벗겨져 있었고 한쪽 볼과 맨발에는 톱밥이 묻어 있었다. 한 사람이 한 시간 가까이 무용공연을 하려면 기본적으로 걷기만 해도 굉장한 운동인데 그렇게 다양한 몸짓들을 만들어내니 오죽하랴 싶었다. 제1회 창무국제예술제에서 그녀의 〈아버지의 신발〉을 봤으니 5년만에 다시 같은 무대에서 만나는 감회도 깊었다. 이번 작품 〈속도의 꽃〉은 5년 전의 인상과 매우 다른 것으로 더 원숙해진 느낌을 받았는데, 우리 무대에 앉아 외국무용가의 변화를 관찰할 수 있다는 사실도 아주 새로운 경험이었다.

요즈음은 내로라 하는 무용가 중에 기막힌 기교를 지니지 않은 사람이 없을 정도니 야마다 세츠코의 기교가 탁월하다고만 해서는 그의 춤을 충분히 묘사하기 어렵다. 그보다 좀더 근본적인 뭔가가 있었는데 마치 자기 최면에 걸린 사람이 정신없이 흘리는 땀을 보여주는 것이 〈속도의 꽃〉 같았다. 추는 이유는 달랐지만 춤에는 항상 보여주는 것과 추기 위한 것이 있었음을 갑자기 기억해 냈고, 무용가의 기량이 아니라 춤에 도취한 무용가의 모습을 본다는 점에서 〈속도의 꽃〉은 이 두 가지 상반된 춤의 형태를 하나로 묶어낸 발명품으로 보였다.

인체의 움직임을 탐구하지 않는 무용가가 있을 수 없겠지만 야마다 세츠코는 관절의 마디마디까지를 다루는 섬세함의 극치를 보였다. 관절의 움직임이 만들어내는 조화와 그 효과에 대한 인지도는 대단했고, 자유로움 안에서 일본 부토 무용가들이 지닌 특유의 정제미를 잃지 않았다. 작은 움직임들에서 풍기는 흥과 끼가 대단하면서도 정작 얼굴은 무표정한 상태였고, 우리나라 창무회의 어깨춤처럼 보이는 흥을 돋우는 굴신동작이나 서양춤의 작위적인 포즈 같

야마다 세츠코 〈속도의 꽃〉 1997. 9. 3-
4, 포스트극장

은 것도 간혹 섞여 있는 절충적인 스타일이었다.

　구성면에서도 완벽하게 관객을 배려하고 있어 춤을 보는 그의 시각이 매우
넓어졌음을 자신감있게 내비쳤으니 즉흥부토 무용가들이 보여준 지루한 혹은
발작적인 한계에 물꼬를 터준 셈이다. 한번은 무음악에 발작적이거나 느린 움
직임을 보이고 또 한번은 탱고 음악에 목놀림까지 망라한 흥겨운 동작을 보이
는데 이러한 과정에서 자신이 얼마나 춤에 심취해 있는 탁월한 춤꾼인지를 알
려준다. 춤으로 다져진 몸과 절정을 넘어 흘러넘치는 자연스런 몸짓들 그리고
춤을 끌어 나가기 위한 고민의 흔적들까지 전문가의 면모를 갖춘 야마다 세츠
코를 보면서 우리에게도 이런 무용가가 필요하다는 생각을 했다. (『한국일보』
1997. 9. 8)

제5회 창무국제예술제

국제예술제에서는 아무래도 국내 단체보다는 외국 단체에게 시선이 집중된다. 그런 측면에서 볼 때 이번 창무국제예술제는 공연의 분배나 참가 단체의 비율에서 외국팀이 우세해 보기 드물게 국제예술제의 외양을 갖추고 있었다. 하지만 '아시아—환태평양의 하늘과 땅'이라는 부제를 감안하더라도 한국·일본·중국·인도네시아 4개국에서 한 단체씩만 참가해 규모를 논하기는 어려웠다.

일본의 야마다 세츠코와 인도네시아의 살도노 쿠스모무용단 그리고 중국 베이징대학내 청년가무단은 각기 인상적인 무대를 보여 나름대로의 의미를 찾을 수 있었는데, 인도네시아는 민속적인 마임극에서 중국은 기존의 여흥물화 된 무용에서 벗어나고자 노력하는 모습을 볼 수 있었다. 살도노 쿠스모무용단(1997. 9. 9, 포스트 극장)의 〈솔로 엔시스〉는 솔로 강변에서 인간의 존재를 생각하면서 만들어진 작품이라고 한다. 안무자의 모습에서 풍기는 인상은 무용가라기보다는 명상과 수도를 병행하는 수도사에 가까워 자바 섬에 앉아 있는 안무자의 모습을 상상하기에 어려움이 없었다. 지난 몇 년간 인도네시아의 공연들을 보면서 전통과 현대를 의식적으로 접목시키는 작업이 부각됨을 보게 됐는데 〈솔로 엔시스〉의 경우는 의식적인 현대화보다는 작품의 독자적인 개성을 찾아보려 한 흔적들이 부각됐다.

물에 젖은 모래밭에 놓인 해골과 텔레비전 수상기를 통해 보이는 진흙투성이의 사람들이 연결돼 자연의 일부인 인간의 모습에 대해 생각하는 순간을 만들어내고 구음과 괴성이 반주 음악처럼 원시적인 영상에 효과를 더했다. 그러나 뭔가 부조화를 느끼게 되는데 환경파괴를 고발하는 작품내용임에도 불구하고 영상으로 처리된 부분이 마치 자연 때문에 질식하는 인간의 모습처럼 보이기 때문이다. 진흙에 빠져 뒤엉킨 사람들은 나치수용소를 떠올릴 정도로 비참해 보였다. 후반부로 가면서는 역시 그들의 전통극에서 보이는 대결 구도나 고유한 표정 연기 그리고 원숭이 같은 등장인물이 나오는데 이러한 구체적인 공연 모델보다는 풍부한 정신적인 유산을 활용하는 무용가가 나온다면 인도네시아의 무용은 굉장한 창조성을 지니게 될 것 같았다. 피날레(1997. 9. 10, 호암아트홀)에서 보인 작품의 경우에는 전통극을 여과 없이 약식으로 보는 듯했으므로 그에 비한다면 또 지금까지 보아 온 인도네시아의 현대무용 작업들과 비교할 때 <솔로 엔시스>는 개성이 강하고 현대적인 감각이 충분한 작품이었다. 그러나 꿰맞추지 못하고 나열한 듯한 인상이 남는 것도 사실이다.

중국의 경우 모든 무용이 소품들이었던 것과 달리 이번 피날레 무대에서는 외형상 현대적인 구성을 택했고, 특정 기술로 박수를 유도하는 여흥물적인 인상에서 벗어난 작품을 선보였다. 그 구도나 끌어가는 방식 또는 사용된 기교들이 우리 현대무용에서 이미 여러 차례 반복되고 있는 형태였지만 단숨에 이 형태를 매우 자연스럽게 연기하고 있는 그 능력은 매우 놀라웠다. 머지않아 현대의 무대춤이 요구하는 작품들도 나올 것 같다.

이번 무용제의 스타는 일본의 야마다 세츠코였다. 특히 개막공연(1997. 9. 3-4, 포스트극장)에서의 솔로 <속도의 꽃 Ⅰ>은 관절의 움직임이 만들어내는 실루엣의 효과까지도 계산한 섬세함이 돋보였다. 힘차고 극적인 순간과 느리고 무감각해 보이는 순간이 교차되면서 다양한 춤의 형태를 보였는데, 즉흥 부토의 느리고 정제된 혹은 기분에 몸을 맡기듯 음악에 심취한 모습들과 아울러 어깨춤이나 서양춤의 포즈들까지 망라했다. 이 사실에 대해서는 진지한 예술성과 엔터테인먼트라는 두 가지 특징이 무용공연을 놓고 겨뤄왔듯이 극도의 절제에서 중용으로 변화된 모습을 느낄 수 있었는데 비록 일반적인 방법론이긴 하지만 스스로의 한계를 극복했다는 좋은 측면으로 해석하고 싶었다. 반면 야마다 세츠코가 창무회 단원들과 작업한 <속도의 꽃 Ⅱ>는 국가간의 안무자 교류 차원에 의미를 두고 만족해야 할 정도의 공연이었다. 서영숙과 윤수미처럼 안무가의 특유한 몸짓을 소화하는 경우도 있었지만 상당부분 뭔가가 서로 단절된 듯한 느낌의 작품이었다. 한쪽에서는 한국 춤사위를 다른 한쪽에서는 야마다 세츠코의 춤을 추는 모양새도 개성적인 면의 조화라기보다는 실험의 한 과정으로 보였다.

한국팀의 공연은 이미 잘 알려진 작품들로 창무회의 <춤본 1>과 <춤 그 신명>, 배김새무용단의 <영혼의 번제>, 예전무용단의 <태평무>, 강미리의 <류-생명의 나무>가 참가했고, <류-생명의 나무> 경우에는 지난해 무용제 때보다 안정된 느낌이었다.(『객석』 1997. 10월호)

동화 속의 사랑이야기 〈신데렐라〉

〈신데렐라〉처럼 인기 있는 발레작품에 대해 이야기를 시작하려고 보면 보통 난감한 일이 아니다. 어느 공연을 시작으로 볼 것인가에서부터 누구의 작품에 하이라이트를 줄 것인가까지 요모조모 따져 가며 연구해야 겨우 맥이 잡힌다. 오늘을 시점으로 역사를 되짚어가야 하는데 크게 러시아 스타일과 영국 스타일의 두 가지 안무형태로 요약해 볼 수 있다. 1813년 비엔나, 1815년 페테르부르크, 1823년 파리 공연 등 샤를르 페로의 동화 〈신데렐라〉는 아주 옛날부터 수많은 안무가와 작곡가들이 눈독을 들였던 발레 소재였는데 이런 공연들이 모두 다른 음악에 다른 춤으로 구성되었다고 하니 사라진 작품들이 아까울 뿐이다.

러시아 계통의 신데렐라는 1945년 세르게이 프로코피에프 음악에 로스티스라프 자카로프가 안무한 작품을 현재까지 지속되는 대표작으로 꼽고 있고, 이를 바탕으로 1964년 콘스탄틴 세르게예프가 재연한 작품이 최근의 것이다. 그전에는 1893년 황실발레에서 프티파, 이바노프, 체케티가 안무한 작품이 있었고, 1938년 포킨이 런던에서 공연했다는 기록이 있어 러시아에서는 이 작품이 지속적인 레퍼토리였음을 짐작하게 된다. 영국에서는 모든 발레작품 중 이 〈신데렐라〉에 특별한 의미를 부여하며 매우 자랑스럽게 생각한다고 하고 이유는 영국인이 안무한 최초의 전막발레였기 때문이라고 한다. 1948년 프레드릭 애쉬튼이 현재의 로열발레인 새들러스 웰즈발레에서 초연했고, 이후 65년에 다시 개작해 각광을 받고 있다. 이밖에도 독일에서는 1901년 이후 요한 스트라우스 음악에 안무된 〈신데렐라〉가 안무자를 바꿔 가며 맥을 잇고 있다고 한다.

그러나 러시아와 영국의 대표적인 두 작품은 모두 프로코피에프의 음악이다. 작곡자 프로코피에프는 이 발레음악에 대해 "바리에이션·아다지오·

파 드 되 등 고전발레 형식으로 요정이야기이면서도 사람들이 느끼고 경험하는 일면의 특성을 담았다"고 말했는데 그의 음악적인 성격이 강하기 때문인지 지금까지 익숙해진 고전발레의 리듬과는 매우 다른 분위기를 만들어낸다. 신데렐라·두 언니·아버지·왕자처럼 주된 등장인물들에게 각기 테마 음악을 부여해 고전발레의 연속적인 리듬과 내용 묘사에 익숙한 무용가나 관객에게는 낯이 설다. 반면 〈지젤〉 같은 작품보다 무려 한세기를 지나 만들어진 작품답게 현대적인 리듬감을 느낄 수 있다는 면이 장점이라고도 하겠다.

러시아와 영국 모두 줄거리나 춤을 풀어 나가는 장면 설정에서는 차이가 없지만 러시아의 〈신데렐라〉가 〈잠자는 미녀〉의 요정 장면 같은 화려함을 강조한다면 영국 버전은 판토마임에서 따온 과장된 풍자를 곁들여 따뜻한 코미디로 만들었다. 프레드릭 애쉬튼은 특히 신데렐라를 괴롭히는 배 다른 못된 언니들을 묘사하는 과정에서 안무자 자신이 로버트 헬프만과 함께 여자로 분장해 등장했는데, 이 두 사람의 역할이 3막 전체를 통해 큰 비중을 차지하기 때문에 성공의 열쇠였다고 볼 수 있다. 또한 이 주책스러운 두 남자의 등장에서는 자칫 새엄마에 대한 무조건적인 악감정을 주입시키게 될 위기를 슬쩍 넘기는 안무가의 재치도 느끼게 된다. 덕분에 바보 같은 공처가 아버지도 별로 거슬리지 않아 동화의 위험한 배역이 재정비된 셈이다. 아이들뿐만 아니라 어른들도 희한한 두 언니를 보느라 정신이 없어 애초에 그들의 상관관계에는 관심을 갖을 수 없을 정도다.

19세기 발레의 위대한 전통을 고스란히 간직했다는 평판대로 〈신데렐라〉에는 낭만발레의 환상과 고전발레의 형식미가 공존하는데 현실과 상상의 세계가 막의 구분이 따로 없이 항상 병행한다는 점은 특이하다. 1막에 등장해 구걸하던 노파가 다시 나타나 대모 요정이 되면서 거실이 갑자기 요정들의 춤무대로 변하고, 2막의 궁정에서는 신데렐라가 마법에 걸려 있어 언제 깨질지 모르는 환상 때문에 아슬아슬하다. 다시 3막은 허름한 모습으로 시작되지만 왕자가 나타나면서 무대는 다시 재회를 축하하는 요정들로 채워진다.

신데렐라 콤플렉스라는 유행어가 있듯이 요즈음의 안무가들은 이 작품을 거의 정신병동 수준으로 밀어부치기도 하지만 동화를 기본으로 하는 발레에서는 내용이야 별로 다를 것이 없다. 춤무대를 얼마나 다양하게 꾸며내는가라는 것이 문제인 만큼 호박과 쥐가 마차로 변하는 마술의 순간을 연출하는 방법이나 특정 장면을 끌어내는 실마리를 부각시키는 재치 또는 춤의 구성과 규모에 화려함을 치장하는 기교에 따라 매우 다른 결과를 얻게 된다. 재회를 축하하는 장면만 하더라도 부엌에서 단순히 기뻐할 것인가, 아니면 무대를 다시 마법의 정원으로 꾸미고 끝없는 항해를 떠나는 신데렐라를 확실히 보여 행복한 결말을 강조해 줄 것인가 등이 안무자의 숙제인 셈이다. 국립발레단의 이번 공연은 러시아 안무자가 맡았다고 하니 러시아 스타일의 화려한 춤무대를 예상하게 되지만 혹 독자적인 방식의 어떤 접목도 불가능한 일은 아니다.

〈신데렐라〉를 춤춘 발레리나들의 이름을 보면 역사적인 모든 인물을 다 나열해 놓은 것 같다. 특히 1893년 마린스키극장 공연은 이탈리아 발레리나 피에리나 레냐니가 맡았는데 거기서 세계 최초의 32바퀴 푸에테 투르가 세상에 선보여졌다고 한다. 당시로서는 상상할 수 없이 놀라운 기교를 보인 덕분에 그 발레리나는 2년 후에 공연된 〈백조의 호수〉에 주역으로 다시 발탁되어 발레리나들의 영원한 적이자 목표인 32회전을 오늘날까지 남겨 주었다.

또 영국에서는 애초에 마고트 폰테인을 주역으로 선정했으나 병으로 공연을 못하게 됐고, 대신에 모이라 쉐러가 초연을 맡았다. 모이라 쉐러는 그때의 기억을 떠올리며 애쉬튼과 헬프만이 탁월한 예술가들이었기에 그들을 부각시키기 위해 자신은 1막의 난로가 앞장면에서 전혀 움직이지 않았다고 말한다. 주역이 움직이지 않는 유일한 장면이었는지도 모르겠다. 두 언니들이 부각되는 반면 왕자는 내용상 2막에서만 제대로 춤출 기회를 갖게 된다. 하지만 다른 작품에 비해 그 역할이 화려한 만큼 관객의 집중적인 관심을 끌 수 있으니 나름대로 그 기회를 연출하는 방법을 터득해야 한다.

재투성이 아가씨 신데렐라의 두 언니 이름은 '짐짓 꾸미는 여자'와 '표독한 여자'라는 뜻을 담고 있다. 너무나 일방적인 괴롭힘이라 선과 악의 대결이라는 묘사가 불가능했던 만큼 끝장면에서는 이 두 언니들이 너무나 순순히 잘

못을 인정하니 그야말로 동화의 세계에 머무는 느낌이다. 신데렐라가 되는 상상을 한번쯤 해봤다고 해서 크게 문제되지는 않을테니 오늘밤 유리구두를 신고 왕자의 궁정에 따라가 봐야겠다. (국립발레단 공연 프로그램, 1997. 10)

국립발레단과 유니버설발레단의 가을무대

10월이 되자 양대 발레단의 정기공연 시즌이 다시 찾아왔다. 〈라 실피드〉 등 낭만발레물을 후반기에 남겨둔 유니버설에서는 기존의 단막물을 재공연하는 간단한 형식을 취했고, 국립발레단에서는 심혈을 기울인 〈신데렐라〉 전막을 시도했다.

19세기 발레의 위대한 전통을 고스란히 간직했다는 평판대로 〈신데렐라〉에는 낭만발레의 환상과 고전발레의 형식미가 공존한다. 또한 현실과 상상의 세계가 항상 병행한다는 점이 이 작품의 특징인 만큼 화려한 무대로 적격이다. 1막에 등장해 구걸하던 노파가 다시 나타나 대모 요정이 되면서 거실이 갑자기 요정들의 춤무대로 변하고, 2막의 궁정에서는 신데렐라가 마법에 걸려 있어 언제 깨질지 모르는 환상 때문에 아슬아슬하다. 다시 3막은 허름한 모습으로 시작되지만 왕자가 나타나면서 무대는 다시 재회를 축하하는 요정들로 채워진다.

국립발레단의 이번 공연(1997. 10. 6∼10. 12, 국립극장)은 안무자 마리나 콘트라체바가 내한해 러시아 스타일의 화려한 춤무대로 꾸몄다. 특히 솔리스트들과 군무진 등 전체적인 조화면에서 볼 때 안정감 있는 무대여서 기량면에서는 향상된 면모를 보였다.

엄마로 분장한 김구열은 여장 남자가 등장함으로써 기대하게 되는 희극적인 묘사를 잘 소화해 냈고, 이복 언니들인 최선아와 김윤진도 시종일관 극적인 내용을 놓치지 않는 전문가의 면모를 보였다. 특히 대모 요정역의 하승희가 침착하게 분위기를 끌어가는 여유를 보이면서 무대는 편안한 환상을 담아냈다. 반면 무대장치나 조명 같은 요소들이 환상적인 동화의 분위기를 연출하는데 도움을 주지는 못했다. 왕자의 궁전 파티 장면은 특별히 장치의 구조나 색감에 신경을 쓸 필요가 있었다. 특별히 언급할 내용은 근래에 어린아이들이 발레무대에 자주 등장함으로써 무대의 분위기를 상당히 손상시키고 있다는 것이다. 〈호두까기인형〉의 경우에도 외국단체들에서는 어린이 등장을 보기 어려울 정도인데 국립발레단의 경우는 〈돈키호테〉에 이어 이번 〈신데렐라〉에서도 무더기 출연으로 혼란스러움을 초래했다. 사계절의 요정들이 등장할 때 국립 발레단 문화학교 학생들이 같이 출연해 축제 분위기를 강조하는 데 역효과를 본 만큼 출연 기준은 신중히 고려해 볼 문제였다.

국립의 또 다른 문제라면 안무자 확보에서 어려움을 겪고 있다는 것인데 〈신데렐라〉의 경우는 볼쇼이 버전보다도 영국 버전이 아니면 프랑스 버전이 더욱 재미있다는 등의 변화를 인정하는 여유가 필요해 보인다. 벌써 몇 년째 전막 작품을 단골로 맡고 있는 마리나 콘트라체바가 우리 국립발레단의 상임 안무가처럼 보일 정도다. 우리 무용가들에게 안무할 기회를 주는 것도 매우 바람직한 일인데 한국무용·발레·현대무용이란 우리식의 구태를 벗어나 단순히 능력 있는 안무자에게 작품을 맡겨야 진정한 우리시대의 작품이 국립발레에 생명을 부여할 것 같다. 아울러 지난 시즌 때부터 주역을 맡게 된 신인 발레리나들이 될수록 빨리 안정을 찾고 국립의 성숙한 스타로 자리잡게 된다면 군무진이 안정된 현 상태에서는 매우 희망적인 미래를 기대하게 된다.

유니버설발레(1997. 10. 2-5, 리틀엔젤스예술회관)는 〈파키타〉 3막과 〈헨델 축제〉 그리고 〈풀치넬라〉를 공연했는데 〈헨델 축제〉가 부각된 반면 〈파키타〉의 분위기는 매우 저조했다. 주역인 강예나와 황재원이 무난한 연기로 끌어갔지만 솔리스트와 군무진이 상승하는 극적 분위기를 전혀 살리지 못해 기량마저 의심하게 됐다. 그러나 같은 출연진이 〈풀치넬라〉에서 활력 있는 무대를 만드는 모습을 확인하고는 재안무자 혹은 지도자에게 책임을 돌리게 됐다. 두 작품을 보면서 '기분'의 있고 없음이 얼마나 무대를 달라 보이게 하는지 재확인한 셈이다.

〈헨델 축제〉에서의 임혜경은 지난번 〈돈키호테〉 집시역에 이어 긴 선을 요구하는 솔로에서는 탁월한 존재임을 입증했다. 임혜경을 눈여겨보면 그의 탁월함이 단지 체격적인 조건에서만 나오는 것이 아니라는 사실을 발견하게 되는데 이번에는 귀여운 우아함을 나름대로 해석하고 있어 배역에 대한 개인적인 해석을 하고 접근하는 보기 드문 탐구적인 발레 댄서였다. 춤을 걸러 자신의 것으로 소화하는 탁월한 해석력이 임혜경의 장기라면 이번 무대에서 기교적인 화려함을 보인 주인공은 권혁구였다. 고전 레퍼토리 때는 전혀 그려낼 수 없었던 모습으로 최선을 다하는 기량에 담긴 생동감과 남성적 활기는 예기치 못했던 새로운 수확이었다. 박선희, 이유미, 엔리카 구아나의 솔로들은 모두 우열을 가리기 어렵게 집요했고, 세 쌍의 군무로 전환되는 부분에서도 최고 수준의 무용가들이 펼치는 춤판으로 손색 없는 성공적 무대였다.

로이 토비아스 안무 <풀치넬라>는 유럽의 과거를 보는 듯한 섬세하고 이색적인 코미디물로 주역으로 출연한 문훈숙 단장은 발레리나로서의 건재함을 여전히 확인시켰다. (『문화예술』 1997. 11월호)

국제무용제의 현황과 발전 방향

90년대에는 세계적인 명성의 수준 높은 무용단들이 잦은 내한공연을 하면서 우리 관객들을 그야말로 국제화·세계화된 무대에 앉혀 주었다. 주로 발레 공연이 많기는 했어도 최신의 현대무용도 간혹 선보여 환호를 받았다. 그러나 이러한 현상들을 국제무용제와 연관시켜 본다면 국제무용제의 몫이 상상 외로 줄어들기 때문에 무용계의 독자적인 국제화를 이야기하기에는 오히려 현실적인 보완책이 부각되지 않을 수 없다.

언론사 문화사업의 일환으로 또는 예술의전당처럼 극장 자체의 기획으로 초청하는 단체들과 민간에서 이뤄지는 국제무용제의 참가단체들을 단적으로 비교한다면 때로는 프로와 아마추어처럼 보이기 때문인데 국제무용제만을 놓고 본다면 그럴 수밖에 없는 내부적인 문제점도 만만치가 않다. 지난 몇 년 동안의 대표적인 행사들을 보면 세계무용연맹 서울 총회 기념행사가 규모에서 탁월했고, 외국무용가들을 초청한 워크숍까지를 모두 포함한다면 불과 몇 년 사이 엄청난 규모의 국제교류가 이뤄지고 있음을 실감하지만 정기적인 국제무용제는 많지 않고 그 규모도 크지 않다.

자리를 잡아가고 있는 국제무용제로는 92년 춤의해를 맞아 서울무용제가 서울국제무용제로 바뀌었고, 비슷한 시기에 시작된 국제현대무용제와 창무국제예술제가 지금까지 매년 정기적으로 행사를 갖고 있다. 이밖에도 간헐적으로 국제교류가 이뤄지고는 있지만 눈길을 끌 만한 수준은 아닌 듯하다.

그 동안 국제무용제를 통해 소개된 기억에 남는 공연들로는 현대무용진흥회에서 주관한 아메리칸 댄스페스티벌 서울에 참가했던 미국의 필로볼러스무용단이 다음해에 서울국제무용제에 다시 초청되었던 것과 이들과 함께 왔던 네덜란드 댄스시어터의 공연이다. 또 창무예술원에서 주관한 95년도 창무국제예술제에 참가했던 일본의 산카이 주크무용단도 특별히 기억에 남는데 이러한 현대적인 감각의 무용단들을 선별하는 능력은 아무래도 무용가들이 주도하는 국제무용제의 큰 장점이 된다. 그러나 행사를 치뤄내는 전문적인 기술이 전무한 만큼 홍보나 관객동원에서 실패하는 경우가 많고 극장의 대관이 어려워 모처럼의 좋은 단체가 빛을 보지 못하는 경우도 있었다. 지난해 국제현대무용제에 참가했던 미국의 더그 바론무용단이 좋은 예였는데 교육문화회관에서 그것도 여러 단체 속에서 공연을 마치고 말아 아쉬움을 남겼다.

이러한 몇 개의 공연이 국제무용제를 주관한 주최측의 공적이라면 반대로 그밖의 단체들을 선정하는 과정이나 초청단체들의 수준에서는 국제무용제의 참뜻을 의심하게 되는 부분도 있기 마련이다. 언제부터인가 '국제'라는 타이틀이 붙은 행사에 참가한 한국인들에게는 그들이 학자이건 예술가이건 간에 특별한 평가를 해주고 있는데, 그 부정적 측면으로 등장한 국제적 행사들 중 하나가 아닌가를 생각해 볼 필요가 있다. 능력에 상관없이 외국사람 자체를 끌어들일 가능성도 있기 때문이다. '국제' 행사에 참가를 원하는 사람이 많아지자 몇 사람의 외국인에게 매일 공연을 시키고 한국무용가들은 하루에 세네 명씩이 바뀌 공연하기도 한다. 프로그램 내용상 한국팀은 외국팀보다 몇 배가 많게 되고 수가 많은 만큼 공연의 내용도 형편없는 경우가 있다. 특히 국제현대무용제에서 이런 모습을 많이 보았는데 진정한 국제교류의 의미도 새겨가면서 국내 단체를 선정해야 할 것으로 보인다.

무용협회에서 주관하는 서울국제무용제의 경우는 그 무용제의 성격 자체가 한국인들의 경연장인 만큼 외국팀은 초청공연만을 하게 되는데 그나마 첫해 이후에는 행사용으로 전락해 버린 인상이 강하다. 어떤 해에는 이스라엘 한 나라만을 초청했는데 그나마 예술적인 가치보다는 교육적인 차원의 내용을 중시하는 단체여서 외국 단체를 선별하는 안목에서부터 국제화 초창기의 어려움을 드러냈다. 비슷한 내용이 될 수도 있지만 초청되는 무용가들이 객관적인 평가에 의해 선발되기보다는 주최하는 무용가와의 개인적인 친분이 더 중시된다는 인상도 지적할 수 있다. 개인이 주관하는 모든 국제행사가 해당되는 경우로 국제무용제라는 타이틀 없이도 이런 공연은 가끔 이루어진다.

얼마 전 서울발레시어터에서 주관한 갈라 페스티벌의 경우는 매우 의미있는 공연으로 기억되는데 미국인 무용가 로이 토비아스의 고희를 기념하기 위해 미국·모나코·일본에서 여러 무용단이 참가했었다. 공연 내용에서 순수함을 풍기는 국제적 공연 모델로 제시할 수 있을 것 같았다. 또한 지난해 세종문화회관에서 있었던 애틀랜타발레단과 서울발레시어터의 합동공연 같은 국제교류는 우리의 현 위치를 객관적으로 파악하는 데 더없이 좋은 무대로 기억된다.

반면 초청을 주고받을 목적으로 기획되는 공연들이 있는데 내용이 좋다면야 더없이 좋겠지만 무용가 개인을 위해 관객이 객석을 채워 주고 봐 줘야 할 정도가 된다면 이것도 문제가 아닐 수 없다. 경우는 다르지만 국제무용제 중에서는 특히 창무국제예술제가 개인적인 친분을 중요시하는 인상이다. 일본의 무용가들이 매년 오고 있는데 특히 부토무용을 많이 소개하고 있다. 덕분에 일본의 무용에 대해 상당히 깊이 있는 관람을 할 수 있고 오노 가즈오나 산카이주크무용단을 이끄는 유시오 아마가츠의 작품을 접할 수 있었다. 반면 이 무용제를 통해서는 작품간의 연계성이 없다는 인상을 가장 강하게 받게 되는데, 일본이나 유럽의 무용처럼 무대를 위해 시작된 무용들과 인도네시아나 중국·인도·아프리카처럼 민속무용이 강하게 자리잡고 있는 나라의 무용들이 함께 올려지기 때문이다. 민속적인 것이 무대화되는 단계가 나라마다 다른 만큼 무용에 있어서도 무엇을 교류할 것인가를 정하고 단계를 세분화하는 작업이 필요해 보였다.

국제무용제의 걸림돌은 아무래도 외국과의 정보 교류가 원활하지 못한 점을 첫째로 꼽게 된다. 교류할 대상에 대한 정보나 접근 경로를 알지 못하면서 수준 높은 행사를 꿈꾸는 아이러니가 현실이다. 좀더 깊이 들어가면 우리는 예술행정적인 측면에서 혹은 상업적인 측면의 경영에서 전혀 준비가 없음을 알게 된다. 우리 무용가들 자체가 본인이 부담해서 프로그램 만들고 포스터를 붙이고 초대장을 발송하는 문화에 살다 보니 공연을 사고 판다는 개념이 아예 없다. 본인이 경제적인 손실을 입으면서도 그저 외국의 공원에서라도 공연이 있다면 달려갈 자세다. 어쩌면 너무 공손해서 공연의 대가로 돈을 요구한다는 것을 부끄럽게 생각할지도 모를 일이다. 일이 이렇게 되다 보니 매니저들이 공연단의 초청을 결정하는 국제적 문화와는 단절된 국제교류가 성행한다. 그들에게는 현직 무용가들이 국제무용제를 주관한다는 사실 자체가 이해하기 어려울 것이다.

절차상으로는 두번째지만 사실상 가장 어려운 부분은 경비 충당이다. 어렵사리 연결된 유명 단체가 요구하는 출연료는 상상하기 어려울 정도일 때가 많아 경비에 맞춰 초청단체의 수준을 조절하게 된다는 변명의 여지도 남게 된다. 행사 때마다 주최자의 발넓이에 따라 여기저기서 비용을 얻어 오는 것으로는 불안하기 짝이 없다. 또 그런 행사에 참가한 무용가들이 제대로 대우를 받기도 어려울 테니 겸손한(?) 사람들만 모이다 보면 무대는 엉망이 된다.

만일 우리에게 엄청난 출연료를 요구할 능력이 있는 단 하나의 무용단만 있다면 우리의 아마추어적인 문화는 일시에 사라질 수 있을 것이다. 자기 선전 시대라는 유행어가 있었듯이 무용가들이 각자 스스로 매니저가 되다 보니 객관적인 평가는 없고 의도적인 미화작업만 강조되어 온 것이 사실이다. 기획공연이 늘어나면서 무용가들을 선별하는 기획팀의 업무가 늘어나는 추세에 있고 그 결과에 대해 상당한 책임의식을 지닌 의욕적인 출발점에 있기는 하지만 더 구체적으로 작품의 상품화에 대한 안목을 지닌 매니저의 등장이 필요하다.

우리 무용가를 외국에 알리는 역할을 해야 할 매니저는 현재로서는 무용가를 알리는 일 자체보다는 그의 작품에 등급을 높이 매겨 더 많은 공연료를 받아내는 차원에서 일해야 하는데 이러한 인식은 있지만 작품을 찾지 못하고 있는 것 같다. 이처럼 행정일은 이제 무용가의 손을 벗어나 특수 전공자의 손에 의해 처리돼야 하고 국제무용제라면 어느 구석엔가는 반드시 관의 영향력이 있어야 한다. 그 행사에 대한 신뢰를 얻어내는 유일한 방법이기 때문이다. 예를 들면 서울시에서 주최를 하는 것인데 이름만 걸고 모든 일을 맡겨 버리는 것이 아니라 전문가들의 자문을 얻어 가며 궂은일을 책임지는 문화정책을 실행하는 것이다. 2년에 한 번만이라도 이러한 국제무용제가 열린다면 정말로 선진국이 될 것이다.

역으로 보면 우리의 국제무용제들은 모두 무용협회에서 주관하고 있고 그나마 각기 따로 하고 있으니 규모나 신뢰도에서 외국의 명성 있는 국제무용제와는 처음부터 비교가 되지 않는다. 필요에 의해 생겨나긴 했지만 언제 사라질지 모르는 혹은 '국제'라는 타이틀이 무색해질지 모르는 상태에 있다. 그래도 서울국제무용제는 무용협회라는 무용가들의 총회에서 주관하는 셈이고 문예진흥원의 후원도 받고 있어 가장 발전적인 방향으로 갈 수 있는 위치에 있다고 보는데 규모를 키워 가다가 어느 지점에서는 외국 단체도 수상 대상에 포함시킨다면 손색없는 국제무용제로의 가능성은 충분하다. 물론 진흥원 안에 국제교류부 같은 기구를 두고 그들이 실무를 담당해 참가단체와 심사위원을 선정하는 등의 업무를 객관적으로 처리해 가야 할 것이고, 그러려면 지금 양성되고 있는 한국예술종합학교 무용원의 예술경영 전문인력들을 이런 기구들에 끌어들여야 할 것이다.

불과 10년 전을 생각하며 오늘을 보면 국가정책이라는 것이 얼마나 대단한 위력을 지녔는지를 실감하게 된다. 우리도 이제 대전 엑스포를 해봐서 알지만 그곳에 초청된 민속예술단에게 우리가 무슨 예술적인 기대를 걸고 부르는 것은 아니었다. 우리 무용가들이 외국에 가는 가장 흔한 경우가 민속적인 문화를 소개하는 차원에서였다. 그밖에는 무용가들이 개인적으로 친분을 넓혀 몇몇 무용가들과 접촉하는 것이 전부였고, 대부분 비전문적인 공연 행사에 참가하는 정도에 머물렀다. 그러다가 국제화라는 명분이 떠오르자 무용계에서는 그나마 친분관계를 다지고 있던 극소수의 무용가들에게 국제화를 맡기고 있는 셈인데 실질적인 도움이 없다는 점도 재미있는 현상이 아닐 수 없다.

국제무용제가 제대로 이뤄지려면 먼저 우리 무용계가 국제무대에 알려져야 하고 또 국제무대를 보는 시각도 그 수준을 같이해야겠지만 우리는 두 가지 다 국제 수준을 따라잡기에는 아직 역부족이다. 우선은 한 명의 무용가라도 좋으니 스타를 만들어야 하는데 외국인이 인정하는 작품성을 지닌 안무가를 발굴하기 위해서 외국의 매니저들을 초청하는 이색 공연이라도 개최해야 할 실정이다. 그리고 예술행정가들이 조심스럽게 참가해 무용예술가들을 선별해야 할 필요도 있다. 누구를 키워야 국제적인 안목에 적합할 것인가를 결정하는 진지하고 순수한 회합의 결과로 문예진흥기금 등 국고가 지출되어야 한다. 예산 확보도 중요하지만 그보다 더 중요한 일은 누구에게 돈을 주는가에 달려 있다. 또 일 년만 주고마는 무책임한 던져주기식으로는 절대로 국제무대에 진출할 무용가를 찾아낼 수 없다.

사실 국제무용제는 이러한 기본 바탕 아래서 축제 분위기를 타며 즐기는 행사로 마련되어야 하기 때문에 누구나 개최할 수 있는 성격의 행사는 아니다. 특히 그것이 지속성을 가지고 반복될 때는 굉장한 권위를 갖게 되는 것이 상식적인 현상이다. 그러나 우리의 경우 권위는 고사하고 횟수 채우기에 급급한 또 다른 행사용 공연물로 자리잡고 있다. 현재로서는 성격상 개인적인 취향이 강한 다른 무용제들보다는 서울국제무용제에 좋은 무용단들이 참가해 주기를 기대하는데 적어도 주최측의 돈타령만은 듣지 않았으면 좋겠다. 막말로 돈이 없으면 그만두고 '국제'를 빼면 그만이다. 계속하려면 어느 정도의 수준은 지켜주어야 하지 않겠느냐는 말이다. 아니면 상대국에게 문화예술지원금을 요구해서 우리가 충당할 수 없는 부분을 자국의 무용가들을 위해 사용하도록 하는 등 적극적인 해결방안도 엄연히 있다.

국제무용제가 이름에 걸맞게 치뤄지려면 정보와 실무능력 그리고 재정확보 및 진행까지를 갖춘 전문기구를 두거나 적어도 행정력이나 재정문제를 해결해 주는 힘이 숨어 있어야 한다. 무용분야에서 한 가지 국제행사도 치루기가 어려운 만큼 개개의 국제무용제를 하나로 묶는 방법도 생각해 볼 수 있겠지만 현실적으로 해결책이 없어 보인다. 지금으로서는 무용가들이 친분을 다지며 조촐하게 교류하는 수준으로 만족해야 하는 것이 국제무용제의 참모습이다.

(『문화예술』 1997. 10월호)

마기 마랭과 이무빈의 공연·유니버설발레단의 〈라 실피드〉

마기 마랭과 이무빈의 공연

마기 마랭과 이무빈을 같이 평한다면 아무래도 이무빈이 부담스럽겠다. 공연된 시기가 가깝고 접근하는 방법에서 무용 외적인 요소들을 부각시킨다는 공통점 때문에 같이 묶어 봤는데 나쁘지는 않겠다는 생각이다.

세계연극제 중에서도 가장 많은 갈채를 받았다는 마기 마랭의 〈바테르조이〉는 이번 연극제가 아니면 볼 수 없었던 수준 높은 공연이었다. 제목이 해물잡탕 같은 요리의 이름이라는데 사랑·증오·분노·우정 등에 대한 생각들을 섞어서 먹음직한 음식을 만들어 보였다. 우정에 대한 생각들이 대사로 처리되면 그 대사의 내용들이 움직임으로 묘사되는 방식인데 친구와 그냥 아는 친구의 묘사를 보면 그 탁월한 유머 감각이 한눈에 드러난다. 한 사람이 무거운 탁자를 어깨에 메고 있으면 그냥 친구는 웃으며 아는 체하고 지나간다. 하지만 친구는 그 탁자를 받아 주는 척하다가 더 힘들게 힘을 실어 던져 준다. 상식적으로 혹은 교육받은 바로는 있을 수 없지만 일상사에서 어렵지 않게 볼 수 있는 일들이 폭로하듯 전개된다.

다른 감정들도 모두 이런 방식으로 묘사되는데 그 접근방법이 너무나 예리해서 비밀을 들키는 것도 같고 급기야는 안무자가 철학적인 감각에 탁월하다는 생각까지 하게 된다. 아주 심각한 주제를 이렇게 웃으면서 보일 수 있다는 연출기교에 감탄할 뿐이었다. 뿐만 아니라 그 사이사이에 들어 있는 무용기교들도 아주 섬세하게 구성돼 있었고, 기량들도 탁월했다. 다리를 들어올리려고 발끝이 움직일 때 그 섬세한 포인트에 놀라는데 이제 무용가들도 탤런트가 되기를 요구하는 시대가 온 듯하다. 그에 비한다면 81년작인 〈메이비〉는 유명세에 비해서는 지루한 감이 컸다.

사무엘 베케트의 희곡에 나오는 인물들이 등장하는 장면의 경우에는 연극적인 전문지식이 감상의 포인트로 보였다. 노인들을 등장시키고 그들이 반복적인 행진을 계속하는 가운데 느껴지는 비애감 같은 것이 초창기에는 상당히 충격적인 무용작품이었음직하다. 마기 마랭의 경력을 보면 무용가로서의 기량 수업을 충분히 받은 후에 모리스 베자르의 무드라 학교를 거쳐 바뇰레무용제에서 78년 입상했고, 90년부터는 국립안무센터라는 단체를 이끌고 있다. 어느 모로 보나 완벽한 경력의 소유자인 만큼 각광을 받을 만한 충분한 이유가 있었다.

이무빈의 〈세월의 헛간〉도 집요한 측면에서는 충분한 가능성이 보였다. 다분히 감상적이고 표피적인 접근이 마기 마랭의 세련미를 떠올리게 했지만 기억에 대한 추적을 이행하는 과정에서 보인 끈질김을 다른 작품에도 적용한다면 적어도 뜬구름잡기식의 안무자 대열에는 서지 않을 것 같았다. 대사가 있는 연극적인 요소들과 영상으로 이미지를 처리하는 방법들, 연주자들이 직접 등장해서 분위기를 고조시키고 자칫 외설적인 논쟁으로 발전할 기미도 보이는 등 다양한 연출을 시도해 실험성에서 눈길을 끌었다.

그런데 제일 중요한 춤이 빠져 있어 한편의 무언극을 본 것 같기도 하다. 나열된 음악이 우선이고 행위는 부수적인 것으로 분위기를 조금 도와주는 선에 머물기도 했는데 어째서 그렇게 움직임이 절제된 상황들이 전개되는지 당위성을 찾기가 어려웠다. 움직일 수 있는가 없는가에 대한 의문마저 들 정도로 춤 외적인 요소들에 의한 이미지 연출이 지배적이었고 결국 춤기교로 보일 만한 동작들은 전혀 없이 마무리됐다. 기교를 보일 것인가 아닌가를 결정하는 것이 안무자의 재량이라 하더라도 타 매체에 전적으로 의존하는 이 방식을 어떤 의미로 받아들여야 할지 의문이다. 아울러 전체적인 분위기가 매우 직설적이고 선정적이라서 급기야 무용계에도 상업성 시비가 시작되는 전조가 아닐까 하는 생각도 해봤다.

유니버설발레단의 〈라 실피드〉

〈라 실피드〉는 최초의 낭만발레 작품으로 유명한 만큼 그에 얽힌 일화도 많다. 낭만주의적 요소인 백색의상과 신비한 여주인공, 포인트 기법과 날아다니는 효과를 위한 기계장치, 길게 보면 남자 무용수들의 몰락을 초래한 특성을 지닌 작품이다. 원래의 안무자 필립 탈리오니가 그의 딸 마리를 위해 생각해 낸 배역인 공기의 요정은 딸의 단점을 장점으로 살릴 목적에서였다는 일화도 유명하다. 당시의 아름다운 여인상은 살이 통통하게 오른 여자들이었고, 마리 탈리오니는 깡마른 체구에 너무나 긴 팔을 지닌 당시로서는 아름답지 못한 그러나 오늘날에는 모두가 부러워하는 체격이었다고 한다.

긴 팔을 어떻게 처리할 것인가. <라 실피드>의 요정은 가볍게 흐늘거리는 포르 드 브라와 두 팔을 가슴에 모으는 팔의 8번 자세로 알려진 포즈를 즐겨 쓰니 긴 팔을 감추기에는 적격인 동작이다. 이런 이유가 있었던 만큼 팔이 짧고 통통한 발레리나에게는 어울리지 않는 배역이 실피드인데 유니버설발레(1997. 11. 6-9, 리틀엔젤스예술회관)의 강예나는 마리 탈리오니의 화신인 양 적격이었다.

<라 실피드>라는 작품이 역사적으로 이렇게 많은 의미를 지니고 있지만 오늘날에 공연되는 <라 실피드>는 대부분 필립 탈리오니의 작품이 아닌 덴마크의 부르농빌 작품이다. 각기 1832년과 1836년이 초연 연도로 역사적인 배경은 크게 다를 바가 없지만 원작이 공연되지 않는 섭섭함은 크다. 파리 오페라 발레의 공연을 자료화면으로 본 바에 의하면 숲속을 배경으로 날아다니는 요정들의 자태가 매우 아름다운데 파리 오페라발레에서조차도 이 버전을 기피하는 걸 보면 환상을 보이기 위해 치뤄야 하는 무용가들의 위험 부담이 문제로 부각되는 듯하다. 유니버설발레의 <라 실피드> 역시 부르농빌의 버전에 의한 것으로 10여 년전에 이미 한국 초연을 했던 기록이 있다.

현대발레를 알고 고전발레를 외우다시피 하는 우리세대의 시각으로 본 낭만발레 <라 실피드>는 역사를 거꾸로 되짚어가는 오묘한 느낌을 간직한 무대였다. 화려한 박수갈채를 기대하기보다는 뭔가 이야기 속으로 끌어들이려는 노력이 앞서 있는 공기의 요정 실피드의 연기는 청순하고 순박해 보였다. 내용상으로도 현실적인 가능성이 전혀 없어 등장인물 모두가 어리둥절해 하는 그

런 이상한 나라를 경험하는 셈이다. 갑자기 나타나 이상한 나라를 만들어낸 주인공이 실피드인데 손에 잡히지 않는 신비한 존재, 혼란스러운 환상으로 등장하는 만큼 그 형체도 특별해야 더 실감이 날 것이다. 강예나가 연기한 실피드는 지금까지 열거한 모든 이유들과 아주 부합되는 것으로 더 이상의 요구를 하지 못할 정도로 완벽했다. 고전발레의 경우 이 완벽했다는 묘사를 쓰기가 조심스럽겠지만 낭만발레 실피드인 만큼 강예나의 선천적인 조건과 그의 맑은 이미지가 작품과 꼭 들어맞는다는 외적인 조건들만으로도 더없이 완벽했다.

몇 년전의 〈호두까기인형〉에서 최근의 〈라 실피드〉〈파퀴타〉까지 강예나의 무대는 항상 긴장과 기대를 가지고 지켜봤다. 한번도 실망스러운 경험이 없었다는 사실은 정말 다행스럽고 특히 낭만 계열의 작품에서는 탁월한 아름다움을 선사해 객석을 사로잡았다. 이제 서서히 고전발레도 완벽하게 소화해 낼 힘을 기를 시기에 도달하지 않았는가 하는 생각과 함께 한 단계 도약을 위해 아직은 좋은 지도자의 끊임없는 가르침이 필요하다는 생각도 해본다. 새롭게 부각된 발레리나들 중에서 가장 신뢰할 수 있고 그런 만큼 호기심의 대상이 되기도 하는 강예나에게 거는 기대는 아주 크다. 유니버설발레, 크게는 한국을 대표하는 새로운 세대의 선두주자로 손색 없는 강예나의 실피드는 정말 탁월했다.(『몸』1997. 11월호)

시립무용단의 '춤으로 푸는 문학순례'

소설을 무용으로 만들어 보는 작업들이 새로운 것은 아니다. 발레만 하더라 도 〈돈키호테〉를 비롯 〈마농〉 〈노틀담의 곱추〉 등 명작으로 남겨진 작품들 이 있으니 그 역사를 따지는 것이 무의미할 정도다. 소설이라는 사실이 문제가 아니라 소설을 어떻게 춤으로 만들었고 그 방법에서는 어떤 효과들을 얻었는 가, 그 결과 무용작품으로서는 어떤 가치를 지니게 되었는가 하는 관점이 안무 가나 관객에게 요구되는 기준이 되는 것이다. 소설은 언어로 전달되는 문학 장 르 중에서도 가장 섬세한 묘사가 많아 구구절절 다양한 언어의 집합체 중 으뜸 이다. 한데 이 소설을 한마디 단어도 허용하지 않는 무언의 춤으로 만든다는 것은 사실 불가능한 일에 가깝다. 그나마 발레처럼 극적인 줄거리가 있는 것도 아닌 추상적 춤의 나열로 소설을 풀이한다는 건 모험에 가깝고 성공하기도 어 렵다.

서울시립무용단 정기공연(1997. 11. 28~29, 세종문화회관 대강당)의 하경 숙, 최효선, 배상복 세 안무자는 이러한 어려움에 또 한번 도전하는 무대를 '춤으로 푸는 문학순례'라는 제목으로 꾸몄다. 결과는 예상을 크게 뛰어넘 지 못한 것으로 기존의 시립무용단 공연무대와 흡사한 분위기 제시에 그친 작 품들이 우선 눈에 들어왔다. 기존의 공연 중 일부분에 해당하는 어두운 분위기 만을 강조한다거나 특정한 내용을 설명하는 데 필요한 악센트를 집어내는 능 력이 기존 작품에도 못 미친 결과 춤도 극도 아닌 경우, 혹은 무용연출이란 개 념이 없어 보이는 장면들이 주를 이뤘다.

소설의 분위기를 춤으로 푼다는 것은 사실 큰 의미가 없다. 소설의 기교는 분위기 묘사 자체보다는 어떤 단어와 문장으로 묘사했는가에 있고, 무용으로 풀자면 그들의 글쓰기 기교는 아무런 효과가 없다는 결론에 이르기 때문이다. 이러한 문학적 기교를 배제한 소설의 내용은 결국 사람 사는 이야기인데 사람

배상복 안무 〈M. 버터플라이〉 1997. 11.
27-28, 세종문화회관 대강당

사는 이야기를 무용으로 만들기 위해 특정 소설을 제목으로 한다는 것이 거추
장스러워 보이는 것은 사실이다.

배상복의 〈M. 버터플라이〉는 예외적으로 이러한 분위기 제시를 춤적으로
혹은 춤무대 구성으로 각색한 안무가적 안목을 보였다. 그러나 치밀한 분석이
담겨 있음에도 불구하고 스펙터클한 시각적 효과에 의존도가 높아 오히려 깊
이를 잃지 않았는가 하는 생각도 들었다. 극중극으로 시작되는 오페라 공연의
관객들이 흩어지면서 오페라의 주인공 나비부인과 새로 등장한 무대의 인물
이 사실상의 춤무대를 이끌어가는데 오페라 〈나비부인〉에 나옴직한 엑조틱
(서양식으로 보면)한 군무 장면들이 섞여 현실과 허구의 분위기가 서로 교차
된다.

안무자는 나비부인의 사랑을 오페라적인 무대연출과 접목하면서 그 사랑의
대상을 동성으로 바꿔 버린 나름대로의 변화를 시도했고, 배상복 자신이 나비
부인으로 분장해서 오페라의 공연부터 사랑과 죽음을 경험하는 여인으로 열
연했다. 그 사랑의 대상이 동성인가 아닌가 등 구체적인 내용이 중요한 것은

물론 아니지만 다각적인 측면에서 소설을 각색한다는 개념을 제시하면서 안무에 임한 시도로서는 배상복의 이번 무대가 이정표적 역할을 할 것으로 보인다. 방대한 규모도 중요하지만 내적인 깊이를 파고드는 작업이 안무세계에서는 더 가치 있는 작업인 만큼 그의 한 단계 비약한 접근법은 앞으로 계속 진행시켜야 할 과제의 출발점으로 큰 의미가 있었다.(『몸』 1998. 1월호)

우리춤 빛깔찾기

— 김은희·김희진·김선희

  국제무용협회 한국본부에서 주관한 우리춤의 정체성찾기 작업이 올해는 성격을 좀 달리했다. 지난해에 신무용계열의 무용가면서 독특한 취향의 표현적인 작품을 보여온 중견무용가(시립무용단장 배정혜)의 독무대를 꾸민 것과 달리 이번에는 30대 안무자 3명을 내세웠다. 지난해와 올해의 두 공연을 보면서 느낀 차이는 '우리춤의 빛깔'이라는 멍석이 젊은이들에게는 상당한 부담을 주는 자리라는 것이었다. 어느 한 무용가의 작업을 지켜본 결과로서 붙여진 이름이 지난해의 무대였다면 올해는 우리 것을 찾기 위해 새로운 시도를 해야만 하는 입장을 보게 된 때문이었다.

  공연을 기획하는 입장에서는 명분이 필요하고 우리춤의 빛깔도 분명 찾기는 해야겠지만 자칫 이 명분에 짓눌려 특정한 행위의 답습을 초래할 위험도 있었다. 우리춤의 빛깔은 사실 말처럼 그렇게 명확하지가 않다. 넓은 의미로 보자면 우리만의 어떤 독특함을 찾아보자는 해석도 가능한데 최승희 이후의 무용가들이 그래왔듯이 한국의 민속춤 혹은 한국적인 소재가 아직도 강조되고 있다.

  아직도라는 표현을 쓰는 이유는 이미 50여 년간 한국무용·발레·현대무용을 망라해서 모든 무용가들이 소위 한국적인, 우리적인 것이라고 주장하는 춤들을 끊임없이 발표해 왔고, 어느새 무용가 개인의 특성을 찾기 어려운 정도에 달했기 때문이다.

  이번에 공연한 김은희·김희진·김선희는 그 동안 여러 기획공연에서 두각을 나타내 온 대표적인 30대 안무자들이지만 역시 우리춤이라는 타이틀이 붙고 보니 관객이나 안무자 모두가 평정을 잃게 된 일면이 있었다. 세 사람 중 김은희는 한국무용가로 분류되는 자신의 입지를 인식한 듯 가장 자유로운 접근을 시도했다. 서양의 현대무용이 우리 무대를 장악했던 수십년을 뛰어넘어 마치 최승희에서 김은희로 맥이 이어진다는 느낌을 받을 만큼 자유롭게 장단과 몸짓이 결합됐다. 반면 그 파격적인 동작과 절제된 연출을 장기로 한 김은희의 춤에서는 점점 일본의 현대무용인 부토의 분위기가 강하게 나타난다. <환(環), 환(幻)>의 마지막에서 온몸을 회칠한 여자가 상체를 가리며 한 다리로 균형을 잡는 모습은 충격적일 정도였는데 '우리춤'이라는 부담은 역시 관객에게도 고정된 이미지를 각인시킨 모양이다.

현대무용가 김희진은 <그네>의 끝장면에서 가곡 「그네」를 접목시켜 현대적인 소재에 우리것을 슬쩍 가미한 형태를 보였지만 동시대 안무가들의 작업궤도를 크게 벗어나지는 못했다. 발레계열의 무용가 김선희는 <속풀이>에서 발레기교의 볼거리와 사물놀이 장단을 결합했지만 특별한 속도감을 제외한다면 상당히 눈에 익은 접목이었다. 다행히 최선아가 보여준 리듬과 동작의 일치가 독특한 매력을 담아냈고, 이 작품의 시도를 간접적으로 설명하는 듯했다.(『한국일보』 1997. 11. 4)

유니버설발레단의 〈호두까기인형〉

예술의전당과 유니버설발레단이 올해로 4년째 〈호두까기인형〉 (1997. 12. 18-25, 예술의전당 오페라하우스)을 공연하고 있다. 최고 수준을 고집하는 극장과 발레단의 지속적인 만남이 선택하는 극장과 선택받는 무용단이라는 전문적인 개념을 만들어낸 것이다. 우리 무용사상 처음인 이러한 극장과 무용단의 접촉은 각각의 전문성을 서로 인정하는 데서 시작되는 만큼 유니버설발레단의 〈호두까기인형〉은 상징적 의미까지 포함돼 더욱 신뢰할 만하다.

〈호두까기인형〉은 언제부턴가 어린이들을 위해 어른들이 선심 쓰는 행사용 발레공연의 대표작이 됐고, 공연장이 다소 소란스러운 것이 오히려 당연한 축제의 일환으로 자리잡아 가고 있다. 이런 들뜬 분위기는 발레단 내부에서도 느낄 수 있는데 올해는 주역만 다섯 쌍이 선정돼 교체 출연하는 화려함을 보였고, 2막의 과자나라 장면 무대장치를 1막과 균형있게 치장하고 마지막에 하늘을 나는 눈썰매를 선보이는 등 완벽한 작품 제작과 공연에 의욕을 보였다.

유니버설발레단의 재산은 물론 재능이 넘치는 무용가들이다. 하지만 〈호두까기인형〉에서만큼은 무대장치나 소품이 제공하는 환상적인 측면의 탁월한 효과를 먼저 이야기하지 않을 수 없다. 드로셸마이어라는 아저씨의 마술에 따라 주인공 소녀 클라라가 눈의 나라에서 눈송이를 보다가 과자나라에서 요정을 만나고 맛있는 과자들을 대접 받는다는 내용을 실감나게 보여주려면 그만큼 근사한 무대막들이 내려와야 한다.

클라라가 사슴이 끄는 눈썰매를 타고 여행을 떠나는 장면이나 병정들이 대포를 쏘는 모습들, 기차가 움직이고 크리스마스 트리가 산처럼 커진다는 동화적인 광경을 실감나게 그려내는 것은 대부분 소품에서 담당할 부분이다. 유니버설발레단의 〈호두까기인형〉을 보면서는 어른들도 그 거대한 무대장치의 규모나 세밀한 치장에 감탄하게 되는데 엉성한 가짜 그림을 그냥 봐줘 가며 지내는 우리의 아이들에게도 이런 무대가 필요하다는 생각이 절로 든다.

동화 같은 배경 안에서 눈의 여왕과 눈송이들이 왈츠를 추거나 설탕요정이 호두까기 왕자와 춤을 추는데 그 기교마저 탁월하니 관객도 잠시 꿈을 꾼 느낌이다. 박선희와 박재홍 커플이 보이는 그랑 파 드 되를 비롯해, 전은선과 드라고스 미할차 커플의 눈의 나라 2인무에서 보게 되는 고전발레의 정제된 기교와 과자들이 보이는 다양한 춤들인 캐릭터댄스가 시선을 집중시켰다. 86년 이후 이 작품을 무대에 올린 예술감독만 하더라도 에드리엔 델라스, 로이 토비아스, 부르스 스타이블까지 3대를 거쳤으니 문훈숙 단장이 강조하듯 '열두 살의 의젓함'을 환호하며 인정하지 않을 수 없다.(『한국일보』 1997. 12. 23)

〈호두까기인형〉을 재미있게 감상하려면

연말이 되면 세계 모든 발레단의 무대가 갈채받기에 바빠지고 풍성해진다. 바로 〈호두까기인형〉을 공연하는 때문으로 최근 몇 년간은 우리나라에서도 이 작품이 지속적으로 공연되고 있어 흐뭇하다. 〈호두까기인형〉처럼 특정한 작품이 특정한 시기에 공연되는 이유를 꼬집어 말하기는 어렵겠지만 아마도 발레의 내용이 크리스마스 파티 장면을 담고 있고 어린이들이 주인공으로 등장하기 때문에 온 가족이 함께하는 휴가철 모임에 적격인 행사가 되었을 듯하다. 이를 입증하듯 전세계적으로 50여 개에 이르는 다양한 해석본들이 공연되는 만큼 그 내용상의 사소한 차이점들을 들춰내려 들면 한이 없을 정도다. 예를 들어 주인공의 이름이 마리인가 클라라인가, 마술을 부리는 드로셀마이어 아저씨가 클라라의 대부인가 아닌가, 호두까기인형을 부수는 사람이 남동생 프리츠인가 아니면 주정뱅이 손님인가 등인데 다행히 사실상의 발레 내용에는 큰 차이가 없다.

그보다는 주인공 클라라의 나이를 어떻게 잡는가에 따라 주인공의 역할이 커지기도 하고 작아지기도 하는데, 원작대로 클라라의 나이가 10세 정도라면 1막의 파티 장면에 진짜 어린이들이 나오고 2막의 과자나라에서도 여러가지 춤을 구경하는 어린 클라라와 프리츠를 보게 된다. 그러나 어린이들을 꺼리는 안무자들은 클라라의 나이를 조금 올려잡아 1막에서는 발레리나를 어린이로 분장시키고 2막에서는 클라라를 요정으로 변신시켜 많은 춤을 추게 한다. 2막의 하이라이트인 사탕요정과 호도까기 왕자의 그랑 파 드 되를 누가 추는가에 따라 클라라의 중요성이 결정되는 셈이다. 하지만 이러한 차이점 때문에 관객이 불안해 할 이유는 전혀 없다는 것이 또한 〈호두까기인형〉의 특징인데 배역이 어찌되었건 최고의 장면에는 최고의 무용가가 배정되기 때문이다. 유니버설발레단의 〈호두까기인형〉에서는 클라라역을 어린이가 맡기 때문에 대표적인 춤장면은 눈의 여왕과 사탕요정이 따로 등장해 보여준다.

　발레 제작자들이 흥행에서 크게 성공하기도 하고 망하기도 하는 대표적인 발레로 유명한 〈호두까기인형〉은 무대장치·의상·배역·등장인물·음악까지 모든 요소들이 조화를 이뤄야 하는 아주 예민한 작품이다. 발레의 배경이 거리와 실내 그리고 환상적인 장면으로 변하는 데 따라 무대장치도 최상의 화려한 장면을 연출하는 스펙터클이어야 하니 웬만한 기술과 투자로는 이러한 무대효과를 기대하기 어렵다. 또한 등장인물들의 연령층도 매우 다양하고 총 출연진의 규모가 엄청나기 때문에 세심한 연출이 없으면 금세 짜임새를 잃게 된다. 내용이 허구적인 만큼 안무와 연출에서는 더 치밀해야 성공을 거둘 수 있는 작품이 바로 〈호두까기인형〉이다.

　유니버설발레의 〈호두까기인형〉은 그 규모나 기량·안무에서는 물론 동화의 세계를 꾸며 주는 무대장치나 소품에 이르기까지 완벽하다. 외국의 발레단들에서 점점 어린이들을 제외시키는 것과 달리 원작에서처럼 어린 클라라와 프리츠를 등장시켜 어린 관객들을 즐겁게 하는데 어른들 역시 볼 때마다 즐거운 상상을 펼치며 동참할 수 있는 세련된 무대. 막이 오르면서 보이는 거리 풍경에서부터 시작되는 감탄은 작품이 끝날 때까지 지속되는데 그만큼 세심한 배려와 투자가 느껴져 환대받는 느낌을 받을 정도다. 이처럼 화려한 무대이니 만큼 유니버설발레단의 〈호두까기인형〉은 그냥 보고만 있어도 좋겠지만 즐거움을 배가시킬 수 있는 방법을 제시하는 자리인 만큼 발레의 진행에 따라 눈여겨볼 장면을 짚어 보도록 한다.

　우선 1막에서는 첫장면과 파티 장면의 무대장치가 볼거리다. 눈이 오는 크리스마스 이브, 굴뚝에서는 하얀 연기가 피어 오르는데 눈 내리는 유럽의 어느 골목길처럼 사실적이고 평화롭다. 곧바로 장면은 크리스마스 파티를 준비하는 스탈바움의 거실로 바뀐다. 역시 화려하고 거대한 크리스마스 트리가 장관이고 유럽사람들의 일상적인 풍습을 눈여겨보면 재미있다. 다음은 한쪽 눈을 검정 안대로 가린 마술을 부리는 드로셀마이어 아저씨의 등장을 기다리면 되는데 그가 가져온 마술상자에서는 실물 크기의 광대인형 하르퀸과 그의 애인

인형 콜룸빈, 그리고 칼을 든 무어인형이 춤을 추고 아이들은 이 인형들이 살아 있는지 보려고 몰려든다.

하지만 더 중요한 장면은 드로셀마이어 아저씨가 클라라에게 호두까기인형을 선물로 주는 순간이다. 빨강·파랑·금색으로 칠해진 이 인형은 몸통에 비해 머리가 엄청 크고 특히 입과 이빨이 더욱 크게 보이는데 프리츠가 "왜 내 선물은 없어요"라며 인형을 빼앗아 던져 버리자 호도까기인형의 목이 부러져 버린다. 이 사건 때문에 클라라는 악몽을 꾸게 되는데 갑자기 크리스마스 트리의 불빛이 번쩍이면서 거실을 달리는 거대한 쥐가 보이면 클라라의 꿈이 시작됐다는 신호다. 모든 것이 커지면서 크리스마스 트리는 천장을 찌르고 프리츠가 선물받은 병정인형과 클라라의 호두까기인형도 사람처럼 커진다.

전쟁터는 이제 연기와 소음으로 가득하다. 이 장면부터는 현실이 아닌 꿈의 세계인 만큼 동화나라의 환상과 공포를 담아내는데 유니버설발레는 이 장면에 많은 병정들을 등장시켜 재미있고 화려하게 연출했다. 쥐들과 병정들의 싸움에 이어 클라라는 호두까기인형을 돕기 위해 슬리퍼를 벗어 쥐왕의 심장을 명중시키고 쥐왕이 비틀거리는 틈을 타 호두까기인형이 쥐왕을 찔러 승리하게 된다. 호두까기인형은 어느새 멋진 왕자로 변해 있고 클라라에게 "우리는 세상에서 제일 멋진 곳에 가게 될 거야"라며 웃는다.

하나 둘 떨어지는 눈송이가 아름다운 처녀들로 변해 춤추는 1막 2장으로 넘어가는 순간 무대는 백색으로 뒤덮인 숲속으로 전환되는데 이 장면 역시 화려한 무대장치가 일품이다. 전나무가지 사이로 반짝이는 눈빛을 받으며 눈의 여왕이 기사와 함께 춤추는 2인무도 아름답지만 작곡가 차이코프스키가 제일 먼저 작곡했을 만큼 독특하고 아름다운 멜로디와 함께 들리는 서정적인 합창소리는 눈송이 군무를 최고의 환상적인 장면으로 연출한다. 발레의 특징이라고 할 서정적인 군무가 처음으로 등장하는 장면인 동시에 작품 전체를 통해서도 가장 아름다운 볼거리로 추천할 만하다. 이 장면 끝부분에서 본격적인 여행이 시작되는데 유니버설발레에서는 사슴이 끌고가는 눈썰매를 타고 클라라와 프리츠 그리고 왕자의 즐거운 여행이 시작된다. 이 장면에 나오는 소품인 눈썰매도 역시 싸움터의 대포처럼 제작진의 세심한 배려를 느낄 수 있는 동화적 산물이다.

휴식시간이 지나고 막이 바뀌면 무대는 과자나라로 꾸며져 있다. 과자나라의 주인공인 사탕요정이 천사들과 함께 클라라와 왕자의 도착을 기다리고 있다가 이들을 맛있는 것이 잔뜩 준비된 연회석의 옥좌로 데려간다. 그리고 연회의 시작을 명하면 축제를 위해 준비된 춤들이 시작된다. 1막에서 현실과 무서운 꿈 그리고 아름다운 꿈이 연결되면서 여러가지 사건들이 펼쳐진 반면 2막은 춤으로만 꾸며져 있는데 각국의 민속춤을 발레로 변형시킨 캐릭터댄스들을 먼저 보게 된다. 캐릭터댄스는 모든 고전발레에 나오는 춤들이기는 하지만 <호두까기인형>에서는 그 의미가 좀 다르고 춤들의 형태나 전체적인 구성에서 탁월한 재미를 느낄 수 있다.

클라라는 초콜릿과 커피, 향긋한 중국차와 아몬드 과자, 막대사탕을 대접 받는데 사실은 이 먹거리 춤들이 모두 캐릭터댄스로 꾸며져 있으니 보는 사람이 알아서 먹거리를 떠올려 입맛을 다셔 주어야 작품의 맛이 살아난다. 초콜릿은 스페인춤, 커피는 아랍춤, 막대사탕은 러시아춤으로 보여지는데, 안무자들이 경쟁적으로 재미있고 아름다운 장면을 구상하기 때문에 이들 중 특히 호두까기인형에서만 볼 수 있는 중국차와 갈대피리춤 그리고 사탕그릇의 춤은 더욱 재미있다.

유니버설발레에서는 갈대피리의 춤에 양치는 소녀와 늑대가 등장하는 내용을 넣어 박수를 받고 있고, 또 커다란 치마 속에서 여러 명의 꼬마들이 나왔다 들어가는 사탕그릇(마더 진저)의 춤은 꼬마관객을 겨냥한 흥미진진한 볼거리다. 캐릭터댄스가 진행되는 동안 꼬마 클라라는 입맛을 다시며 뛰어다니기도 하고 양을 잡아먹으려는 늑대를 나무라기도 하며 관객이 무대의 사건에 집중하는 데 일조한다. 또한 춤의 클라이맥스로 진입하는 꽃의 왈츠에서도 여기저기를 뛰어다니며 즐거운 분위기에 동참하기도 한다.

<호두까기인형>의 주제곡처럼 널리 알려진 꽃의 왈츠가 끝나면 지금까지의 캐릭터댄스를 마무리하면서 사탕요정과 호두까기 왕자가 펼치는 그랑 파

드 되가 이어진다. 이 그랑 파 드 되에는 아주 어려운 발레기교들이 들어 있어 <호두까기인형>이 어린이의 꿈을 넘어 기교상으로도 화려한 명작임을 입증는 장면이다. 유니버설발레단의 주역들이 펼치는 마지막 장면은 지금까지의 화려했던 무대를 더욱 화려하게 마무리한다. 왕자는 사탕요정을 공중으로 들어올리고 요정은 입에서 살살 녹는 모양이 느껴지는 춤을 추는데 이 음악 역시 연주용으로 워낙 유명해서 멜로디를 들으면 금방 알 수 있다. 하지만 연주상으로는 작게 해야 할 부분일지라도 무대에서 극적인 순간이 펼쳐지면 그 효과를 위해 최대한의 음량을 내주어야 하고 발레 동작에 호흡을 맞춰야하는 차이가 있으니 지휘자에게도 관심을 둘 필요가 있다. 왕자와 요정의 그랑 파 드 되가 끝나면 클라라는 작별인사를 하고 떠나는데 꿈에서 깨어나 아침을 맞은 클라라가 호두까기인형을 어루만지는 장면에서 막을 내린다.

드로셀마이어라는 신비한 인물의 손짓 하나만으로 모든 장면이 연출되는 비논리성과 가벼운 내용 때문에 <호두까기인형>이 작품성에서 떨어진다는 평론가들도 있지만, 어른들에게 잠재된 동심의 세계를 열어젖히게 하는 즐거운 발레로, 어린이들의 발레 입문용으로 또 가장 빈번히 공연되는 대중화된 발레 명작으로 <호두까기인형>만큼 완벽한 작품은 없을 것이다. (유니버설발레단 공연 프로그램, 1997. 12)

피나 바우쉬의 테아트르-당스

테아트르-당스는 말 그대로 극과 춤이 결합된 공연물을 의미한다. 명확함을 좋아하는 사람들에게는 그 명칭부터가 곱게 들리지 않는다. 극이면 극이고 춤이면 춤이지 왠 잡동사니로 혼란을 가중시키느냐는 의견들이다. 그런데 문제는 이 잡동사니가 공연되는 날이면 극장 앞이 어수선해지고 한바탕 난리가 난다는 데 있다. 완전매진이라는 공고가 2주 전에 붙었건만 표를 사겠다는 관객들 고집도 만만치 않기 때문이다. 물론 유럽에서 벌어지는 광경이다.

개인적인 생각이지만, 피나 바우쉬라는 여인과 공연되는 작품은 이 열광을 반씩 나눠 가질 만한 매력을 서로 지녔다. 사람들은 대부분 그녀의 모습을 보는 순간 팬이 되기로 작정을 하는 듯하기 때문이다. 깡마른 체구에 쪽진머리, 헐렁한 바지에 풍덩한 윗도리를 걸친 그녀의 표정은 정갈하다. 오십이 넘은 나이는 거짓 같아 보인다. 진지함과 분방함이 공존할 수 있는 것이라면 피나 바우쉬의 모습이 단연 선두일 것 같다. 살아 있는 영혼, 신비한 영혼을 투명하고 과감하게 드러내는 그녀의 모습과 춤은 혼탁한 영혼의 정화를 위해 기를 쓰는 관객에게는 묘약이 된다.

피나 바우쉬의 테아트르-당스는 일명 신표현주의 무용, 혹은 이미지스트의 무용으로도 불린다. 그녀가 독일 출신이고 표현주의 예술운동이 독일을 중심으로 전개되면서 표현주의 현대무용이 탄생되었다는 배경으로 봐서 어색하지 않은 분류다. 표현주의 현대무용은 춤이 엔터테인먼트인 것을 거부한 최초의 무대춤이었다. 개인의 감정과 생각, 인간의 자연스런 욕구들을 표현하기 위해서만 춤이 존재했던 것이다. 춤은 점점 무거워지고 추상적이며 어두운 주제를 선호하게 됐다. 동시에 춤동작들은 영혼의 소리가 담긴 움직임으로 보여야 했다. 그 이전에 유행했던 고전발레들과는 반대로 꾸밈과 기교의 과시 대신에 직접적이고 강렬하면서 상징적인 제스처들이 등장했다. 자유로운 움직임이 규칙을 압도한 것이다.

1930-50년대에 유행했던 이러한 조류에서 피나 바우쉬는 움직임이 만들어내는 이미지를 통한 표현을 새롭게 끄집어냈다. 선배들의 작업이 생각과 일치하는 춤동작을 만들어내는 과정이었다면 그녀의 작업은 길거리에 앉아 사람들의 모습을 관찰하는 데서 시작된다. 포옹하는 사람들, 싸우는 사람들, 슬퍼하는 사람들… 가장 강렬한 감정이 담긴 순간을 포착해서 그대로 무대에 올린다. 그 움직임이 춤적인가 일상적인가를 따지는 일은 관심 밖이다. 인간의 모든 움직임은 작품의 소재이자 춤인 것이다.

모든 움직임이 춤이 될 수 있다는 가설은 머스 커닝햄이 생각했다. 그 이후로 미니멀리스트·실험주의자·포스트모던 댄서로 불리는 소집단이 미친 파장은 대단한 변화를 초래한다. 그들은 한마디로 춤이 아닌 춤을 추는 춤꾼들이었다. 기존의 춤이 지닌 기교나 형식·표현성까지를 배제한 것이다. 그러니 그들에게 남아 있는 것은 평범한 일상의 반복이나 신체를 통한 무모한 실험이었다. 이러한 부류도 이제는 노장이 되어 감상을 담아내기도 하지만 그들이 남긴 파장은 무용계에 움직임의 '증폭'을 초래했다. 모든 움직임은 물론이고 웃고 이야기하는 등의 일상사가 거리낌없이 춤으로 받아들여지게 되었다. 이 '증폭' 속에서 선택된 움직임이 신표현주의의 것이다. 길거리 장면을 그대로 옮기는 것과 특별히 선택한 어떤 느낌이 담긴 장면의 수집이 두 집단이 춤을 보는 서로 다른 시각이 된다.

<카네이션>이라는 작품의 무대는 온통 카네이션으로 덮혀 있다. 아름다운 가곡이 흐르고 꽃밭은 바람에 따라 출렁인다. 그 주변에는 사람들이 앉아 있다. 갑자기 음악이 멈추고 각기 의자를 든 십여 명의 출연진은 자리싸움을 반복한다. 슈베르트의 「죽음과 소녀」는 이 광경이 심각한 투쟁임을 암시하는 효과음악이다. 한 남자가 소리를 지른다. 당신들이 원하는 것이 뭐야! 난 뭐든지 할 수 있어. 한동안 그는 정신없이 춤을 춘다. 그리고 중얼거린다. 아! 피곤해…. 연결되는 장면에는 신사가 등장한다. 팝송의 전주가 흐르면 관객들은 의아해진다. 그러나 그 순간적 착각과 긴장은 폭소로 변한다. 그가 수화로 가

사를 설명하기 때문이다. 카네이션 꽃밭과 어울릴 듯한 이러한 독립된 여러 장면이 나열되면서 관객은 웃고 긴장하고 감동하며 여러 순간을 그들과 공유한다. 순간의 공유만으로 모든 감상이 마무리된다. 이해할 내용이 전혀 없다는 사실 자체가 현대인에게는 매력인지도 모른다.

50대의 여인이 감동시키는 연령층이 20대라면 분명 그녀의 시각은 젊고 새롭다. 유럽의 무용가들과 관객들은 오늘도 피나 바우쉬의 예리한 관찰력과 연출력에 감탄하면서, 그녀의 천재성을 발견하고 아끼는 자신의 매니아적 기질에 만족하면서 공연을 지켜본다. (『예술세계』 1997. 12월호)

크누아무용단 창립공연

한국예술종합학교 무용원 무용단이 창립공연을 가졌다. 아직은 2학년이 최고학년이라 이른 감이 없지 않지만 대학 무용과 중심의 무용교육을 탈피해서 영재를 무대에 세운다는 무용원 설립 취지로 볼 때 당연한 절차이기도 했다. 전문가의 면모를 확실히 갖춘 무용가들을 기대하는 입장에서 보자면 무용원 교육의 성패가 곧 우리 무용계의 역사를 새롭게 하는가 아니면 불발의 시도로 끝나느냐의 실험과정인 셈이므로 관심이 집중되지 않을 수 없다. 이번 공연은 학생들의 기량이 타 대학에 비해 매우 뛰어났다는 장점을 지녔다. 특히 발레의 경우 상체의 움직임인 포르 드 브라에서 큰 차이를 보였는데 전체적인 호흡의 조절이 없이는 불가능한 여유있는 기교인 만큼 희망적인 출발임을 암시하고 있었다.

전막을 공연할 수 없는 상황이므로 <잠자는 미녀>에 나오는 솔리스트들의 춤들과 그랑 파 드 되를 중심으로 엮어 나간 것이 현재의 상황에서는 최선의 방책으로 보였다. 엄밀히 따지자면 무용원의 전문 교육시스템을 가장 필요로 하는 장르인 만큼 흉내내기가 아닌 진정한 전수의 과정을 밟아야 하는 현실에서는 작지만 내실 있는 출발이었다. 그랑 파 드 되를 춘 김현주와 엄재용은 그런 면에서 상징적인 존재였는데 어리고 미숙하지만 한 스텝씩 성장해 갈 인재와 교육기관이 있다는 흐뭇함은 이제 더 이상 외국과의 거리감에 허탈해야 할 문제점을 희석시켰다.

또한 늑대와 두건 쓴 소녀, 고양이들의 춤처럼 캐릭터댄스의 영역에도 관심을 보여 전반적으로 발레연기의 폭을 넓혀가는 과정을 지켜보게 된 점도 이번 공연의 소득이었다. 아직까지 이 부분에 관심을 보인 안무자가 없었는데 고전발레를 감칠맛 나게 공연하기 위해서는 춤적인 영역과 아울러 반드시 필요한 영역임은 두말할 나위가 없다. 하지만 문제가 전혀 없지는 않았다. 두 주역을 제외한 대부분의 학생들이 체격적인 조건에서 크게 떨어지는 점이 그것이다. 단적으로 말해 발레는 원래 인형들의 춤이다. 이 내용에는 발레의 특성이 모두 담겨 있다고 보는데 악의적인 해석만을 한다면 사람이기 이전에 발레를 위한 몸이기를 기대하는 것이다. 무용원의 예비학교 교육도 이러한 문제를 인식한 결과겠지만 우선은 체격적인 조건이 정비되어야 최상의 교육효과도 얻을 수 있을 것 같았다.

유미나 교수가 안무한 〈인사이드 에디션〉은 그의 작품이 사실상 국내 초연이었던 만큼 호기심이 집중됐다. 역시 학생들의 기량면에서 탁월함이 느껴졌고 특히 출연자 각각에게 요구되는 연기적인 측면이 안무자에 의해 세심히 손질된 모습이 인상적이었다. 화려하고 강한 리듬감, 동시다발적 상황들에서 학생들은 스스로를 표정이 살아 있는 기교파로 인정하며 몰입하고 있었는데 그 신선한 열정은 아주 희귀한, 그러면서도 단순히 귀엽지만은 않은 뭔가를 내포하는 것이었다.

한국무용 〈학이여, 그리움이여〉를 보면서는 우리춤에 대한 한계설정이 의외로 어렵다는 점과 지금쯤은 어떤 획을 그어 놓아야 하지 않겠느냐는 생각을 했다. 신무용 계열의 창작춤에 한국무용이라는 타이틀이 붙은 지도 30여 년이 된 만큼 발레처럼 작품을 보존하고 전수하는 방법도 나쁘지는 않을 것 같다. 이러한 구분은 기존의 한국무용에도 의미를 부여하면서 앞으로의 창작무용에도 자유로운 영역을 갖게 할 수 있기 때문이다. 이런 관점에서 보자면 〈학이여, 그리움이여〉는 30여 년간의 전통에 충실한 한국무용이었는데 송범, 김백봉 같은 선구자들의 작품에서부터 신세대 무용가들까지 계보와 작품을 정리해서 보존하는 작업이 무용원 한국무용 전공자의 과제가 되어도 좋을 듯하다.

기량면에서의 우세가 이번 공연의 장점이었다면 현대무용·발레·한국무용 순으로 기존 대학의 무용분류 방법론을 뛰어넘지 못했다는 지적처럼 혁신적인 변화를 기대하기 어렵다는 우려도 없지 않다. 또한 교수들이 안무를 맡으므로써 창작과라는 아주 특별한 교육과정을 도입한 무용원의 특색을 살리지 못하는 전통이 되지 않을까도 염려된다. 이번에는 졸업생이 없어 창작과의 역할에 기대할 수 없는 형편인 만큼 교수들이 안무를 맡았겠지만 졸업생들을 위한 무용단인 크누아 창단에 거는 기대는 크다. 물론 고전발레나 한국의 전통무용처럼 전수와 지도가 절대적으로 필요한 공연의 경우에는 앞으로도 지도교수의 직접적인 개입이 지속돼야 할 것이다. 고전은 창작과 정반대의 개념으로 고전작품을 학생들에게 맡길 수는 없기 때문이다. 고전은 그대로 배워서 하는 춤이 우선이고, 창작은 말 그대로 마음대로 만들어내는 작업이다. 그 작업과정을 교수들이 지켜보고 조언하는 정도는 필요하겠지만 학생들이 자체적으로 안무와 출연을 맡고 음악원이나 연극원 졸업생들의 도움을 받는 밀접한 연관성을 유지하면서 뭔가 새롭고 창의적인 움직임을 유도해야 할 것으로 보인다.

대학의 삼분법적인 기교·창작 중심의 무용관에서 벗어난 진정한 전문가 양성기관으로서 무용원의 위치를 확보하기 위해서는 창작과의 중요성을 특별히 인식해야 할 것이다. 실기과의 우선적인 임무는 최고의 기교를 교육하고 습득하는 것이고, 그 기교를 창작과에서 어떻게 반영하는가를 지켜보는 것이 기성세대의 몫이라고 본다. 창작과 안에서도 현대무용과 한국무용으로 나뉜 프로그램의 학생 소개를 보면서 사실 아슬아슬한 느낌을 지울 수 없었는데 기존의 관습에서 탈피한다는 어려움이 얼마나 큰 일인지를 단적으로 보여주는 듯하다. 새로운 목표를 세웠으면 모두가 그 목표에 부합되는 결과를 향해 가야 할 것이다. 무용원의 교수들도 실기과와 창작과로 분류되어 있는 만큼 각기 자신의 영역을 고수하면서 개인적인 욕심을 자제해야 할 시기로 보인다. (『문화예술』 1997. 12월호)

춤추는 디자인

근래에 들어 특별히 의상 디자이너들과 무용가들의 공동작업이 눈길을 끌고 있다. 무대장치에 포함된 것으로 축소되어 온 느낌이 많았던 무용의상에 대해 새로운 관심과 시각을 갖게 하는 기회로 보인다. 세계무용연맹 한국본부에서 주최하는 '무용과 의상의 만남전 II'는 '춤추는 디자인'이라는 제목으로, 또 무용가 정의숙은 뉴욕대학 동문들과 함께 '계절의 빛깔·소리·움직임'이라는 제목으로 무용·의상·성악 공연을 한 무대에 올렸다.

'무용과 의상'의 만남이란 공연타이틀을 보고 "언제는 의상 없이 춤췄느냐"는 반응들이 있었다. 따지고 보면 무용과 시의 만남, 무용과 음악의 만남, 무용과 미술의 만남 등이 모두 이미 있어 온 것들을 새삼스레 들춰내 음미하기는 마찬가지다. 무용가들에게는 이러한 작업이 작품에 대한 분석적 시각을 갖도록 하는 계기가 될 것이고, 타 장르 예술가들에게는 새로운 작업환경을 제시하는 무대가 되는 듯하다. 무용이 공연되기 위해서 필요한 타 예술 장르에 대한 이해를 새롭게 하고 그 분야의 작가들에게 관심을 요청하는 의도로 기획되는 이러한 무대는 두 가지 이상의 예술 장르를 각각 이해하고 그들의 조화가 만들어낸 결과를 봐야 하기 때문에 무용가들 못지않게 관객에게도 좀더 부담스럽다.

이번 춤추는 디자인(1997. 12. 11~12, 문예회관 대극장) 공연만 해도 공연중에 의상의 쓰임새나 효과를 봐야 한다는 생각이 들어 작품에 집중할 수 없게 되는 경우가 종종 있었는데 아무래도 안무자의 그러한 부담들이 묻어 있다가 전달되는 것이 아닌가 생각됐다. 첫날의 세 공연 중 김운미·김인경 팀의 <블랙홀에의 여행>은 한눈에 보기에 기존의 무용작품과 달리 보인 점을 찾기 어려웠는데 한복을 개량해 원피스로 만들거나 기다란 장삼 효과 등은 이미 눈에 익은 모습들인 때문이었다. 특별한 점을 찾는다면 남자의상의 재질이나 문양에서 섬세한 손길을 느낄 수 있었지만 어두운 조명, 객석과의 거리로 인해 충분한 효과를 보지 못한 아쉬움이 컸다.

박인숙·김정희 팀의 〈흔들림〉은 안무자가 디자이너의 작업에 구체적인 배려를 한 느낌이 강했다. 니진스키가 〈장미의 정령〉에서 입었던 스타일에 더 많은 치장이 가해진 군무 의상은 한눈에 춤의 내용까지 짐작케 했다. 숲속의 나무들과 바람의 흔들림이 무대에 펼쳐졌고, 그 가운데 활력 있는 춤들이 담겨 있었다. 그러나 뭔가 인위적이라는 혹은 의도적으로 단순화되었다는 느낌을 갖게 되는데 자칫 의상과의 만남이라는 부담감에 눌려 버린 출발이 아니었는가 하는 생각을 해봤다. 이런 부담을 거의 느끼지 않고 평소의 무용무대에서처럼 작품에 집중할 수 있었던 측면에서는 제임스 전이 안무한 〈Now and Then〉이 편안했다. 두 쌍의 남녀가 춤추는 가운데 의상의 변화가 끊임없이 이뤄지는데 모자를 쓰고 벗거나 스커트를 걸치고 벗는 데 따라 연출되는 다양한 분위기가 통일감 속에서 변화를 가져왔다. 검정과 흰색 그리고 빨강이 주조를 이루다 마지막 부분에 등장하는 파스텔 톤의 녹색 스카프는 음악적 연출과 함께 매우 강한 느낌을 초래했는데 마치 예수님과 막달라 마리아의 일화를 몇 초 동안에 본 것 같은 착각이 드는 순간을 경험했다.

그러나 무엇보다도 확연히 들어왔던 모습은 이러한 의상의 변화에 따라 드러나는 신체 부위가 달랐고, 그때마다 직업 발레단의 무용가들답게 근육으로 다져진 몸과 그 몸 자체가 주는 섬세한 선에 감탄을 했다는 점을 앞세우고 싶다. 이들의 의상이 사실 평범한 무용의상은 아니었다. 가슴에 커다란 빨강색 꽃장식을 한 레오타드 같은 경우는 특별한 드라마 발레가 아니고는 볼 수 없는 것이다. 혹 내용면에서 그럴 필요가 있더라도 이처럼 커다란 장신구는 움직임을 생각해 피하는 것이 보통이다. 하지만 이러한 장식들이 일반적인 생각처럼 무거워 보인다거나 불편해 보이지 않았다는 점은 확실히 새로운 발견이었다. 안무가가 요구한 "인간의 육체를 구속하지 않는 아름다운 의상과의 만남"에 성공하면서 디자이너가 무용가에게 부여하려 한 "영혼의 자유"가 독특한 느낌으로 담겨져 조화를 이뤄냈다.

‘춤추는 디자인’ 공연이 무용작품을 중심으로 펼쳐졌다면 ‘계절의 빛깔, 소리, 움직임’ 공연(1997. 11. 26, 호암아트홀)은 의상 쪽의 비중이 큰 종합공연물의 형태를 보였다. 의상작가 정성혜가 성악가 박성혜와 안무자 정의숙의 작품의상을 모두 담당함으로써 통일성을 보인 이 무대는 사계절의 빛깔에 따라 무용과 노래, 그리고 모델들의 행진으로 다양하게 펼쳐졌다. 무용의 역할은 계절의 흐름에 따른 분위기를 제시하는 것으로 정적인 무대에 역동성을 주로 가미하며 무대를 더욱 탄력있게 꾸몄다. 이 무대의 특성상 무용이 크게 부각되지 못한 일면은 있었지만 관객의 입장에서는 가벼운 느낌으로 여러가지 공연물을 감상할 수 있었던 새로운 경험이었다.(『문화예술』 1998. 1월호)

결산 ' 97년도 한국 발레계

1. 직업 발레단들의 질주

직업 발레단들의 단장 교체가 한꺼번에 이뤄졌고, 국제무용콩쿠르가 서울과 광주에서 열렸던 일, 외국 발레단들의 화려한 서울 공연으로 들떠 있던 96년도의 분위기에 비한다면 97년도는 특별히 내세울 일 없는 조용한 한 해였다. 하지만 공연 상황을 세심하게 점검해 본다면 매우 중요한 사실을 발견하게 되는데 그야말로 내실을 기하는 풍토가 뿌리를 내려 안정기에 접어들었음을 실감하기 때문이다. 우리의 발레무대가 직업 발레단을 중심으로 전문성을 확보해야 한다는 오랫동안의 지적이 무색할 만큼 어느덧 변해 버린 발레무대의 전문화는 이제 압도적인 세력으로 부각되고 있다. 지난 몇 년간의 점증적인 전문화 추세를 바탕으로 97년도에도 발레공연은 대부분 직업 발레단을 중심으로 이뤄졌다. 서울의 세 단체인 국립·유니버설·서울발레시어터는 각기 쉴새없는 공연을 가졌고, 광주시립발레단이 여기에 가세해 서울과의 연계를 모색하는 바탕을 다졌다.

광주시립발레는 서울의 세 단체보다 한 해 늦은 97년도에 단장을 교체했다. 서울의 발레단들이 공연의 양은 물론 작품의 질적 수준을 놓고 고심하는 전문적인 영역에서 한 해를 보냈다면 광주시립은 혁신된 풍토 조성과 단원들의 기량 정리 등을 중점으로 서울에 뒤지지 않는 무대를 위해 노력한 한 해였다. 서울을 겨냥한 광주의 도약으로 이제 서로 견주어 작품을 논할 만한 네 개의 직업발레단이 동시에 활동하는 구도를 이뤘는데, 부산이나 강원도 지역에서 직업 발레단이 하나 둘쯤 결성된다면 전국적인 연결망을 그리는 데 부족함이 없겠다.

2. 주요 발레단의 공연 내용

1) 국립발레단

국립발레단은 상반기에 <노틀담의 곱추>를 하반기에 <신데렐라>를 정기 공연 레퍼토리로 선정해 흔하지 않으면서도 고전발레의 범주를 벗어나지 않는 색다른 작품 선정에 주력했다. 일본인 안무가 이시다 다네오가 80세의 나이에도 불구하고 내한해 직접 지도한 <노틀담의 곱추>는 롤랑 프티의 작품과 비교할 때 빅토르 위고의 소설을 각색한 공통점이 있었지만 일본인 특유의 시각이 담긴 해석본으로 깊은 인상을 남겼다. 이시다 다네오는 콰지모도라는 인물보다는 콰지모도가 보여준 강한 열정을 시각적으로 표출해 내는 데 주력했다. 교수형에 처해진 에스메랄다의 시신을 찾아가 그녀를 포용한 채 숨진 콰지모도의 영상이 항상 안무자를 사로잡았다고 한다.

따라서 후반부로 갈수록 감동이 더해지는 연출법을 쓰고 있었고, 이번 공연을 위해 내한한 강수진도 후반부 죽음 직전의 장면들에서부터 드라마 발레에 익숙한 그녀의 개성을 발휘했다. 사형장에 끌려가는 에스메랄다와 생모의 만남, 철골 구조물인 무대 세트를 통해 보이는 천상의 모습들, 부주교 프롤로에 대한 콰지모도의 분노와 살해는 극적으로 강한 연계성을 지속하고 있어 웅장한 마무리로 손색이 없었다. 반면 현대적인 감각을 추구한 군무의 동작 구성이 의외로 고전적인 대칭기법이나 반복기법에 전적으로 의존하고 있다는 점과 각 장면마다의 개성적인 의상이 전체적인 통일성에는 걸림돌이라는 점이 특별히 눈에 띄었다.

후반기 공연인 <신데렐라>는 안무자 마리나 콘트라체바가 내한해 러시아 버전을 소개한다는 작품의 희귀성에서도 관심을 끌었지만 김지연과 배주윤을 비롯해 러시아에서 교육을 받은 신세대 발레 스타들을 주역으로 내세운 경쟁적 분위기를 앞세웠다. 19세기 발레의 위대한 전통을 고스란히 간직했다는 평판대로 <신데렐라>에는 낭만발레의 환상과 고전발레의 형식미가 공존한다. 또한 현실과 상상의 세계가 항상 병행한다는 점이 이 작품의 특징인 만큼 화려한 무대로 적격이었다.

엄마로 분장한 김구열은 여장 남자가 등장함으로써 기대하게 되는 희극적인 묘사를 잘 소화해 냈고, 이복 언니들인 최선아와 김윤진도 시종일관 극적인 내용을 놓치지 않는 전문가의 면모를 보였다. 특히 대모 요정역의 하승희가 침착하게 분위기를 끌어가는 여유를 보이면서 무대는 편안한 환상을 담아냈다. 반면 무대장치나 조명 같은 요소들이 환상적인 동화의 분위기를 연출하는 데 도움을 주지는 못했다. 왕자의 궁정 파티 장면은 특별히 장치의 구조나 색감에 신경 쓸 필요가 있었다. 특별히 언급할 내용은 근래에 어린이들이 발레무대에 자주 등장함으로써 무대의 분위기를 상당히 손상시키고 있다는 것이다. <호두까기인형>조차도 외국 단체들에서는 어린이들을 보기 어려운 만큼 출연 기준을 신중히 고려해 볼 문제였다.

두 차례의 정기공연 이외에 국립발레단은 7월에 이집트 카이로 오페라하우스에서 한국과 이집트 수교 2주년을 기념하는 무대를 가졌고, 이스라엘 카르미엘 댄스페스티벌에 초청받았다. 레퍼토리는 <백조의 호수> <해적> <돈키호테> <카르미나 브라나>이었다. 이밖에 12월의 고정 레퍼토리인 <호두까기인형>에서는 무대장치를 개작해 관심을 끌었고, 전·후반기를 통해 이원국과 김용걸 등 남성무용수들이 기량면에서 크게 성장한 모습을 보였다. 김용걸은 제8회 모스크바 국제발레콩쿠르에서 동상을 수상했다.

97년도의 새로운 행사로 국립발레단은 '해설이 있는 금요 발레'를 기획했다. "고급스럽고 쉽게"라는 의도로 지속적인 공연을 가질 예정인 이 행사는 특별한 경우를 제외한 매월 마지막 금요일에 국립극장 소극장에서 열린다. 매월 다른 작품을 선정해 전문가의 해설을 곁들이며 관람료가 없다는 이중의 매력 때문에 일반 관객들로부터 호응을 얻고 있다.

2) 유니버설발레단

유니버설발레단은 3월에 <돈키호테> 전막 공연으로 시즌의 막을 열었다. 상주극장인 리틀엔젤스예술회관 이외에 예술의전당 오페라극장에서도 2차례의 공연을 매년 갖고 있는데 작품의 비중이 큰 <돈키호테>의 경우에는 오페라극장을 선택했다. 특히 이번 공연은 국립발레단이 볼쇼이 버전으로 각광받았던 전례와 비교할 수 있도록 키로프 버전을 한국 초연함으로써 관심을 끌었다. 키로프극장은 러시아 발레를 육성한 전통이 있는 만큼 모든 작품에 담백한 맛이 있는데, 〈돈키호테〉의 경우에도 발레란 이런 것 혹은 원작은 이런 것에 가까웠을 것이라는 느낌을 담아냈다. 흔히 〈돈키호테〉를 보면서는 투우사의 박력이나 집시의 교태가 과장될수록 환호하게 되고 심지어는 주인공들의 2인무조차도 끈적이는 매력이 있을 때 〈돈키호테〉답다라는 생각을 해온 것이 사실이다. 이 해석이 정확한 것이었는가에 대한 의문을 던져 준 유니버설의 공연은 그 사실만으로도 충분히 제몫을 해낸 무대였다.

가장 인상적인 장면은 강예나와 이준규가(29일 낮) 춤춘 3막의 그랑 파 드 되와 2막에서 임혜경이 보여준 집시 여인의 춤이었다. 3막의 무대를 키트리와 바질의 결혼식장으로 꾸미고 의상도 흰색 예복으로 입은 두 사람의 춤은 키트리의 솔로가 대체된 것을 제외하면 스텝의 변화는 크지 않았지만 아주 색다른 분위기였고 앞서의 담백한 연기력들을 완성하는 결정적인 역할을 했다. 집시여인의 춤은 키로프 버전의 깊이나 독특한 매력을 포괄적으로 보이는 장면으로 강인한 여인이 품고 있는 고뇌와 공허감이 표출되는 듯했다. 이밖에 서막에서 둘시네아의 환상이 보이지 않고 곧장 돈키호테의 여행이 시작된 것이나 2막에서 인형극을 제외시킨 점들은 관객의 이해의 명확히 하는 데 효과적인 진행으로 보였다.

10월에는 〈파퀴타〉 3막과 〈헨델 축제〉 그리고 〈풀치넬라〉를 공연했고, 〈헨델 축제〉에서의 임혜경은 〈돈키호테〉 집시역에 이어 긴 선을 요구하는 솔로에서 탁월한 존재임을 입증했다. 이번에는 귀여운 우아함을 나름대로 해석하고 있어 배역에 대해 충분히 이해하고 접근하는 보기 드문 탐구적인 자세를 보였다. 춤을 걸러 자신의 것으로 소화하는 탁월한 해석력이 임혜경의 장기라면 〈헨델 축제〉에서 기교적인 화려함을 보인 주인공은 권혁구였다. 자유로운 기량에 담긴 생동감과 남성적 활기는 예기하지 못했던 새로운 수확이었다.

11월의 정기공연은 낭만발레의 대표작인 〈나폴리 디베르티스망〉과 〈라 실피드〉이었다. 가볍고 경쾌한 스텝이 특징인 〈나폴리 디베르티스망〉이 즐기면서 흘려 보낼 수 있는 작품이라면 〈라 실피드〉는 비극을 바탕으로 한 서정미가 특징이다. 특히 〈라 실피드〉에서의 강예나는 최초의 실피드였던 마리 탈리오니를 생각하게 했는데, 선천적인 조건과 춤 스타일이 작품과 일치해서였다. 〈라 실피드〉는 최초의 낭만발레 작품으로 유명한 만큼 그에 얽힌 일화도 많다. 낭만주의적인 요소인 백색 의상과 신비한 여주인공, 포인트 기법과 날아다니는 효과를 위한 기계장치, 길게 보면 남성무용수들의 몰락을 초래한 특성을 지닌 작품이다.

유니버설발레의 〈라 실피드〉는 부르농빌의 버전에 의한 것으로, 10여 년전에 이미 한국 초연을 했다고 하는데 현대발레를 알고 고전발레를 외우다시피 하는 우리세대의 시각으로 본 낭만발레 〈라 실피드〉는 역사를 거꾸로 되짚어가는 오묘한 느낌을 간직한 무대였다. 화려한 박수 갈채를 기대하기보다는 뭔가 이야기 속으로 끌어들이려는 노력이 앞서 있는 공기의 요정 실피드의 연기는 청순하고 순박해 보였다. 내용상으로도 현실적인 가능성이 전혀 없어 등장인물 모두가 어리둥절해 하는 그런 이상한 나라를 경험하는 셈이다.

강예나가 연기한 실피드는 지금까지 열거한 모든 이유들과 아주 부합되는 그런 것으로 더 이상의 요구를 하지 못할 정도로 완벽했다. 고전발레의 경우, 이 완벽했다는 묘사를 쓰기가 조심스럽겠지만 낭만발레 실피드인 만큼 강예나의 선천적인 조건과 그의 맑은 이미지가 작품과 꼭 들어맞는다는 외적인 조건들만으로도 더없이 완벽했다. 몇 년전의 〈호두까기인형〉에서 최근의 〈라 실피드〉〈파퀴타〉까지 강예나의 무대는 항상 긴장과 기대를 가지고 지켜봤다. 한 번도 실망스러운 경험이 없었다는 사실은 정말 다행스럽고 특히 낭만 계열의 작품에서는 탁월한 아름다움을 선사해 객석을 사로잡았다.

12월의 〈호두까기인형〉은 예술의전당에서 4년 연속 공연하고 있다. 최고 수준을 고집하는 극장과 발레단의 지속적인 만남은 선택하는 극장과 선택받은 무용단이라는 전문적인 개념을 만들어내 주목하게 된다. 우리 무용사상 처음인 이러한 극장과 무용단의 접촉은 각각의 전문성을 서로 인정하는 데서 시작되는 만큼 무용공연의 대중성을 확고히 하는 대표적인 시도라고 하겠다. 이밖에 유니버설발레단은 4차례의 지방공연과 일본 순회공연을 가졌다. 레퍼토리는 <백조의 호수>와 <호두까기인형>이었고, 일본에서는 두 달 가까운 일정에 30회의 공연을 가져 무용계에서는 보기 드문 장기공연을 기록했다.

3) 서울발레시어터

제임스 전의 창작품을 주요 레퍼토리로 하는 서울발레시어터는 매년 한 차례의 정기공연 이외에 소규모 단체의 장점을 살려 많은 기획공연에 참가했다. 그밖에도 제주 KBS 개국 초청공연, 광주비엔날레, 올림픽공원 야외공연, 김자경오페라단 공연 등 다양성에서 선두를 달렸다. 또한 일본 오사카 제민일보 초청공연과 우와지마 공연을 갖기도 했다.

97년의 정기공연은 특히 예술감독인 로이 토비아스의 고희 기념공연과 연계되어 신작 발표와 아울러 각국의 발레단을 초청한 대규모 무대였다. 정기공연의 신작인 <바람의 노래> <흑과 백> 두 작품 모두는 극히 춤적인 혹은 발레적인 작품이었다. 92년 이후로 서울발레시어터의 작품들이 대다수 자극적인 측면이 강했었기 때문에 오히려 이번 공연이 색달리 보였다. 반항적이고 감각적인 일련의 작품들이 제임스 전과 서울발레시어터의 이미지 굳히기에서 빼놓을 수 없는 특성이었다면 이번 무대는 잠시 휴지기를 맞은 화산처럼 보였다. 어찌 보면 성숙한 발레단의 면모를 갖추는 과정이었고, 연륜에서 오는 여유까지 담겨 있었다.

이 단체의 특징을 한마디로 말한다면 오늘의 이야기를 젊은이의 감각으로 풀어 나가는 능력이라고 하겠는데 <바람의 노래>와 <흑과 백>에서 남겨진 잔상들은 유럽이나 미국에서 본 듯한 착각을 불러일으킬 정도로 친숙했다. 그러나 이 친숙한 느낌은 서울발레시어터가 아니면 한국에서는 누구도 흉내낼 수 없는 수준에서의 비교 결과다.

로이 토비아스 고희기념 국제갈라페스티벌은 공연시간만 두 시간이 넘고 참가단체가 8개에 이르러 하루 저녁을 위한 공연치고는 꽤 무거운 분량이었다. 그렇지만 어느 한 단체를 제외시킬 수 없는 팽팽한 긴장감이 있었고, 각기 나름대로 최고의 명성을 지니고 있는 만큼 볼거리가 풍성했다.

한국의 서울발레시어터, 국립발레단, 유니버설발레단, 조승미발레단, 일본의 벨아므발레단, 모모코 타니발레단, 미국의 아메리칸 발레시어터, 모나코왕립발레학교 등이 참가했다. 이들은 토비아스의 일생과 많든 적든 인연을 맺은 단체로 미국과 일본을 거쳐 한국에 정착한 그의 여정을 보여준다. 그는 필라델피아에서 교육을 받은 후 아메리칸 발레시어터에 최연소자로 입단했고 뉴욕시티발레단에서 수석무용수를 지냈다.

한국과의 인연은 1981년 국립발레단 초청 안무를 하면서 시작됐다. 그러나 사실상 한국에 정착하게 된 계기는 88년 유니버설발레단의 예술감독에 취임하면서였다. 1995년 유니버설에서 퇴임한 이후 현재까지 서울발레시어터의 예술감독으로, 한국의 발레를 성숙시키는 데 매우 중대한 역할을 하고 있다. 그의 작품들에는 서정적인 아름다움과 멋쟁이의 가벼운 웃음이 들어 있다. 어쩌면 그는 조지 발란신이 만들어낸 신고전 스타일의 발레에 젖어 있는 마지막 인물일지도 모른다. 역사 속으로 사라져가는 사건들을 체험으로 지닌 토비아스가 남겨 놓은 작품들은 우리 발레계의 유산이 될 것이고, 젊은 발레단인 서울발레시어터에게는 든든한 밑거름이 될 것이다.

4) 광주시립무용단

지방의 유일한 직업 발레단인 광주시립무용단은 97년초 단장 교체로 화제에 올랐다. 신임 박경숙 단장은 다른 발레단의 단장들이 외국에서 교육받고 발레단 활동을 한 경력을 평가받는 것과는 달리 우리 국립발레단에서 성장한 배경을 장점으로 갖고 있다. 한국발레의 30년사가 만들어낸 단장감이라는 점에서 제2 제3의 순수 한국산 단장이 희망을 갖고 도전할 만한 새로운 풍토가 마련된 셈이다. 발레 후진국이라는 스스로의 비하감을 만회해 준 상징성이 신임 단장에게 더 많은 기대를 걸게 한다. 광주시립발레단은 지난해 <코펠리아>와 <호두까기인형>을 공연하면서 새로운 평가를 받았고, 단원들의 고른 기량면에서는 국립발레단에 뒤지지 않는 탄탄한 기반을 과시했다.

3. 기획공연·개인공연·외국 단체공연

한국현대춤협회에서 주관하는 '춤작가 12인전'에는 김선희와 서울발레시어터가 발레계열로 참가했다. 첫날 첫공연을 한 김선희는 무용콩쿠르를 석권한 경력만큼이나 무대를 압도하는 힘이 있었고, 타고 난 테크니션 기질로 발레 기교의 절도와 소재의 대중성을 접목시킨 화려함을 보였다. 〈흐르는 사랑-피아프〉에서 에디트 피아프로 분장한 김선희의 연기력은 예술종합학교 남학생들의 신선함과 함께 갈채를 자연스럽게 유발하는 밝고 흥미진진한 보기 드문 무대였다.

예술의전당에서 기획한 '우리시대의 춤'에는 한금련, 연은경, 이원국이 발레계열로 참가했다. 그러나 소극장이라는 무대상황이 발레 작품에는 불이익을 초래함을 재인식하지 않을 수 없었다. 이러한 경우 무용가들은 객석과의 근접함으로 인해 생기는 불안감을 곱절로 느껴야 하고 선의의 속임수가 불가능하므로 관객에게도 좋은 조건은 아니다.

그럼에도 불구하고 이원국이 춤춘 오페라 발레 〈파우스트〉는 한국 초연이라는 점과 그 안에 담긴 앙레브망(발레리나를 들어올리는 기교)이 그의 강점을 최대한 살렸다는 점에서 충분한 평가를 받았다. 파트너를 한 손으로 들어올리고 전진하거나 공중에서 던져 다시 받아내는 이 기교들은 고전발레 작품에서도 보기 어려운 고난도의 기교다. 재안무자 마크 에르모로프는 이원국의 남성적 기교 즉 파트너로서의 기량이 탁월함을 지목하고 이 작품을 선정한 것 같다. 아울러 이원국이 보인 회전이나 도약에서의 기교는 매년 더욱 깔끔하게 손질되고 있어 고무적이다. 무절제한 활력이 남성무용수 전체의 문제점임을 감안한다면 기량의 다듬기 작업이 확연해진 이번 무대는 남성무용가들에게 상당한 영향력을 미치게 될 것으로 보인다.

무용협회에서 주관하는 서울국제무용제에는 발레블랑과 이상만발레단이 참가했다. 발레블랑의 이고은이 연기상을 받은 〈카모데자크〉는 아마조네스를 소재로 했다. 여자 무사들의 격렬함, 원시적인 느낌의 동작들, 스스로 남성을 지배한다고 믿는 여자들의 왕국에서 일어나는 사건은 의외로 단순하고 서정적인 것으로 격렬함과의 대비가 극적인 긴장감을 유지하면서 단체의 연륜과 맞물려 상당한 볼거리로 떠올랐다.

세계무용연맹 한국본부에서 주최한 '춤추는 디자인전'에서 제임스 전은 〈Now and Then〉을 광주비엔날레에 이어 공연했다. 두 쌍의 남녀가 춤추는 가운데 의상의 변화가 끊임없이 이뤄지는데 모자를 쓰고 벗거나 스커트를 걸치고 벗는데 따라 연출되는 다양한 분위기가 통일감 속에서 변화를 가져왔다. 안무가가 요구한 "인간의 육체를 구속하지 않는 아름다운 의상과의 만남"에 성공하면서 디자이너가 무용가에게 부여하려 한 "영혼의 자유"가 독특한 느낌으로 담겨졌다. 이밖에 민족춤제전에 참가한 김순정이 발레의 틀을 깬 작품으로 시선을 모았고, 유네스코무용협회 한국본부에서 주관한 '우리춤 빛깔찾기'에서 김선희는 발레기교의 볼거리와 사물놀이 장단을 결합하면서 특별한 속도감을 담아낸 〈속풀이〉를 안무했다.

기획공연이 늘어나고 직업 발레단의 공연이 전문성을 확보하고 화려해지면서 개인무용가들은 상대적으로 위축된 모습을 보였는데, 발레라는 예술 장르의 특성상 당연한 결과로 보인다. 신은경이 개인공연을 통해 고 홍정희 선생의 〈코리아 환상곡〉을 재현한 것과 공주대학의 박경숙이 공주와 대전을 중심으로 공연을 활성화하고 있다는 것이 대표적인 경우로 보인다.

외국 단체로는 레닌그라드 남성발레단과 뉴욕시티발레단의 내한이 있었다. 레닌그라드의 경우는 발레의 몰락을 예고하는 수준으로 여장 남성들이 발레리나의 춤을 그대로 반복하면서 허탈한 웃음을 유발하는 기괴함을 보였다. 뉴욕시티발레는 조지 발란신의 작품을 주요 레퍼토리로 지닌 단체다. 그의 작품들은 우리나라에서도 자주 공연되어 왔는데, 이번의 내한공연은 비교할 기준을 제시해 주었다는 점에서 큰 의미가 있었다. 발란신의 작품을 해석하고 감상하는 포인트는 음악적인 감각에 있다. 같은 동작을 하더라도 어느 순간에 악센트를 주는가에 따라 그 효과가 달라지기 때문에 제대로 된 경우에는 쾌감을 느낄 정도로 깔끔하지만 아닌 경우에는 발란신의 명성이 의심스러울 정도가 된다. 이와 함께 빠르고 복잡한 스텝들과 곡예적인 포즈를 자연스럽게 보이는 기교 훈련도 필수적이다.

현재 예술감독을 맡고 있는 피터 마틴스는 수잔 패럴과의 파트너쉽으로 유명했던 뉴욕시티발레단의 스타였다. 그의 작품들은 한국에 처음 소개됐는데 <비버의 바이올린 협주곡>과 <공포의 균형>은 안무가로서는 혼란스러운 상태임을 드러냈다.

4. 97년도의 평가와 전망

일 년을 통해 본 국립발레단의 성과로는 새로운 레퍼토리의 개발과 스타 댄서들의 발굴 그리고 '해설이 있는 금요 발레' 같은 관객 확보 작업을 들 수 있다. 아울러 군무진의 구성원이나 기량이 안정기에 접어들었고, 솔리스트들도 개성을 발휘할 정도의 연기력을 갖춘 무대를 보여주었다는 점을 높이 평가할 수 있을 것이다. 반면 안무자 확보에서 어려움을 겪고 있다는 문제점이 부각되는데, 고전작품을 고집하는 한 이 문제점은 아마도 수십 년간 지속될 전망이다. 각 작품에 정통한 외국의 안무자들과의 교섭도 문제지만 그들을 초빙할 현실적인 여건이 제한되었기 때문이다. 기존의 대표적인 창작발레를 개작해 국립의 레퍼토리로 삼는 것이 한 가지 방법일 수 있고, 우리 무용가들에게 안무할 기회를 주는 것도 매우 바람직한 일일 것이다. 한국무용·발레·현대무용이란 우리식의 구태를 벗어나 단순히 능력 있는 안무자에게 작품을 맡겨야 진정한 우리시대의 춤이 미래의 국립발레에 생명을 부여할 것 같다. 이는 광주시립에도 해당되는 문제이고 안무자가 상주하는 서울발레시어터의 경우에는 반대로 단원들의 고른 기량이 지속적으로 유지되어야 할 것으로 보인다. 유니버설발레단은 이러한 문제들에서 가장 자유로운 단체로, 안무자의 확보나 단원의 기량에서 지속적인 향상을 보이고 있다. 또한 원작에 충실하고 기량과 연기에서도 최고의 수준에 근접하려는 시도는 가장 수준 높은 무대를 꾸며내고 있다. 반면 단체의 성숙도에 비해 무대를 휘어잡을 만한 신세대 스타 댄서의 출연이 미진한 느낌이다.

기획공연의 경우 그 동안 객관적인 시각이 우세해질 수 있는 무용계 풍토를 조성한다는 측면에서 대단한 환영을 받아 왔다. 그러나 기획하기 위한 기획전으로 바뀐다는 느낌이 들 정도로 그 숫자가 늘어나면서 안무가들의 질이 현저히 떨어지고 있다. 기량을 갖춘 안무가는 사실 손에 꼽을 정도임에도 불구하고 매년 참가자를 바꾸는 관행도 이러한 질의 저하를 부채질하는 요인이다. 참가자들에게 얼마간의 제작비를 보조하는 행사용 기획이 아니라 예술가를 키워낸다는 기획자의 정신이 절실하다. 행사용 기획공연이면서 상금이나 특혜가 있는 무용협회 주최의 기획공연은 특히 문제가 많아 보였다. 예산이 확보된 서울무용제나 신세대 안무가전은 97년도에 더 음지화된 일면이 있었다. 우선 홍보에서의 안일함은 세인의 관심을 차단하려 한다는 인상이 들 정도다. 객석을 채우지 못한 것은 물론이고 각 신문사의 기자들이나 무용관계자들의 관심 밖에서 행사를 진행시켰다는 비판의 소리도 있다. 무용인들을 공식적으로 대표하는 기구인 무용협회를 믿고 국고를 보조하는 만큼 협회측은 공개적인 평가를 자청하는 자세가 필요하다.

전문적인 단체는 아니지만 한국예술종합학교 무용원 무용단이 창립공연을 가진 것도 97년도의 의미 있는 사건이었다. 아직은 2학년이 최고학년이라 이른 감이 없지 않지만 대학 무용과 중심의 무용교육을 탈피해서 영재를 무대에 세운다는 무용원 설립취지로 볼 때 당연한 절차이기도 했다. 발레는 무용원 전문교육 시스템을 가장 필요로 하는 장르인 만큼 흉내내기가 아닌 진정한 전수의 과정을 밟아야 하는 현실에서 이번 <잠자는 미녀> 발췌 공연은 작지만 내실 있는 출발이었다. 학생들의 기량이 타대학에 비해 매우 뛰어나 희망적인 출발임을 암시했고, 선발과정에서 체격적인 조건을 좀더 중시해야 최상의 교육효과를 얻게 됨을 재확인했다. 전문가의 면모를 확실히 갖춘 무용가를 기대하는 입장에서 보자면 무용원 교육의 성패가 곧 우리 무용계의 역사를 새롭게 하는가 아니면 불발의 시도로 끝나는가의 실험과정인 셈이므로 관심이 집중되지 않을 수 없다.(『'97 문예연감』 1998)

V
_____

1998

발레 스타들의 2인무

발레 스타라는 명칭은 어느 발레단의 주역이라는 뜻과 일치하는 의미도 있지만 주역보다 더 화려한 어떤 느낌을 담고 있다. 주역 중에서도 각자의 추종자를 확보할 만큼 탁월한 매력을 지닌 무용가를 지칭하니 그 단어 자체만으로도 기대와 긴장감을 느끼게 된다. 한국의 발레 스타들이 모여 하루 저녁의 공연을 메울 수 있다는 사실도 즐겁지만 그들이 모두 객관적인 검증을 통해 스타의 명칭을 얻은 인재들이라는 점에서 이번에 처음으로 기획된 코리아 발레 스타 페스티벌 무대는 기록될 만한 발레계의 축제가 될 것이다.

발레단의 후원자들을 위해 시작된 이런 갈라 공연은 관객의 입장에서 보자면 아주 즐거운 행사지만 출연 무용가들에게는 굉장한 부담을 주는 무대이기도 한데 장단점을 따져 보면 이렇다. 스타들을 한자리에 모아서 보는 즐거움이 있는 반면 작품의 전반적인 흐름을 알지 못하기 때문에 답답한 구석이 남아 있다는 것이 관객 입장에서 본 단점이다. 발레 스타들 역시 다른 무용가들의 기량을 볼 수 있어 좋지만 경쟁적인 분위기를 견뎌야 하고 준비 없이 하이라이트만을 펼쳐 보여야 하므로 긴장감을 감출 수 없다는 것이다. 하지만 이런 스타 중심의 갈라 공연만을 즐겨 보는 관객이 많고 발레 스타들도 새로운 명성을 얻게 된다는 장점 때문에 이러한 흥분된 무대를 은근히 기대하는 것이 사실이다.

갈라 공연은 대부분 그랑 파 드 되를 중심으로 이뤄지는데 느린 선율에 호흡을 가다듬으며 아름다운 라인을 강조하는 도입부를 아다지오라고 부른다. 시간상으로는 가장 긴 부분으로 관객들은 두 사람의 균형감과 정확한 팔 다리의 선을 감상하게 되고 춤을 끌어가는 남성무용가의 세련된 힘과 여성무용가의 유연하면서도 탄탄한 지구력을 중점적으로 보게 된다. 두번째 파트인 남자 솔로는 크게 도약과 회전으로 이뤄지는데 높은 도약과 속도감 있는 회전이 여성무용가들에게서는 볼 수 없는 탁월한 기교라고 하겠다. 하지만 자기 조절력을 상실한 채 이러한 기교를 할 경우 착지에서 불안하거나 균형감각이 없어지기도 하기 때문에 도약의 높이나 회전의 횟수보다는 정확하고 깔끔한 뒤처리를 진정한 기교의 멋으로 인정해야 한다.

세번째 파트인 여자 솔로 부분은 여성의 전유물인 포인트 슈즈를 최대한 활용하는 춤이다. 자연히 작고 빠른 발동작 중심의 기교들이 많아지고 팔은 부수적으로 우아한 움직임을 동반하면서 전체적인 이미지가 남성과는 대조적인 분위기를 연출한다. 대부분 무대를 가로지르거나 원으로 회전하는 기교로 마무리되는데 이때도 역시 발끝으로 땅을 찍는 피케라는 기교를 사용하는 만큼 포인트 슈즈의 모든 기교를 보이는 셈이다. 네번째 파트는 클라이맥스를 장식하는 부분으로 코다라고 부르고 대부분 리듬감이 강하고 빠른 선율에 남성이 등장하면서 시작된다. 아다지오의 우아함 대신에 이번에는 두 사람이 펼치는 빠른 기교의 정수를 보게 되는데, 한 지점에서 32회전을 하는 것으로 유명한 푸에테 투르나 남성의 도약과 회전처럼 가속화된 속도감 그리고 인상적인 마지막 포즈 등이 들어 있다.

유니버설발레단의 강예나와 황재원이 춤출 〈돈키호테〉 2인무는 이러한 그랑 파 드 되의 전형적인 모델이면서도 화려한 분위기가 특징이다. 내용상으로는 결혼식 장면에서 두 주인공이 추는 춤인데 스페인을 배경으로 한 내용이 강조되다 보니 의상이나 춤의 느낌이 점점더 투우사와 무희의 춤처럼 보일 정도로 박력과 교태를 과장하는 유행이 생겨났다. 유니버설발레단에서는 장막공연에서처럼 흰색 의상을 입을 가능성이 높지만 대부분 갈라 공연에서는 검정과 빨간색이 주조를 이루는 의상을 입기도 한다. 갈라 공연의 2인무들이 거의 사랑을 나누는 장면이기 때문에 차별화를 하기 위해 생겨난 유행이겠지만 작품의 내용을 떠나 단순히 투우사와 무희의 춤대결을 즐기는 독특한 재미 때문에 인기가 높다. 하지만 음악이나 발레기교들은 거의 같거나 약간의 변형만을 취한 것이어서 원래의 결혼식 장면을 연출하더라도 고전발레의 정형미를 만끽하게 되는데 밍쿠스 음악의 특성이 그렇듯이 음악이 춤에 끈적거릴 만큼 일치하고 춤은 음악의 멜로디에 감정의 고저를 의지하고 있어 탁월한 기교들이

백퍼센트의 효과를 발휘하기 때문이다.

아다지오는 두 사람이 같이 투스텝과 유사한 샤세 스텝을 하면서 등장하는 것으로, 여자는 도약을 하고 남자는 여자를 들어올려 곧바로 여자의 회전으로 연결된다. 이때는 도약이 얼마나 가볍게 느껴지는지 또 회전하는 여자의 지탱하는 다리가 충분한 힘을 지녔는지 특히 올라가 있는 다리의 위치가 무릎 위로 충분히 올라가 있는지를 눈여겨봐야 하는데 이러한 기준은 무용가의 기본기를 가늠하는 요점이기 때문이다. 남자 솔로는 공중에서 두 바퀴를 회전하는 고난도의 기교로 시작되고 여러 차례의 제자리돌기가 반복되는데 박력도 중요하지만 아다지오에서 여자가 한쪽 다리로 균형을 잡았을 때의 안정감과 같은 여유까지 덧붙인다면 더없이 훌륭한 연기로 평가할 수 있다. 여자 솔로는 대개 부채를 들고 추는데 머리에 꽂은 꽃과 부채가 스페인을 연상시키기 때문이다. 후반부에 들어 있는 파드 슈발(말 스텝)이라는 스텝은 돈키호테의 대명사처럼 알려진 것으로 말이 땅을 긁는 것처럼 발끝으로 전진하면서 어깨를 교차시켜 부채를 흔드는 화려한 장면이다. 마지막 코다에서는 남자가 무대를 회전하면서 높은 도약을 보이고 여자는 32회전 푸에테 투르를 하는데 구르는 박자나 도는 초점이 명확하지 않으면 실패하기 쉽다. 관객은 발레리나의 얼굴이 한 박자에 한 번씩 객석을 향하는 것을 보게 된다.

광주시립발레단의 류언이와 송성호가 보여줄 <호두까기인형> 그랑 파 드 되는 과자나라에서 사탕요정과 호두까기인형이 추는 춤이다. 극적인 분위기가 강조된 차이코프스키의 음악적인 특성이 고난도의 포즈들을 여러 차례 만들어낸다. 주로 남자의 힘을 필요로 하는 것으로 공중으로 들어올린 발레리나를 들고 스텝을 해야 하는 어려운 포즈들이다. 가장 아슬아슬한 장면은 아무래도 객석을 향해 달려오는 발레리나를 들어올려 공중에서 회전시키는 부분인데 두 사람의 호흡이 일치한다면 음악의 효과와 어울려 매우 인상적인 성공을 거둘 수 있다.

남성의 솔로는 역시 회전과 도약으로 이뤄져 있고 안무자나 무용가의 기량에 따라 도는 방향이나 방법들이 달라질 수 있지만 공중에서 똑바로 뛰어올라

두 바퀴를 도는 투르 앙 레르라는 스텝은 공통적이다. 이때도 역시 균형과 초점 그리고 여유 있는 안정감이 멋진 춤을 만들어내는 기본기가 된다. 여자 솔로는 음악부터가 아주 작고 감미롭게 시작되는 것으로 발끝으로 추는 작은 스텝들과 아울러 팔의 부드러운 조화가 입안에서 살살 녹는 사탕의 맛을 보여준다. 코다 부분은 과자나라에서의 축제를 마감하는 마지막 장식답게 두 사람의 스텝이 기교보다는 즐거운 분위기를 연출하는 데 주력한다. 물론 남자의 회전이나 여자의 귀여움성스런 스텝이 있지만 두 사람이 같은 스텝을 하면서 돌거나 이동하는 동작이 특별히 많이 들어 있다.

국립발레단의 최경은, 정남열, 최세영이 보여줄 <해적> 3인무는 세 사람이 추는 주역들의 향연이다. 내용상으로는 노예로 잡혀갔던 메도라를 해적인 콘라드가 찾아와 기쁨을 나누는 파티 장면이며, 콘라드 외에 해적 특유의 의상을 입은 테크니션이 따로 등장해 춤이 더욱 화려해진다. 보통은 해적과 메도라의 2인무로 추어지는데 3인무가 되면 여자를 들어올릴 때도 두 사람이 힘을 합하니 훨씬 수월한 느낌이고 때로는 여자가 공중에서 공중으로 전달되는 상상 속의 모습이 실현되기도 한다. 콘라드가 뱃사람들의 옷인 평상복을 입는 반면 해적은 상체를 드러내고 머리띠를 한 이색적인 의상을 입는 것으로 유명하다. 메도라는 튜닉을 입기도 하고 튀튀를 입기도 하는데 튜닉이 그리스적인 배경을 강조한다면 튀튀는 발레의 환상과 화려함을 강조하는 데 효과적이다.

아다지오 부분은 매우 서정적인 분위기여서 비록 여러 차례의 완전한 개작 단계를 거치기는 했지만 낭만발레시대에 초연된 작품답다는 인상이 강하다. 3인무의 아다지오가 끝나면 각자의 솔로가 추어지는데 특히 해적이 추는 솔로 부분은 남성미를 대표하는 장면으로 유명하다. 한 손을 어깨에 얹고 두 다리를 구부린 채 공중에서 회전하고 제자리에서 다시 여러 차례 회전한 후 폭넓은 왈츠 스텝을 하면서 시작되는 이 춤은 생동감과 열기와 기교를 최대한으로 담아 내는 작품으로 가장 많은 박수 갈채를 받고 있다. 코다 부분에서는 자주 여자의 푸에테 투르가 들어가는데 앞으로 나올 흑조까지 합하면 이번 갈라 공연은 자칫 푸에테 경연장이 될 듯하다. 코다 부분은 가장 강렬한 팡파레로 시작돼 인상적이고 리듬도 명확해서 잊혀지지 않는다. <해적>은 밍쿠스와 드리고의 합작품 음악이라고 하는데 2인무는 드리고의 음악이다.

서울발레시어터의 연은경과 나인호는 고전작품이 아닌 제임스 전의 신작 <You and Me>를 선보인다. 2인무와 솔로가 차례로 연결되며 장난기 어린 재미있는 분위기를 연출한 현대적 감각의 발레로 음악과 기교도 다양하게 변한다. 무용연습실에서 펼쳐지는 일상의 모습이 제임스 전의 감각과 두 무용가들의 기교로 탁월한 재미를 선사할 것이다.

국립발레단의 김지영과 이원국이 보일 <차이코프스키 파 드 되>는 매우 어렵고 빠른 기교들이 연결된 작품으로 유명하다. 원래는 차이코프스키가 작곡한 <백조의 호수>에 들어 있던 음악으로 프티파의 개작 때 누락된 부분이라고 한다. 이 악보가 발견된 후 조지 발란신이 1960년에 2인무로 구성한 작품인 만큼 신고전적인 성향을 보이는데 음악과 동작의 일체감에 주력했던 발란신의 작풍을 느낄 수 있다.

고난도의 2인무 기교들이 음악의 변화에 따라 나열됨으로 서정적인 분위기를 즐기면서 이 기교들을 소화하기란 매우 어렵다. 발란신의 말을 빌면 이 작품을 춤췄던 주역무용가들은 재연하기를 두려워했다고 하는데 그 정도로 빈틈없이 구성된 작품이었지만, 아직까지도 여러 발레단에서 주역들의 도전을 받고 있는 걸 보면 춤꾼의 기질을 끌어내는 독특한 매력이 있는 듯하다. 고전발레에서는 볼 수 없는 튜닉 의상으로 등장하고 특히 발레리나의 스트레칭 기교가 자주 사용된다.

유니버설발레단의 박선희와 박재홍이 보여줄 <백조의 호수> 중 흑조 그랑 파 드 되는 왕자가 약혼자를 골라야 하는 상황에서 나타난 흑조와 왕자의 2인무로 왕자를 유혹하면서 백조인 양 가장하는 흑조의 요염한 연기가 눈길을 끈다. 백조와 유사한 동작을 하면서 흑조의 강인한 성격을 표정이나 동작의 강조로 나타내는 검정 튀튀의 흑조는 작품 자체에서 무대를 압도하는 힘을 얻는다.

아다지오에서부터 힘이 있고 리듬이 명확한 음악으로 시작되니 동작의 명확성이 한눈에 들어오고 충분한 호흡을 요구하는 만큼 기교에 눈속임의 여지가 없다. 남자 바리에이션에서만 보더라도 회전시에 느리면서 정확한 지탱력이 중요하고 여자의 경우도 두 바퀴의 회전을 연달아 두 번씩 하는 첫장면부터 거장이 아니면 접근하기 어려운 경지를 보인다. 푸에테 투르의 원산지처럼 알려진 <백조의 호수> 코다 음악은 특유의 멜로디 때문에 시작부터 열기를 더하는데 남자가 두 번은 한 바퀴, 한 번은 두 바퀴씩 연결된 회전으로 갈채를 먼저 유도한 후 바로 이어지는 여자의 푸에테는 다른 작품의 시작 부분보다 이완된 그러면서도 흥분을 고조시키는 효과적인 연출이다. 명성에 걸맞게 아무리 뜯어봐도 흠이 없이 정돈된 그랑 파의 진수다.

한국예술종합학교 학생들인 유난희와 장윤규가 춤출 파랑새 2인무는 탁월한 솔리스트들이 추는 디베르티스망으로 <잠자는 미녀>의 결혼식 축하 파티에 나오는 부분이다. 파랑새와 마법에 걸린 공주가 펼치는 가볍고 환상적인 분위기로 새들이 날고 지저귀는 느낌을 담았다. 여자가 앉아서 뭔가를 듣는 듯한 포즈가 반복되며 시작되는 도입부가 지나면 그 유명한 남자 바리에이션이 나오는데 발을 바꿔 가며 공중에서 두 다리가 교차되는 브리제 볼레로 무대를 가로지르는 장면이 관심을 끈다. 이 춤은 특히 테크닉이 뛰어난 남성무용가들이 맡는데 섬세하고 절도 있는 기교의 개척자로 알려진 앙리코 체케티가 초연을 했다고 하니 빠른 발동작들이 많은 이유를 알 만하다. 이어지는 여자 솔로에서도 발끝으로 지탱하면서 몸 방향을 바꾸거나 공중을 날아다니듯 회전하는 기교로 일관된 분위기를 연출한다. 그랑 파 드 되의 형식을 지녔지만 아다지오나 코다 부분이 주역들의 그랑 파 드 되보다 짧고 사람이 아닌 파랑새 한 쌍의 모습을 담아 낸 점에서도 주역들과 차이가 있다.

배주윤·김용걸이 보여줄 <에스메랄다>는 빅토르 위고의 소설 『노틀담의 곱추』를 내용으로 한 발레다. 다이아나와 악테온 2인무는 부활절 축제 장면에서 추어지는데 광대들이 신화 속의 인물들로 가장하고 나온다. 이러한 이유로 의상이나 춤의 분위기가 산만한 느낌을 주기도 하지만 독특한 매력이 되기도 한다. 고전발레의 전형적인 형식이나 기교를 벗어나 자유로운 느낌을 주는 가볍고 기괴한 분위기가 특징이다. 1844년에 쥘 페로의 안무와 체자레 푸니의 음악으로 초연됐고, 프티파와 드리고에 의해 러시아 황실 발레 레퍼토리로 정착했다고 하는데 전막공연보다는 다이아나와 악테온 2인무로 더 유명하다. 우리나라에서는 이시다 다네오 안무 <노틀담의 곱추>가 공연된 바 있지만 러시아식 2인무는 처음이 아닌가 싶다. (제1회 한국 발레 스타 페스티벌 프로그램, 1998. 3)

'탐' 솔로 공연

현대무용단 탐에서 두번째로 기획한 솔로 공연(1998. 2. 5-6, 토월극장)에는 모두 6명의 신인들이 안무와 춤을 연결시키는 작업을 보였다. 20대의 고만고만한 무용가들이 한 울타리 안에서 공통적인 무대 경험을 했으니 아무래도 지향하는 또는 추구하는 무대가 비슷하리라는 짐작은 쉽게 하게 되지만 그 정도가 지나치다는 것이 가장 큰 문제였다.

첫날 첫작품인 김수정의 〈사이버 에고(Cyber Ego)〉를 보면서 공간을 분배하는 안목이나 각 공간에서의 조명에 의존한 효과적인 연출 때문에 그를 사려 깊은 안무자로 느끼게 됐다. 공간의 분배에 비해 기교적인 분배가 약하기는 했어도 제목의 느낌과 전체적인 무대 구성이 일치한다는 아주 큰 장점 때문이었다. 하지만 두번째 작품인 윤병주의 〈하얀 드레스〉를 본 후에는 김수정의 강한 인상이 매우 약해지고 말았는데, 이유인즉 조명 형태가 반복적일 정도로 유사했고 배경막을 올리는 등 공간 활용이 겹쳤기 때문이었다. 〈하얀 드레스〉나 〈사이버 에고〉의 궁극적인 이미지가 같은 것이었다는 사실을 프로그램의 내용을 통해 알게 되긴 했어도 윤병주 쪽에서 뭔가 색다른 접근법을 시도했어야 하지 않았는가 하는 아쉬움이 있다.

김미경의 〈刺(자)〉 역시 겹치는 부분이 많아 보였다. 음악과 조명의 중복 사용에서 앞서의 작품들이 연상됐고, 버거운 무대 세트는 오히려 강한 선의 매력을 흡수해 버리는 역효과를 가져왔다. 이러한 공통점 때문에 세 사람의 작품은 한 사람의 것으로 대표해도 무리가 없을 듯하다는 결론에 이르렀는데 동문 단체의 안무가들이 특별히 생각해야 할 부분이다.

추상적인 접근을 시도한 다른 안무자들과 달리 극적인 구성법을 택한 김예림은 우선은 독자적인 접근법으로 관심을 끌었다. 〈슬픈 게이〉는 화장실에서, 길거리에서, 무대에서 안무자에게 강한 인상을 남긴 모양이다. 첫장면을 제외

제2회 탑 솔로 공연, 엄성은 〈해바라기 섬〉 1998. 2. 5-6, 토월극장

하면 김예림 자신이 스스로 여장 남자로 분장해서 고뇌에 빠지기도 하고 섹시
함을 즐기며 무희가 되기도 한다. 특히 무희를 묘사하는 부분에서는 충분한 내
용을 구사했다. 하지만 장면을 선택하고 분배하는 과정에 몰입한 만큼 각 장면
의 구체적인 표현에도 관심을 기울일 필요가 있었다. 고뇌의 장면에서 아마도
그의 표정은 일그러져 있었겠지만 객석에서는 그가 작은 손짓을 반복하는 것
으로 보였다는 사실처럼 움직임의 실제적인 효과에 대한 인식 같은 것이다. 마
지막은 역시 배경막이 올라간 상태로 빨래가 널려 있는 넓은 공간으로 처리되
는데 시각적으로 고조되는 효과는 있었지만 극적으로는 단절된 느낌이 더 강
했다.

　여섯 작품 중 안무와 기교면에서 조화를 이룬 성공적인 작품은 엄성은의
〈해바라기 섬〉이었다. 원숙한 안무감각이 있었고, 그를 뒷받침하는 춤기교
그리고 그 기교를 표출할 능력이 골고루 안배된, 지난 몇 년간의 작품을 발판

으로 만들어낸 수작이었다. 아주 드물기는 해도 동문 단체의 신인무대를 지켜 봐야 하는 이유가 바로 이런 작품을 만나는 의외의 즐거움 때문일 것이다. 엄 성은은 먼저 춤꾼의 경지에 도달한 기량으로 시선을 집중시켰다. 감정에 몰입 한 동작의 향연은 춤의 본질적인 모습 혹은 진정한 춤의 모습은 이런 것임을 대변하는 듯 자유롭고 독창적으로 쉼없이 자신을 드러냈다. 즉흥적으로 안무 된 동작인 듯 자연스러운 가운데 느껴지는 음악적 해석력, 리듬감, 음악과의 일체감은 감정의 폭발·광기·고뇌·정돈·조화의 단계를 거치며 객석을 춤 으로 끌어들이는 매력이 있었다.

마지막에 배경막이 올라가면서 보이는 해바라기 꽃밭은 지금까지의 독백을 마무리하는 정화의 효과를 지녔는데 무대장치나 공간의 활용이 어떻게 작품 과의 조화를 이뤄내야 하는가를 보여주고 있었다. 이 마무리 장면의 효과는 작 품을 한 편의 시처럼 느끼게 했고, 시적인 고뇌와 아름다움을 새로운 방법으로 연출한 탁월함이 부각됐다. 흔히들 무용은 시적인 동작언어라고 말하고 이를 입증이라도 하려는 듯 시를 읊거나 이미지를 표출하는 방법들을 써 왔다. 하지 만 이런 방법들이 시적인 동작언어의 본질이 아니라는 사실은 누구나 알고 있 다. 그 표출 방법을 몰랐다고 해도 좋을 것이다. 엄성은이 새롭게 선보인 한 편 의 동작시는 자체의 아름다움은 물론 이런 관점에서 볼 때도 기억될 만한 탁월 한 작품이었다. (『객석』 1998. 3월호)

김영희 무트댄스 워크숍

무트댄스는 이화여대 교수이자 한국무용가로 알려진 김영희와 그의 제자들이 만든 단체다. 김영희는 80년대부터 매우 독특한 춤사위를 구사하면서 한국무용이라는 기존의 춤 장르에 거역해 온 무용가로 유명하고, 그에 대한 평판역시 극심한 이견의 대립을 보여 왔다. 얼마 전 MBC 텔레비전 채널을 통해 소개된 '한국의 전통춤'을 본 몇몇 시청자들은 부채춤이 전통춤이 아닌 창작춤즉 20세기 초반에 시작된 한국의 현대춤이었다는 사실에 놀랐을 것이다. 또한한국춤의 현대화라는 긍정적인 평가와 한국무용이 아닌 현대무용이라는 배척의 시각에 대해 자신의 춤이야말로 한국 전통춤에 기반을 둔 창작춤이라는 김영희의 생각을 듣는다면 무용학도들마저도 혼란스러울 지경이 될 것이다.

부채춤 같은 초기의 창작품에는 신무용이라는 명칭이 있어 왔고, 그 신무용계열이 한국무용으로 명칭을 바꾸면서 한국의 모든 무용을 포괄하는 의미로교육되었기 때문인데 50년 이상 이러한 혼란스러운 시각이 압도적이었다. 그렇다고 우리의 전통춤이 무대에 올라 신무용을 능가할 수 있었겠는가라는 의문에 쉽게 긍정적인 반응을 보일 수도 없는 상황이다. 애초에 무대를 위해 다듬어진 춤이 아니니 하루 저녁의 무대 여흥거리가 될 만한 객관적인 매력과는거리가 멀다.

전통춤의 특징은 자기 도취적인 몰입을 우선으로 한다고 하는데 무속춤의영향이나 놀이판의 신명을 강조하는 셈이다. 신무용이 이러한 전통춤을 무대식으로 혹은 서양춤식으로 예쁘게 포장하면서 새롭고 완벽에 가까운 교육체계까지를 만들어냈으니 그 대단한 창작 작업에는 숙연해진다. 하지만 춤의 본질이라고도 할 수 있는 전통춤이 지닌 막춤의 신명 특히 자기몰입에의 특징은배제되어 온 것이 사실이다. 이 사실을 새롭게 인식하는 작업이 바로 김영희의춤이 아닌가 하는 생각을 하게 되는데, 자유로운 춤사위와 자기 몰입적인 장면

양희정 〈구백스물세 마리의 양 이야기〉 1998. 2. 12-13, 문예회관 소극장

연출에서는 당연히 내부 깊은 곳에서 시작되는 힘이 강조된다. 이런 논리로 보자면 기존의 한국무용이나 김영희의 춤이나 한국의 전통춤을 바탕으로 한 창작춤이라는 것인데 서양춤과 비교해 본다면 전자가 발레 형식이고, 후자는 표현적인 현대춤 방식을 취한다는 차이가 있을 것이다.

무트댄스는 신무용 계열과 달리 구성이나 연출을 오히려 무시하려는 경향이 강하고 스스로 춤에 몰입하는 것을 높이 평가하지만 그 가운데서도 무대춤이 지녀야 할 관객에 대한 배려를 고민하는 듯이 보인다. 아울러 김영희의 춤이 외형적으로 전수되기보다는 논리나 원칙 같은, 춤을 만드는 감각적인 요점이 창작의 근본으로 전수되어야 이 출발이 성공적인 마무리를 하게 될 것이다.

이번 무트댄스 워크숍(1998. 2. 12-13, 문예회관 소극장)에서는 첫날 2명, 둘째날 3명이 공연을 가졌는데, 공연 시간이 특별히 짧았다. 5명의 공연을 보면서 느낀 공통점은 크게 두 가지로 나타났는데 하나는 신무용 스타일의 춤사위나 장면 배열을 완전히 제거하지 못한 혼란스러움이었고, 둘은 현대무용 쪽으로 접근해 나가고 있다는 필연적인 결과였다. 첫번째의 경우는 무트댄스의 전통이 짧은 만큼 신무용 즉 한국무용을 완전히 흡수해 온 참가자들의 입장에서는 당연한 결과로 보인다. 특히 김영희가 제시한 안무기법은 매우 개인적이고 내면적인 것이었고 또한 연출 개념까지를 도입하기에는 너무 짧은 기간이었기 때문인데 김영희 자신이 이러한 영역 확장을 시도할 것인지 아니면 지금의 스타일을 더욱 강조해 갈지는 미지수다.

다행히 김영희가 개발해 낸 고유한 동작들을 답습하는 안무자는 없었지만 공간과 시간을 메워 갈 그 무엇을 찾기가 젊은 안무가들에게는 벅찬 일임에는 틀림이 없어 보였다. 두번째의 경우는 어느 모로 보나 기존의 한국무용과는 관련이 없어 보이는 그렇다고 해서 기존의 현대무용으로도 볼 수 없는 신선한 작품이 태동했다는 점인데 창작춤의 여러 단계를 인정해야 하듯이 새로운 춤의 탄생을 기대하는 입장에서는 환영할 일이다. 양희정이 안무한 <구백스물세 마리의 양 이야기>는 신무용이나 김영희의 춤이 연상되지 않을 뿐만 아니라 어찌 보면 구연동화를 춤작품으로 만드는 프랑스 현대무용가들의 작품처럼 보이기까지 했다. 특히 작품을 끌어가는 연출력에서 뛰어난 감각을 보여 한국춤 계열의 안무가들을 새로운 시각으로 보게 했고, 몸에서 나오는 표현력과 확장된 어휘력은 깊은 인상을 남겼다.

우리춤의 계보를 전통춤·신무용·창무춤·르춤·무트댄스로 본다면 제3세대의 한국 창작춤이 본격적으로 등장할 신호처럼 보인다. 무트댄스 이외에도 김은희나 손인영처럼 한국무용가가 현대무용가로(사실 창작의 세계에서는 필요 없는 구분이다) 변신하는 추세가 매우 강해지고 있으니 말이다. 이제 한국무용(신무용)은 고유명사적인 개념으로 남아 고유의 미학이 있는 과거의 창작춤으로 보존할 단계에 이른 춤으로 봐야 한다는 입장인데 <잠자는 미녀> 같은 고전발레를 오늘날에 안무한다면 창작의 가치를 상실하는 것처럼 한국무용도 아류의 창작보다는 고전의 재해석과 재현으로 빛을 발할 필요가 있다.

이러한 창작의 회전 구조가 그 동안 너무나 억제되어 왔다는 비판의 소리도 있고 그 기간이 현대사회라는 시기적 특성에 비해 너무 길었던 것도 사실이다. 제3세대의 창작 작품들은 춤기교 개발, 어휘의 명확한 전달을 위한 신체 훈련, 효과적인 동작 묘사를 위한 연출력에서 넘어서야 할 장벽이 너무도 많다. 하지만 무용도 다른 문화 취향처럼 필요에 의해 자연스럽게 변화한다는 것이 역사적 사실인 만큼 신무용과 무트댄스의 대단한 업적을 등에 업고 있는 한 한국의 3세대 창작춤은 독창적이고 세계적인 현대춤으로 자리잡게 될 것이다. (『예술세계』 1998. 3월호)

바뇰레안무대회 예선에서 본 김은희

프랑스에서 주관하는 바뇰레국제안무대회(1998. 2. 18-19, 문예회관)에 우리 무용가들이 참가하게 된 것이 올해로 7년째, 2년에 한 번씩 하는 행사니 4번째 서울 무대를 보게 됐다. 성황리에 끝난 이번 무대는 이 대회의 성공적인 정착을 알리는 신호로 보였는데, 그 동안 행사 운영 방식에 대한 이해나 평가에 대한 신뢰 같은 기본적인 문제들이 해결되면서 안정기에 들어선 모습이다. 특히 올해는 김은희나 김용철 같은 한국무용가로 알려진 다양한 개성의 무용가들이 참가해 고조된 분위기였고, 이 대회가 모든 현대의 안무가들을 수용하는 유일한 국제무대임을 알리는 계기가 됐다.

무용 실기의 삼분화가 안무 영역에서도 존재해야 했던 시각이 붕괴되면서 자유롭게 열려진 공간을 대하는 안무가들은 자유와 함께 창조의 고통도 깊이 느껴야 할 어렵지만 당연한 작업 시기에 도달한 셈이다. 이번 참가자들도 이러한 인식을 새롭게 한 듯 작품을 대하는 태도나 작품의 수준이 진지하고 성숙했다. 물론 모두가 완벽한 작품을 내놓았다고는 할 수 없지만, 대부분의 작품들이 각각의 장점을 지니고 있었으니 보기 드물게 성공을 거둔 셈이고, 이러한 긴장감이 모든 공연무대로 연결되기를 기대해 본다.

8개 작품 중 특별히 김은희의 〈環, 幻〉은 원과 환영이라는 제목에서부터 어떤 느낌을 던져 주며 관심을 끌었다. 김은희는 한국무용가로 알려져 왔지만 바뇰레안무대회에 적격자가 아닐까 생각해 왔기 때문에 개인적인 호기심과 기대감이 컸던 것도 사실이다. 결론부터 말한다면 김은희의 무대는 탁월했다. 구성·연출·기교·감각 그리고 또 무엇을 봐야 할까…. 어느 모로 보나 수준작 이상이라는 평가는 당연해 보였다. 김은희는 우선 춤을 해석하는 능력이 있다. 엄밀히 말하면 움직임을 아주 세밀하게 분석하고 요리하는 능력인데 음악의 장단과 맞물리고 어긋나게 보여주는 흐름과 단절이 기막히다. 흔들림과 정

김은희 〈환, 환〉 1998. 2. 18-19, 문예회관

지의 묘미를 작품을 전개시키는 가운데 보이는 안무력이 대단하다.

다음은 연출 측면에서 춤의 흐름과 변화가 매우 조용하게 그러나 분명한 목적을 지니며 자연스럽게 변화한다. 정적이 감도는 작은 동작에서 시작했는데 어느덧 활기차게 무대에서 미끄러지는 남성군무를 보게 된다. 그 가운데 있었던 음악의 변화나 출연자의 새로운 등장 같은 작은 변화들이 이 두 장면을 연결시키는 다리였음을 인식하지 못할 정도로 집요하고 은근하다. 하지만 그의 동작들이 더욱 빛을 발하게 된 공로는 출연자들에게도 있었다. 특히 힘과 열정, 표현적인 제스처를 보이는 데서 현대춤의 풍성한 어휘를 익힌 박호빈, 이광석 등의 연기는 정적인 흐름에 들어간 볼거리로서의 춤이 되면서 조화를 이뤘다.

작품의 구성은 크게 원이라는 이미지와 환영이라는 이미지로 나뉘어 진행되는데 무대 바닥에 깔린 붉은색 문양과 푸른색 가루더미의 상징성이 크게 부각됐다. 같은 동양이지만 붉은색은 한국보다는 중국과 일본의 이미지와 관련된 것처럼 느껴진다. 부적의 붉은색, 연지 곤지의 붉은색이 악귀를 물리치는 효험을 지녔다는 특별한 생각 때문이었는지 백의민족이라는 주술 같은 언어의 반복 때문이었는지 우리 춤무대에서 낯설었던 붉은색의 이미지에 대해서도 다시 생각해 볼 기회이기도 했다. 이처럼 여러 각도에서 깊은 인상을 남긴 김은희의 <환, 환>은 발디딤새만이 기존의 한국춤 형태를 고수하는 특별한 춤사위를 보였다. 하지만 그의 무대는 흔히 동양적인 특성이라고 말하는 신비한 분위기를 담고 있는 동시에 김은희만이 보일 수 있는 특별한 활력을 보여 세계 무대에서 그 독창성을 인정받을 수 있다는 생각이 든다.

소재나 내용이 한국적인 춤은 그 동안 너무 많았다고 해도 좋을 것이다. 신무용 자체부터 시작해서 현대춤·발레를 망라한 다음 세대의 안무자들까지 이 범주 안에서 해결점을 찾았다는 생각이다. 가장 한국적인 것이 세계적인 것이라는 주술 같은 대사가 만일 사실이라면 작품의 흐름에서 한국을 느낄 수 있는 김은희의 작품에 해당되어야 할 것이다. 모든 요소가 조화를 이루며 일치하는 깊이에서 우리만의 현대춤을 느낄 수 있었기에 김은희가 자랑스러웠다.

(『예술세계』 1998. 4월호)

컨템포러리·탐·안은미의 공연

역사적인 시각을 떠나 현재의 상황만을 본다면 한국의 현대무용은 컨템포러리무용단부터 시작됐다고 해도 틀린 말이 아니다. 현재 활동하고 있는 무용가들의 모체를 따지다 보면 결국은 육완순과 컨템포러리라는 한 지점으로 모이게 되니 그 방대한 뿌리가 놀라울 정도다. 우연히도 이러한 사실을 생각해 볼 수 있는 공연들이 연속돼, 98년 3월에 어떤 의미라도 붙여 봐야 할 듯하다. 안애순과 안성수가 작품을 발표한 컨템포러리 공연(3. 19~20, 문예회관)과 전미숙과 성미연의 탐 공연(3. 25, 문예회관) 그리고 안은미의 개인공연(3. 19~22, 자유소극장)은 한 뿌리에서 시작됐지만 세월과 함께 아주 다른 줄기로 성장하는 모습을 보였는데, 우리 무용계에도 연륜이 붙어 가고 있음을 느끼게 했다.

컨템포러리의 안애순이 안무한 〈열한번째 그림자〉는 솔로 공연에서 군무로 변화된 몇 년간 다듬어진 작품이다. 그럼에도 불구하고 매번 무엇을 봐야 할지 어리둥절하다. 만석중놀이가 계속되면서 시각적으로는 구름이나 소나무, 용이나 물고기 같은 그림들이 떴다가 사라지고 청각적으로는 죽음과 삶에 관한 넋두리가 반복된다. 또 춤은 독립적인 구조로 전개되면서 포즈들 위주의 기교를 보이는데 배경막의 화면에 집중하다가 어느 순간 춤 쪽으로 시선을 돌려야 하고 후반부에는 다시 반대로 시선을 옮겨야 한다. 시선을 옮기는 번거로움이나 어느 하나도 제대로 보지 못했다는 느낌을 가장 크게 인식하는 관객들에게는 안무자가 만들어낸 작품이 아니라 만들어 준 작품이라는 사실이 더 크게 느껴질 것이다.

안성수의 〈정중한 인사〉는 그가 귀국 공연에서 보였던 작품들과 매우 흡사했다. 춤의 분위기로 봐서는 오히려 그때보다 흥이 떨어진다는 느낌을 받았는데, 그 원인은 아무래도 출연자들에게 있는 듯했다. 안성수가 즐겨 쓰는 직선으로 교차되는 대칭형이나 양 옆으로 벌린 상태에서의 굴신 스텝은 개개인의 동작이 혼란스러워 보일 때 미묘한 조화를 이뤄냈던 것으로 기억된다. 동작의 악센트를 다양하게 살려 가며 변화와 힘을 추구하는 것으로 보였는데 이번 무대에서는 자유로움이 제대로 분출되지 못한 인상이다. 그의 춤 스타일이 '완전한 풀어짐'이라면 출연진들은 정형미를 느끼게 하는 마지막 '무엇'을 버리지 않고 있었다.

18회 정기공연을 가진 '탐'은 컨템포러리의 동생격으로 결성된 단체였지만 지금은 조은미를 주축으로 매우 왕성한 독립적인 활동을 하고 있다. 이번 정기공연에서는 탐의 창단단원인 전미숙과 신인 안무자로 발돋움하는 성미연이 작품을 발표했다. 성미연의 <탱고, 3악장>은 신세대 안무자들이 얼마나 풍성한 동작을 소유하고 있는지를 과시하는 무대였다. 카롤린 칼송이 "내가 춤이다"라고 했지만 몸이 곧 춤으로 느껴지는 밀착된 느낌은 성미연 특유의 춤 스타일이었다. 동작이 감정을 담아내는 단계를 지나 동작과 마음상태의 일치를 보여주는 듯한 화려함과 자유로움은 특히 5인무에서 드러났고, 김수정이 성미연의 스타일을 특별히 잘 소화해 내고 있었다. 하지만 안무작업을 동작과 흐름의 결합으로 본다면 감정의 설정이나 해석상의 흐름에서는 한 걸음 진전해야 할 단계에 있었다. 구성상의 세련미 혹은 감정 해석의 독특함이 보인다면 주목할 만한 안무자였다.

전미숙의 <암꽃>은 지난해의 <개·꿈, 그리고 국화>보다는 강도가 떨어졌지만 안무가라는 직업적인 명칭을 붙일 수 있는 대표적 인물의 작품다웠다. 무대의 규모나 전개의 다양함에서 그만한 균형감각을 찾기 어려운데 특히 이번 작품은 스펙터클한 효과를 중점적으로 보였다. 감정적인 느낌의 세계와 일상적인 세계를 교차시키는 전개 구조를 통해 안무자는 <암꽃>에서도 춤과 극이 있고, 그 특유의 비웃음이 있는 무대를 꾸며냈다. 김미경이 연기한 도입부가 매우 인상적으로 춤과 극의 일체감을 느끼게 했다면 롤러스케이트를 탄 욕탕의 소녀들이나 고무장갑을 낀 여인들은 비웃음의 강도를 높여 줄 미끼이자 작품에 활력을 불어넣는 요소가 됐다. 그의 손에서는 모든 소품이 춤이 되는 효

전미숙 안무 〈암꽃〉 1998. 3. 25, 문예회관

과를 볼 수 있다는 점도 흥미롭다.

뉴욕에 머물면서 개인공연을 가진 안은미는 컨템포러리에서 활동한 적이 있고 유학중에도 몇 번 한국 무대에서 공연을 가졌다. 그의 특징이라면 외적인 장식이 많다는 것으로 분장의 단계를 넘어 가장을 하는데 특히 이번 무대는 모두 솔로 공연이었던 만큼 마임 공연을 보는 인상이 더 강했다. 모두 7장면으로 된 무덤 시리즈는 무덤보다는 왕자나 토마토처럼 주제의 특징에 초점이 있어 다양한 인물들이 등장하는 다양한 장면들이 주요 내용이었다. 전적으로 음악에 기초한 즉흥적 동작이나 감상적 몸짓들이 개성 있는 웃음을 선사하고 특이한 무대 활용 기술과 나체를 부담스러워 하지 않는 기질이 가장무도회나 동화의 세계처럼 비현실적인 세상을 꾸며냈다. 하지만 몇 편을 보다 보면 폭발할 듯한 기분에 비해 그 기분을 나타낼 언어가 부족해 보인다는 점이 쉽게 드러나기도 한다. 그의 미래가 어떻게 전개될 것인가를 예상해 볼 때 젊은이의 재미 있는 실험을 뛰어넘을 예술적 기량이 과제로 보였다. (『예술세계』 1998. 4월호)

민족춤제전에서 본 박은화

　'여성, 모성을 위하여'라는 주제를 갖고 6명의 무용가들이 작품을 만들어 보인 제5회 민족춤제전(1998. 4. 27-30, 문예회관)은 어느덧 독특한 색깔을 지니고 있었다. 안무자들은 주어진 주제에 대해 남다른 해석과 시각을 보임과 동시에 그 자체를 작품 안에 담아 내는 복합적인 작업을 해야 한다는 점이 이 춤제전의 특징이 되어 가고 있는 듯하다. 아울러 한계가 주어지고 범위가 좁아질수록 개인의 차별화된 능력이 쉽게 드러난다는 점도 흥미 있는 발견이었다. 올해의 참가자인 박은화, 방희선, 이순, 박호빈, 장선희, 황미숙은 끊임없이 작품을 발표하고 있는 30대 안무가들로 항상 관심의 대상이 되어 왔고, 이들을 한 무대에서 볼 수 있다는 장점도 관객 쪽에서는 상당한 매력이었다.

　하지만 이들 각자의 장단점이 충분히 알려진 만큼 기존의 다른 작품과 이번 작품을 비교하면서 보게 되는 입장에 서게 됐는데 이번 공연은 안무가 개인의 발전된 혹은 미궁에 빠진 모습을 관찰하는 기회였다. 안무가가 미궁에 빠진 모습도 무감각한 매너리즘을 보는 것에 비한다면 차라리 즐거운 일이지만 작품이 성숙되고 한 단계를 뛰어넘은 듯한 모습은 관객이 누릴 수 있는 유일한 환희일 것이다.

　여섯 사람 모두가 각기 자신의 성격을 충분히 드러낸 이틀 동안의 공연 중 박은화의 〈무위(無爲)〉를 보면서 그의 안무감각을 새롭게 느꼈다는 점을 이번 공연의 가장 큰 성과로 꼽고 싶다. 그의 작품을 두어 개 본 적이 있고, 그가 무용예술상 안무상을 수상한 경력이 있음에도 불구하고 그에 대한 개인적인 신뢰감은 그리 깊지 않았던 것이 사실이다. 그러나 〈무위〉에서는 그가 비로소 상당히 까다롭고 엄밀한 의미에서의 호칭인 안무가의 대열에 들어섰다는 개인적인 기쁨을 발견했다. '자유'라는 무용단의 명칭에서나 그가 작품에 담아 보고자 했던 '억지 없이 저절로 발휘되는 능력'에서나 그는 의미를 두고 작

박은화 〈무위〉 1998. 4. 27-30 문예회관

품을 하는 과정에서 벗어나고자 하는 자세를 강조하고 있었다. 그러나 〈무위〉
에서는 철저한 검증을 거친 동작들과 구성들이 보여지고 있었다. 우선 작품의
완성도를 계산하고 그 안에서 자신의 무용론을 소리 안 나게 드러내는 기교는
원숙한 경지에 이른 안무가들에게서 볼 수 있는 특징 중 하나라고 생각한다.

안무의 원숙한 경지는 다작이나 많은 공연으로 얻어지는 것도 아니고 노력
으로만 되는 것도 아니다. 선천적인 감각이 필수적인데 이 감각 또한 여러 번
의 시행착오를 거쳐야 비로소 드러나게 된다. 영원히 작품성을 인정받지 못하
는 아마추어 안무가로 생을 마감하는 경우가 더 많을지도 모른다. 1927년에
마리 비그만이 당시 독일 무용계를 묘사하면서 너무도 준비 없이 안무에 임하
는 젊은이들과 그로 인해 생기는 무용계의 문제점을 지적했듯이 우리의 현상
황도 그에 못지않다. 비그만의 요구처럼 허영에 들뜬 자기과시적 무대와 진정
한 무용예술가의 무대를 관객이 구분해서 선도한다는 것은 거의 불가능한 이

야기가 아닐 수 없다. 문제의 해결은 안무에 임하는 무용가들이 스스로를 판단하는 기준을 더욱 높여야 할 것으로 보이는데 실험의 과정에서는 누구도 결과를 예측할 수 없기 때문에 이 또한 불가능한 요구에 가까울 것이다.

이처럼 혼란스러운 과정을 거치고 자신의 색깔을 완성한 박은화의 〈무위〉는 감동을 줄 만한 경지는 아니더라도 '작품'으로 보여지기에는 충분했기 때문에 이제야 비로소 그를 안무가의 대열에 세우는 무례함을 고백하지 않을 수 없다. 〈무위〉에서는 여러가지 이미지를 차례로, 동시에 복합적이며 전체적으로 느낄 수 있다. 통일성이라고 해도 좋을 것이다. 마른 가지에 꽃을 매다는 반복적인 행위가 후반에서 비로소 모성애로 감지되는가 하면 무대를 회전하는 나뭇가지에서는 어머니의 대물림이라는 여자들의 일생도 느껴진다. 연속적으로 진행되는 이 광경은 지극히 서정적인 특성 혹은 한국적인 정서로 보인다. 인위적으로 '한국적 정서'를 꾸어다 놓는 작품들과의 차별화를 보이는 좋은 본보기였다.

이 서정성과 조화를 이룬 적절한 역동성은 군무진의 몫이었고, 동작의 선택이나 배열의 안목이 원숙하고 세련됐다. 서정적인 깊이에 눌려 표출되기만을 기다렸던 외침처럼 불거지는 스텝과 동작들은 요란하거나 크지는 않았지만 간결하게 정곡을 찌르는 절도의 묘미가 있었다. 단순해 보이는 동작이었지만 충분히 훈련된 무용가들의 연기였다는 사실도 매우 중요하게 여겨진다. 안무가의 생각이 구성과 동작과 연출을 통해서 무대에 올려지는 행위를 안무라고 한다면 이들 중 어느 하나라도 어긋나서는 좋은 무대가 될 수 없다. 또한 이 모든 요소들이 독자성을 인정받을 때 비로소 '작품'으로 인정된다. 좋은 무대는 노력으로 도달할 부분이 비교적 많은 데 반해 작품성은 그야말로 해탈의 경지를 요구한다. 〈무위〉에서는 분명 이전의 작품에서 해탈한 성숙한 박은화가 느껴졌다. (『예술세계』 1998. 6월호)

갈리나 울라노바와 프로코피에프의 음악

발레리나로 발레교사로 때로는 구소련 발레의 공식대변인으로 활동하면서 구소련 발레의 살아 있는 증인이었던 갈리나 울라노바가 1998년 올해 사망했다는 소식이 알려졌다. 미국의 대표적인 방송사들은 그녀의 죽음을 알리며 53년경에 제작된 <로미오와 줄리엣> 필름을 방영했다. 1910년 페테르부르크에서 탄생했으니 천수를 누린 셈이다. 하지만 그녀의 활동상에 대해서는 알려진 자료가 많지 않다. 물론 서방세계에서 기록된 역사에 의존하고 있다는 단서를 달아야겠지만 더 크게는 무용의 역사 자체가 정치적인 이유로 단절됐었다는 더 근본적인 이유를 생각해 볼 수 있다.

울라노바가 성장하고 활동하던 시기에 무용사의 흐름은 디아길레프와 그 이후의 활동상을 중심으로 전개됐다. 30년대와 40년대를 거치며 유럽과 미국에서는 새로운 발레 부흥이 이뤄졌고, 역사의 초점은 당연히 그곳으로 맞춰질 수밖에 없었다. 동시에 소련은 서방세계와는 단절된 환경 아래서 독자적인 색채를 구축해 갔고, 그 당시의 모습들은 극히 단편적으로 알려진 것이 전부다. 1909년 이래로 디아길레프 러시아 발레단이 유럽으로 진출한 이후 장래가 촉망되는 많은 무용가들이 러시아를 떠났다. 특히 1917년의 세계대전과 러시아 혁명은 발레단에 경제적으로 궁핍한 상태를 초래했다. 황실발레극장의 관계자들을 중심으로 전쟁과 관계없이 발레가 보존되었으나 새로운 정부의 눈에는 그것이 퇴폐적이고 대중에게 적합하지 않은 것이었다.

다행히 초대 교육부장관 아나톨리 루나카르스키 같은 소수의 보호자가 있어 발레가 보존되었고, 망명할 것을 거절하고 러시아에 남아 있던 아그리피나 바가노바, 에카테리나 겔처, 바실리 티코미로프 등이 공연과 교육을 담당할 수 있었다. 오늘날에 통용되는 러시아의 발레 교육법이 바가노바 스타일로 굳혀진 데는 이러한 배경이 있었던 셈인데, 울라노바 역시 바가노바의 지도 아래

1928년 페트로그라드 주립 발레학교를 졸업했고, 이후 1930년부터 현대의 러시아 발레 레퍼토리에 출연하면서 시정이 넘치는 극적인 배역을 연기했다. 1944년 키로프를 떠나 볼쇼이에 입단함으로써 모스크바를 발레의 새로운 중심지로 만드는 데 기여했고, 스탈린상을 4차례 수상한 후 51년에는 인민배우, 57년에 레닌상 수상, 74년에는 영웅으로 추대되면서 생존시에 이미 구소련 발레의 상징적 인물로 공인 받은 경력의 소유자다.

학창시절의 갈리나 울라노바는 말괄량이였고, 첫 솔로가 <고집쟁이 딸>에서 나막신춤을 추는 소년역이었다고 한다. 반면 졸업공연에서는 <쇼피니아나>의 왈츠와 마주르카를 추었는데 단순하고 시적인, 특히 진지하고 깊이 있는 고유의 춤스타일을 구축한 아름다운 분위기였다는 기록도 있다. 하지만 무용수로서의 최상의 시기는 1940년의 <로미오와 줄리엣>으로 시작됐다. 프로코피에프가 작곡한 3대 발레 음악인 <로미오와 줄리엣> <신데렐라> <석화>가 모두 울라노바를 주역으로 생각하며 만들어졌다는 일화도 있고 특히 <로미오와 줄리엣>은 서방세계에서 가장 인상적인 공연으로 평가되고 있다.

그녀가 서방세계에 나타난 것은 1945년 비엔나 공연이 처음이었지만 그 명성은 이미 알려져 있었다고 한다. 불행히도 런던이나 뉴욕에서의 공연은 50년대 후반기였고, 그녀의 완전한 은퇴가 62년이었으니 자료화면 역시 최상의 모습은 아닌 셈이다. 59년의 뉴욕 공연에서는 <빈사의 백조>를 추었고, 소련의 프리마 발레리나 아솔루타로 세계적인 추앙의 대상이 되었다. 그녀의 춤은 따뜻하고 밝은 인성을 보이는 데서 탁월하고 동시에 관객을 깊이 감동시키는 재능이 있었다고 한다.

은퇴 후에는 교사로서의 새로운 경력이 시작됐고, 낭만적이지 않은 특징을 강조하면서 영감 이전의 힘든 훈련과 무용에 지적인 접근을 의식적으로 해야 한다는 점을 강조했다고 한다. 특히 '보이는 음악 만들기'를 무용가들의 임무로 생각해서 춤을 추면서 음악을 따르는 성악적인 자질을 중시해 그녀 자신이 지닌 음악적 해석력을 전수했는데 1955년에 쓴 '발레의 표현 의미'라는 글에서 "무용은 음악에 의해 태어나지만 음악을 보일 수 있는 움직임이다"

라는 말로 요약하고 있다.

필름으로 제작된 울라노바의 <로미오와 줄리엣>은 초연 이후 이미 십수 년이 지난 뒤의 것임을 감안하고 봐야겠고, 또 눈부시게 발전하는 발레기교와 감각의 세련미도 감안해야겠지만 그녀의 명성을 뒷받침할 만큼 탁월한 것으로 보이지는 않는다. 프랑스 파리오페라발레단의 교사인 이베트 쇼비레가 오로라 공주로 유명했지만 그 필름을 보면 지금의 발레리나들의 기교를 따를 수 없다는 것도 비슷한 경우이고, 그 유명한 마고트 폰테인의 필름조차도 오늘날의 시각으로 보면 어수룩한 기교가 크게 보이니 발레만큼 빠르게 발전하는 예술도 없는 듯하다.

하지만 울라노바의 <로미오와 줄리엣> 경우에는 그녀가 강조했듯이 극중 인물의 사실적인 연기와 음악에 심취한 모습만큼은 확실히 느껴진다. 부모가 모두 발레단에서 감독으로 혹은 무용가나 교사로 일했고, 가까운 친척들이 극단에서 활동했었기 때문에 연기력을 훈련받을 수 있었다는 말도 있지만 당시로서는 확실히 새롭고도 탁월한 발레 연기였음은 인정하지 않을 수 없다.

특히 프로코피에프의 음악은 다른 고전발레 음악의 리드미컬하고 명확한 박자에 익숙한 발레리나들이나 안무가들에게는 매우 낯설어 수십 년이 지난 지금도 그렇게 익숙한 편이 아니다. 테마 음악에서는 매우 강렬하고 극적인 분위기를 제시해 주는 장점이 있지만 변화무쌍한 강약이나 리듬의 변화가 심해 춤적인 동작 연결로 극을 끌어가는 입장에서 보자면 맥이 끊어질 위험이 크기 때문이다. 프로코피에프는 이미 1914년부터 발레음악을 시도했었고, 28년의 <돌아온 탕아>가 발레로 공연되기는 했지만 장막발레는 <로미오와 줄리엣>이 처음이었다. 1914년의 작품이 디아길레프로부터 거절당한 충격도 컸을 것으로 생각된다. 이유는 스트라빈스키의 <불새>와 유사하다는 것이었는데 움직임을 필요로 하는 감각에서 뒤떨어졌기 때문인지 음악적인 개성을 특별히 앞세웠기 때문인지 그 이유는 알 수 없다.

프로코피에프 사후에 공연된 <석화>의 음악이 가장 움직이기 쉽다는 느낌이 들고 보면 <로미오와 줄리엣>을 처음 안무한 라브로브스키의 어려움이 짐작이 간다. 결과적으로는 발레사에 매우 독특한 흐름 즉 드라마발레라는 장르를 남겨 준 작품이고, 들을수록 독특한 멜로디가 진가를 더해 주지만 음악가와 무용가가 일치하기까지는 꽤 어려운 과정을 거쳤을 것이다.

울라노바의 극적인 연기력이 진가를 발휘해 자타가 탁월함을 인정하고 결국은 그녀의 춤철학이 된 음악에 관한 생각들도 따지고 보면 프로코피에프를 해석했다는 긍지에서 시작되지 않았는가 싶기도 하다. 후기에 울라노바는 프로코피에프와 발레단이 어떻게 〈로미오와 줄리엣〉을 탄생시켰는지를 글로 남겼다. 울라노바가 남긴 글이라 애착이 가기도 하고 음악가와 무용가의 영원한 갈등을 다시 한번 보는 듯해서 여기에 그대로 옮겨 본다.

"작곡가를 처음 소개받던 날이 생생히 기억난다. 오케스트라와 〈로미오와 줄리엣〉을 연습하기 시작할 무렵으로 그가 연습장에 왔었다. 그 만남은 고통스런 아픔으로 기억되는데 나는 그 전날 치과수술을 받아 한쪽 볼이 부어 올라 붕대를 감았고 두 눈은 울어서 빨갛게 됐었다. 그 한심한 상태에서 작곡자는 자신이 창조한 미래의 줄리엣을 소개받은 것이다. 연습할 수 없음이 확인된 만큼 그날 연습은 취소됐다.

시간이 흘러 연습이 진행되는 동안 우리는 음악 때문에 상당한 고통을 받게 되었는데 갑작스럽게 바뀌는 리듬이 우리에게는 굉장한 어려움이었다. 간단히 말해 우리는 그런 음악에 익숙하지 않았기 때문에 음악이 두렵기까지 했다. 고백하건대 당시에 우리는 그 음악을 느끼지도 이해하지도 못했다. 하지만 프로코피에프에게는 그런 말을 전혀 하지 않았다. 우리는 그를 두려워했었다. 그는 엄격하고 거만한 토마스(부활을 믿지 않은 12사도 중의 하나)처럼 발레와 그 예술가들을 의심쩍게 보는 듯했다. 그 사실에 우리는 매우 불쾌했다. 우리의 젊음과 직업적인 자긍심이 앞서 있었기 때문에 당시 그에게는 발레를 경계하고 충격을 느낄 만한 확실한 이유가 있었다는 사실을 전혀 생각해 보지도 않았다. 〈로미오와 줄리엣〉 이전에 그가 작곡한 무용음악들이 실제 무대에서는 전혀 알려지지 않았던 것이다.

오케스트라에 맞춰 〈로미오와 줄리엣〉 3막을 연습할 때였다. 공연을 본 사람들은 기억하겠지만 막이 오를 때 줄리엣은 침대에 앉아 금침을 덮고 무릎에 엎드려 있는 로미오의 머리를 쓰다듬고 있다. 침대가 오케스트라 난간의 깊숙한 곳에 있었기 때문에 갑자기 일층 뒷좌석의 레오니드 라브로브스키가 큰소리를 치자 우리는 매우 놀랐다. '왜 움직이지 않지' '음악이 안 들려요' 우리의 대답이었다.

그러자 연습장에 있던 프로코피에프가 정말로 화가 났다. '뭘 요구하는지 알겠군!' 그가 신경질적인 목소리로 크게 외쳤다. '당신들은 음악이 아닌 북소리를 원하는 모양이군!' 우리는 별로 기분 나쁘지 않았지만 그에게 무대로 올라와 가까이 앉아 알려 달라고 요청했다. 그는 장면이 끝날 때까지 머물러야 할 그 비운의 침대에 앉아 아무 말 없이 오케스트라에 귀를 기울였다. 이윽고 그가 떠나며 연주가들의 잘못이라는 듯 아주 불만스럽고 비통한 목소리로 말했다. '좋아, 두세 곳을 다시 쓰지, 소리가 들릴 거야.'

조금씩 공연이 형체를 잡아가기 시작했다. 의상이 완성됐고, 안무가 더 명확해지는 등 각 예술가들의 작업이 드러났고, 프로코피에프는 우리도 역시 인간임을 알게 됐고 특히 무용으로 구체화할 수 있는 좋은 음악을 이해하기에 이르렀다. 음악과 무용의 일치를 처음 봤을 때 그는 우리를 신뢰하기 시작했고, 그 후로는 매끄러워졌다. 그에게 가졌던 건방지다는 생각, 그래서 처음부터 그와 멀어졌던 관계가 조금씩 달라졌다. 우리의 의견에 대한 프로코피에프의 편협함도 점점 사라졌고 이윽고 친절하고 흥미진진하게 들어 주었다. 이 친절함은 작가와 발레 해석자 사이에서 깊고 진지한 상호간의 신뢰로 바뀌어 나타났는데 처음에는 결코 서로 이해할 수 없을 것이라고 생각했던 음악과 발레의 연결에서 생기는 복잡한 문제들로 야기된 어려움, 즉 '쌍방의 불행과 상처였던 괴로움'의 시련이 그만큼의 사랑으로 나타났다. 피로코피에프가 처음으로 감격하고 만족해 했고, 우리에게 수없이 반복해 대답해 주었다.

보이는 듯한 그의 강한 음악은 우리의 이해와 근접했고 동시에 셰익스피어와도 일치했다. 명확하고 생기 있는 특성들을 내포한 음악은 그 자체를 따라가는 것이 감정의 표현이며 움직임과 동작의 느낌이다. 프로코피에프는 음악이 그렇게 요구하고 있고 말하고 있기 때문에 단지 그렇게만 해야 하고 할 수 있다고 강조했다. 결국은 이 점이 공연 전체의 특성을 정의하는 데 가장 중요한 것이었다. 처음에는 이미 말했듯이 음악이 이해할 수 없고 '덜 실용적인' 것으로 보였고, 무용을 하는 데 어려움이 많았다. 하지만 음악을 듣고 작업하고 연구하고 경험하고 이미지를 찾는 동안 음악은 광채를 발했다.

그리고 조금씩 이해하게 됐고, 점점 더 '실용적인' 음악이 됐으며, 안무나 심리적인 관점도 명확해졌다. 지금 만일 누가 내게 <로미오와 줄리엣>의 음악이 어떠해야 하는가를 묻는다면 나는 프로코피에프 같아야 한다고 간단히 대답할 것이다."(『몸』 1998. 5월호)

램버트댄스컴퍼니·안재선의 첫무대

램버트댄스컴퍼니

근래 몇 년간 예술의전당을 통해 접하게 된 무용공연들은 역사책에서나 그 명성을 들을 수 있었던 발레단의 무대가 주를 이뤘다. 욕심을 더해 혁신적인 작품들 혹은 현대무용 계열의 공연도 머지않아 가능하지 않겠는가라는 생각을 했었는데 그 기간이 의외로 단축된 것 같다. 램버트댄스컴퍼니는 마리 램버트에 의해 창단된 단체로, 니네트 드 발로아가 조직한 현재의 로열발레와는 처음부터 다른 성격을 띤 다시 말해 고전발레의 계승보다는 새로운 창작발레를 의도적으로 시도한 무용단으로 유명하다.

러시아의 '발레뤼스'가 해체되면서 영국에 정착했던 두 여인의 행보가 오늘날의 영국무용계를 형성했다고 해도 과언이 아니듯 70여 년의 세월 동안 발레와 현대무용이라는 두 장르의 춤으로 점점 더 거리를 넓혀 갔다. 마리 램버트는 초창기부터 '발레뤼스'의 창작정신을 계승하려 했고, 그녀가 발굴하고 육성한 초기의 안무가들로는 프레드릭 애쉬튼과 안토니 튜더를 꼽게 된다. 두 거장은 영국의 현대발레 더 나가서는 미국의 발레단들에게까지 막대한 영향력을 행사한 작품들을 남겼고, 당시로서는 창작적인 측면이 두드러졌지만 오늘날에는 모두 고전적인 발레 레퍼토리에 포함되고 있다.

이러한 전통에 기반을 둔 램버트댄스컴퍼니가 이제 램버트의 마지막 제자로 불리는 크리스토퍼 브루스의 작품들을 위주로 영국 현대무용의 일면을 보여주고 있는데 이번 공연(1998. 5. 19-22, 예술의전당 오페라하우스)을 통해 본 이 단체의 느낌은 전문화된 공연단의 전통이 뿌리 깊다는 것이었다. 이제는 현대무용의 고전이 된 폴 테일러의 〈에어스(Airs)〉와 크리스토퍼 브루스의 〈스트림(Stream)〉〈루스터(Rooster)〉는 모두 공연에 적절한 길이 — 30여 분이 소요되는 — 의 작품으로 유럽식 현대무용의 전형적인 모습을 소개했다.

428

공연용으로 일반화된 혹은 대중화된 이러한 구성틀과 함께 기교를 중시하지만 상념적인 분위기나 서정적인 흐름이 기본 바탕이 되어 연결되는 부류의 작품들이었다.

7인무로 구성된 <에어스>는 헨델의 음악을 편집하면서 얻어지는 구성적인 효과에 동작의 자유를 만끽하는 리듬감의 향연으로 초연 당시에는 그 새로운 자유가 놀라웠으리라는 짐작을 하면서 편안하게 즐길 수 있었다. 현대춤의 주제라고 해서 반드시 어두울 필요가 없다는 사실을 알린 작가의 깊은 의도도 새겨 봄직하다. <스트림>에서는 <에어스>의 발전적인 일면을 느낄 수 있는데 리듬감의 강조라는 측면에서 더 미세한 접근을 하는 가운데 동체의 비틀림이나 수축 또는 박력 있는 고저의 변화에 강조점을 두고 있었다. 모든 동작으로부터 자유로움을 얻은 무용가들의 기량은 흔히 '득음의 경지'라고 일컬어지는 우리 음악가들의 훈련과정을 떠올리게 했고, 우리 현대무용가들의 기량이 상대적으로 매우 제한적이라는 느낌을 갖게 했다. 무기교를 강조하는 춤에서도 반드시 그에 상응하는 기교는 있게 마련이듯이 어떤 경우라도 자신의 신체를 지배하는 자만이 진정한 동작의 연기자가 될 수 있다. 지난해의 마기 마랭의 공연과 함께 램버트무용단도 이러한 기본적인 측면에서 과제를 남겨 준 셈이다.

<루스터>는 두 작품과는 다소 성격을 달리했다. 두 작품이 음악적인 감각에 대응하는 것이었다면 <루스터>는 상징적인 혹은 묘사적인 표현의 감각을 내용으로 한다. 수탉의 거들먹거림이 웃음을 자아내는가 하면 남자와 여자의 성적인 적대감 같은 감정도 담겨 있다. 대중가요와 어울리는 재미있는 춤판에서 안무자의 탁월한 지식들 — 춤동작과 음악의 효과적 연출 — 이 돌출되는 작품으로 산만해 보일 정도로 자유롭지만 배열과 구성에서 철저히 통제되는 고전적인 기법이 다른 작품들과 맥을 같이했다.

로열발레가 70년대에 내한공연을 시작한 이래로 램버트댄스컴퍼니는 영국의 또 다른 무용을 한국에 공식 소개한 단체가 아닌가 싶다. 이들의 작품은 고전발레와 최신 경향의 중간단계에 위치한 것으로 기법상으로는 다양한 접근

을 시도하고 있지만 구성이나 작품의 성격이 공연용으로 잘 다듬어져 파격의 미를 기대했던 관객들에게는 상식선에 머무른 인상을 남길 여지도 있었다. 하지만 현대무용단의 공연을 초청한 이번 기획은 우리의 안목이 더 성숙되고 여유를 지니게 됐음을 입증하는 하나의 사건으로 의미가 깊다. 점차 강도를 높여 유럽이나 뉴욕 무대에서 매년 공연하는 또 다른 유명 단체들이 내한할 가능성을 시사한 공연이기 때문이다.

안재선의 첫무대

안재선은 서울예고와 이대를 거쳐 현재 덕원예고에서 발레를 가르치는 30대 초반의 무용가다. 그의 첫공연(1998. 5. 20, 문예회관 소극장)은 작은 목소리지만 적지 않은 의미를 담고 있었다.

솔로 작품 〈동중정(動重靜)〉이나 성윤선과의 2인무 〈또 하나의 나〉를 보면서 발레 전공자들이 두려워하는 경계선을 너무도 쉽게 넘어 버린 그의 당찬 모습을 발견했다. 그의 이력을 알지 못했다면 아마도 외국무용의 기교를 습득한 한국무용가의 공연으로 생각할 정도였다. 한복에 맨발은 더 이상 한국 창작춤의 전유물이 아니었고, 그가 담아낸 서정적인 강인함은 흔치 않은 독특한 아름다움이었다. 춤꾼으로서 지녀야 할 몰입의 경지에는 도달하지 못하고 있었지만 첫공연을 떡잎으로 본다면 크게 될 나무였다. 연약한 외모를 지닌 발레 선생의 용기가 창작의 불모지처럼 인식되고 있는 신세대 발레 그룹에 새로운 이미지를 부여했음은 틀림이 없다.

김희령, 사쿠라이 사치코, 이광석이 출연한 〈생(生)〉 역시 주제와 소재의 접목에서 독특한 인상을 남겼다. 가벼운 여행길에서 벌어지는 재미와 권태를 삶으로 해석한 그의 시각은 적어도 신세대의 상식을 벗어난 것이었다. 특히 그 묘사 과정이 섬세하고 사실적이면서도 삶을 느끼게 한다는 공감을 얻어내는 단계에 이르르면 그를 보는 시각이 달라지게 되는데 이런저런 책자에 등장하는 '인생을 관조한다'는 표현이 떠오른다. 공연 전반을 통해 삶을 깨쳐 가는 안무자의 고백이 작품으로 보여지고 있다는 느낌이 지배적이다. 〈동중정〉의

안재선 〈동중정〉 1998. 5. 20, 문예회관 소극장

독특함이 어느 춤의 기교에도 구속되지 않으면서 진솔하고 침착한 리듬을 만들어낸다는 것이었다면 〈생〉에서는 동작과 극의 조화를 유지하면서 내용을 묘사하는 능력이 뛰어났다. 물론 출연진의 기량에 전적으로 의존해야 할 부분이 많았던 만큼 김희령, 사쿠라이 사치코, 이광석의 연륜이 빛을 발한 셈이다.

두번째 작품 〈또 하나의 나〉는 안무자들이 작품 속에 얼마나 많은 의미를 부여하고 있는지를 새삼스럽게 상기시키는 계기가 됐다. 사실 이러한 제목의 춤들은 수없이 많은 무용가들이 공연했었고, 그 때문에 선입견이 감상의 기회를 아예 무시하게 되는 것이 사실이었다. 성윤선의 호기심 어린 눈빛과 안재선의 확장된 춤사위가 대조적으로 혹은 일치점을 보이면서 결합되는 과정을 보면서 감상자가 안무자의 숨겨진 의도를 알 때는 그 의미가 상상할 수 없을 만큼 절실해진다는 사실을 경험했다. 안무자를 만나고 작품에 대해 이야기를 한다는 입장과 그러한 계기를 의식적으로 차단한다는 입장의 평론가들이 있다면 개인적으로는 후자의 입장을 선호해 왔다.

그러나 이번 안재선의 경우는 지금까지의 방법에 대해 의심을 품게 했고, 그동안에 지나쳐 버린 애절한 제스처들에 대해 책임감마저 느낄 정도로 혼란스러운 감정을 경험하게 했다. 관객은 보여지는 것만으로 작품을 이해하고 평가한다는 생각에는 변함이 없지만 영원히 풀리지 않을 수수께끼 같은 미궁이 있다는 사실을 인정하지 않을 수 없다. 안재선의 공연은 글을 쓰는 한 관객에게도 커다란 충격을 던져 준 셈이다. (『몸』 1998. 6월호)

유니버설발레단의 '전통발레 걸작선'

유니버설발레단이 선보인 〈르 파피용〉에는 마법에 걸려 나비로 변해 버린 소녀가 나온다. 이 소녀의 모습에서 공기의 요정, 처녀귀신 윌리, 물의 요정이 연상되더니 결국은 〈백조의 호수〉의 오데트로 연결됐다. 이처럼 신비하고 비현실적인 피조물들은 낭만발레의 주인공으로 가장 오랫동안 전유럽에서 유행했던 만큼 당시에는 참으로 많은 요정들이 있었다고 한다. 하지만 현존하는 요정이야기는 그리 많지 않은데 체험으로 전해지는 발레 특유의 교육방법 때문에 대부분 잊혀지고 말았다.

그 잊혀진 요정들 중의 하나가 러시아의 키로프발레단에 숨어 있다가 백년이란 세월을 훌쩍 뛰어넘어 다시 나타났으니 나비요정은 값으로 환산하지 못할 감동적인 유물이었다. 물론 이러한 유물의 확보는 올레그 비노그라도프를 신임 예술감독으로 초빙한 결과로 볼 수 있으니 유니버설발레단은 한국 발레사에 또 다른 업적을 남기고 있다.

〈르 파피용〉을 비롯한 네 개의 소품들은 모두 원래는 장막 발레였으나 현재는 일부분만이 전해지는 아주 진귀한 소품들로 모두가 백년 혹은 이백년 전에 초연된 작품들이다. 소설 노틀담의 곱추를 소재로 한 〈에스메랄다〉, 장난감 가게를 배경으로 한 동화 〈요정인형〉, 서민과 부자의 이야기를 다룬 〈라 비벤디에르〉와 〈고집쟁이 딸〉은 각기 그 시대의 삶을 반영하고 있다.

〈에스메랄다〉에서 2인무를 춘 드라고스 미할차는 절도 있는 엄격함 속에서 유연함이 나오는 키로프 스타일의 발레를 연기해 시선을 끌었고, 〈라 비벤디에르〉에서의 엔리카 구아나는 탁월한 발로네(반복 도약)로 기량을 과시했다. 특히 〈르 파피용〉에서의 문훈숙은 배역에 도취해서 연기하는 발레리나의 기쁨이 어떤 것인지를 보여주었는데 가볍고 발랄한 그러면서도 우아한 기품을 잃지 않는 나비요정은 그녀의 이미지와도 일치하는 배역이었다. 알레그로 부분에서 박자를 자유로이 먹고 늘이는 여유 있는 기량의 과시는 발레리나 스스로 춤을 즐기는 보기 드문 무대였고, 그 즐거움이 객석까지 전달되는 순간을 여러 차례 경험했다. 신임예술감독의 무대에서는 문훈숙의 출연이 더 많아질 것이라는 예감이 들 정도였다.

소품들과 대비를 이룬 〈할르킨아드〉는 줄거리가 있는 단막 발레로 역시 한국 초연에 초점을 둔 작품이었다. 이탈리아의 옛 대중극을 발레로 만든 작품이라 극중인물이 생소하지만 돈과 사랑에 얽힌 단순한 내용에서 웃음을 끌어내는 방법은 크게 다르지 않았다. 고전발레를 완성한 마리우스 프티파의 마지막 성공작이라고 하니 유니버설의 이번 공연(1998. 6. 18–20, 리틀엔젤스예술회관)은 낭만발레 이전부터 고전발레 최후까지 작품의 폭을 넓혀 감상할 수 있는 최고의 기회였다. 공연장에는 새로운 소장품들을 확보한 박물관장의 기쁨 같은 것이 감돌고 있었고, 이로써 유니버설은 발레사의 중심에서 계보의 정통성을 더 확고히 주장할 채비가 된 것으로 보인다. (『조선일보』 1998. 6. 23)

올레그 비노그라도프 취임 기념공연

유니버설발레단에 새로 부임한 올레그 비노그라도프의 숨겨진 카드는 예상대로 전통 작품의 발굴이었다. 무용의 경우 작품 제목은 유명한데 정작 그 공연을 보지 못해 생기는 선망과 호기심은 다른 장르의 예술과 비할 수 없이 절박하다. 무용공연의 특성상 공연을 보지 않고는 형체조차도 상상하기 어렵기 때문이다. 그러다 보니 정작 공연을 보면 안도의 한숨과 함께 그 동안의 마음 졸임을 보상받기 위한 실망의 느낌도 있게 마련이다.

유니버설발레단의 이번 공연(1998. 6. 18~20, 리틀엔젤스예술회관)에서는 우선 다섯 개의 소품이 눈길을 끌었다. 사라진 대작의 잔해들을 보면서 보존된 대작들과 비교하는 여유를 만끽할 수 있었고, 오늘날의 레퍼토리들이 얼마나 갈고 다듬어진 명작인가를 다시 한번 확인하는 계기가 됐다. <에스메랄다>는 <노틀담의 곱추>로, <요정인형>은 <환상가게>로, <르 파피용>은 <라 실피드>로 보존되고 있음을 보여주면서 백년 전에 안무된 <할르킨아드>가 최근 작품인 그야말로 박물관에 앉아 있는 듯한 착각을 불러일으켰다.

<라 실피드>를 보고 열광하는 관객은 많지 않다. 시간이 지나면서 열광할 만한 순간에도 많은 변화가 생겨났기 때문이다. 하지만 <라 실피드>의 고유한 매력은 날이 갈수록 그리워지는 단순함과 소박함에 있다는 사실을 인정할 때 더욱 깊이 있는 감상이 이뤄진다. 마찬가지로 옛날의 작품들, 그것도 일부분만을 보존할 때는 당시의 분위기를 최대한 살려내야 하고 관객도 시간이 가져온 춤기교의 차이점을 충분히 감안해야 실망이 없다. 소품들 중에서는 문훈숙이 춤춘 <르 파피용>이 가장 인상 깊었다. 문훈숙은 평소에도 서정적인 성격에 더 어울리는 발레리나인데 게다가 춤경력이 최고에 이르고 보니 나비요정을 스스로 즐기는 모습에 활기가 넘쳤다. 다른 소품들에서도 출연자들이 배역을 좀더 즐겼다면 훨씬 성공적이었을 것이다.

발레공연이라고 하면 아직까지는 적어도 1막 이상으로 구성된 작품에서 안정감을 찾게 되니 〈할르킨아드〉는 길이나 줄거리 제시에서 1부의 소품들과 대조를 이뤘다. 16세기에 생겨난 이탈리아의 대중극인 코메디아 델아르테의 내용을 발레로 옮긴 작품으로 한국 초연이긴 하지만 비슷한 내용과 배경은 이미 〈풀치넬라〉를 통해 접해 봤다. 이탈리아의 대중극은 보통 12명에서 15명까지의 인원이 명성의 고하에 따라 길거리에서도 혹은 멋진 극장에서도 공연했다고 하는데 한 가지 배역을 맡은 배우는 죽을 때까지 그 역할만을 해야 했고 그 때문에 즉흥적인 대사가 자유롭게 구사될 수 있었다고 한다. 〈할르킨아드〉나 〈풀치넬라〉의 줄거리로 미루어 짐작컨대 주로 사랑하는 두 남녀의 결합을 방해하는 요소가 제거되기까지를 코믹하게 그려내는 내용이다.

가난한 할르킨과 부잣집 딸 콜롬바인은 서로 사랑하지만 콜롬바인의 아버지 카산드라는 부유한 귀족 청년인 레안드르를 사윗감으로 점찍었다. 이때 할르킨에게 신기한 행운이 찾아오는데 내막을 알게 된 축제의 여왕 피에리나가 그에게 카산드라를 만족시킬 재물을 선물한 것이다. 극이 전개되는 동안에 할르킨과 레안드르의 세레나데가 대조적인 반향을 일으키고 두 사람이 결투하지만 부유한 귀족 그렇지만 바보스러운 레안드르를 할르킨이 굴복시킨다. 이 밖에도 하인역의 피에로와 콜롬바인의 친구 피에레타가 양념을 하고 카니발의 왕 도스가 여왕 피에리나와 함께 등장하는 등 줄거리와 배역에 관한 지식의 유무에 따라 감상의 깊이가 매우 달라질 수 있는 작품이다.

도스와 피에리나가 화려한 모습으로 등장해 베네치아의 카니발에 활력을 불어넣은 후 시작되는 이야기에는 주인공으로 박선희와 이종필이 등장했다. 강예나의 우아한 선과 박선희의 생생한 표정연기가 대조를 이루고 가면무도회에 참석한 군무진이 배경을 놓치지 않도록 일깨워 주면서 극적 결속력이 강해진다.

〈할르킨아드〉를 모태로 〈풀치넬라〉가 안무되었다고 하는데 내용 전개를 빨리 마무리하고 디베르티스망 부분을 넣은 연출은 원작이 더 효과적으로 보였다. 하지만 이런 부류의 작품은 자칫 극중의 극을 보는 듯한 인상이 강하기 때문에 관객이 진지하게 몰입하기 어려운 시점에서 시작된다. 그래서 감정보다는 볼거리에 승부를 걸어 그야말로 환호를 이끌어내야 하는데 그런 면에서 출연진들의 기량이 다소 미숙해 보였다. 특히 할르킨의 경우 솔로 시작 부분에서 여러 번의 바트리(부딪힘)를 시도하는 등 외국의 콩쿠르에 자주 등장할 정도로 기교적인 측면이 강한 바리에이션인데 축소된 느낌이 있었다.

신임 예술감독을 맞이한 유니버설발레단은 뭔가 제대로 다잡기 위해 지금까지의 쉬웠던 방법을 스스로 포기할 때 부딪히는 그런 부담감 같은 것을 안고 있었다. 물론 그 동안 유니버설발레는 최선의 길을 선택해 왔고, 그때마다 높은 성과를 올렸다. 하지만 이제 진정한 세계 정상을 향해 출발을 다짐하는 마당이고 보니 미숙함이 없다면 거짓일 것이다. 정돈된 기교와 안정된 화려함 그리고 섬세한 절도라는 표현이 문법상으로는 틀릴지 몰라도 키로프스타일의 발레를 설명하는 데는 꼭 필요한 말들이다. 이번 공연에서는 드라고스 미할차가 이러한 스타일의 춤집을 보였는데 올레그 비노그라도프의 영향력이 모든 단원에게 미치기를 기대해 본다.

발레의 전통을 계승한다는 의미에서 유니버설발레단의 이번 공연은 분명한 이정표적 역할을 하는 것으로, 옛맛의 재현과 춤집의 개선은 완벽한 개혁의 신호탄임에 분명하다. 한국의 발레는 어느덧 세계 발레사 속으로 들어가고 있다. 관객들은 유니버설발레단의 부단한 전진에 갈채를 보내지 않을 수 없고 들뜨지 않을 수 없다.(『객석』 1998. 7월호)

세계음악과 만나는 우리춤

— 김소연·백연옥·신용숙·박호빈·임관규·조윤라·황미숙·강미선

무용과 음악의 관계를 깊이 이야기할 필요도 없이 특별한 경우가 아니면 음악은 몸의 움직임을 압도적으로 지배한다. 올해 처음으로 기획된 세계음악과의 만남 시리즈는 스페인 음악으로 시작됐고, 앞으로 나라를 달리해 계속될 모양이다. 이번 공연(1998. 6. 9–10, 문예회관 대극장)을 보면서 특별히 재미를 느꼈던 부분은 스페인 음악이라는 공통적인 한계를 공유한 무용가들의 반응이었다. 그 중에는 스페인풍의 음악을 이미 물릴 정도로 들어본 사람도 있었고, 완전한 생소함으로 그야말로 몸둘 바를 모르는 사람도 있었는데 관객의 입장에서는 뭔가 은근한 쾌감이 있었다.

물론 당황하는 무용가를 보면서 쾌감을 느낀 것은 아니고 특정한 춤기교를 고수하는 안무에서 탈피해야 한다는 공허한 외침들을 한꺼번에 쓸어낸 효과를 보았기 때문이다. 음악의 동작 구속력이 강할수록 춤 장르의 기교가 스스로 숨어 들어가는가 하면 다양한 스페인 음악 중에서도 어떠한 범주의 음악을 어떠한 상황으로 이끌어 가는가에 따라 안무의 성숙도가 즉 안무가의 실체가 고스란히 드러났다. 우연한 기회에 얻은 이러한 일석이조의 효과는 어느 기획공연에서보다도 가시적이고 직접적인 변화를 가져왔다. 그러다 보니 무엇이 문제인가를 스스로 드러내기도 했는데 가장 부각된 인상은 음악적인 감각이 미숙하다는 것이었다. 음악의 박자나 분위기 또는 강약의 미묘한 효과적 연출이나 복합적인 장단을 늘이고 맺는 등 전문적인 영역에서다. 다른 무대에서도 여러 번 감지됐지만 작품 내용이라는 버팀막이 있기도 했고, 안무의 기본적인 기술이라서 차마 지적하기가 민망했다. 음악이 앞장선 무대를 핑계삼아 이런 이야기를 할 수도 있으니 더더욱 좋은 기회다.

모두 8명의 무용가들은 크게 4가지 방법으로 음악과의 만남을 시도했다. 첫번째는 평소처럼 춤의 내용을 정한 후에 그 내용을 전달해 줄 수단으로서 음악

을 선택한 경우로 리듬이나 화음의 영향이 동작에 변화를 가져왔을 수는 있겠지만 기본적으로 스페인 음악이라는 특별함을 찾기는 어려웠다. 두번째로는 널리 알려진 음악에 특별한 상황을 접목시키는 가벼운 재치가 돋보이는 작품이었고, 세번째로는 스페인의 춤과 음악을 작품 안에서 소재로 삼은 해석적인 접근이 있었다. 마지막으로 춤과 음악이 각각의 독창적인 성격을 고스란히 간직하면서 자연스럽게 만나는 경우였는데 이번 기획공연의 가장 큰 결실로 보였다.

김소연의 〈거미〉, 백연옥의 〈꿈의 끝자락〉, 신용숙의 〈달은 지다〉는 사소한 차이를 제외하면 첫번째 경우에 속하는 작품이었는데, 〈거미〉의 경우는 이야기로만 전해지는 우리나라 초창기의 현대무용이 그와 비슷했을지도 모른다는 생각을 할 정도로 회고적인 느낌을 담고 있었다. 〈꿈의 끝자락〉이나 〈달은 지다〉는 각 안무자들이 즐겨 하는 춤사위와 분위기를 고수한 작품들로 작품들간의 변별력이 약하다는 개인적인 과제를 안고 있다.

박호빈의 〈어느 샐러리맨의 죽음〉과 임관규의 〈볼레로〉는 크게 두번째 범주에 속하는 경우로 스페인의 대중적인 음악을 해석하면서 깊이 있는 내용으로 끌어가려고 시도했다. 〈어느 샐러리맨의 죽음〉은 상황에 적절한 음악의 선택이 단순하고 가볍게 때로는 즉흥성마저 느껴질 정도로 순발력이 있었고 걸레를 향해 돌진하는 주테 동작에서는 재치가 돋보였다. 무엇보다도 군더더기 없는 결말 부분이 인상적이었는데 할 말이 끝났음에도 시간을 끄는 경우들과는 대조적으로 뒤처리가 깔끔한 안무가임을 다시 한번 확인시켰다.

조윤라의 〈죽음의 향기〉나 황미숙의 〈강의 백일몽〉은 '스페인'이라는 주제에 상당한 관심을 보인 결과였다. 〈죽음의 향기〉가 민속춤에 나타난 스페인의 기질 같은 것을 여인의 흐느낌과 남성군무의 절도로 대비시켰다면, 〈강의 백일몽〉은 그 범위를 더욱 넓혔다. 황미숙의 작품에 자주 등장하는 부드럽고 낭만적이며 흐르는 듯한 그래서 편안해지고 순화되는 듯한 느낌을 주는 평소의 개성을 고수하면서도 기획공연의 주제에 적절한 적응력을 발휘한 작품이었다. 관객은 편안하지만 안무자는 결코 편안하거나 쉽지 않았을 감춰진 노력

강미선 〈에스파냐 다리굿〉 1998. 6. 9-10, 문예회관 대극장

들은 달리의 그림과 기타리스트의 연주 그리고 화관을 쓴 여인들이 등장해 환상의 세계를 그리는 데 힘을 모았다.

마지막 작품인 강미선의 <에스파냐 다리굿>은 기획공연에서만 볼 수 있는 수확이었다. 만일 이 작품이 개인공연에서 이뤄졌다면 이만한 파장을 일으켰을 것인가를 생각해 볼 때 작품을 발표하는 주변상황 역시 아주 중요하다. 강미선은 고집스러울 정도로 자신의 한국춤 그것도 무당의 굿을 재현하려 했다. 이 점은 '또 굿인가'라는 반감을 예비시키기에 충분했다. 하지만 우선은 그녀의 객석을 압도하는 자세가 예사롭지 않아 관심을 끌었고, 춤이 진행되면서는 기교에 담겨 있는 독특한 힘이 탁월한 전문가다웠다. 아울러 모든 음악이 스페인의 민속임에도 불구하고 추임새의 악센트나 분위기가 <다리굿>을 위해 만들어진 것처럼 일치했다. 이 광경은 어느 민속에서나 희로애락을 표현하는 공통분모는 반드시 일치한다는 한 관객의 생각을 대신 증명해 주고 있었다. 이 공통점은 우리것을 강조하는 행사에서 반드시 조심스럽게 다뤄야 할 부분이기도 하다. 같은 이유로 우려되는 점은 각국 음악과의 만남이 계속될 예정이고 보면 강미선의 성공적인 시도를 재현하는 것이 유행처럼 번질지도 모른다는 것이다. 발견자는 창조자였지만 모방하기에는 너무도 쉬운 길이 열려 있기 때문이다. (『예술세계』 1998. 7월호)

김화례의 〈우리들 시대의 노래〉

안익태 작곡 「코리아 환상곡」을 모르는 사람이 적어도 무용인들 중에는 없을 것이다. 특히 발레 쪽에서 이 음악을 작품화하기 시작했는데 국립발레단에서 8·15 기념공연용으로 안무되기도 했었고, 홍정희 선생의 대표적인 레퍼토리로 여러 차례 공연되다가 이제는 그 제자들이 재공연하면서 맥을 잇고 있다. 이번에 김화례가 발표한 신작 〈우리들 시대의 노래〉 (1998. 5. 28, 국립극장 대극장)도 역시 안익태의 「코리아 환상곡」을 발레로 만든 것인데 기존의 작품과 비교할 때 여과 없이 음악 전체를 해석한 차이점이 있다.

안무를 전제로 이 음악을 들어본 사람이라면 작곡자 자신이 1961년 로스앤젤레스에서 직접 지휘한 음악을 별다른 수정 없이 움직임으로 만들었다는 사실이 평범하게 들리지는 않을 것이다. 30여 분 동안에 오천년의 역사를 담아낸 것도 음악과 무용의 구조적인 차이에서 볼 때 부담스러운 것이 사실인데 음악을 들어 보면 작곡가는 특히 한일합방부터 해방 그리고 6·25동란과 정부수립을 상세히 묘사하고 있다.

무용에서 음악 전체를 수용하기 어려웠던 이유가 바로 여기에 있는데 예를 들어 행진곡조에서 아악의 진혼곡으로 바뀌는 시간이 시각적인 변화를 요구하는 무용으로 해석하기에 너무 짧기 때문이다. 더구나 음악에서 묘사되는 사건들은 행과 불행이 반복되는 같은 멜로디로 표현되더라도 상상 속에서 우리의 과거를 떠올릴 수 있지만 무용은 그 사건들을 보여주든지 적어도 시각적인 상징물로 확인을 시켜야 한다. 또한 발레 댄서들은 규칙적인 멜로디와 리듬이 없는 음악에는 춤추기를 두려워하는 경향이 있었고, 춤동작이 아닌 극적인 연출에 대해서는 수용폭이 넓지 않았다. 이러한 기존의 터부에 정면으로 도전했다는 점에서 볼 때 김화례의 〈우리들 시대의 노래〉는 누군가 했어야 할 일을 성공적으로 마무리한 작품이었다.

김화례 안무 <우리들 시대의 노래> 1998. 5. 28, 국립극장 대극장

　해석하기가 매우 어려운 음악을 사실의 묘사와 춤적인 구성에서 조화를 이루며 때로는 감동의 순간까지도 연출했다는 점이 이번 작품의 성과라고 하겠고, 이로써 공식 기념행사에서 연주되던 교향시 「코리아 환상곡」을 더 활력 있게 또는 극화시켜 줄 발레무대가 완성된 것이다. <우리들 시대의 노래>는 음악에 충실한 만큼 단군신화의 평화로움에서부터 희망찬 정부수립까지를 묘사하고 있는데, 남성무용수를 주역으로 내세워 기존의 작품과의 차별화를 시도했다. 북춤 등의 남성군무는 물론 환난의 아다지오 솔로에 등장하는 이성락은 강한 인상을 남기는 상징적 존재로 어찌 보면 작곡가의 모습일 수도 있다는 생각이 들었다.

　1부의 고전발레 모음에서는 <돈키호테> 환상 장면이 탁월했고, 특히 무대와 의상의 조화는 직업발레단에 못지않았다. 요정 역할의 박영진이 시종일관 극을 주도하는 활력을 보였고, <파 드 캬트르>에서는 정은진과 김자영이 각기 낭만적인 분위기를 연기하는 데 성공했다. (『몸』 1998. 7월호)

『춤』지가 뽑은 젊은 무용가 초청공연

— 김은희·박호빈·김나영·이명진·은혜진

최근 몇 년 사이 젊은 무용가들에게 일정한 제작지원금을 후원하는 기획공연이 많아졌다. 그러다 보니 그 안에서 발생하는 문제들도 부각되고 있는데 참가를 원하는 쪽에서 보자면 선별의 기준이 모호하다는 불만을 제기할 수 있고, 참가하게 된 무용가들의 입장에서 보자면 지원금의 혜택이 미미하지만 표현하기가 껄끄러운 경우를 당하게도 된다. 이번에 처음으로 기획공연을 가진 『춤』지의 경우는 여러 명의 평론가들이 참가자들을 선정했고, 지원금의 규모도 가장 큰 것이어서 이러한 문제점들을 완화시키는 새로운 기준을 제시했고 특히 좋은 평가를 받은 무용가에게는 연속적인 지원을 약속하고 있어 기대가 크다. 이 후원 방법은 너무 당연하고도 이미 늦은 감이 있지만 무용 분야에서 이뤄진 모든 지원금의 분배가 '모두에게 골고루'라는 형태를 지녀 왔던 관례로 볼 때 다른 기획공연들에서도 재고할 가치가 있을 것이다.

경제력이 없거나 조달할 창구가 없는 무용가는 일 년만 공연하고 사라져야 하는가라는 질문은 우리 무용계의 구조조정까지 연결되는, 더 나아가서는 극장의 운영체계에서 문화정책까지 연결되는 출발점이다. 지금까지는 위의 질문에 대한 답은 '그렇다' 쪽에 가까웠다. 이런 맥락에서 과연 우리에게 전문 무용가로 인정할 만한 사람들이 있는가조차도 의심스러운 형편인데 기성세대가 무용인구를 확산시킨 공로를 제대로 인정받기 위해서라도 이제 젊은 무용가들을 자유롭게 풀어놓을 시기가 왔다는 생각이다.

이번 참가자들 중에서 본다면 김은희나 박호빈은 좋든 싫든 독자적인 활동을 하고 있는 그야말로 기획공연에서 키워 주지(?) 않으면 안 될 형편에 놓인 사람들로 우리의 풍토에서는 전문성을 충분히 인정할 만하다. 독자적인 활동을 선언했다고 해서 모두가 인정받는 것이 아니고 오히려 사라지는 존재들이 더 많기 때문에 홀로서기 이후의 생존이 곧 그들의 가능성이고 진정한 능력인 셈이다. 그렇다고 해서 대학무용단의 일원인 사람들의 작품이 형편없다거나 독자적인 활동에 의한 소산이 탁월하다는 뜻은 아니다. 대학무용단원의 작품은 그 소속 단체의 최근 작품 형태를 어떻게든 계승하고 있는 반면 후자의 경우에는 작품을 대하는 방법이 자유롭다. 비록 그 방법이 세련되지 못했고 얄팍하고 때로는 우려되는 것이라 할지라도 관객은 한 창조자의 방황을 관찰하면서 무용에 대한 흥미를 키워 갈 수 있다.

김은희의 경우 〈달궁〉에서 우려의 소리를 자청하는 모습을 보였다. 항상 그녀의 뒤를 따라다니는 구설은 일본풍의 작품 스타일이라는 것이었고, 그녀 자신도 매우 민감하게 거부반응을 보여 온 것이 사실이다. 그러나 이번에는 자타가 공인할 만큼 뚜렷하게 일본풍의 분위기를 연출하면서 구설에 도전하는 배짱을 보인 것이다.

삭발한 남자가 눈 주위에 붉은 화장을 하고 옷깃이 뒷머리까지 올라오고 자락이 땅에 끌리는 망토를 입고 느린 스텝으로 돌처럼 보이는 소품을 들고 등장한 순간 김은희의 작품 중 최악의 경우라는 충격을 받았다. 하지만 작품이 진행되면서 안정감을 급속히 회복했고, 김은희 특유의 정감 어린 연출면에서는 더욱 강한 대비효과를 가져왔다. 지난해의 〈환, 환〉과 동일한 구성 방법이었지만 〈달궁〉은 표현 강도에서 느림과 빠름, 일본 무용의 느린 이미지와 한국 춤사위의 활력이 극명한 대조를 이뤘다. 조심스럽고 미화됐던 걸음걸이가 거칠고 투박해진 셈이었고, 마무리 부분에서는 악기 연주로 독특한 비애감을 만들어내 전체적으로 한 단계씩 강도가 높아졌다. 그녀의 취향으로 미루어 반드시 부딪쳐야 할 벽에 스스로 도전한 셈이었고, 이번 작품은 몇 년간을 스스로 결산하는 것처럼 보였다. 직접 출연한 김은희의 춤맵시와 아울러 현대춤 기능 보유자들에게 이식시킨 한국춤의 급격한 대비의 호흡법이 더 원숙해지고 여유가 있었다. 아울러 마무리 과정에서 도입한 극적인 제스처들이 〈달궁〉을 성공작으로 이끌었다.

박호빈은 지난해부터 올 상반기까지 가장 많은 기획공연에 참가한 무용가다. 신인 무용가들의 특징이라면 작품 만들기를 아주 즐긴다는 점인데(소질의 유무를 판단하는 기준으로 삼아도 좋을 것이다) 박호빈을 보면 즐겨 가면서 연결해 가는 창작과정이 연상된다. 그렇다고 즐기는 과정에서 나온 모든 작품들이 명작이 될 수는 없다. 이번 <오르페우스 신드롬>은 다작이 빚어낸 가벼움을 만회한 좋은 기회여서 아직은 댄서로서 활동할 시기가 아니냐는 우려의 시선을 만회했다.

그의 관심은 이번에도 역시 몇몇 중점적인 장면의 연출에 집중됐고, 각 장면마다 물뿌리개·녹색식물·빨간 뱀·삽 등 독특한 소품들을 적절히 활용하면서 재치 있게 상징적인 의미를 구사했다. 그의 장점은 재치 있는 안무감각으로 통제되는 생생한 느낌이고, 동작의 구성에서는 활기 있는 생명력이 발견된다는 것이다. 반면 소품 의존도가 지나친 경우 무거운 주제를 너무 가볍게 처리했다는 인상과 함께 작품의 통일성이 약해질 가능성이 있었다.

김은희와 박호빈이 항상 깊은 호기심의 대상이었다면 다른 참가자들은 상대적으로 자신의 색깔을 지닐 가능성을 타진하는 시선으로 관찰됐다. 김나영과 이명진이 소극적이기는 하지만 기존의 터부에서 조금씩 벗어나려는 경향을 보였고, 은혜진이 소속 단체와 유사해 보이지만 독특한 확산로를 개척해 신선한 작품을 선보였다.

김나영은 발레기교를 전공으로 한 안무가들 중에서 가장 큰 관심을 받고 있는 신세대로 이번 8명의 안무가 중 유일한 발레 계열이다. 그런 만큼 그의 작품 <대피소>는 김나영 개인의 문제이기 이전에 발레 계열 전체의 논제로 떠올랐다.

도입부와 후반부에서 가상적인 미래의 여인들이 다분히 미래적인(?) 동작들을 강조했고, 의상과 장치와 소품이 조화를 이루는 공간을 구성했지만 내용의 전개를 들여다보면 낭만성이 다분한 고전적인 발레 스토리를 재현하고 있었다. 2인무에서의 기교만 해도 직업 발레단을 벗어나면 김나영만큼 연기할 인물이 없다는 사실을 인정하고 적어도 김나영 정도는 되어야 무대에 설 수 있다는 만족감을 지니고 있으면서도 줄거리와 표현은 있는데 동작이 없다는 사실이 여전히 크게 느껴졌다. 김나영이 이 정도면 아무도 안 된다는 생각과 함께 교사로 만족하는 그에게 지나친 책임을 지워 주는 것인가 하는 생각도 해보지만 적어도 이런 기획공연에서는 누군가 이 낭만의 벽을 깨뜨려야 한다.

이명진은 <몽유십이행>에서 흔히 사주팔자를 따질 때 나오는 열두 동물과 자신을 등장시켜 언젠가는 현실이 될 미지의 세계를 생각한다. 도입부에서 이러한 내용을 대사로 처리해 춤으로 설명이 불가능한, 그러나 춤의 내용이자 곧 춤 자체가 될 것임으로 설명이 절대적으로 필요한 부분에 효과적으로 접근했다. 이후로는 열두 동물과 그녀가 만들어내는 형상들이 얼마나 그 내용에 효과를 불어넣는가에 따라 작품의 성패가 달려 있었는데 도입부에서 쉽게 풀어 준 것에 비해 구성이나 기교의 배열에서는 단순함을 벗어나지 못했다. 여기서 또 한번 한국무용 전공자들이 작품을 구성하는 관습적인 한계를 본 셈인데 동물들에게 다양한 움직임을 부여한다면 더 독특한 이야깃거리로 주목할 만했다.

은혜진은 무트댄스의 단원이다. 무트댄스를 볼 때마다 예술감독의 실험무용이 너무나 빨리 전통처럼 흡수되는 경향을 봐 왔고, 은혜진은 가장 대표적인 추종자 혹은 모방자였다. 하지만 이번 <은빛>에서 보인 은혜진의 감각은 더 화려했고 비표현적이었다. 표현할 거리가 없는 춤이 드디어 한국춤계에 등장한 것이다. 감정이나 내용이 없이 무대가 풍기는 어떤 느낌들만을 담아내는 것도 작품일 수 있다는 시각은 은혜진이 몸담았던 무트나 리을무용단의 시각과는 거리가 멀다.

물론 그가 사용한 기교는 무트의 것에 뿌리를 두고 있지만 속도감과 경쾌함이 색다른 요소였고, 신무용계열의 구도와 등·퇴장 방식을 접목시켜 언뜻 트리샤 브라운의 여성군무를 연상시켰다. 표현을 강조하는 무용 스타일이 현대적이라면 이러한 비표현적 경향이 탈현대적 무용의 가장 두드러진 특징이다. 한국무용의 창작경향이 드디어 표현이라는 그 엄청난 벽을 깼다는 속단을 해보지만 선구자 은혜진의 행보는 더욱 부담스럽게 됐다. 무시하지 못할 무엇인가가 느껴지는 몸짓들, 규정할 수는 없지만 시선을 집중시키는 행위들은 그 자체로 충분한 존재 이유가 된다.(『문화예술』 1998. 8월호)

최현 춤전·리 발레 정기공연·발레노바 공연

최현 춤전

　최현 춤전(1998. 7. 13–14, 문예회관 대극장)의 프로그램을 보면 저명인사들의 축사가 많다. 그저 형식적인 인사말이 아니라 그의 춤인생을 충분히 알고 있을 때 나올 만한 내용들로 가득하다. "그가 추구하는 예술의 세계가 '탐미주의'임을 결론지었다"는 박용구 선생님의 말씀이나 "그의 춤비법 전수를 한사코 거절만 하다가… 조금씩 마음에 차는 제자들에게 나눠주고 있다"는 김영태 선생님의 말씀은 이번 공연의 의의와 특징을 지적하는 내용들이다.

　〈남색 끝동〉〈군자무〉〈울음이 타는 강〉〈허행초〉는 〈비상〉과 아울러 비교적 최근에 안무됐지만 최현의 대표적인 레퍼토리다. 이 작품들을 보면 춤인생을 정리하는 한 무용가의 자기관리가 어떤 것인가를 짐작하게 되는데 섣불리 작품을 내놓지 않는 고집스런 도예가처럼 구워서 깨 버리기를 반복했을 오랜 세월이 느껴진다. 〈남색 끝동〉과 〈군자무〉는 특히 최현 춤의 특징으로 인식되는 요소들을 담고 있다. 깔끔하게 다듬어진 아름다움이라고 하겠는데 우선은 무대의 색감에서부터 차이가 난다. 의상이나 장치가 그야말로 탐미주의자가 아니면 분간하기 어려운 예리한 감각으로 통제된다.

　다음으로는 그 가라앉은 화려함과 조화를 이뤄내는 무용가들을 보게 되는데 하나같이 격조 있는 아름다움으로 치장된다. 무용가를 선별하는 안무자의 취향이 이러한 분위기 연출에 가장 큰 영향을 미치기는 하지만 그 작품에 들어가면 누구라도 격조를 얻게 되니 그 또한 탐미주의자의 감각일 것이다. 특히 〈군자무〉에 출연한 정혜진, 강미선, 윤미라, 전은자는 미래의 대가들인 만큼 각기 탁월한 춤매무새를 자랑할 만한 무용가들이다. 또한 개개인의 개성도 강해 경우에 따라서는 대조적인 평가를 내릴 수도 있는데 〈군자무〉에서는 그 개성이 약화된 채 살아 있어 새로웠다. 마음에 차는 제자 선별도 성공적이었지만 제자들 역시 진정한 인간문화재를 경험하게 됐음을 알고 있을 것이다.

재일무용가 정미기가 춤춘 〈교방무〉는 언뜻 〈군자무〉와 같은 느낌이 있지만 춤의 진행에 따라 그 표현 영역이 매우 교태로운 것임을 알게 된다. 조선조의 교방 여기들이 과연 이 정도로 교태를 담아낼 수 있었을까 의심이 갈 정도인데 그렇다고 그 춤이 저속하게 느껴지지는 않는다. 몇 겹의 베일을 쳐 놓고 그 안의 인물을 어렴풋이 상상하듯 〈교방무〉의 몸짓들은 하나하나 따라가면서 볼수록 기막히게 교태로웠다. 오히려 정미기가 이 춤이 지닌 교태의 깊은 맛을 간간이 놓치고 있는 것이 아닌가 하는 조바심이 들 정도였는데 좁은 공간에서 작은 동작으로 이뤄내는 표현력이 대단했다. 혹은 역으로 정미기의 순박한 표현력이 이 작품에 오히려 무게를 실었는지도 모를 일이니 한국의 무용가들이 같은 작품을 춤춘다면 어떨지 궁금했다.

리 발레 정기공연

1985년 국립극장 대극장에서 이상만 발레 공연이 있었다. 〈집시의 바이올린〉에 김선희와 이상만이 춘 2인무는 극적인 표현력이 강해 인상적인 작품이었다. 그 이후 이 단체가 뉴욕과 서울에서 꾸준히 공연을 해왔고, 올해로 열번째 정기공연을 하게 된 사실을 이번에야 알게 됐다. 이번 공연(1998. 7. 19-20, 문예회관 대극장)의 작품 구성은 창작과 고전이 섞여 있고 창작도 추상적인 것과 발레 특유의 줄거리를 지닌 흥미 위주의 것이 있어 개인공연에서 흔히 보게 되는 레퍼토리를 벗어나지는 못하고 있었다.

창작물인 〈IMF〉는 그들 중 가장 특색 있는 작품으로 발레 창작 경향에서는 일반적인 방법임에도 불구하고 매우 신선하고 역동적이었다. 그 이유를 찾다 보니 요즈음 우리 무용계에서는 이처럼 춤동작만으로 작품을 이뤄내면서 음악과의 조화 그리고 동작들 자체의 연계과정이 주는 활력과 생명력을 중시하는 경향이 사라졌다는 생각을 했다. 동작의 결여와 시적 이미지의 부재가 이런 결과를 가져왔다면 이상만의 무대는 살아 있는 언어처럼 정감 있는 동작들이 특징이었다. 작품 안에서 움직임 자체가 살아 있는 듯한 느낌, 즉 뭔가 그 순간에 꼭 필요한 동작들이 전개되고 있다는 느낌은 홍정희 선생님의 작품을 떠올리게 했다.

두 사람은 사실상 아무런 교류가 없었는데 정작 제자들이 받아들이지 못한 가장 중요한 근본적인 무엇이 이상만과 통하고 있었다. 물론 두 사람이 지닌 타고난 감성의 공통점을 꼽게 되겠고, 무용을 창작하는 데 필수적인 요건이 바로 이 살아 있는 느낌이라는 사실을 새삼스레 확인하는 계기가 됐다.

〈밀양아리랑〉은 투박한 민요의 장단과 마주르카나 플릭플락 스텝처럼 변형되지 않은 전형적인 발레 동작들이 만나면서 두 요소의 부조화를 강조한 경우였다. 의상도 고전발레의 기본틀에 장식을 달리한 정도에 그쳐 한국적인 발레를 앞세워 그다지 중요하지 않은 춤들이 양산될 배경으로 보였다. 〈팬시 레이디〉는 로이 토비아스가 자주 안무했던 로맨스 코미디풍의 작품으로 모든 출연자들에게 골고루 기회를 주면서 코다까지 형식을 갖췄다. 출연자들은 모두 각 대학을 졸업하고 자발적으로 이 공연에 참가했다고 하는데 전문단체와 대학 동문단체 이외의 활동이 가능해질 만큼 발레 인구가 증가한 결과였다.

리 발레의 단장은 지젤을 좋아한다. '지젤을 좋아하는 남자'가 얼마나 될지 모르지만 그리 흔한 경우는 아닌 듯하다. 그는 지젤을 다시 구성해 그랑 파드 되로 만들고 자신이 출연을 해야만 할 정도로 열정이 살아 있다. 낭만발레의 진수에 집착하는 그를 보면서 낭만주의자는 영원히 존재하고 그들이 있는 한 무용은 지켜질 것이라는 느낌을 받았다.

발레노바 공연

경희대학 발레팀의 새로운 단체 이름이 발레노바다. 발레블랑과 애지회가 발레 계열의 동문단체로 널리 알려졌다면, 숙명여대의 발레사라방드처럼 올해 창단된 단체도 있다. 경희대학 발레는 올해 새로운 이름으로 바꾸면서 왕성한 의욕을 보이고 있고, 여세를 몰아 4명의 안무자들을 선정해 소극장 공연 (1998. 7. 17-18, 문예회관 소극장)을 기획했다.

정기공연의 횟수로 단체의 질을 따질 수는 없지만 한 단체의 존재를 알리는 행사로는 충분한 가치가 있는 것인데 그 동안 발레노바가 정기적인 공연을 해왔는지는 확실하지 않다. 혹 이번 공연이 그에 해당된다면 행사의 규모나 공연 횟수 안무자의 작품 수용력 등에도 관심을 기울여야 할 것 같다.

양숙이가 무대에 올린 <네 개의 기질>은 조지 발란신의 작품이다. 여러 명의 출연자가 등·퇴장하면서 전개되는 작품의 구조는 소극장 무대에 적합했고, 여러 사람이 번갈아 주역에 해당되는 기량을 보일 수 있다는 작품의 특성은 솔리스트가 돋보이는 발레노바의 인원 구성에 적합했다. 물론 이 경우도 발레 명작을 불법복제하는 행위에 해당되겠지만 이러한 일들이 너무나 스스럼없이 일어나다 보니 이제는 편법 수용을 인정하지 않을 수 없는 상황이다. '에튜드' 즉 연습 삼아서 대가의 작품을 복제하는 것으로 모방력이나 동작 습득 능력 또는 기분의 파악 같은 능력까지를 볼 수 있는 기회로 삼게 됐다. 어찌 보면 창작의 기초가 전무한 경우에서 내놓는 수준미달의 작품보다는 이러한 대작의 복제가 훨씬 고난도의 기술과 노력을 요구하기 때문에 좋은 복제 능력은 곧 좋은 작품의 기반이 될 수도 있을 것이다.

그렇다고 이 편법 수용이 누구에게나 인정되는 것은 아니다. 대학이라는 울타리와 학생이라는 신분을 지니고 있을 때 혹은 초보자로서 아직 예술가로 인정받지 못하고 있는 상태에서의 가능성을 점치는 경우에만 한정시킬 수 있다. 양숙이가 재현한 <네 개의 기질>은 발란신의 무대보다 훨씬 시각적인 이해가 빨랐다. 이유를 알고 보니 발란신이 모두 기본 연습복 차림이었던 반면 양숙이는 네 개의 기질이 구분되도록 의상에 색깔과 디자인을 가미한 것이다. 발란신의 무용관을 이해했더라면 이런 변형을 시도하지도 않았겠지만 의상의 도움을 받은 것만은 확실하다. 특별한 인상은 이들의 연기가 생기와 열정으로 돋보인다는 것이었고, 동작 구사 능력과 연결 리듬이 예상외로 탁월해 눈길을 끌었다. 발란신의 작품에서 탁월한 동작 습득 능력을 보였다는 사실은 매우 크게 평가할 만한 일이었고, 양숙이의 작품을 특별히 언급하게 된 이유가 된다. 아울러 박은경, 이성락, 박영진, 전재홍 등을 보면서 발레노바는 젊고 의욕적인 단체로 급부상하게 되리라는 예상을 해봤다. (『몸』 1998. 8월호)

서울현대무용단의 서울 순회공연

경희대학교 박명숙 교수가 이끄는 서울현대무용단은 지속적인 열정을 지닌 단체다. 하나의 작품이 탄생되면 적어도 몇 년간은 그 작품을 보이고 알리는 데 주력한다. 처음부터 반복 공연을 예상하는 작업인 만큼 작품을 완성하는 데 기울이는 노력이 일회성 공연용과는 비할 수 없이 진지할 것임은 말할 필요가 없다. 이런 가운데 이번에 또 다른 기획공연을 무용계 최초로 시도해 눈길을 끌었다. 96년에 안무된 〈에미〉를 서울시의 몇 개 구청에서 공연하는 프로그램으로 전문성을 강조하는 무용단체로서는 생각할 수 없었던 작업에 도전한 것이다.

일반적인 인식으로 구민들을 위한 문화행사란 중앙무대에서 벗어난 제2 그룹들의 공연이었고, 특히 무용 쪽에서는 무대의 규모나 조명·장치 등이 미비하다는 선입견이 강했기 때문에 시도조차 없었다. 동시에 구청의 기획실에서도 전문적인 무용은 특수한 볼거리라는 생각을 했을 수도 있다.

서대문구 문화체육회관에서 있었던 서울현대무용단의 공연(1998. 7. 22–23)은 이러한 생각들을 새롭게 하는 신선한 경험의 장이었다. 구민의 한 사람으로 대하는 〈에미〉는 기존의 전문적인 극장무대에서 보았던 작품 이상의 효과를 발하고 있었다. 배경막을 거두며 안개 속에서 등장하는 무용가들의 느린 동작과 표정연기만 해도 그것이 구청의 무대였기 때문에 더욱 감동적일 수 있었다. 무대를 탓하기 이전에 무대에 맞춰 장치와 안무를 수정해 가는 무용단의 작업도 흥미 있었지만 구청의 문화회관이 상상외로 좋은 여건을 갖추고 있어 다른 단체들에게도 권장할 만한 일이었다.

이번 순회공연은 서울시에서 후원했고, 모두 5개 구청에서 공연에 필요한 조명 시설 반입을 담당해 경비를 조달했다고 한다. 구청의 이러한 배려를 자주 기대하는 것은 무리겠지만 몇 년에 한 번 정도라도 중앙무대의 무용 흐름을 일반 관객들이 쉽게 접할 수 있는 이런 행사는 분명 새로운 문화행정 감각으로 평가될 것이다. 다른 예술 장르도 마찬가지겠지만 평생 무용공연장을 단 한번도 가보지 않은 사람들은 의외로 많다. 그들이 본 한 번의 공연은 무용을 대표하는 이미지로 남게 될 것이다. 이왕이면 제대로 된 작품을 보이고 싶은 것이 무용가들의 바람이고 보면 이번 <에미> 공연은 상당한 의미를 지닌 것이다.

<에미>의 중심인물은 한 할머니다. 구체적으로 할머니의 눈에 보인 현실과 회상이 각 장면을 끌어가는 내용이 되는데, 무대에서의 역할은 관찰자로 축소되어 있다. 할머니는 뭔가 끊임없이 일을 한다. 도입부의 보퉁이가 어느 순간 긴 천이 되더니 한 벌의 옷으로 완성됐다. 옷이 완성되는 동안 할머니는 소외된 현실에서의 무력감과 불만을 보이고 회상 속에서의 아름다움과 고통을 세세히 나열하는 이야기꾼이다. 도시의 경적과 거리의 무관심한 사람들이 소외된 한 사람을 더욱 부각시킨다면 방탕한 젊은이들에게 뭔가 손짓을 하는 장면은 한 존재를 알리는 최소한의 시도로 보였다. 박진감 있게 변화하는 이러한 장면들이 활기 있는 춤과 함께 할머니의 현실을 묘사한 장면은 본격적인 이야기로 넘어간다. 할머니가 살아온 이야기다. 아름다운 여인을 떠올리며 시작된 회상에서는 노동과 산고 그리고 폭력을 당하는 장면들이 이어진다. 전반부의 속도감에 비해 매우 느리고 때로는 지나치게 강조된 고통이었다. <에미>의 본론인 셈이다.

할머니 스스로가 남성 우월적인 세월을 탓하고 있었는지는 모른다. 아마도 아닐 확률이 높다. 그 시대에는 다들 그랬고 당사자들도 특별한 의식이 없었다는 것이 우리의 시각이니까. 할머니를 앞세운 후대들의 비판과 분노가 정작 할머니 관객에게는 내용 파악이 안 되는 아이러니도 그 때문일 것이다. 옛날 이야기 한 편을 현대적인 시각으로 그것도 여자의 권리를 주장하는 시각으로 풀어낸 셈이다. 안무가는 이 할머니를 통해 한 세대를 마무리하는 작업을 하고 있었다. 문명에서 소외되고 유교적 일상의 붕괴로 설자리를 잃어버린 여인들의 일생은 분명 시대가 만들어낸 비극적 산물이다. 그 비극을 낱낱이 되씹으면서 혹시라도 존재할 어떤 끈을 독하게 자르려는 의지 같은 것도 담겨 있다.

스스로의 생각과는 관계없이 비극의 주인공이 된 할머니는 역시 후대의 시각에 의해 한 마리의 나비가 된다. 동정에서 나온 후한 대접이다. 잊혀져가는 어머니상으로 미화된 할머니지만 누구도 그 미화된 길을 반복하고 싶어하지 않는 이유가 이 작품의 숨은 배경이다.

　　구민회관에서 택한 첫 레퍼토리로서의 〈에미〉는 연극적인 묘사 장면이 많은 작품의 특성상 쉽게 이해되는 것이 장점이었고, 숙련된 무용기교를 과시하면서 무대를 압도하는 부분은 무용의 이미지를 심어 주는 데 효과적이었다. 그러나 역으로 관객의 인식을 따라잡는 것도 중요해 보였다. 춤이나 무용이라는 단어를 제시했을 때 관객들 각자가 떠올리는 이미지는 매우 다르기 때문이다. 전문적인 관람자들이 어떤 공통적인 기준을 지닌 것과 달리 어떤 관객은 농악이나 선녀춤을 진정한 춤으로 생각할 수도 있을 것이다. 그래서 구청의 공연도 유료 입장을 권하고 싶다. 문화적 호기심을 채우려는 관객들이 객석에 있었으면 하는 욕심에서인데 몇 백 원의 입장료는 좁은 공연장을 진정한 관객에게 배려하는 상징적인 액수가 될 것이다. (『예술세계』 1998. 9월호)

춤으로 푸는 고전

— 성미연·김남식·유경희·김길용·박재홍

　장르를 불문하고 고전에는 시공을 뛰어넘어 살아 있는 어떤 힘이 있다. 단순한 옛것이 아닌 옛날의 명작은 그래서 여전히 반복되어 감상되고 판단이나 생각의 기준을 제시해 준다. 대한무용학회(회장 김복희)에서 두번째로 시도한 '춤으로 푸는 고전' 기획전(1998. 8. 11-12, 문예회관 소극장)은 이러한 고전의 의미를 다시 생각하게 하는 무대였다. 춤의 소재를 고전에서 찾아낸다는 단순한 의도에서부터 고전의 에센스가 현대에서는 또 어떻게 반복되고 변형될 수 있는가를 실험하는 흥미도 있었다. 아울러 문학이나 음악 혹은 미술 등 한 가지 장르에 한계를 두지 않고 고전이라는 주제를 제시한 것은 무용학회만의 어떤 탐구적인 자세를 요구하는 듯했다.

　모두 6명의 신인 안무자들이 고전을 해석한 결과는 젊은 무용가들이 안무면에서도 매우 빠른 속도로 변화하고 있다는 것이었다. 주제를 찾고 그것을 해석하고 독자적인 결론을 얻고 다시 춤으로 구체화시키는 방법론에서 분명한 획이 그어지고 있음을 보였다. 지금까지 누가 춤의 특정한 기교를 얼마나 완벽하게 혹은 화려하게 구사하는가가 무용가의 등급을 매기는 유일한 기준이었다면 이러한 기교 단계는 당연한 기본과정으로 인식되고 있었다. 단적으로 말해 기교 자체를 과시하는 것보다는 얼마나 효과적으로 그 기교를 포장할 수 있는가가 과제로 떠올랐고 포장작업 전체를 안무라고 정의할 수 있을 것이다.

　춤과 고전을 연관시킨 작업들 중 특히 줄거리 있는 이야기를 소재로 한 경우에서 보아 왔듯 이번 공연에 대한 선입견은 신파극적인 해석이나 순정만화 스타일의 해석에 그치지 않을 것인가였다. 하지만 성미연의 〈돈키호테〉를 보면서 이러한 우려가 오히려 두 배의 효과로 나타나고 있음을 확인했다. 만일 이 작품이 〈돈키호테〉가 아니었다면, 그래서 단순히 현대인의 정신분열을 운운하는 것이었다면 객석을 지배하는 힘이 절반 이하로 떨어졌을 것이기 때문이

성미연 〈돈키호테〉 1998. 8. 11-12, 문예회관 소극장

다. 성미연은 안무 능력이 해를 거듭하면서 놀라운 속도로 발전하고 있는데 이 번 작품에서는 '고전' 덕을 톡톡히 본 셈이다. 그는 돈키호테에게 두 가지 이 름을 제시했다. 하나는 미치광이였고, 다른 하나는 부조리에 대항하는 진정한 반항아였다.

이러한 예술가들의 특권은 참 매력이 있다. 어떤 춤의 내용에서 진위를 따지는 사람이 없을뿐더러 예술가 스스로도 독자적인 시각에 초점을 둔다. 물론 어느 선까지는 상식을 지키며 관객층의 호응을 끌어내려는 데는 독자성의 한계가 있기도 하다. 소설 「돈키호테」에서 자신이 필요로 하는 춤의 주제를 날렵하게 뽑아 내 전혀 다른 세계로 연출한 성미연의 〈돈키호테〉는 크게 세 부분으로 나뉜다. 도입부와 후반부에서 반항아의 기질을 보였다면 중간 부분은 타인의 시선에 비친 미치광이를 체험하는 장면이다. 성미연 특유의 탄력 있는 움직임들이 전반부에서 길게 후반부에서는 짧고 간결하게 배치돼 고조되는 분위기를 연출했고, 중반에는 배경막의 영상들과 군무진의 등장으로 극적 구조를 갖춰 작품 전체를 체계 있게 끌어간 안무력이 드러났다.

최근에 특히 부각되는 젊은 안무자들의 특징이라면 춤의 종류를 가리지 않고 동작언어가 매우 풍부해졌다는 사실이다. 성미연은 이미 움직임의 엑스터시를 경험하고 있는 듯했고, 김남식이나 유경희도 새로운 언어 연구에 상당한 관심을 갖고 있었다. 김남식의 〈새벽에 찾아온 죽음〉에서 등장한 솔리스트는 부드럽고 연속적인 가운데 힘이 표출되는 기교를 반복했는데 안무자의 섬세한 감각이 동작의 요소 요소에서 발견된 경우였다. 동작과 포즈의 규칙적인 반복이 우리 춤무대의 기교적 한계였다면 김남식 등은 이러한 한계를 의식적으로 피하고 있었다. 하지만 독립된 각 장면들의 연출이 다양하고 재치 있게 구성된 반면 이러한 장면들이 연결되는 당위성이 약하다는 인상이 있었다. 무대 자체만으로 볼 때, 즉 동작과 상황의 흐름으로 볼 때 어떤 연결고리 같은 것이 장면의 전환을 소리 없이 붙여 주는 듯한 연출 기교는 안무자들이 부딪히는 마지막 단계의 어려움이다.

김남식이 동작의 새로운 힘을 발견하는 과정에 있었다면 유경희는 기존의 움직임을 처리하는 과정에서 더욱 혼란스러운 경험을 하게 된다. 현대춤이 시작부터 자유의 물결을 감당하지 못할 정도로 풀려 있는 세계라면 한국춤은 규제의 틀 때문에 답답한 세계다. 안무자 개인의 문제가 아닌 춤사위를 인정하는 관습의 문제이기 때문에 한국춤 창작이란 몇 배의 혼란스러움을 거쳐야 한다.

유경희는 배경묘사라는 구체성을 기반으로 작은 실험에 도전했다. 정처 없이 방황한다는 〈유리(流離)〉에서 안무자는 유령선의 모습을 재현하면서 장치와 분장까지 일치시켰다. 이로써 드라마틱한 배경 연출이 성공적으로 이뤄졌는데 그 자체만으로 작품을 논할 수는 물론 없는 일이다.

〈유리〉의 매력이라면 거친 춤사위에 있었다. 정돈된 한국 춤사위를 뚫고 나오는 거친 춤사위는 한국무용의 표현 영역을 확장시키는 데 도움이 될 만한 새로운 어휘들이었다. 이는 기존의 한국춤 기교를 탈피하려는 시도들과 외관상 비슷해 보일 수도 있지만 동작의 아주 작은 부분에서 차이점이 나타난다. 탈파를 추구한 결과로 나타난 춤사위는 연결되는 맥이 없이 단절되는 반면 유경희의 경우는 발동작에서 지속적으로 맥을 지켜 주고 있었는데 이 때문에 부드러움을 잃지 않은 독특한 유령적인 몸짓이 나온 듯하다. 비록 작은 영역에 한정된 연구였지만 가장 기본적인 발판에서 안무가의 감각을 드러낸 유경희는 지켜볼 만한 신인이었다.

단순한 볼거리 차원에서 발레기교는 언제나 안전한 영역이다. 동작의 난이도를 따지자면 한이 없고 놀라운 기교를 보이는 사람도 극히 드물지만 우선은 모든 동작들이 정리되기 때문이다. 김길용과 박재홍은 이러한 발레의 전통을 자신들의 개성과 접목시켜 눈길을 끌었다. 김길용에게는 관객의 시선을 독차지하는 능력이 있다. 어떤 작품에서건 주어진 동작에 몰입함으로써 발산되는 열정적인 느낌을 보게 되기 때문이다. 김길용 역시 성미연처럼 주제를 요약하는 데서 〈카르멘〉이란 고전을 가볍게 빌려와 사랑에도 본능과 이성이라는 영역이 있다는 전제로 춤을 만들었다. 강진희가 카르멘역으로 김길용과 중국인 무용가 리츠가 각기 돈 호세와 에스카밀로역을 맡아 3인무로 구성했는데 김길용 특유의 활력이 안무에서도 유감없이 표출됐다. 〈엇갈린 균형〉이라는 제목처럼 카르멘보다는 두 남자의 대결이 춤을 구성하는 기본 흐름이었고, 리츠 또한 김길용 못지않은 활력의 소유자였다. 강진희는 더욱 성숙된 기량과 세련미를 보여 연기력의 폭이 넓어진 모습이었다. 단지 구성상의 문제에서 마무리에 대한 처리나 장면의 연계가 아직은 과제로 남아 있었다.

박재홍은 유니버설발레단의 주역이다. 김길용의 장기가 느낌의 표출이라면 고전발레를 전공하는 박재홍만의 지식은 고전발레적인 연기력이 될 것이다. <대홍수의 전설>은 일종의 마임극으로 재치 있는 어린이들이 펼쳐 보이는 상상의 세계였다. 천사와 악마 그리고 선장이 등장하는 3인무는 결국 한 어린이가 분수대에 앉아 읽고 있던 노아의 홍수 이야기였음을 알리며 끝을 맺는데 그 과정에서 많은 놀이감과 장난들이 펼쳐친다는 구성이다. 배를 조정하는 것으로 보이는 커다란 운전키 조각이나 비가 내리는 원리를 설명한 나무판, 수영하는 모습을 보이기 위해 등장한 물결이 그려진 넓은 천 그리고 분수대까지, 한 편의 동화극을 만드는 데 필요한 요소들이 완벽하게 짜여졌다. 즐거운 여흥거리로서의 무용극의 필요성을 다시 생각하게 한 무대였는데 동시에 줄거리의 묘사에 위축된 춤의 기능은 무엇인가라는 원초적인 질문들이 나온 배경이 바로 이런 경우가 아닐까 하는 생각도 든다.(『문화예술』 1998. 9월호)

유니버설발레단의 새로운 작품들

발레 안무가들이 여러 음악가들의 레퀴엠을 해석하는 작업이 아마도 70년 대와 80년대 즈음의 한 유행이 아니었나 싶다. 몇 년전 국립발레단에서 공연된 보리스 에이프만의 <레퀴엠>도 당시 연기의 영역을 넓혀 준 좋은 작품으로 기억된다. 레퀴엠을 작곡한 음악가들의 수가 많은 만큼 안무가들은 자신의 취향에 맞는 음악을 선별할 선택의 폭이 넓고 또 같은 음악도 여러가지 접근방법으로 해석이 가능해 레퀴엠은 매우 매력적인 작품의 소재로 부상됐다.

유니버설발레단에서 한국 초연(1998. 9. 10-12, 리틀엔젤스예술회관) 한 모차르트의 <레퀴엠>은 1987년에 프랑스 안무가 장 폴 콤린이 초연한 작품이다. 모차르트의 일대기를 다룬 영화 「아마데우스」를 보면 죽어 가면서 레퀴엠을 작곡하는 모차르트의 모습이 자세히 묘사되는데 음악의 소절들이 분위기를 달리할 때마다 주연배우의 모습이 같이 떠올라 긴장감을 더했다. 레퀴엠이라는 음악 장르의 특성상 작품의 주제는 삶의 여러 단면들을 다루게 된다. 때로는 치열하고 고통스러운가 하면 때로는 한없이 감미롭다. 장 폴 콤린은 사랑·감성·신뢰·용기를 이번 작품의 주된 감정으로 선정했고, 종교적인 문제와는 별개로 단순히 음악과 무용의 조화에 초점을 두었다고 한다.

이번 <레퀴엠>의 특징은 순수한 움직임이 풍기는 감성과 역동성에 있었다. 안무자는 구도나 대형의 연결이 주는 의도적인 웅장함보다는 섬세한 부분에서의 표현력을 강조하면서 음악의 느낌을 뛰어넘어 동작 자체의 열정적인 활력을 최대한 부각시키려 했다. 손으로 가슴을 가볍게 치는 동작이나 주위를 살피는 듯한 목의 움직임 또는 얼굴을 감싸거나 때리는 듯한 제스처는 작품에 연속성을 주는 움직임의 주제였다. 추상발레에서는 이러한 작은 움직임의 효과를 얼마나 성공적으로 도입하는가에 따라 미세한 파장의 감정들이 크게 혹은 작게 전달되는데 안무자는 이 부분에서 성공적인 접근을 했다고 보여진다. 또

유니버설발레단 〈레퀴엠〉 1998. 9. 10-12, 리틀엔젤스예술회관

한 보폭이 넓은 옆으로 이동하는 글리사드 스텝이 역동성을 강조하는 기본이
됐고, 드라고스 미할차가 보인 선명하고 순수한 무한한 힘이 안무자가 요구하
는 서정적인 역동성을 대변했다. 아울러 곡예적인 동작과 환상적인 장면의 연
출도 빼놓을 수 없다. 후반부에 여러 쌍의 2인무가 보인 연속적인 캉브레(몸
을 뒤로 넘기는 동작; 여기서는 남자가 여자를 들어올린 상태에서 여자의 캉
브레)는 보이는 음악의 환상적인 효과를 만끽한 좋은 일례였다.

　신뢰와 용기 역으로 등장한 임혜경과 드라고스 미할차의 2인무는 역동적인
가운데 등장하는 전형적인 커플춤으로 정교한 라인과 안정감을 보이며 조화
를 이뤘고, 이 가운데 2인무의 곡예적인 요소도 등장했다. 음악의 변화에 따라
여성과 남성의 동작이 교차되거나 군무와 2인무가 교대되는 형식은 일반적이
었지만 특히 군무의 역동성에서 이 작품의 묘미를 느낄 수 있었다. 서로 어우
러진 감정들을 묘사했기 때문에 특별한 주역의 개념은 없었지만 사랑 역으로
작품을 이끌어 간 문훈숙은 군무진의 리더로서 작품의 활력을 살려냈다.

하지만 유니버설발레단이 <레퀴엠>과 같은 추상적 표현발레를 접한 전력이 드물다는 관점에서 본다면 욕심을 부릴 여지가 전혀 없는 것은 아니었다. 작품성에 손상을 입히지 않을 만큼의 무난한 소화였다는 평가를 넘어서기 위해서는 출연진 개개인의 표현영역이 더욱 확장되어야 할 부분도 분명 있었기 때문이다. 휘몰아치는 부분에서나 열을 지어 움직일 때 또는 동작의 연계과정에서 강조점이 되는 순간을 포착하는 능력 같은 것인데 동체의 자유로운 움직임을 완벽하게 소화해 냈다면 더 열광적인 분위기를 연출했을 것이다.

장 폴 콤린 작 <레퀴엠>이 새로운 레퍼토리로 정착된 사실은 유니버설발레단이 고전발레의 영역에서는 어느 정도 자신감을 얻었고, 이제 현대발레를 수용할 단계에 도달했음을 암시하는 계기로 볼 수 있다. 올레그 비노그라도프가 취임한 이후 고전발레 소품까지를 모두 소개했고, 이전의 예술감독들을 통해 발란신과 고전적 취향의 창작물 또는 오락성이 짙은 볼거리 발레까지 유니버설의 행보는 참으로 눈부신 것이었다. 이제 유럽풍의 추상적 표현발레까지 가세했으니 머지않아 고전과 현대발레를 모두 수용할 가능성은 충분하다. 그러나 앞으로의 행보가 선명하지만은 않을 것이다. 어느 선까지를 수용할 것인가 하는 문제 때문인데 이번 공연의 2부에서 소개된 소품 중 <파우스트 파 드 되>를 보면 그 이유가 더욱 선명해진다.

이 소품을 안무한 모리스 베자르는 고전발레에 대해 혐오감을 가지고 있을 정도로 그 형식성이나 단순한 표현 영역에 도전적이다. 따라서 사용되는 기교나 음악적 해석이 고전적인 범주에 포함되지만 엄밀한 고전적 잣대로 보면 고전의 파행으로 볼 수 있다. 현대의 안무자들 중에서는 매우 고전적인 기교를 선호함으로 모리스 베자르의 작품을 의고전(擬古典)이라 하더라도 고전과 의고전의 차이가 지닌 각자의 맛을 제대로 춤춰 내기가 어렵다. 하물며 더 혁신적인 작품을 무대에 올린다면 해석상의 난점이 두드러질 것이다. <파우스트>의 경우만 하더라도 베자르 스타일로 알려진 끈적이는 관능이나 열정이 전혀 보이지 않았다. 출연자의 기량에도 근본적인 원인이 있었지만 춤의 강조점을 지적 받지 않았을 때의 모호함이 크게 부각됐다.

이런 관점에서 본다면 새로운 작품의 소개도 중요하지만 레퍼토리의 수용에서도 분명한 중심점을 잡아가야 할 것으로 보인다. 유니버설발레단이 이런 행복한 고민에 이처럼 빨리 도달할 것이라고 예측한 사람은 많지 않을 것이다. 하지만 아직은 질적으로 더욱 성숙해져야 할 부분도 많은 것이 사실이다. 신임 예술감독에게 기대하는 측면이 바로 이 성숙된 작품 해석력이고 전통의 정통성을 전수받고자 하는 희망이 더욱 크다는 사실을 다시 한번 생각하게 된다.

2부의 다섯 개 소품 중에서 〈파우스트〉와 비슷한 경우는 롤랑 프티의 〈노틀담 파 드 되〉였다. 아울러 비극적인 전개의 전후 사정이 제외된 상태에서 추어지는 2인무는 고전발레의 경우와 달리 독립적일 수 없기 때문에 더욱 부담스럽다. 단단한 기량을 갖춘 엔리카 구아나가 무미건조하지만 때로는 아크로바틱한 롤랑 프티 스타일을 무난히 소화해 냈다.

보리스 에이프만이 안무한 〈알비노니 아다지오〉와 드미트리 브리안셰프의 〈로망스〉는 많은 해석이 있었던 음악과 제목임에도 불구하고 독특한 아름다움을 지닌 작품들이었다. 〈알비노니 아다지오〉는 남녀 2인무로 구성된 것이 가장 널리 그리고 감동적인 느낌으로 알려져 있는가 하면 앨빈 애일리 같은 현대무용가들도 관심을 보인 음악인데, 이번에는 남성 6인무로 구성돼 독특한 분위기였다. 남성 솔로가 주를 이루고 나머지 다섯 명은 춤의 처음과 끝에만 등장해 무대배경처럼 배열됐다. 솔리스트로 등장한 주인공(9월 11일)은 이 작품이 요구하는 '인간의 갈등'을 상당 부분 성공적으로 묘사했다는 인상을 주었다.

〈로망스〉는 상상 속에서 멀리 떠난 남편을 만난다는 일반적인 내용을 춤으로 풀어냈지만 농부의 복장과 삭막하고 어두운 배경이 로망스는 로맨틱할 것이라는 예측을 깨는 원인이 됐다. 귀족들의 사랑놀음이라는 로망스의 이미지를 민중의 애환이 느껴지는 현실의 문제로 끌어낸 시각은 독특했다. 같은 안무자의 〈쇼팽 야상곡〉은 발레의 낭만적 환상을 고스란히 간직한 스타일로 〈로망스〉와 대조를 이뤘다. 로맨틱 튀튀의 이런 2인무는 춤과 명곡의 어우러짐을 즐기는 가벼운 볼거리에 속하지만 기대 이상의 조화를 만끽하게 될 경우 대작의 클라이맥스가 주는 감동과는 또 다른 벅찬 순간을 경험한다. 바로 이러한 이유로 명곡의 소품화가 반복되고 있다고 보는데 널리 알려진 음악일수록 안무가들의 부담이 커지게 마련이다. 이번의 경우는 음악의 선율을 쫓아가지 못하는 답답한 일면이 있었다. (『문화예술』 1998. 10월호)

'98 발레블랑 창작 공연

— 최문희·김영주

무대에 서는 것을 즐기지 않으면서도 무용만은 꾸준히 하는 사람들이 있다. 안무가들에게 인기가 없는 사람들이라고도 볼 수 있다. 그런데 탁월한 안무자는 훌륭한 무용수 출신보다는 숨어서 연마한 꾸준한 무용애호가들 중에서 나올 가능성이 높다. 물론 통계에 의한 것은 아니고 유명 안무가들의 일대기를 지켜보면서 얻은 결과지만 확실한 심증은 통계가 필요 없을 정도다. 발레블랑에도 그런 사람들이 있었다. 발레블랑 창작공연(1998. 11. 22, 국립극장 소극장)에서 안무를 한 세 사람 중 최문희와 김영주는 각기 개성을 살린 작품에서 독특한 세밀함으로 안무가의 자질을 드러냈다.

최문희의 〈꿈속으로〉는 장면의 전환에서 오는 무대 공백이 큰 걸림돌이 됐다. 현실과 꿈의 세계를 넘나들기 위한 설명이라고 하더라도 작품의 흐름에 손상이 된다면 그 정도는 관객의 이해에 의존할 수 있는 부분이다. 이를 제외하면 최문희의 〈꿈속으로〉는 풍족한 언어, 자연스러운 연결의 여유, 부드러운 꿈속의 이미지를 살려내는 감각에서 예사롭지 않았다. 우선은 자신이 묘사하고자 하는 장면을 충분히 감싸주는 음악이 인상적이었다. 초반에서의 불안감 조성이나 후반에서의 낭만적 분위기가 성공적이었던 가장 큰 요인은 아무래도 음악을 선곡하는 그의 일차적 재능에 있었다.

다음으로는 그 음악과 동작의 조화를 보게 됐는데 박재홍의 날렵한 도약을 제대로 활용한 것이나 2인무의 시작 방식과 포즈들이 독특한 감정을 담아낸 것, 같은 회전이지만 고개나 시선 또는 어깨의 움직임을 강조해 관객의 시선을 고정하는 것, 또 그럼으로써 얻어내는 독특하고 세심한 차이점들이 아다지오의 수준을 끌어올렸다. 분위기를 제시하고 그 분위기에 녹아드는 동작으로 분위기를 만끽하게 하는 조화된 춤무대는 안무가의 가장 단순한 의무처럼 보일지 몰라도 결국은 최고의 목표이기도 하다. 이지은과 박재홍이 춘 2인무는 그

김영주 〈상자 이야기〉 1998. 11. 22, 국립극장 소극장

래서 최문희의 예민함을 더욱 크게 느끼게 했다.

김영주가 안무한 〈상자이야기〉는 가볍고 재미있는 구도 안에서 '우리'와 '소외'라는 의미를 생각하고 있다. 대머리의 모임에서 놀림감이 되는 긴머리 소녀, 치마를 입은 사람들이 놀려대는 바지 입은 사람의 소외감을 장난스럽게 묘사하면서 '우리'라는 사람들에게 다가가야 하는 답답함을 얘기한다. 이 작품을 보는 동안 〈페트루슈카〉가 떠올랐다. 안무가의 생각은 어떠했는지 알 수 없지만 영혼을 생각하는 우스꽝스러운 등장인물들이라는 점에서 일치점이 보였기 때문일 것이다. 상자 안에서 등장하는 인물들, 인조 속눈썹을 강조한 백색 분장, 피에로 의상의 목부분을 본딴 의상들, 미끄럼틀과 그네 같은 놀이기구들 역시 〈페트루슈카〉를 재해석하는 데 필수적인 요소들로 보였다.

하지만 무엇보다도 작품에 격조를 더해 준 것은 김영주의 동작들이었다. 긴 머리 소녀가 구박받는 과정을 묘사할 때부터 바지를 입은 소년이 바지를 벗어

던질 때까지의 과정이 일정한 틀 안에서 일관성 있게 그러나 재미를 유지하면서 묘사됐다. 눈을 필요 이상으로 깜박이거나 인형처럼 단절된 움직임을 보이는 그들의 몸짓이 독특하기도 했지만 캉캉춤 장면 등의 여흥용 춤도 공백을 메우는 데 적절히 활용됐다. 작품의 전개와 그 방법은 곧바로 안무자의 생생한 의지와 연결된다. 주어진 공간과 시간에 대한 확실한 계획 없이는 결코 전체적인 조화와 일관된 흐름을 유지할 수 없다. 주어진 무대를 자신의 계획대로 꾸며냈다는 점에서 김영주의 안무력은 충분히 평가받을 만했다.(『몸』 1998. 12월호)

제20회 서울국제무용제

— 황규자발레단·장선희발레단·오율자 백남무용단·안애순현대무용단 외

올해로 20회를 기록한 서울국제무용제(1998. 10. 25–11. 16, 문예회관 대극장)가 특별히 준비한 행사는 없었지만 실속 있는 초청공연으로 내실 있는 성년식을 치렀다. 특히 프랑스 몽탈보무용단의 〈파라다이스〉는 남녀노소를 불문하고 뭔가 느낀 바를 한마디씩 하게 하는, 생생한 강연장 구실을 톡톡히 했다. 작년에 제작됐고, 올해 파리에서도 공연된 작품이라고 하니 우리 무용사상 가장 빠르고 성공적인 유행의 전달로 기록될 만하다.

하지만 무용제의 꽃인 경연 단체의 작품들은 대부분 성년을 운운할 만한 분위기에는 미치지 못했다는 지적이다. 작품의 질에 대한 지적이 계속해서 몇 년간 반복된 만큼 이제는 뭔가 다른 방법으로 참가 단체를 선정해야 하지 않겠는가라는 의견도 만만치 않다. 올해의 작품들은 소재의 선정이나 장면의 설정 같은 기본적인 틀에서는 다른 해와 유사했지만 특별한 기교의 추구, 안무상의 재치 등 더욱 섬세한 부분에서 언급할 만한 단체가 있어 다행이었다.

황규자발레단의 〈소래에서 고잔역〉은 어린시절을 그리는 서정적인 회상의 나열이다. 임동창의 피아노 연주와 검정 우산의 행렬 그리고 식탁 풍경은 사라져 간 협궤열차만큼 그리운 무엇을 떠올리게 한다. 하지만 이런 경우에 완벽해야 할 연결 과정에 금이 갔다. 나열된 장면들의 이미지가 연결되는 듯하다가 어느 순간 지나치게 구체적인 장면이 반복되기 때문이다. 아울러 출연진의 기량이 기대치에 미치지 못해 생기는 근본적인 문제도 있었다.

장선희발레단의 〈나비꿈 혹은 나비의 꿈〉은 장선희, 강준하, 이준규가 허상과 실상의 괴리감을 언어로 설명해 보려고 애쓴 무대였다. 모호한 사색에 옷을 입혀 보려는 이러한 시도는 대부분 힘없이 무너지고 마는데 그에 비한다면 끌어낼 만한 수확이 꽤 있었다. 강준하의 고해성사를 하는 듯한 열연, 활력과 다양성을 염두에 둔 군무의 장면 전환은 발전적인 모습이었다.

오율자 백남무용단의 <바람의 강>은 남북통일을 소재로 했다. 뭔가 극적인 줄거리가 연결되는 내용이지만 구체적인 묘사는 없었다. 대신에 다양한 장면들이 교차되는데 그 전개과정이 연극무대의 전환법과 흡사해 생소했고 음악이나 소품들이 춤에 비해 지나치게 직설적이었다. 이러한 소재를 다룰 경우 대부분의 안무자들이 무겁고 어두운 느낌으로 일관하는 데 반해 판박이식 해석을 벗어나려 한 시도는 인정할 만했다.

안애순현대무용단의 <객, 인>은 다방면으로 충격을 시도하면서 안무자의 노련함을 과시한 무대였다. 총소리와 빛의 충격도 인상적이었지만 소리하는 음악가를 첫번째 등장인물로 선정하고 구음을 무용가의 동작에 맞춰 직접 실행하는가 하면 피아노 소리와 어우러진 창을 들려주는 등 계속 긴장을 늦추지 않았다. 아울러 매번 그렇듯이 김윤경을 중심으로 한 출연진의 열연도 '이상한 사람'을 만들어내는 데 열기를 더했다. 반면 표현의 강도에서 좀더 죽이고 다듬어야 할 부분이 간과된 결과 필요 이상의 폭력적 요소가 나열된 느낌도 있었다.

정은혜 한밭무용단의 <달 꿈>은 처용설화를 달리 해석한 작품이다. 전반부의 여유 있는 전개는 무대미술과 의상의 색감까지 어울려 기대를 부풀렸다. 애써 잠재운 듯한 활력과 상징적 묘사의 반복은 안무자의 두둑한 배짱으로까지 보였다. 하지만 이를 이끌어 갈 힘이 점점 미세해지더니 어느 순간 흔적을 찾기 어려울 정도로 쇠약해져 있었다. 정은혜의 솔로가 의미를 잃고 부각되지 못한 이유를 어디서 찾아야 할지도 막막했다.

심가희 금림무용단의 <유리벽>은 원숙함과 세련미가 특별히 요구되는 작품이었다. 이사도라의 화신 같기도 하고 그레이엄의 후예 같기도 한 동작들이 한국 춤사위와 교체되는 동안 이런 작품이 바로 국적불명으로 묘사될 것이라는 지식을 터득할 정도였다. 연출력의 문제는 미뤄 놓더라도 우선 기능면에서의 '현대적'이라는 개념을 재정립할 필요가 있었다.

광주현대무용단의 <푸른 나부>는 여러가지로 의심에 찬 시선을 유도했다. 뭔가 지나치게 조화롭지 못한 느낌 때문이었다. 한 여성이 옷을 벗는 첫장면의 묘사는 아주 느리게 그리고 구체적으로 진행됐다. 보통 이런 장면이 있은 후에는 적어도 군무진이 상황을 뒷받침하는 무엇을 하게 되는 것이 춤의 규칙이다. 그러나 나부의 형상이 사라진 후에 등장한 군무진은 오히려 분위기를 깨끗이 지우는 역할을 했다. 구상과 추상을 의식적으로 합해 놓은 것 같지는 않으니 의심이 갈 수밖에 없다. 또한 안무자가 선호하는 기본기가 전혀 부각되지 않고 있다는 점은 더 큰 의문이었다. 차라리 발레 동작이라도 제대로 했으면 기교가 없다는 말은 듣지 않았을 것 아니냐는 생각이 들 정도였다.

톳마루무용단의 〈고향 1. 3. 0. 2〉는 한편의 뮤직 비디오 같았다. 혹은 드라마와 비교한다면 대사가 축소되고 영상만이 강조된 경우였다. 스페인 광시곡풍의 음악이 주로 편집됐고, 각 음악이 시작될 때마다 행진 스타일의 움직임이 무대에 펼쳐진다. 고향을 그리는 회상으로 이해하더라도 지나친 반복이 아닌가 하는 인상을 받았고, 때로는 춤이 반드시 나와 주어야 할 부분에서조차도 춤에게 자리를 조금밖에 내주지 않는 편애를 보였다.

김은이 '짓' 무용단의 〈지금은 부재중〉은 주인공의 병원 체험기를 사실적

서울현대무용단 〈거미줄에 걸린 꽃잎〉 1998. 10. 25~11. 16, 문예회관 대극장

으로 묘사하는 무대였다. 무대 전체가 천으로 덮인 첫장면은 아마도 환자의 어두운 기분을 나타내는 전주곡인 듯했다. 이후 병원 장면에서는 문병 오는 사람과 재활을 위해 애쓰는 환자들도 보이고 춤추는 영상이 배경막에 나타나면 주인공이 갈등하기도 한다. 마침내 회복되고 감사의 기도와 함께 즐거운 춤을 춘다는 결말인데 이번 무용제에 참가한 작품들 중에서 유일하게 줄거리를 묘사한 경우였다. 내용의 진행이나 결말이 극히 상식적이었기 때문에 전반부의 호기심이 결실을 맺지 못한 것으로 보였다.

서울현대무용단의 <거미줄에 걸린 꽃잎>은 이번 작품들 중 가장 많은 이야깃거리를 제공했다. 이 작품을 뜯어보면 해체와 재구성의 묘미를 만끽하게 되는데 이 정도라면 안무자의 고민이 한두 달로 해결된 것이 아닐 것이다. <심청전>을 풀어 가는 방법이 구연동화 같기도 하고 마기 마랭의 인형춤 같기도 한데 분명 안무자의 체취가 묻어 있는 전래동화로 꾸몄으니 이것이야말로 대단한 문화간의 접목인 셈이다. 심봉사와 심청 그리고 뺑덕어미를 등장시켜 세 사람의 관계를 상징적으로 묘사하는 과정에서 집어낸 요점정리도 수준급이었다. 요점이 제대로 압축되면서 진행에 속도감이 붙었는데 이 또한 젊은이다운 시원스러운 모습이었다. 또한 각 장면마다 무대장치와 소도구를 적절히 활용해 '작품의 일부분'이라는 개념을 충분히 보인 점도 감각 있는 연출이었다. 심봉사역의 박해준과 뺑덕어미역의 김영미가 훌륭한 기량을 발휘하기도 했지만 널리 알려진 동화와 인물들이었기에 공짜로 얻게 된 소득도 만만치 않았음은 물론이다. (『객석』 1998. 12월호)

국립발레단의 '98 〈호두까기인형〉

국립발레단의 〈호두까기인형〉 경력은 20년이 넘는다. 85년 이후로는 매년 공연을 해 왔으니 가장 자신 있는 레퍼토리이기도 할 것이다. 하지만 전세계적으로 가장 빈번히 공연되는 레퍼토리인 만큼 그 질적인 수준을 맞추기 위한 작업이 반복의 익숙함에 앞서야 함은 물론이다. 국립발레단의 〈호두까기인형〉은 매번 소품이나 무대미술에서 비난의 화살을 먼저 맞아 왔다. 이 작품이 원래 화려하게 꾸미기로 치자면 끝이 없을 정도라 배경을 암시하는 정도로는 지나칠 수 없기 때문이었다. 춤의 내용이 좋은가 아닌가보다도 배경이 꿈 같은가 아닌가를 먼저 따지게 되는 작품 〈호두까기인형〉은 그래서 기획자를 돈방석에 앉히기도 하고 폭삭 망하게도 한다는 말이 있다. 올해의 국립발레단 공연은 1막의 무대배경에 변화를 주면서 화려한 분위기를 제시해 어느 해보다도 풍성함을 강조했다. 때마침 발레 관람이 어린이들 사이에 유행하면서 객석을 채워주고 있고 적어도 십년간은 이러한 유행이 지속될 것으로 보이기 때문에 작품에 대한 과감한 투자를 계획할 수 있었던 것으로 보인다.

이번에 공연된 〈호두까기인형〉(1998. 12. 23-27, 국립극장)은 1막에서는 소란스러움과 흥분된 파티를, 2막에서는 성숙한 기교로 다듬어진 디베르티스망과 그랑 파 드 되를 강조하면서 춤의 무게를 조절해 나간 흔적이 역력했다. 무조건적인 수용 단계를 지나 작품을 다듬고 손봐 자신들에게 적절한 형태로 만드는 과정을 버전이라고 한다면 이번 공연은 아주 드물게 버전이 발견되는 것이었다. 1막에서의 무대장치가 시선을 끌면서 어린이들의 축제 분위기를 살렸다면 2막에서는 아라비아춤과 풀피리 3인무가 독특한 인상을 남겼다. 이국적인 분장의 남성 3인무와 여성 솔로가 아크로바틱한 아라비아식 캐릭터댄스의 맛을 강조했고, 풀피리는 긴 여정 끝에 제자리를 찾았다. 한동안 어린이들의 3인무이었던 풀피리가 초창기의 모습대로 최선아, 김은정, 김하선이 추는

국립발레단 〈호두까기 인형〉

여성 3인무로 구성됐는데 그 기량의 깔끔함에서는 단연 앞서고 있었다. 클래식 분위기를 제대로 살린 훌륭한 수준으로 최선아와 김은정이 항상 무대를 받쳐 주는 든든한 솔리스트임을 재확인한 셈이다.

박신영과 문경만이 춘 중국춤 역시 안정감과 흥겨움을 병행시켜 탁월했다. 박신영은 단기간에 솔리스트로 급부상하고 있는 뛰어난 기량의 소유자이었고, 문경만은 평소처럼 여유 있게 자신의 자리를 지켰다. 아울러 박태희, 김구열, 박일이 춘 러시아춤도 민속춤의 묘기를 재현해 열기를 더했다. 이와는 반대로 마더 진저의 꼬마들에게 주어진 동작들은 단순한 반복으로 정리돼 춤과 놀이를 구분하면서 춤의 전문성을 암암리에 강조했다. 김용걸과 김지영의 그랑 파 드 되 역시 일반적인 동작 연결보다 훨씬 복잡하고 빠른 템포로 변화하는 2인무 기교였다. 몇 년전까지 주역을 맡았던 최태지 단장의 경력과도 무관해 보이지 않는 이 변화는 두 발레 스타들의 능력을 충분히 활용해 보려는 전문성을 느끼게 했다.

김지영은 지난해 이원국과의 2인무에서 이미 최상의 평가를 받은 발레리나인 만큼 어떤 작품에서나 능력을 발휘한다. 김지영의 등장으로 인해 국립발레단의 무대는 절대적인 안정감을 확보한 셈인데 이원국 등 남성 스타들과 조화를 이룰 발레리나가 찾기가 매우 힘들었기 때문이다. 김용걸은 이번 무대에서 남성무용수가 지닐 수 있는 어떤 품위를 충분히 연기했다. 외모와 작은 제스처에서 느껴지는 남성무용수의 품위는 사실 김용걸의 타고난 재능이기도 해 이미 오래 전부터 강한 인상을 남겼다. 하지만 막상 활기 있는 동작으로 들어가면 우리 남성무용수들에게 절실한 섬세한 연계과정의 훈련 부족이 드러나 처음의 인상을 지켜내지 못했다. 스텝 연결에서의 발끝 처리나 팔의 힘을 조절하는 방법 혹은 뒷마무리의 여유 같은 것인데 김용걸의 경우는 스텝 연결의 과정이 무디다는 인상이었다. 그 이후 몇 년만에 본 이번 무대에서의 김용걸은 자신의 장기를 충분히 발휘하면서 한 단계 도약한 모습을 보였다. 이로써 신뢰할 수 있는 또 한 명의 스타가 등장한 셈이다.

국립발레단의 <호두까기인형>이 이처럼 무대장치와 안무면에서 또는 단원들의 연기력면에서 성공을 거두었지만 전체적인 흐름으로 볼 때는 아직 정리해 갈 부분이 남아 있었다. 1막에서 동원된 어린이들이 주역으로 극을 끌어가다가 2막에서는 완전히 사라지기 때문이다. 만일 2막에 초점을 둔다면 1막도 그와 조화를 이루도록 어른들의 사교춤 장면을 강조하거나 등장 어린이의 수를 줄이는 등 분위기의 안정을 유도할 필요가 있었다. 작품을 가볍게 혹은 무겁게 하는 방법론에서 가장 많은 유동성이 있는 작품인 만큼 선택의 폭은 넓지만 가벼운 재미와 함께 황홀한 춤의 향연으로 발전되면서 줄거리가 쉽게 이해되는 연출이 일반적인 객석을 위한 최선책이 아닐까 한다.(국립발레단 평가서, 1998. 12)

'98 창무 큰춤판 — 춤과 영상의 만남

— 김현옥·김선미·박은화·안성수

창무예술원에서 기획한 '춤과 영상의 만남'(11. 26–12. 8, 포스트극장)은 무용에서 크게 부각되어 온 시·음악·무대미술처럼 이차적으로 눈에 들어오는 예술과의 만남을 이미 경험한 단계에서 이뤄졌다. 무용에서의 영상을 어디까지로 볼 것인가를 생각하는 기회가 많지 않았던 만큼 지난 10여 년간의 다른 기획보다 진지한 관심을 끌었고, 참가한 무용가들에 대한 기대치도 예년에 비해 높았다. 무엇보다도 한국 비디오 댄스의 대모로 알려진 김현옥이 적극 참가해 여러가지 만남의 형태를 제시했다는 점이 가장 큰 수확이었는데 그의 작품들 안에서도 춤과 영상이 서로 다른 비중을 차지하는 차이점이 흥미로웠다.

비디오 댄스는 무용가들에게 점점더 관심의 대상이 되고 있고, 서구의 젊은 무용가들은 영상매체가 아니면 공연이 불가능한 상황, 예를 들면 물 속에서의 움직임만으로 작품을 만들거나 신체의 특정 부위나 특별한 장소를 확대시키는 효과가 절대적인 상황에 집착하는 경우가 흔해지고 있는 듯하다. 이러한 작업을 보면서 어느 선까지가 무용인가, 무용이 주체라고 할 수 있는가 등에 대한 의문이 들지만 커닝햄이 비디오를 위한 안무를 하는 과정에서 카메라에게 빈틈을 주지 않으려 했다는 설명이나 김현옥이 출연한 〈밤이여 나누라〉는 두 매체가 상호간에 신뢰감을 쌓아 가는 단계로 이해할 수 있었다. 김현옥의 〈밤이여 나누라〉를 보면 영상매체의 위력을 실감하게 된다. 시공을 초월해 바다와 인간의 만남을 반복해서 보일 수 있다는 사실은 무용 무대에서는 느낌을 풍성하게 하는 최고의 발명품이기 때문이다. 사막에 서 있는 여인을 포착한 〈시나위 2000〉의 경우도 비슷한 효과를 가져왔고, 무용무대에서 비디오 댄스에 기대할 수 있는 가장 큰 부분으로 생각됐다.

이러한 출발이 차츰 영상화의 강세로 가면서 등장하는 인물의 움직임이 춤적이냐 아니냐 혹은 적어도 무언극적인 이미지가 있는가 등에 따라 친밀감의

안성수 〈제한〉 1998. 11. 26-12. 8, 포
스트극장

정도가 달라지는데 이번 공연을 위해 제작된 〈비원〉의 경우는 등장인물이 무
용가였을 뿐 춤의 기술적 요소는 배제된 것이었다. 특별한 몸짓 — 쌀을 씻고
물을 버리고 공중을 향해 쌀을 뱉어내는 동작들 — 을 하는 한 명의 배우가 비
밀스러운 화원이 딸린 한옥에서 하루를 지내는 내용으로 단순하게 이해됐고
간혹 괴기한 분위기를 느낀 것이 교감의 가장 큰 부분이었다. 작가의 의도인
자연과 동화된 인간의 아름다움을 느끼기에는 뭔가 허전한 구석이 많았고, 무
대에서 실연됐던 부분이 제 목소리를 지니지 못한 책임도 있었다. 하지만 보다
크게 평가하고 싶은 부분은 〈비원〉이 춤과 영상과의 만남에서 가장 영상적인
접근법을, 더 나가서는 비디오 댄스라는 독자적인 영역을 이해시키는 데 충분
히 접근했다는 것이다. 이로써 우리 안무가들 중에서도 이 분야에 관심을 갖는
사람이 생겨날 가능성을 점칠 수 있게 됐다.

  김현옥을 제외한 안무가들은 비디오 댄스라는 단어에 자유로울 수 없었을 것이다. 그래서 나머지 세 명에게는 춤과 영상과의 만남이라는 이번 기획전의 타이틀을 놓고 어떻게 실험했는가를 따져 보려 한다. 두번째 순서였던 김선미는 김현옥과 대조적으로 가장 춤적인 무대를 꾸몄다. <월영>에서는 작가 두 사람의 교감을 거의 느낄 수 없었는데, 영상이 만남의 차원에 못 미치고 뭔가 특별한 무대조명 혹은 좀더 세심하게 편집된 배경으로 존재했다. 춤과 춤 사이를 메워 주는 영상은 다양한 기교를 사용한 듯 때로는 선명하고 때로는 혼란스럽게 투영됐고, 바닥이나 항아리에 투영되는 등 다양함을 추구해 눈길을 끌었지만 전체적으로는 특별한 조명효과로서 관심을 모으는 데 그쳤다.

박은화의 <봄의 제전>은 스트라빈스키 이래로 가장 충격적인 춤장면인 '선택된 여자'가 중심이었다. 후반에 박은화가 이 역할을 할 때 영상 쪽은 무용의 내용을 이해시키는 목적 아래 폭력적인 인상을 전달한다. 피난 행렬 같은 설명적인 영상과 때때로 그 위에 겹쳐지는 비설명적인 영상이 어느덧 비디오아트로서의 영역을 확보해 갔다. 이 경우는 영상과 무용이 모두 음악과의 독자적인 연결고리를 찾아내면서 서로의 절정을 일치시켰다고 하겠는데 초반부에는 단연 영상 쪽이 우세했다. 화면에 투영되는 동작의 이미지가 음악과 조화를 이루는 것이었다면 실연하는 무용가들은 오히려 영상을 보조하는 소극적인 자세였다.

안성수의 <제한>은 여러 면에서 '제한'을 느끼게 했다. 영상과 무용이 서로 독립적인 것, 각각의 작업에서 설정한 공간적 제한, 영상의 소재와 춤의 기복 등 축소를 거듭해 작은 결정체를 연마해 냈다. 영상과 무용이 별개로 그러나 조화를 이뤄내며 공존하는 것도 만남의 한 방법이었다. 두 사람은 한 무대를 나누어 책임지는 홀가분함과 바톤을 주고받으면서 상승되는 효과를 서로 확인하고 만족해하는 듯했다. 어항처럼 보이는 한계적인 공간에서 물감이 풀리고 조약돌이 쌓이는 과정을 반복해 보이는 것이 영상의 몫이었다면 두 화면 사이의 제한된 공간에서 펼쳐지는 2인무의 반복이 무용의 몫이었다.

<제한>에서 본 안성수의 움직임들은 다른 무대에서의 그것과 아주 다른 느낌이었다. 그의 특성을 기교적인 꾸밈이 없고 자유스러운, 때로는 방종의 쾌

락까지를 추구하는 무기교의 기교라고 봤는데 출연한 무용가의 위력인지 아니면 '제한'이라는 조건의 위력인지 2인무의 움직임은 서정적인 고전발레의 한 장면 같았다. 섬세한 동작연계, 예민한 공간 감지, 예상을 뒤엎는 진행, 고도로 훈련된 출연자의 몸, 이 모든 요소들이 만들어내는 깊이 있고 세련된 춤을 보면서 현대무용의 세대교체가 완전히 이뤄졌음을 확인했다. 조급하지 않고 쫓기지 않으며 뭔가를 보여야 한다는 강박관념도 없이 아주 작은 움직임에서 큰 호기심을 끌어내는 숨은 힘은 안성수 특유의 능력이었고, 관객들이 오랫동안 기대해 온 춤이기도 했다.(『몸』 1999. 1월호)

찾아보기